Gaohaiba Teshutu Diqu

高海拔特殊土地区

Gaosu Gonglu Jianshe Guanjian Jishu

高速公路建设关键技术

李刚占　张留俊　赵久柄　裘友强　编著

人民交通出版社股份有限公司

北　京

内 容 提 要

本书以西宁南绕城高速公路工程建设实践为依托，在对相关科研成果和工程实践经验总结的基础上编写而成。全书共分为6章，主要内容包括绪论，工程地质勘察，盐渍土路基填料改良与利用，大跨度黄土公路隧道修筑，强紫外线、大温差条件下沥青路面合理结构，高原半干旱地区公路边坡生态恢复等。

本书可供公路勘察设计、施工技术人员以及相关专业高等院校师生学习参考。

图书在版编目(CIP)数据

高海拔特殊土地区高速公路建设关键技术 / 李刚占等编著. — 北京 : 人民交通出版社股份有限公司, 2021.3

ISBN 978-7-114-16827-7

Ⅰ. ①高… Ⅱ. ①李… Ⅲ. ①高原—高速公路—道路建设—西宁 Ⅳ. ①U412.36

中国版本图书馆CIP数据核字(2020)第166752号

书　　名：高海拔特殊土地区高速公路建设关键技术
著 作 者：李刚占　张留俊　赵久柄　裘友强
责任编辑：潘艳霞
责任校对：孙国靖　宋佳时
责任印制：张　凯
出版发行：人民交通出版社股份有限公司
地　　址：(100011)北京市朝阳区安定门外外馆斜街3号
网　　址：http://www.ccpcl.com.cn
销售电话：(010)59757973
总 经 销：人民交通出版社股份有限公司发行部
经　　销：各地新华书店
印　　刷：北京交通印务有限公司
开　　本：787×1092　1/16
印　　张：15.75
字　　数：347千
版　　次：2021年3月　第1版
印　　次：2021年3月　第1次印刷
书　　号：ISBN 978-7-114-16827-7
定　　价：100.00元

前言

西宁南绕城高速公路是国家规划高速网主干线北京至拉萨高速公路的重要组成部分，也是青海省高速公路网布局规划“3410”网络中“一横”的重要组成部分。项目路线全长60.949km，采用双向六车道高速公路标准建设，设计速度为100km/h，路基标准宽度为33.5m。

项目所在区域地面高程为2300～2500m，属高海拔、高寒、半干旱地区，湿陷性黄土、盐渍土沿线广泛分布；项目建设条件复杂，工程实施难度大。针对项目建设所涉及的各种技术问题，中交第一公路勘察设计研究院有限公司联合多家科研院所开展科技攻关，历时5年，对盐渍土路基填料改良与利用，大跨度黄土公路隧道修筑，强紫外线、大温差条件下沥青路面设计，高原半干旱地区公路边坡生态恢复等关键技术进行了系统研究，为西宁南绕城高速公路建设提供了重要的技术支撑。

西宁南绕城高速公路已于2015年底建成通车，与现有的兰西高速公路、湟倒一级公路、西塔高速公路、宁大高速公路、宁互一级公路以及西宁西过境高速公路连接，形成了以西宁市主城区为核心向四周辐射的公路主骨架网络。本书是在对上述研究成果及工程实践经验总结的基础上编写而成。

有关课题研究中，除本书编著者之外的其他主要研究人员有：韩常领、陈团结、邵生俊、单永体、张红、刘军勇、郑万坤、雷宇、闫亚鹏、于慧卿、尹静、尹睿捷等，在此向他们一并表示衷心感谢！

限于编著者的水平和经验，书中难免有疏漏或不当之处，恳请读者批评指正。

编著者

2020年7月

目录

第1章 绪　论

1.1 工程概况

西宁南绕城高速公路是国家规划高速网主干线北京至拉萨高速公路的重要组成部分，也是青海省高速公路网布局规划“3410”网络中“一横”的重要组成部分。公路起点位于平安区以西，与兰西高速公路曹家堡机场互通立交相接，途经西宁市东川经济开发区、南川、阴山堂、通海，至扎麻隆，终点设互通立交与西湟一级公路相接，共同组成西宁市绕城高速公路环线。

西宁南绕城高速公路已于2015年底建成通车，与现有的兰西高速公路、湟倒一级公路、西塔高速公路、宁大高速公路、宁互一级公路以及西宁西过境高速公路连接，形成以西宁市主城区为核心向四周辐射的公路主骨架网络，构成西宁“内成网格外成环”的城市整体交通格局。西宁南绕城高速公路的建设，能够有效破解西宁市“东西拥挤、南北不畅”的交通困局，为“扩市提位”提供基础支撑，有利于以西宁为中心的东部城市群发展，促进“兰西银经济圈”的构建，战略布局意义重大。

西宁南绕城高速公路项目路线全长60.949km，采用双向六车道高速公路标准建设，设计速度为100km/h，路基标准宽度为33.5m；桥梁与路基同宽，桥涵荷载标准采用公路—Ⅰ级。全线共设置特大桥5305m/3座、大桥5869m/17座、中桥1365m/21座、隧道11205m/6座、互通立交11处、天桥3座、通道23座、涵洞72道、渡槽6座，桥梁和隧道总长占总里程的39%。西宁南绕城高速公路初步设计批复建筑安装工程费合计79.84亿元，是目前青海省技术标准和单位造价最高的高速公路工程，项目地位十分重要。值得注意的是，项目所有隧道洞身段均覆盖有不同厚度的黄土地层，部分区段具有Ⅳ级湿陷性；隧道限界宽度为14.5m，隧道内轮廓高度为7.95m，隧道开挖断面达170m^2；如此大跨度、大规模穿越黄土地层的公路隧道在国内尚属首例，施工过程中势必会遇到诸多技术难题，施工安全风险极大。受认识水平和实践经验的限制，截至目前，我国尚未从根本上解决三车道大跨度黄土公路隧道相关理论与工程问题，有许多难题亟待解决。因此，开展大跨度黄土公路隧道修筑技术研究十分必要，对指导项目工程及类似条件下大跨度黄土隧道建设意义重大。

沥青路面设计是西宁南绕城高速公路修筑的重要环节之一。项目所处区域公路自然区划$Ⅲ_3$区，属大陆性高原半干旱气候，春季干旱多风，气温上升缓慢，夏季凉爽不热，秋凉短暂，冬寒漫长。区域内年平均降雨量为357.1mm，年平均日照时数为2756.8h，年平均气温为8℃（最冷月为1月份，极端最低气温为-26.6℃，平均气温为-19.5℃；最热月为每年8月份，平均气温为26.1℃，极端最高气温为38.2℃）；呈现气压低，寒长暑短，多风少雨，蒸发量大，昼夜温差大，日照时间长，四季不分明等气候特征。鉴于西宁地区特殊的气候特点，有必要提出一种结合气候特征及结构性能的沥青混合料组成设计方法，以提升沥青路面在强紫外线和大温差条件下的服役能力，延长路面使用寿命。

项目所在区域受东西向狭长地形条件的限制，可用空间资源十分有限，缺乏优质的路基填料，但分布较多盐渍土等特殊土；若能对特殊土加以利用，使其合理资源化，则可在很大程度上解决项目路基填料缺乏的现实问题。因此，结合项目沿线盐渍土分布及工程特点，开展盐渍土路基填料改良与利用研究，是应对盐渍土地区高等级公路修筑现实挑战的必然选择，其技术、经济和环保效益十分重大。

项目所在区域地面高程为2300～2500m，属高海拔高寒地区，且存在较高的地震烈度（Ⅶ度左右）、流水侵蚀强烈等不利影响，水土流失比较严重，是青海省水土流失重点防治地区之一。由于项目地形复杂，高填深挖较多，全线深挖大于20m的高边坡共15段，合计长1265m，最大边坡高度为63.4m。项目建设不可避免地会对沿线生态系统造成破坏，从而进一步加剧本区域的水土流失。因此，为了尽可能加快项目沿线边坡生态环境的恢复，有必要开展高原半干旱地区公路边坡生态恢复研究，这也是本项目响应绿色发展、践行绿色公路理念的具体体现。

综上所述，西宁南绕城高速公路项目建设条件复杂，技术储备较少，工程实施难度大，施工质量控制要求高。针对项目建设所涉及的各种技术问题，中交第一公路勘察设计研究院有限公司联合多家科研院所开展科技攻关，历时5年，对盐渍土路基填料改良与利用、大跨度黄土隧道修筑、强紫外线和大温差条件下沥青路面设计、高原半干旱地区边坡生态恢复等关键技术进行了系统研究，为西宁南绕城公路建设提供了重要的技术支撑。本书即是有关研究成果的总结。

1.2 盐渍土工程特性研究现状

盐渍土作为一种特殊地质，对其认识最早起源于苏联。20世纪40年代，苏联首次依据工程特性对盐渍土进行分类，提出盐渍土地基的适用条件，并给出盐渍土地区的路基路面设计力学性能指标值。巴甘诺夫、崔托维奇、别特鲁辛等一批专家学者，初步阐述了盐渍土的基本物理力学性质以及盐渍土用作建筑地基的工程特性，并提出了相应的设计和施工措施。其中，巴甘诺夫还报道过在盐渍土地区采用各种灌注桩和预制桩的施工方法、机具、施工经验以及测试方法等。

自20世纪50年代起，我国通过对兰新线张掖地区盐渍土路基性质的现场调研，开始注意盐渍土的一些特性及其对工程的影响，但对盐渍土工程特性和工程实践的系统研究始于20世纪70年代。20世纪70年代，依托青藏铁路一期工程建设，铁道部第一设计院、铁道部科学研究院、铁道部建筑研究所等多家单位对西北地区察尔汗盐湖盐渍土的工程特性、成因、分布及对路基工程的危害与治理措施等进行了多方面的试验研究与工程应用，取得了一定的研究成果。

20世纪80年代以来，随着我国对盐渍土地区的开发与建设，铁道部第一勘察设计院、冶金部建筑研究总院、石油天然气总公司管道设计院、新疆建筑勘察设计研究院、新疆勘查院、青海省建筑勘察设计院和天津大学等多家科研院所，对盐渍土的基本物理和力学性质开展了更详尽的研究,在大量试验和工程应用的基础上,分别对易溶盐含量的合理测定方法、易溶盐含量的界限指标、含液量的测定方法以及盐渍土其他物理指标的确定方法等进行了探讨和归纳总结,有的已被纳入我国有关盐渍土地基的标准规范中。

关于盐渍土公路建设方面的问题,我国有关学者也开展了一定的研究,并取得了长足的进步,最具代表性的研究成果是西部交通建设科技项目“盐渍土地区公路修筑成套技术研究”。该项目针对新疆、青海、内蒙古地区的盐渍土做了大量的研究工作:首先,基于试验研究系统分析了盐渍土用作路基填料的工程特性,并提出了针对公路方面的盐渍土工程分类方法;其次,结合实体工程提出了采用砾石桩、强夯、半刚性板加固地基等盐渍化软弱地基处治方法;最后,在试验研究和已有实践的基础上,总结提出了盐渍土地区公路盐胀、溶蚀、翻浆等病害的处治方法、环境保护措施及评价方法,新疆组织编写了《盐渍土地区公路设计与施工指南》及《新疆盐渍土地区公路路基路面设计与施工规范》(XJTJ 01—2001)。但由于该项目依托工程主要是盐渍土地区二级及二级以下公路,研究成果对于盐渍土地区高等级公路建设并不完全适用,有待进一步研究与探讨。

盐渍土地区公路工程,为了节省成本,符合绿色、节能、环保的建设理念,应尽可能利用沿线盐渍土,但将盐渍土直接用作路基填料存在一个明显的缺点,即浸水后的强度大幅度降低,不能满足路用性能要求,水稳性表现较差。因此,急需对盐渍土改良技术进行研究。然而,目前国内外对盐渍土改良利用最普遍的方法是,采用室内配制的改性剂对其进行改良,但改性剂研究一直未形成规模和产品,也未见有相关标准,质量难以控制,仅限于室内试验,在道路工程建设中应用较少。此外,室内试验研究以硫酸盐盐渍土(主要以非盐渍土外掺硫酸盐)为试验对象者居多,对盐渍土掺加粗粒土进行改良的研究很少,研究成果片面化、离散化、单一化,研究不够深入和全面。

综上所述,虽然国内外已对盐渍土的工程特性、工程分类、路基病害处治等方面开展了较为广泛的试验研究,我国对盐渍土地区的工程建设也积累了较为丰富的实践经验,但对于盐渍土地区高等级公路修筑技术的研究还不够深入、系统,尤其是盐渍土用作路基填料,其改良利用技术及路用性能研究不够全面和系统,在高等级公路建设方面的工程实践经验很少。鉴于西宁南绕城高速公路沿线广泛分布盐渍土,为了对其充分加以资源化利用,有必要开展盐渍土改良利用及路用性能研究,为盐渍土地区高等级公路设计与施工提供可靠的技术支撑。

1.3 黄土隧道修筑研究现状

随着西部大开发战略的实施,我国黄土公路隧道、铁路隧道的建设得到了长足的进展。特别是隧道施工技术,已积累了丰富的工程实践经验;开挖断面不断加大,施工机械化水平不断提高,应对施工变形、坍塌等工程事故的防范措施不断完善。结合黄土隧道建设,有关学者开展了一系列的研究,取得了以下研究成果。

依托郑西客运专线秦东黄土隧道工程,刘旭全等提出浅埋段采用双侧壁导坑法、交叉中隔壁(CRD)法,深埋地段采用弧形导坑三台阶法施工,能有效地控制沉降,可以合理利用资源,加快施工进度;对于大断面黄土隧道富水地段,除了埋设排水盲管消除水的浸泡外,还可采用将大拱脚放大至1.2m、在钢架下垫混凝土预制块、加强锁脚锚管等措施。曹勇等针对郑西客运专线黄土隧道施工过程中出现的地表裂缝现象，采用三维离散元计算程序 3DEC 进行了裂缝开展的数值模拟，在考虑黄土原始垂直节理的前提下，采用台阶法进行施工，对三种不同的隧道覆土埋深工况进行了探讨，揭示了在不同埋深工况下地表裂缝的开展规律。

关于黄土隧道施工力学响应和围岩变形特性方面的研究，张华兵等采用黏弹塑性模型对黄土隧道围岩进行有限元分析，并与真实试验黄土隧道的侧面无衬砌和半衬砌两种工况各 3 种状态的变形破坏结果进行比较，发现采用有限元方法模拟的结果与真实隧道的变形破坏过程基本吻合。此结果可为类似黄土隧道工程的设计施工提供参考。

针对黄土隧道地基加固技术，王新东结合郑西客运专线凤凰岭隧道设计方案、理论分析以及现场施工情况，阐述了郑西客运专线湿陷性黄土隧道基底处理技术以及率先采用水泥土挤密桩处理湿陷性黄土、有效控制隧道基础沉降变形的成功实践。

上述研究成果对黄土隧道建设提供了必要的技术支撑，但黄土隧道建设尚有诸多技术问题未得到合理解决，主要表现为以下几个方面：①现有黄土隧道的深浅埋划分与围岩压力计算结果和实际出入较大；②大跨度黄土隧道，由于其黄土地层、大跨度的显著特点，使得相应的施工力学行为与围岩变形特性不同于常规隧道；③各种加固方法在黄土隧道内的实际使用效果、技术特点以及适用性，尚待进一步实践、分析和对比研究；④对于隧道地基加固计算模型的理论研究十分缺乏，针对各种加固措施的治理效果，也没有相应的标准予以评价。为了更好地指导西宁南绕城高速公路大跨度黄土隧道的设计与施工，有必要研究提出大跨度黄土公路隧道施工过程中施工变形控制、塌方预警技术，并针对隧道工程黄土地基加固措施的治理效果、技术特点以及适用性开展研究，提出地基加固效果计算方法和评价体系，从而保证隧道施工安全和结构的长期稳定，减少隧道病害，节约工程投资和病害处治费用。

1.4 沥青路面结构与材料研究现状

在高等级公路建设中，广泛采用沥青混合料作为路面面层材料。公路沥青路面的发展史，实际上是一部路面材料变革的历史。沥青路面结构及材料的研究，大致可归纳为三方面：①沥青路面温度场研究；②沥青胶结料的气候适应性研究；③沥青混合料设计研究。

沥青材料是一种温度敏感性材料，其力学特性和路用性能随温度变化显著。只有在一定温度下讨论沥青及沥青混合料的性能才有意义，必须准确预测沥青路面温度场分布情况，为路面设计提供最不利的环境参数，根据不同的环境参数设计沥青混合料。综合国内外学者的研究方法，路面温度的确定方法大体上有两种：一是根据气象学和传热学的基本原理采用数值分析方法建立沥青路面温度场预测模型，称之为理论分析法；二是根据路面温度的实测数据和气象资料，采用统计回归的方法建立路面温度场与环境因素之间的定量关系，称之为统计分析法。

根据美国的气候特点，美国 SHRP 计划提出以路表面以下 20mm 处的路面温度作为路面高温设计温度，根据地区连续 20 年的连续最热七天的平均气温和纬度确定；根据该地区连续 20 年的极端最低气温确定路面低温设计温度。但有关研究表明，太阳辐射对于路面温度的影响很大，SHRP 模型没有考虑太阳辐射对于路面温度的影响，低估了气温高于 30℃时路面结构的最高温度。

在国内，同济大学、长安大学分别采用实测沥青路面温度场数据，建立沥青路面不同层位的温度与气温、太阳辐射等参数间的关系。利用预估模型预测沥青路面的最不利环境因素，并确定沥青路面的疲劳和车辙等效温度。但受测试手段、测试方法等因素影响，实测的沥青路面温度场数据与气象局所测得的地面温度有较大差异。

关于沥青胶结料的气候适应性研究，美国提出按照路用性能分级的沥青结合料规范(Superpave)，即采用不同的试验条件模拟沥青在使用过程中的各个阶段，根据沥青达到规定指标值的温度确定沥青的分级，然后根据当地的气候条件、交通条件选择相应的沥青分级。但是美国的沥青性能分级(PG 分级)不能完全诠释沥青质量与使用性能的关系，评价改性沥青还存在不少争议。目前，美国各州交通部门根据各地的具体情况，规定了常用的 PG 等级或再增加一些常规指标。我国主要根据各地的沥青路面气候分区、交通条件、公路等级等选择沥青品种及标号。

为了得到性能优良的沥青路面，必须重视沥青混合料的组成设计。沥青混合料组成设计的主要内容是选择合适的原材料、矿料级配，确定适宜的沥青用量。设计的总目标是设计出综合路用性能较优的混合料，满足当地气候、交通的需要。不同国家、地区有不同的沥青混合料设计方法，但主要内容是相同的。

国外第一个正式提出的混合料材料组成设计方法是 Hubbard-field(哈-费氏)设计法，用以设计沥青砂泥；后又因交通荷载增大，砂石粒径增大，试件尺寸也随之增大，产生修正的哈-费氏沥青混合料设计法。有关学者后来质疑该设计方法与沥青混合料路用性能的关系，又产生了新的设计方法。世界上应用最广的马歇尔设计法始于第二次世界大战期间，由美国密西西比州公路局的 Bruce Marshall 发明，并由美国陆军工程兵团改进和完善。但马歇尔试件成型采用锤击的方式与道路的实际碾压方式相差甚远，稳定度、流值的大小与路用性能关系不明显。目前在美国各州应用最多的一种混合料设计方法是 Superpave 法，其设计是根据工程所在地气候和设计交通量，进行材料的选择和混合料配合比设计。但 Superpave 设计方法仍然停留在体积法阶段，并没有真正与路用性能相联系，该方法存在一些问题需要改进。

国内目前最常用的沥青混合料材料组成设计方法有马歇尔试验设计方法、Superpave 设计方法、GTM(Gyratory Testing Machine，旋转压实剪切试验机)设计方法等，研究最多的是沥青混合料的体积设计法，规范中沥青混合料设计采用的是马歇尔试验设计方法，并对设计的沥青混合料进行浸水马歇尔试验以检验其水稳性，用车辙试验检验其高温稳定性。

综上所述，对于沥青路面结构与材料的研究，国内外主要集中在混合料体积设计方面，并尝试与混合料路用性能建立直接关系，但与路面结构设计分离，与地区的环境、交通特征联系不强。考虑到西宁地区特殊的强紫外线、大温差等气候特点，为了保证西宁南绕城高速公路沥青路面能够满足当地气候特征及结构性能要求，有必要开展沥青路面结构与材料一体化的研究，使设计出的沥青混合料的结构性及功能性同时达到最优，从而达到既降低路面造价又提高路面使用寿命的目的。

1.5 边坡生态恢复研究现状

关于边坡生态恢复的应用，最早出现于我国。1591 年，针对黄河的治理，我国首次采用边坡植被恢复技术保护黄河河岸。20 世纪 30 年代以来，这门技术被引入欧美国家，如德国、奥地利、阿尔卑斯山地区。随着欧美各国近代经济的繁荣,边坡植被恢复技术在欧美国家得到了迅速发展,并且主导着世界植被生态恢复的研究和应用。

20世纪30年代起,美国率先在公路建设领域开展了一系列植被生态恢复技术研究及应用工作,取得了一定的研究成果和实践经验。例如,1943—1944年,莫瑞士等在公路路基边坡进行了植草试验,通过不同草种及草种组合在不同的时间进行试验来探讨建植草皮的方法。20世纪50年代后期,随着公众对公路建设所引起的生态影响越来越重视,美国开始以立法的形式要求所有新修公路都要有绿化措施。20世纪60年代开始,欧洲发达国家在大规模的高速公路建设中,使喷播技术等为代表的生态绿化技术得到了长足的发展,在防止土壤侵蚀、稳定边坡和恢复植被方面发挥了重要作用。

日本的边坡生态恢复技术起步也较早,其路基边坡植被恢复技术几乎是与其公路建设同时发展起来的,迄今已有半个多世纪的历史,并且处于世界前列。20世纪60年代,日本从美国引入边坡植被恢复中的液压喷播技术之后,开发形成了种子喷播法、客土喷播法、植生带法、植生网法、植生袋法等一系列植被恢复配套技术,应用效果良好。20世纪70年代中期,日本根据其山地岛国、降雨量丰沛等特点,在客土喷播技术的基础上,针对岩石边坡的植被恢复问题,开发了有机质喷播技术。该技术具有抗雨蚀能力强、植被恢复效果好、施工进度快等特点,非常适合日本多雨气候条件下的岩石边坡植物防护。近年来,随着技术的不断更新和完善,绿化网防护、厚层基材喷射、植被型混凝土等已成为日本广泛应用的生态防护技术。

我国对植被生态恢复技术的研究始于20世纪80年代。随着社会的发展和对生态环境问题认识的提高,通过引进植被恢复技术方法及设备,结合实体工程开展了一系列科学研究和工程试验;直到21世纪初,植被生态恢复技术才开始在我国大规模应用,发展迅猛。目前,以液压喷播技术和土工合成材料植草护坡技术为代表的公路边坡生态恢复技术得到广泛的应用,取得了良好的工程防护和植被恢复效果。

综上所述,国内关于边坡生态恢复技术的研究,与欧洲国家及美国、日本等发达国家相比起步较晚,工程实践经验有待进一步积累。鉴于西宁南绕城高速公路地形、地貌、气候、植被资源与生态环境现状等客观情况,为了尽快恢复该项目沿线边坡生态环境,有必要开展高原半干旱地区公路边坡生态恢复研究,并建立边坡恢复效果评价体系,提升道路使用质量,促进我国公路边坡生态恢复技术发展。

1.6 本书的主要内容

(1)依托西宁南绕城高速公路工程,采用室内试验和现场试验相结合的方法,开展项目工程地质勘察,为之后具体研究的开展提供依据。勘察内容包括:气象与水文地质条件、工程地质条件、工程地质分区与评价、不良地质和特殊岩土。

(2)以项目沿线盐渍土为研究对象,采用室内试验和现场试验相结合的方法,开展盐渍土路基填料改良与利用研究,论证改良盐渍土作为路基填料的可行性。试验研究内容包括:盐渍土的工程分类及工程特性、盐渍土填料改良试验、砂砾改良盐渍土路基压实工艺。

(3)依托西宁南绕城公路黄土隧道工程,借助数值模拟、现场监测以及理论分析等手段,以大跨度和黄土及泥岩工程性能对隧道设计和施工的影响作为研究重点和难点,系统、深入地开展大跨度黄土公路隧道修筑关键技术研究。研究内容有：不同黄土地层下大跨度公路隧道深浅埋界定、大跨度黄土公路隧道围岩压力计算方法、不同施工方法下大跨度黄土公路隧道围岩稳定性分析、黄土隧道开挖扰动围岩变形控制技术、大跨度黄土隧道灾害分析及处治措施、大跨度黄土公路隧道地基处理技术。

(4)结合西宁地区特殊的气候特点，采用资料收集、数值模拟、室内试验等方法，开展强紫外线、大温差条件下沥青合理结构研究，提出结合气候特征及结构性能的材料组成设计方法。研究内容有：沥青路面结构温度场分布规律、基于温度场的沥青铺面力学响应、沥青胶结料选型研究、沥青面层混合料材料组成设计、桥面铺装沥青混合料材料组成设计。

(5)结合项目区域环境、边坡挖深和高度等特点，通过现场调研、资料收集、室内试验、数理统计等方法，开展高原半干旱地区公路边坡生态恢复研究。研究内容有：西宁地区生态环境概况、公路边坡生态恢复措施、公路边坡生态恢复试验、公路边坡生态恢复效果分析与评价。

第2章　工程地质勘察

2.1　气象与水文地质条件

2.1.1　气象条件

本项目区域涉及两个气候区，即西宁盆地气候区和平安盆地气候区，均属半干旱大陆性气候，具有寒长暑短、多风少雨、年内降水较集中、四季不分明、各气象要素随地势升高而有明显变化等特点。

(1)根据青海省气象台近30年观测资料，西宁地区多年平均降水量为357.1mm，蒸发量为1640.36mm，年平均气温为5.7℃，最冷月1月份平均气温为-8.2℃，最热月8月份平均气温为26.1℃，历年极端最低气温为-26.6℃，历年极端最高气温为38.2℃。主要风向为东南向，平均风速为1.9m/s，最大风速为18.0m/s，多年平均无霜期138d，标准冻深1.23m。降水主要集中在6~9月份，占年降水量的80%，此期间暴雨多，为地质灾害易发期。

此外，根据西宁地区多年降水资料分析，大致每3年出现一次丰水年，每6年出现一次枯水年。西宁地区多年主要降水要素见表2-1。

西宁地区多年主要降水要素一览表　　表2-1

特征值	样本数	最小值	最大值	稳定系数	平均值	均方差	变异系数(%)
年降水量(mm)	42	193.4	541.2	0.36	357.1	77.1	20.94
历年1小时最大降水强度(mm)	41	4.1	30.1	0.14	11.5	5.4	46.96
历年1日最大降水强度(mm/d)	42	14.7	62.2	0.24	29.8	10.2	34.23
历年10min最大降水强度(mm/10min)	26	—	16.1	0.06	6.8	3.6	52.94
一次性连续最大降水量(mm)	39	—	60.4	0.21	32.7	13.6	41.59

(2)根据平安区气象部门观测资料，平安地区多年平均降水量为327.7mm，蒸发量为1580.84mm，多年平均气温为6.8℃，最冷月1月份平均气温为-8.2℃，最热月8月份平均气温为17.2℃，历年极端最低气温为-23.7℃，历年极端最高气温为34.8℃。降水主要集中在6~9月份，占年降水量的70%以上，日最大降水强度为50.7mm/d，1h最大降水强度为33.6mm/h，此期间暴雨多，为地质灾害易发期。

2.1.2 水文地质条件

(1)地表水

项目区域内的水系,主要包括湟水河及其支流南川河、小南川河、西磨河等。

①湟水河:发源于海晏县境内大坂山南麓。上游马匹寺河与哈利涧河在海晏汇合后,向东南流经巴燕峡,到湟源转向南东穿过东峡,在扎麻隆进入西宁盆地,在西宁接纳最大支流北川河和南川河后,流经小峡、大峡。干流河道长324km,在甘肃省河口附近注入黄河。

根据西宁水文站资料,湟水河在西宁市以上流域面积为9022km^2,河道长155km,多年平均流量为32.8m^3/s,最小流量为4.58m^3/s,最大流量为698m^3/s(1967年)。西宁市境内:湟水河流长约53.62km,河道比降为5.34‰,河床宽度为50~200m,最大洪峰流量为1228.2m^3/s,汛期为5—9月,主汛期在7—8月。

②南川河:发源于拉鸡山北坡,在西宁市西门口北侧汇入湟水河,流域面积为380km^2,河道长41.0km,河道比降为13‰。根据祁家庄水文站资料(1965—1969年),多年平均流量为1.34m^3/s,最大洪峰流量为380m^3/s,6—9月为汛期。

③小南川河(西沟):为湟水河南岸的较大支流,发源于湟中县境内的拉鸡山北麓,在平安县小峡乡三十里铺村西侧(湟水河小峡出口处)汇入湟水河,流域面积约373km^2,干流河道长约43.0km,河道比降为2.01‰,多年平均流量为1.199m^3/s,历年最大流量为133.0m^3/s,最大洪峰流量为64.4m^3/s。

④西磨河:为湟水河南岸较大支流,发源于湟中县境内的拉鸡山北麓,在西宁市西郊陶南村附近汇入湟水河,流域面积为190km^2,河道长23.0km,河道比降为6.6‰,多年平均流量为0.75m^3/s。

项目区地表水多矿化度低,河水一般不受污染,水质良好,可作民用及工业用水。勘察期间,分别对湟水河、小南川河、南川河、西磨河、甘河的地表水采取水样,并进行水质分析试验,试验结果见表2-2。根据表2-2水质分析结果,可知项目区域内水质为HCO_3—Mg·Ca型水,对混凝土及钢筋均具有微腐蚀性。

水质分析结果 表2-2

试验编号	取样里程(m)	水源类别	化学成分							试验结论			
			阳离子				阴离子			游离CO_2(mg/L)	pH值	水质类型	结晶类腐蚀
			K^+(mg/L)	Na^+(mg/L)	Ca^{2+}(mg/L)	Mg^{2+}(mg/L)	Cl^-(mg/L)	SO_4^{2-}(mg/L)	HCO_3^-(mg/L)				
1	湟水河	地表水	1.70	21.39	94.85	22.96	105.23	143.77	110.75	0.00	7.69	HCO_3—Mg·Ca	无腐蚀性
2	湟水河	地表水	1.60	15.64	88.19	60.90	106.65	271.56	104.24	0.00	8.09	HCO_3—Mg·Ca	无腐蚀性
3	南川河	地表水	54.46		115.23	42.53	97.49	67.24	396.63	0.00	7.94	HCO_3—Mg·Ca	无腐蚀性
4	小南川河	地表水	45.93		79.16	43.13	44.31	160.90	292.90	0.00	8.34	HCO_3—Mg·Ca	无腐蚀性

续上表

试验编号	取样里程(m)	水源类别	化学成分							试验结论			
			阳离子				阴离子			游离 CO_2 (mg/L)	pH值	水质类型	结晶类腐蚀
			K^+ (mg/L)	Na^+ (mg/L)	Ca^{2+} (mg/L)	Mg^{2+} (mg/L)	Cl^- (mg/L)	SO_4^{2-} (mg/L)	HCO_3^- (mg/L)				
5	甘河	地表水	8.58	47.30	101.95	76.16	114.29	187.73	294.08	0.00	8.00	HCO_3—Mg·Ca	无腐蚀性
6	西磨河	地表水	46.07		90.18	30.38	53.18	100.86	305.10	0.00	7.97	HCO_3—Mg·Ca	无腐蚀性

(2)地下水

项目区域内的地下水,主要包括松散岩类孔隙水和碎屑岩类裂隙孔隙水两种类型。

①松散岩类孔隙水

该类地下水赋存于湟水河、南川河及其较大冲沟中的砂卵砾石层中,含水层厚度为3~15m,Ⅰ级阶地地下水位埋深小于5m,Ⅱ级阶地地下水位埋深5~15m(局部地带地下水位埋深1~2m),Ⅲ级阶地地下水位埋深大于15m。单井出水量多小于1000m^3/d,仅在南川河西岸Ⅱ级阶地中部和湟水河南岸双寨以西地段单井出水量为1000~2000m^3/d,水化学类型为HCO_3—Ca·Mg和HCO_3·SO_4—Ca·Mg·Na型水,矿化度为0.75~1.5g/L,地下水水化学类型和矿化度随补给条件和隔水底板起伏变化而变化。该类地下水主要接收地表水的渗漏补给。

②碎屑岩类裂隙孔隙水

该类地下水分布于丘陵区,含水层岩层为砖红色砂岩、砂砾岩及其风化层,调查区的下伏第三系红层都赋存有承压自流水,单井出水量为100~1000m^3/d,水质差,埋深为25~100m。风化层中的潜水泉水出露很少,一般单泉流量大都小于0.1L/s,水化学类型属HCO_3·SO_4—Ca·Mg型水,矿化度为1~3g/L。

③地下水地质分布

在湟水河、小南川河、南川河、西磨河的漫滩与两岸Ⅰ、Ⅱ级阶地中,地下水埋藏较浅,地下水对混凝土具弱~中腐蚀性。在坡洪积坡地堆积层中,由于地表植被不发育,地形高差较大,加上气候干旱少雨,蒸发量远大于降水量,水量一般贫乏,控制深度内未见地下水。

2.2 工程地质条件

2.2.1 区域地质构造

西宁盆地和平安盆地是湟水河谷地"串珠状"盆地之中的两个盆地,均属于西宁大盆地,位于青海东部,南以拉鸡山为屏障,北侧是达坂山,西部超覆于湟源北山之上,东延入甘肃境内,呈西大东小的四边形,是我国西北黄土高原西缘盆地。盆地南缘受控于拉鸡山北缘断裂,北缘被达坂山断裂制约。西宁盆地,在地质构造上位于祁、吕、贺"山"字形构造体系的西翼弧形褶皱带部位,总体褶皱形态表现为复式向斜构造。西宁市位于其复式向斜中的后子河-西宁背斜轴部末端。在燕山运动中，本区发生了断裂凹陷，形成了许多山间盆地，沉积了较厚的第三系泥岩；喜马拉雅运动使第三系地层发生了平缓的褶皱和断裂，以后受长期的侵蚀和剥蚀，堆积了较厚的第四系。公路沿线断裂、构造及褶皱不发育，无区域性断裂、全新活动断裂构造通过。仅有西堡-桑家沟-草子湾向斜，向斜轴部位于西堡、草子湾一线，呈北西西向。西段产状几乎近水平，向斜形态已不明显；往东由于小峡基底断裂凸起，向斜被切割；更东向斜又在同一方向上继续东延至草子湾一带。两翼不对称，由北到南倾角变大（由10°变为20°）。南翼由于大断裂和拉鸡山剧烈上升的影响，次级褶曲发育，形成数个短轴背、向斜构造。北翼主要受古老基底的隆起影响，形成湟水背斜，背斜轴产状近于水平，两翼产状为8°～12°。

此外，西宁盆地和平安盆地属于祁连褶皱系中的两个小型断陷盆地，周边大断裂严格控制着中生代以后的地层沉积环境和地形格局。新构造运动在盆地腹部，主要表现为振荡式隆升为主，断裂和褶皱活动相对较弱，使第三纪红层形成宽缓的背斜和向斜构造，轴向一般为北西至南东向。在河谷区形成了Ⅰ、Ⅱ、Ⅲ级阶地，使丘陵边部的残存高阶地抬升到现代侵蚀基准面以上八十多米，在宏观上塑造成千沟万壑梁峁状丘陵和侵蚀堆积的河谷地貌景观。

调查区断裂构造不发育，野外调查未发现有断裂。

2.2.2　地形与地貌特征

项目区域位于西宁盆地和平安盆地的中部，地处湟水河河谷地带，总体上形成西高东低、南高北低、以南为低山丘陵、以北为湟水河谷的地形特征。

项目区域地貌类型较复杂，按其成因及形态特征将沿线地貌主要分为河流侵蚀堆积阶地地貌（如河床、漫滩）、山前坡洪积倾斜区、低中山剥蚀地貌（南山等中低山）三种类型。

（1）河流侵蚀堆积阶地地貌

沿湟水河及其较大一级支流呈带状展布，地形相对较开阔，湟水河河谷宽2～4km，由高漫滩、Ⅰ级与Ⅱ级阶地构成，其中Ⅱ级阶地最为发育，一般高程为2110～2430m，是城镇建设和农业发展的主要地带。

Ⅰ级阶地沿湟水河、南川河及小南川河两岸断续分布，阶面宽50～150m，前缘高出漫滩1.5～3.0m，地下水位埋深1.0～2.5m，为上细下粗的二元结构。多为农田和林地。

Ⅱ级阶地在湟水河南岸、南川河西岸及小南川河两岸最为发育，一般宽0.5～1.5km，阶面平坦开阔，构成二元结构（上部为粉土或亚砂土，厚5～8m；下部为卵砾石层，厚2.5～4.0m），局部地段可见基座，地下水位埋深2.5～6.5m。在火烧沟以东为西宁市城市建设用地，以西为农田和村庄。

Ⅲ级阶地（包括极少量的小范围的Ⅳ级阶地）在湟水河及其较大一级支流两岸断续小范围残存。在湟水河南岸，九眼泉至大圆山一带Ⅲ级阶地较连续分布，阶面较平整，地形起伏不大，一般宽100～1000m，前缘高出Ⅱ级阶地5～10m，构成二元结构（上部为粉土、黄土状土，厚5～15m；下部为砾卵石层，厚5～10m）。多为农田和少量的村落。

（2）山前坡洪积倾斜区

Ⅱ、Ⅲ级阶地后缘的山前地带，主要分布由坡洪积物形成的斜坡地带，多和Ⅲ、Ⅳ级阶地混为一体不易分开，坡面倾斜，地形起伏较大，一般宽50～200m，前缘高出Ⅲ级阶地5～10m，高出Ⅱ级阶地15～30m，高台地的部分地段有滑坡堆积物或泥石流堆积物覆盖，以种植林木为主。

(3)低中山剥蚀地貌

该类型地貌主要分布在湟水河谷的两侧,一般高程为2300~2500m,相对高差为100~500m,冲沟发育,流水侵蚀强烈,地形坡度变化较大,20°~50°均有,山顶一般为浑圆状,植被覆盖率差异大,覆盖率为15%~60%。由第三系砂岩、泥岩夹石膏岩构成主体,上覆有5~30m厚的风积黄土。丘陵顶部相对较平缓,以面蚀作用为主,黄土中落水洞较发育。

此外,该类型地貌还分布在调查区东部湟水河两岸和线路终点扎麻隆南侧山上的低山区,一般高程为2400~2600m,相对高差为100~500m,冲沟发育,地形坡度变化较大,植被覆盖率差异大,覆盖率为15%~60%。

2.2.3 地层特征

项目区出露地层较复杂,主要为前第四系、第四系,由老至新简述如下:

(1)前第四系

①下元古界(Pt_1)

仅分布在调查区东部的小峡地段的湟水河两岸,岩性为含石榴石黑云斜长片岩、灰色十字石二云片岩和变粒岩。

②上元古界(Z_1)

仅分布于线路终点扎麻隆南侧山上,岩性为片岩、含橄榄石、石榴子石片岩夹不纯石英岩及大理岩透镜体。

③侏罗系(J_2)

仅分布于小峡口地段,岩性为黑灰色及灰绿色含炭泥岩、页岩、粉砂岩夹油页岩及煤层,底部含砂板岩。

④白垩系(K)

分布在调查区东部湟水河两岸,主要岩性为黄绿色及土黄色砂岩、含砾砂岩、灰色砾岩,上部为泥岩、页岩,下部为含砾砂岩、砾岩。

⑤下第三系(E)

分布在调查区南部杨沟湾至南山寺一带的丘陵区和小南川河东岸山体,其岩性上部为棕红色粉砂质泥岩,中部为棕红色砂质泥岩与灰绿色石膏岩互层,下部地层调查区无出露。

⑥上第三系(N)

分布在调查区南川河以西丘陵区,大致可分为三个岩组,上岩组在评估区无出露,中岩组上部为黄棕色钙质泥岩,下部为浅红棕色钙质泥岩与砂岩不等厚互层。下岩组上部为浅棕红色~棕黄色含粉砂钙质泥岩,下部为棕红色砾岩、砂岩与砂质泥岩互层。

(2)第四系(Q)

①上更新统风积黄土(Q_3^{eol})

分布于项目区低山丘陵的顶部,可见厚度为5~35m,垂直节理发育,上部厚度为10~15m,具有大孔隙和湿陷性特征。该层中落水洞发育,易发生水土流失和崩塌、滑坡。黄土的底部有厚3~4m的卵砾石层(底砾石层),且局部微弱含水。

②上更新统冲洪积物（Q_3^{al+pl}）

断续分布于湟水河谷南侧边部，九眼泉至大圆山一带和西磨河以西较发育且连续，岩性上部为黄土状土或粉土，厚度为5~15m；下部为砂卵砾石，厚度为10~15m；分选性一般较好，磨圆度多呈扁平或浑圆状，厚度为3~5m，此层底部含水。此套地层构成调查区内的Ⅲ级阶地。

③全新统冲洪积物（Q_4^{al+pl}）

分布于湟水河、南川河等及较大支沟和冲沟中。该套地层构成河漫滩，其中Ⅰ级阶地和Ⅱ级阶地具二元结构：上部为亚砂土或粉土，厚度为5~10m；下部为卵砾石层，分选性一般，磨圆较好，一般粒径为5~10cm，最大可达30cm，卵砾石含量约占80%以上，成分有硬砂岩、花岗岩、石英岩等，厚度为3~15m。此层含水，地下水位埋深为0.5~15m。

④全新统坡洪积物（Q_4^{dl+pl}）

分布于湟水河、南川河及较大冲（支）沟两侧的山前地带。该套地层构成坡洪积斜坡地带，混合堆积，层理不清。上部以亚砂土或粉土为主，厚度为5~10m；下部以卵砾石和碎石等为主，厚度为5~15m。该层多不含水，局部地下水位埋深也较深，为15~30m。

⑤全新统残坡积物（Q_4^{el+dl}）

分布于低山丘陵区地带。该套地层构成残坡积斜坡地带，混合堆积，层理不清。上部以亚砂土或粉土为主，厚度为0.5~1m；下部以碎石等为主，厚度为1~3m。该层多不含水。

⑥泥石流堆积物（Q^{sef}）

分布于泥石流沟口地带，层理不清，分选性和磨圆性都较差，由泥质（黏土、粉土）和碎石、泥岩碎块、石膏碎块等组成，一般厚度为5~15m，每期堆积厚度为30~80cm。老堆积物多构成扇形地，新堆积物沿现代泥石流沟堆积。

⑦滑坡堆积（Q^{del}）

主要分布在丘陵前缘和冲沟的两侧，岩性随母岩的不同而变化，一般情况下为粉土、泥岩、石膏岩混杂堆积，个别情况下为黄土或泥岩、石膏岩杂乱堆积，厚度为5~30m不等。

（3）加里东期侵入岩（$\gamma\delta_3^3$、γ_3^3）

$\gamma\delta_3^3$分布在调查区东部湟水河南岸许家庄至杨家湾一带，岩性为灰白色中细粒斜长花岗岩和花岗闪长岩。

γ_3^3分布在国寺营村南侧，岩性以黑云母花岗岩、二云母花岗岩、似斑状花岗岩为主。

2.2.4 地震划分

根据青海省地震局资料，1986年以前，发生在西宁周边地区的地震共有28次，其中最大震级为5.60级，一般为2~3级，震中均位于邻区。经国家地震局震发防〔1996〕045号文批准，西宁地区以市中心250km范围内抗震设防烈度为7度区第二组，设计基本地震加速度值为0.10g，设计场地特征周期为0.40s。在区划范围内划分了40个潜在震源区，在西宁地区仅有一个“西宁潜在震源区”有隐伏第四系小断裂，中强震较高，最大震级为5.40级。

此外，根据《中国地震动参数区划图》（GB 18306—2001）和《建筑抗震设计规范》（GB 50011—2010），项目区地震动峰值加速度为0.10g，属第三组，对应地震基本裂度为Ⅶ度，属地震活动基本稳定区,工程构筑物应采取相应措施设防。

2.3 工程地质分区与评价

2.3.1 工程地质分区

(1)工程地质分区原则

①综合考虑地质构造、地形地貌、水文地质及不良地质作用、岩土体类型等因素,较客观全面地反映分区及路段工程地质条件。

②以区域地貌作为工程分区的主要依据,将此路段分为侵蚀堆积河谷平原区和构造剥蚀低山丘陵区两个区。

③依据地貌和岩土体物理力学特征,进一步在工程地质分区的基础上划分出8个工程地质亚区。

④依据工程特点,在工程地质亚区的基础上划分出工程地质的具体地段。

(2)工程地质分区类型

根据以上工程地质分区原则,将路线经过的地段划分成工程地质区和工程地质亚区。工程地质区包括侵蚀堆积河谷平原区(A)和构造剥蚀低山丘陵区(B)。其中,侵蚀堆积河谷平原区(A)又划分为5个亚区:河床及河漫滩亚区(A1)、Ⅰ级阶地亚区(A2)、Ⅱ级阶地亚区(A3)、Ⅲ级阶地亚区(A4)、山前坡洪积斜坡亚区(A5);构造剥蚀低山丘陵区(B)又划分为3个亚区:黄土梁峁亚区(B1)、软质基岩亚区(B2)、硬质基岩亚区(B3)。

2.3.2 工程地质分段

依据项目工程特性,在工程地质亚区的基础上划分出工程地质的具体地段。全线合计分为6个工程地质段:1-一般路基段、2-盐渍土路基段、3-湿陷性黄土路基段、4-填土路基段、5-桥梁段、6-隧道段。

其中,根据湿陷性黄土的等级和类型,将湿陷性黄土路基段进一步细分为Ⅰ~Ⅳ级湿陷性黄土;盐渍土路基段根据其盐渍化程度,进一步细分为弱盐渍土、中盐渍土和强盐渍土。道路工程地质分区评价详见表2-3。

道路工程地质分区评价表 表2-3

工程地质分区	工程地质亚区	里程桩号	合计长度(m)	工程地质特征及评价
侵蚀堆积河谷平原区(A区)	河床及河漫滩亚区(A1亚区)	K0+560~K1+860 K2+120~K3+200 K11+831~K12+119	2668	地处漫滩、Ⅰ级阶地侵蚀堆积地带,地势较平坦。控制深度内地层主要为圆砾、卵石,稍湿~饱和,稍密~密实,级配良好,厚度较大。本段无不良地质作用,无特殊土分布。 路基处理建议:该段路基土主要为巨粒土,可不进行路基处理

续上表

工程地质分区	工程地质亚区	里程桩号	合计长度(m)	工程地质特征及评价
侵蚀堆积河谷平原区(A区)	Ⅰ级阶地亚区(A2亚区)	K3 +700 ~ K3 +965 K29 +530 ~ K30 +030 K40 +300 ~ K40 +466	931	地处Ⅰ级阶地侵蚀堆积地带,地势较平坦。控制深度内地层以粉质黏土、粉土和卵砾石为主,细粒土厚度较小,呈稍湿、稍密~中密。本段无不良地质作用,特殊土主要为湿陷性黄土及盐渍土。 路基处理建议:该段路基土主要为黄土状土,具湿陷性,建议清除表土,采用强夯处理,并采取防水和结构措施
	Ⅱ级阶地亚区(A3亚区)	K0 +000 ~ K0 +560 K1 +860 ~ K2 +120 K3 +200 ~ K3 +700 K11 +725 ~ K11 +831 K12 +119 ~ K12 +310 K29 +120 ~ K29 +530 K30 +030 ~ K30 +340 K40 +466 ~ K46 +400 K51 +035 ~ K58 +287 K59 +850 ~ K61 +023	16696	地貌类型为Ⅱ级阶地,地势较平坦。控制深度内地层以黄土状土为主,稍密~密实,局部夹砂层。本段无不良地质作用,特殊土主要为湿陷性黄土及盐渍土。 路基处理建议:该段路基土主要为黄土状土,具湿陷性,建议清除表土,采用强夯处理,并采取防水和结构措施
	Ⅲ级阶地亚区(A4亚区)	K21 +620 ~ K26 +060 K46 +400 ~ K49 +610 K50 +790 ~ K51 +035 K58 +287 ~ K59 +850	9458	地貌类型为Ⅲ级阶地,地势较平坦。控制深度内地层上部主要为黄土状土(Q_4^{1al+pl}),厚5~10m;下部由稍密~中密的卵石(Q_4^{1al+pl})组成,厚5~15m。本段无不良地质作用,特殊土主要为湿陷性黄土及盐渍土。 路基处理建议:该段路基土主要为黄土状土,具有湿陷性,建议清除表土,采用强夯或挤密桩处理,并采取结构防水措施
	山前坡洪积斜坡亚区(A5亚区)	K3 +965 ~ K6 +785 K7 +442 ~ K11 +023 K15 +437 ~ K16 +372 K19 +037 ~ K20 +849 K29 +030 ~ K29 +120 K30 +340 ~ K34 +060 K36 +500 ~ K40 +300 K49 +610 ~ K50 +790	17938	地貌类型为山前坡洪积斜坡堆积地带,地形上呈阶梯式斜坡状,斜坡坡度为15°~20°,地形起伏不大。地层上部主要由粉土、粉质黏土夹碎石、石膏碎块等组成,厚10~30m;下部为泥岩,全、强风化层厚5~10m。本段无不良地质作用,特殊土类主要为湿陷性黄土及盐渍土。 路基处理建议:该段路基土主要为粉土、粉质黏土,具湿陷性,建议清除表土,采取强夯或挤密桩处理,并采取结构防水措施

续上表

工程地质分区	工程地质亚区	里程桩号	合计长度(m)	工程地质特征及评价
构造剥蚀低山丘陵区(B区)	黄土梁峁亚区(B1)	K6+785~K7+442 K11+023~K11+725 K15+245~K15+437 K16+372~K19+037 K20+849~K21+620	4987	地处低山丘陵地貌,岩性以风积黄土(Q_3^{eol})为主,厚5~30m,具湿陷性,多为Ⅲ~Ⅳ级自重湿陷;下部为全强风化泥岩。本段发育的不良地质作用主要为滑坡,特殊土类主要为湿陷性黄土及盐渍土。 路基处理建议:该段路基土主要为黄土,具有湿陷性,建议清除表土,采用重锤夯实,并采取结构防水措施
	软质基岩亚区(B2)	K26+060~K29+030 K34+060~K36+500	5410	地处低山丘陵地貌,冲沟发育,流水侵蚀强烈,地形坡度变化较大,20°~50°均有,山顶一般为浑圆状,植被覆盖率差异大,覆盖率为15%~60%,上覆有5~30m厚的风积黄土。地层主要由第三系砂岩、泥岩夹石膏岩构成主体,厚度大于300m。该地段多以隧道形式通过
	硬质基岩亚区(B3)	K12+310~K15+245	2935	地处低山丘陵地貌,一般高程为2400~2600m,相对高差为100~500m,冲沟发育,地形坡度变化较大,植被覆盖率差异大,覆盖率为15%~60%。地层主要由加里东期花岗岩组成。该地段以隧道形式通过

2.4 不良地质和特殊岩土

2.4.1 不良地质

项目沿线主要不良地质为滑坡、崩塌、潜在不稳定斜坡和泥石流。

(1)滑坡

沿线走廊范围调查区内,共有5处滑坡发育,其特征详见表2-4。其中规模较大的滑坡有位于水电设备厂南侧的滑坡(H3)和位于钢材交易市场南侧的张家湾-阴山堂滑坡群(H4)。现就典型滑坡简述如下:

①水电设备厂南侧滑坡(H3)

水电设备厂南侧滑坡(H3),位于项目里程南面(K38+900~K39+400),距离本线路最近点约125m。滑体宽86~148m,长约500m,平均厚约20m,滑坡前缘砖厂人工开挖成高20~30m、坡度为50°~60°的陡坡,属大型土质-岩质牵引式滑坡。滑坡体的岩性为黄土、粉质黏土、强风化泥岩,现后缘拉张裂隙发育,每间隔5~10m发育一条裂缝,共发育3~5条。裂缝延伸50~80m,缝宽0.3~0.5m,新近变形迹象明显,稳定性差,现处于极限稳定状态。

滑坡特征一览表　　表 2-4

编号	位　　置	微地貌	地层岩性	滑体及变形破坏特征	稳定性
H1	青海中油管道开发区门站南侧，项目 K17 +700 ~ K17 +900 北侧 160m	陡坡	黄土、泥岩	该滑坡因厂房扩建开挖形成 15 ~ 20m 的陡崖，目前处于极限状态，后缘已出现长约 100m、下错 0.1 ~ 0.2m 的拉裂缝，可见深度 100cm，滑体上发育有二级平台，其蠕动变形迹象十分明显。该处滑坡离项目较远，危险性小	差
H2	青海泰盛地产飞云建工南侧，项目 K38 +560 ~ K38 +720 在该滑坡的前缘部位通过	陡坡	黄土、强风化泥岩	该滑坡因取土形成 15 ~ 20m 的陡崖，目前未滑动，但后缘已出现长约 30m、下错 0.1 ~ 0.2m 的拉裂缝，可见深度 100cm，在其西侧发育有 H3 滑坡，其蠕动变形迹象十分明显。该处滑坡对项目危险性大	差
H3	水电设备厂南侧，项目 K38 +900 ~ K39 +400 在该滑坡的前缘部位通过	陡坡	黄土、强风化泥岩	H3 滑坡前缘砖厂人工开挖成高 15 ~ 20m、坡度为 50° ~ 60°的陡坡，滑坡属大型土质-岩质牵引式滑坡，现后缘拉张裂隙发育，每间隔 1 ~ 2m 发育一条裂缝，共发育 5 ~ 6 条。裂缝延伸 2 ~ 5m，缝宽 0.3 ~ 0.5m，新近变形迹象明显，稳定性差。该处滑坡对项目危险性大	差
H4	钢材交易市场南侧，项目 K40 +700 ~ K41 +400 北侧	陡崖	黄土、强风化泥岩	该滑坡由 H4(1)、H4(2)、H4(3) 三个滑坡组成，属大型土质-岩质牵引式滑坡。 H4(1)滑体后壁陡立，高 20 ~ 30m，为人工取土开挖形成，坡面较破碎，局部发育有崩塌。 H4(2)滑坡体后壁陡立，高约 5m，滑体上发育有二级平台，中间及两侧发育有冲沟，后缘发育有洼地，前缘因砖厂取土，局部临空，稳定性差。 H4(3)滑坡体平面呈明显圈椅状，其前缘较平缓，坡度为 25° ~ 30°，坡体上有少量拉裂隙，后壁较陡，坡度为 35° ~ 40°，受后缘山顶上绿化灌溉水入渗的影响，该滑坡稳定性差。 项目在该段以隧道形式通过，对公路危险性小	差
H5	海湖水泥制品公司西南侧，项目 K45 +920 ~ K46 +430 南侧	陡坡	黄土	该滑坡由 H5(1)、H5(2) 两个滑坡组成，现状稳定。 H5(1)滑体坡面较陡，坡体两侧发育有小型冲沟，滑体上发育有张拉裂隙，局部发育有小的崩塌体。 H5(2)滑坡平面上呈圈椅状，后壁高 3 ~ 5m，近直立，滑体植被较发育，覆盖率为 50%，坡度较陡，为 30° ~ 40°，坡体上未见明显拉张裂隙，但沟底及两侧、中间发育有季节性洪水冲沟，前缘冲沟沟口两侧地层不连续。 项目从该滑坡前缘通过，对公路危险性较大	较好

该滑坡对项目里程 K38 +900 ~ K39 +400 段构成较大威胁，危险性较大。

②张家湾-阴山堂滑坡群（H4）

张家湾-阴山堂滑坡群（H4），位于钢材交易市场（原张家湾村砖厂）南侧，地处 K40 + 700 ~ K41 +400 地段的北侧，地层以黄土状土、粉质黏土及第三系泥岩为主，主要由 H4（1）、H4（2）、H4（3）等滑坡组成。

①H4（1）滑坡体后壁陡立，高 20 ~ 30m，为人工取土开挖形成，坡面较破碎，局部发育有崩塌。

②H4（2）滑坡体后壁陡立，高约 5m，滑体上发育有二级平台，中间及两侧发育有冲沟，后缘发育有洼地，前缘因砖厂取土，局部临空，稳定性差。

③H4（3）滑坡体平面呈明显圈椅状，其前缘较平缓，坡度为 25° ~30°，坡体上有少量拉裂隙，后壁较陡，坡度为 35° ~40°，受后缘山顶上绿化灌溉水入渗的影响，该滑坡稳定性差。

项目在该段以隧道形式通过，危险性小。

（2）崩塌

调查区崩塌较发育，各个冲沟两岸及现有的人工取土场和砖厂都发育有崩塌，但其规模均较小，一般仅 20 ~ 100m^3，属小型崩塌，其特征详见表 2-5。

崩塌特征一览表 表 2-5

编号	位　置	微地貌	地层岩性	滑体及变形破坏特征	稳定性
B1	下店村西南侧 450m，项目 K8 + 080 在该段通过	陡坡	强风化泥、砂岩	后壁陡立，两侧冲沟发育，主要成分为大小不等的砂、泥岩碎块体，属Ⅰ类崩塌。公路从山脚下通过，雨水冲蚀时可形成泥石流危害公路	差
B2	杨沟湾村南侧，项目 K15 +500 在其北侧通过	陡坡	黄土、强风化砂岩	后壁较陡，崩积物主要成分为砂岩碎石及黄土，属Ⅱ类崩塌，前缘修路开挖成高 2 ~ 3m、坡度为 50° ~60°的陡坡，稳定性差。 项目从其北侧 50m 处通过，对公路危险性较小	差
B3	项目 K18 +400 在该段通过	陡崖	黄土	后壁直立，高 20 ~ 30m，为人工取土开挖形成，主要成分为黄土，属Ⅱ类崩塌。蔡家山 2 号隧道进口从该处通过，对项目危险性大	差
B4	南西山村东侧 150m，项目 K27 + 950 ~ K28 +000 通过	陡坡、陡崖	粉土、粉砂、粉质黏土	位于冲沟直立岸坡，高 5 ~ 10m，崩坡积物主要成分为砂、粉土、粉质黏土等，属Ⅱ类崩塌，稳定性较差	较差

野外调查较大的典型崩塌为南西山村东侧崩塌（B3），分布于南西山村西东侧 150m，项目里程 K27 +950 ~ K28 +000 在该段通过。该处崩塌位于冲沟直立岸坡，坡高 15 ~20m，坡度为 25° ~70°，坡向为 113°；地层以第四系晚更新统冲洪积粉砂、粉土、粉质黏土为主；垂直节理发育，属于倾倒式崩塌，属Ⅲ类崩塌。

项目从该崩塌通过，危险性较大。

（3）潜在不稳定斜坡

调查区内潜在不稳定斜（边）坡，主要分布在丘陵区前缘及各大冲沟两岸，地层主要由黄土状土及冲洪积粉质黏土等组成，其特征详见表 2-6。

潜在不稳定斜坡特征一览表 表 2-6

编号	位置	微地貌	地层岩性	坡高(m)	变形破坏特征
Q1	青海泰盛地产飞云建工南侧,项目 K38 +700 ~ K38 +900 南侧	陡崖	黄土	10 ~ 20	斜坡坡面较破碎,坡顶小冲沟,垂直节理发育,边坡部分地段临空,坡脚受砖厂取土开挖严重,坡脚处发育有小型崩滑体。受两侧滑坡影响,变形迹象明显。项目 K38 + 700 ~ K38 + 900 段在该斜坡下通过,存在危险性
Q2	西川监狱南侧 350m,项目 K39 +400 ~ K39 +800 南侧	陡坡	黄土、强风化泥岩	10 ~ 20	该斜坡体前缘因取土形成 5 ~ 10m 的陡崖,局部发育有小的崩塌体,斜坡上发育有拉张裂隙,坡脚受砖厂取土开挖严重,坡脚处发育有小型崩滑体,对项目危险性大

野外调查显示,典型的潜在不稳定斜坡为青海泰盛地产飞云建工南侧潜在不稳定斜坡(Q1),植被发育,主要为杂草,固坡能力较弱。地层以粉质黏土、粉砂、强风化泥岩为主,边坡长约 200m,宽 60 ~ 80m,坡向为 355°,坡高 40 ~ 50m,坡度为 35° ~ 45°。其前缘被砖厂人工取土开挖成坡高 10 ~ 20m、坡度约 60°、局部直立的陡坡。该段边坡变形迹象明显,尤其是受两侧 H2、H3 滑坡的影响,局部地段发育有新近产生的小型崩塌。该段边坡稳定性差。

项目 K38 +700 ~ K38 +900 段在该斜坡下通过,存在一定的危险性。

(4)泥石流

根据本次调查和前人资料,调查区内发育有 14 条泥石流沟。其中,1 条(N5)属高易发,11 条(N1 ~ N4、N6、N8 ~ N13)属中等易发,2 条(N7、N14)属低易发型。泥石流主要受降水、植被覆盖程度、泥石流沟谷地形及地层岩性的制约。西宁地区内泥石流大多属泥流,粉黏粒含量约占 50% 以上;平安地区大多属泥石流。泥石流特征及分布见表 2-7。

近年来,国家和地方政府投入巨资,对大多数的泥石流沟进行了人为的环境改造,开展种草植树、封山育林等活动,使得西宁市和平安区的自然环境日趋好转,并对可能产生泥石流灾害的沟谷进行工程治理,各泥石流沟产生的灾害危害性正在逐渐减弱。例如:蔡家沟 1995 年发生泥石流,洪水淹没沟口解放渠涵,2004 年市园林部门投资对该沟谷进行工程治理,至今未发生过泥石流灾害。

2.4.2 特殊岩土

项目沿线区域内分布的特殊岩土包括湿陷性黄土和盐渍土,其特征详见表 2-8 和表 2-9。

(1)湿陷性黄土

湿陷性黄土在项目建设走廊范围内分布较为广泛,主要分布于低山丘陵的顶部和湟水河河谷南部Ⅱ ~ Ⅲ级阶地的上部及部分小面积残余Ⅳ级阶地的上部。现就分布在不同部位的黄土分述如下:

①风积黄土

风积黄土分布于低山丘陵顶部,具有大孔隙、垂直节理和湿陷性等特征;成分以粉土、粉质黏土为主,结构较均一,区域厚度为 5 ~ 35m。湿陷等级为Ⅲ ~ Ⅳ级自重湿陷。该土体中落水洞发育。

泥石流特征一览表

表 2-7

编号	汇水面积（km^2）	类型	流量（m^3/s）	一次出沙量（m^3）	性质及特征	对线路影响	防止措施
三水槽沟泥石流（N1）	2.1	泥流	58.9	2.790	干沟，有季节性水流，沟内松散物质丰富，植被覆盖率低。沟口地形开阔，相对较平坦，属中易发型泥石流	项目线路通过该沟冲沟部位，跨越该泥石流沟	疏导沟道，采取防冲刷措施
红沟泥石流（N2）	1.2	泥流	45.2	2.147	干沟，有季节性水流，沟内松散物质丰富，植被覆盖率低。沟口地形平缓，相对较平坦，属中易发型泥石流	项目线路通过该泥石流扇后部，对线路影响小	疏导沟道，采取防冲刷措施
沙沟泥石流（N3）	1.3	泥流	44.5	2.116	干沟，有季节性水流，沟内松散物质丰富，植被覆盖率低。沟口地形平缓，相对较平坦，属中易发型泥石流	项目线路通过该泥石流扇后部，对线路影响小	疏导沟道，采取防冲刷措施
葫芦山沟泥石流（N4）	1.8	泥流	54.5	2.588	干沟，有季节性水流，沟内松散物质丰富，植被覆盖率低。沟口地形平缓，相对较平坦，属中易发型泥石流	项目线路通过该泥石流扇中部，对线路影响小	疏导沟道，采取防冲刷措施
牛圈庄沟泥石流群（N5）	4.5	泥流	289.9	13.775	泥石流扇群，发育有大小不等的多条泥石流沟，大多泥石流沟为小型泥石流沟，处于孕育发展期，沟谷内沟谷两岸滑坡、崩塌较发育，为泥石流的发生提供了丰富的物质来源，沟谷两侧植被覆盖率较低。沟口处地形开阔，属高易发型泥石流	项目线路通过该泥石流扇后部，对线路影响较大	疏导沟道，采取防冲刷措施
东槽沟泥石流（N6）	1.1	泥流	32.4	1.538	干沟，有季节性水流，沟内松散物质丰富，植被覆盖率低。沟口地形平缓，相对较平坦，属中易发型泥石流	项目线路通过该泥石流扇后部，对线路影响小	疏导沟道，采取防冲刷措施
马圈沟泥石流（N7）	1.1	泥流	26.2	1.245	干沟，有季节性水流，沟内松散物质丰富，植被覆盖率低。沟口地形平缓，相对较平坦，属中易发型泥石流	项目线路通过该沟冲沟部位，跨越该泥石流沟	疏导沟道，采取防冲刷措施
大沟泥石流（N8）	3.6	泥流	46.4	2.205	干沟，有季节性水流，沟内松散物质丰富，植被覆盖率低。沟口地形平缓，相对较平坦，属中易发型泥石流	项目线路通过该泥石流沟沟口处，对线路影响小	疏导沟道，采取防冲刷措施
曹家沟（铁骑沟）泥石流（N9）	89.98	泥流	220.4	10.5	沟谷内两侧小型滑坡、崩塌较发育。堆积区位于湟水河的南岸Ⅰ级阶地上，受该泥石流的影响，湟水河向北弯曲。属中等易发型泥石流	项目线路通过该泥石流沟	疏导沟道，采取防冲刷措施

续上表

编号	汇水面积（km^2）	类型	流量（m^3/s）	一次出沙量（m^3）	性质及特征	对线路影响	防止措施
瓦窑沟泥石流（N10）	8.5	泥流	58.5	2.78	干沟，有季节性水流，沟内松散物质丰富，植被覆盖率低。沟口地形平缓，相对较平坦，属中易发型泥石流	项目线路跨越泥石流沟上游近沟源头地段，对线路影响小	疏导沟道，采取防冲刷措施
火烧沟泥石流（N11）	53.06	泥流	179.8	8.5	干沟，有季节性水流，沟内松散物质丰富，植被覆盖率低。沟口地形开阔，相对较平坦，属中易发型泥石流	项目线路通过该沟冲沟部位，跨越该泥石流沟	疏导沟道，采取防冲刷措施
水槽沟泥石流（N12）	10.29	泥流	69.9	3.3	干沟，有季节性水流，沟内松散物质丰富，植被覆盖率低。沟口地形平缓，相对较平坦，属中易发型泥石流	项目线路通过该泥石流扇后部，对线路影响小	疏导沟道，采取防冲刷措施
大脑沟泥石流（N13）	2.3	泥流	39.9	1.89	干沟，有季节性水流，沟内松散物质丰富，植被覆盖率低。沟口地形平缓，相对较平坦，属中易发型泥石流	项目线路通过该泥石流沟沟口，跨越该泥石流沟	疏导沟道，采取防冲刷措施
张李沟泥石流（N14）	10.38	泥流	67.7	3.22	干沟，有季节性水流，沟内松散物质丰富，植被覆盖率低。沟口地形平缓，相对较平坦，属低易发型泥石流	项目线路通过该泥石流沟沟口，跨越该泥石流沟	疏导沟道，采取防冲刷措施

湿陷性黄土特征一览表

表 2-8

地貌类型	路程桩号	湿陷类型、等级	长度（m）	岩土性质	处理措施
Ⅰ级阶地	K3 +800 ~ K3 +965	Ⅱ级自重湿陷	165	地势较平坦，控制深度内地层以粉质黏土、粉土和卵砾石为主	建议清除表土，采用强夯处理，并采取防排水措施
Ⅱ级阶地	K40 +160 ~ K44 +300 K46 +500 ~ K46 +800 K49 +602.5 ~ K60 +94	Ⅱ级自重湿陷	15812.5	地势较平坦，控制深度内地层以黄土状土为主，稍密～密实，局部夹砂层	建议清除表土，采用强夯处理，并采取防排水措施
Ⅲ级阶地	K24 +225 ~ K25 +363	Ⅱ级自重湿陷	1138	地势较平坦，控制深度内地层上部主要为黄土状土（Q_4^{1al+pl}），厚 5 ~ 10m；下部由稍密～中密的卵石（Q_4^{1al+pl}）组成，厚 5 ~ 15m	建议清除表土，采用强夯或挤密桩处理，并采取结构防水措施
	K22 +765 ~ K22 +902	Ⅲ级自重湿陷	137		
	K22 +030 ~ K22 +765 K22 +902 ~ K24 +225 K25 +363 ~ K26 +060	Ⅳ级自重湿陷	2755		

续上表

地貌类型	路程桩号	湿陷类型、等级	长度(m)	岩土性质	处理措施
山前坡洪积斜坡	K4 +770 ~ K5 +794 K7 +600 ~ K7 +908 K8 +725 ~ K11 +023	Ⅰ级非自重湿陷	3630	地形上呈阶梯式斜坡状，斜坡坡度为15°~20°，地形起伏不大。地层上部主要由粉土、粉质黏土夹碎石、石膏碎块等组成，厚度由10~30m；下部为泥岩，全、强风化层厚度为5~10m	建议清除表土，采用强夯处理，并采取防排水措施
	K8 +435 ~ K8 +725	Ⅰ级自重湿陷	290		
	K15 +438 ~ K16 +015 K19 +037 ~ K19 +428 K20 +080 ~ K21 +160 K32 +540 ~ K33 +065 K33 +580 ~ K33 +910 K37 +300 ~ K39 +125	Ⅱ级自重湿陷	4728		
山前坡洪积斜坡	K16 +015 ~ K16 +372 K19 +428 ~ K20 +000 K20 +280 ~ K20 +630 K33 +065 ~ K33 +580 K39 +125 ~ K39 +896	Ⅲ级自重湿陷	2565	地形上呈阶梯式斜坡状，斜坡坡度为15°~20°，地形起伏不大。地层上部主要由粉土、粉质黏土夹碎石、石膏碎块等组成，厚度为10~30m；下部为泥岩，全、强风化层厚度为5~10m	建议清除表土，采用强夯处理，并采取防排水措施
	K20 +000 ~ K20 +280 K20 +630 ~ K20 +849 K31 +480 ~ K32 +280 K39 +896 ~ K39 +970	Ⅳ级自重湿陷	1373		建议清除表土，采用强夯或挤密桩处理，并采取结构防水措施
黄土梁峁	K18 +270 ~ K18 +377	Ⅰ级非自重湿陷	107	岩性以风积黄土(Q_3^{eol})为主，厚5~30m，下部为全强风化泥岩	建议清除表土，采用重锤夯实，并采取结构防水措施
	K11 +023 ~ K11 +725 K16 +432 ~ K16 +525 K17 +530 ~ K17 +610 K20 +849 ~ K20 +080 K21 +160 ~ K21 +620 K27 +990 ~ K28 +200 K32 +280 ~ K32 +540	Ⅱ级自重湿陷	1036		
	K6 +785 ~ K7 +441 K15 +245 ~ K15 +438 K16 +372 ~ K16 +432 K16 +525 ~ K17 +272 K18 +377 ~ K19 +037	Ⅲ级自重湿陷	2316		

盐渍土特征一览表

表 2-9

盐渍土名称	路程桩号	长度(m)	地貌类型	岩土性质	处理措施
氯盐或亚氯盐弱盐渍土	K11 +023 ~ K11 +725 K15 +245 ~ K15 +437	894	黄土梁峁	控制深度内上部地层以黄土(粉土)为主,呈稍密状,局部夹粉质黏土;厚度较大	建议清除表土,采用碾压处理,用碎石或天然砂石铺设垫层提高路基,并采取防排水措施
硫酸盐或亚硫酸盐弱盐渍土	K3 +965 ~ K4 +246 K4 +770 ~ K5 +007 K5 +890 ~ K7 +600 K7 +908 ~ K7 +985 K8 +725 ~ K10 +670 K15 +437 ~ K16 +015 K16 +371 ~ K16 +432 K16 +525 ~ K17 +070 K17 +530 ~ K17 +610 K17 +818 ~ K17 +920 K18 +377 ~ K18 +592 K18 +747 ~ K19 +037 K19 +428 ~ K20 +000 K20 +280 ~ K20 +630 K21 +080 ~ K21 +160 K31 +480 ~ K32 +280 K32 +540 ~ K33 +416 K37 +599 ~ K39 +125 K39 +896 ~ K39 +970 K45 +300 ~ K52 +500	13734	山前坡洪积斜坡	控制深度范围内岩土层主要为第四系全新统冲洪积、坡洪积物,地层成分上部以粉土(黄土)为主,厚度一般为 1 ~ 5m 不等;下部主要为巨、粗粒土	建议清除表土,采用碾压处理,用碎石或天然砂石铺设垫层提高路基,并采取防排水措施

续上表

盐渍土名称	路程桩号	长度(m)	地貌类型	岩土性质	处理措施
硫酸盐或亚硫酸盐弱盐渍土	K22 +030 ~ K23 +500 K24 +225 ~ K26 +060	3305	Ⅲ级阶地亚区	地势较平坦。控制深度内地层上部主要为黄土状土(Q_{41}^{al+pl}),厚5 ~ 10m;下部由稍密 ~ 中密的卵石(Q_{41}^{al+pl})组成,厚5 ~ 15m	建议清除表土,采用碾压处理,用碎石或天然砂石铺设垫层提高路基,并采取防排水措施
	K20 +849 ~ K21 +080 K21 +160 ~ K21 +620 K27 +990 ~ K28 +200 K32 +280 ~ K32 +540	1161	黄土梁峁亚区	控制深度内上部地层以黄土(粉土)为主,呈稍密状,局部夹粉质黏土;厚度较大	
硫酸盐或亚硫酸盐中盐渍土	K23 +500 ~ K24 +225	725	Ⅲ级阶地亚区	地势较平坦。控制深度内地层上部主要为黄土状土(Q_{41}^{al+pl}),黄土状土厚5 ~ 35m;下部为稍密 ~ 中密的卵石	建议清除表土,采用碾压处理,用碎石或天然砂石铺设垫层提高路基,并采取防排水措施
	K4 +246 ~ K4 +770 K5 +007 ~ K5 +793 K7 +600 ~ K7 +908 K8 +435 ~ K8 +725 K10 +670 ~ K11 +023 K16 +105 ~ K16 +371 K16 +432 ~ K16 +525 K17 +070 ~ K17 +348 K18 +270 ~ K18 +377 K19 +037 ~ K19 +428 K20 +000 ~ K20 +280 K20 +630 ~ K20 +849 K39 +125 ~ K39 +896	4666	山前坡洪积斜坡	控制深度范围内岩土层主要为第四系全新统冲洪积、坡洪积物,地层成分上部以粉土(黄土)为主,厚度一般为1 ~ 5m 不等;下部主要为巨、粗粒土	

②黄土状土

黄土状土主要分布在湟水河Ⅱ、Ⅲ级阶地上部,地层岩性主要以低液限粉质土为主;具有大孔隙、垂直节理和湿陷性等特征。不同地区的不同地段湿陷等级不同,其结构特征也略有不同。湿陷等级为Ⅰ~Ⅲ级(非)自重湿陷。

③粉土

粉土分布于项目路线走廊范围内的Ⅰ~Ⅱ级阶地地带的上部,成分以粉质黏土或粉土为主;呈稍密~中密状,具有水平层理、孔隙和湿陷性等特征。湿陷等级为Ⅰ级非自重湿陷~Ⅱ级自重湿陷。

④混合类土

混合类土主要分布于路线走廊范围内的山前坡洪积斜坡地段,由坡洪积物及滑坡堆积物等组成,呈松散~稍密状,单一结构,岩性以粉土、含碎石粉质黏土及石膏碎块等为主。该类土力学强度低,具有较强的透水性能和湿陷性,特别是位于斜坡中部地段,落水洞和天生桥等十分发育,稳定性差。湿陷等级为Ⅲ~Ⅳ级自重湿陷。

(2)盐渍土

项目沿线广泛分布盐渍土,按含盐性质可分为硫酸盐和亚硫酸盐型,按含盐量可分为弱盐渍土、中盐渍土和强盐渍土。其中,弱盐渍土路段长度为37.266km,占比24.82%;中盐渍土路段长度为27.029km,占比18.48%;强盐渍土路段长度为0.46km,占比0.354%。

项目区域盐渍土主要存在于山麓斜坡带高阶地和河谷高漫滩,前者属中~弱硫酸、亚硫酸盐渍土,且多具中等~强湿陷性,盐分主要来自斜坡后缘含盐碎屑岩风化物及易溶盐;后者为中等亚氯、亚硫酸盐渍土,深于土中的盐分系浅层地下水常年毛细上升蒸发所致。盐渍土的盐胀性、溶陷性、腐蚀性均较强。

第3章　盐渍土路基填料改良与利用

盐渍土作为一种对环境敏感的特殊土，具有级配不良、黏性小、水敏感性不良等工程特性，其工程性质随着水、温度而变化。原《公路路基设计规范》(JTG D30—2004)和《公路路基设计规范》(JTG D30—2015)中均规定：对于高速公路和一级公路，弱盐渍土和符合一定条件的中盐渍土可以作为下路堤填料，但强、过盐渍土不能作为路堤填料。盐渍土作为路堤填料，虽然在低等级道路建设中取得了一定的研究成果，但作为高速公路的路基填料及路用性能能否满足相关指标要求还是一个值得探讨的课题。西宁南绕城高速公路沿线广泛分布盐渍土，为对其合理加以资源化利用，开展相关技术的研究十分必要。本章所包括的主要研究内容有：盐渍土的工程分类及工程特性，盐渍土填料改良试验，砂砾改良盐渍土路基填筑施工。

3.1　盐渍土的工程分类及工程特性

3.1.1　盐渍土的工程分类方法

在盐渍土的形成过程中，土中的盐碱是最活跃、最易变的部分，并且各种盐类具有各自迁移和集聚的特点，故形成不同类型的盐渍土。由于各种盐渍土分类方法中界限值系人为确定，各行业考虑因素的角度也不同，因此盐渍土分类的依据也不同。我国现行规范中针对土质的盐渍化程度及工程质量之间的密切关系，以盐渍土易溶盐含量的多少为工程分类标准，以易溶盐性质对工程的危害性确定分类的界限指标，细化盐渍土中含盐量的分类标准。

目前，国内外对盐渍土的评判和分类基本可归纳为5类：按含盐性质分类、按盐渍化程度分类、按地理位置分类、按盐的溶解度分类、按盐的形成条件分类。

(1)按含盐性质分类

《公路路基设计规范》(JTG D30—2004)规定盐渍土按含盐性质不同分为氯盐渍土、亚氯盐渍土、亚硫酸盐渍土、硫酸盐渍土、碳酸盐渍土五类，具体分类标准见表3-1。

盐渍土按含盐性质分类　　表3-1

盐渍土名称	Cl^-/SO_4^{2-}	$(CO_3^{2-}+HCO_3^-)/(Cl^-+SO_4^{2-})$
氯盐渍土	>2	—
亚氯盐渍土	1~2	—
亚硫酸盐渍土	0.3~1.0	—
硫酸盐渍土	<0.3	—
碳酸盐渍土	—	>0.3

(2)按盐渍化程度分类

依据《公路路基设计规范》(JTG D30—2004),土颗粒大小可分为粗粒、细粒两种标准,其中最小易溶盐含量标准是0.3%的土为盐渍土。粗、细颗粒盐渍土可按照盐渍化程度进行分类,具体分类标准见表3-2。

盐渍土按盐渍化程度分类　　表3-2

盐渍土名称	细粒土土层的平均含盐量(以质量百分数计)		粗粒土通过1mm筛孔土的平均含盐量(以质量百分数计)	
	氯盐渍土及亚氯盐渍土	硫酸盐渍土及亚硫酸盐渍土	氯盐渍土及亚氯盐渍土	硫酸盐渍土及亚硫酸盐渍土
弱盐渍土	0.3 ~ <1.0	0.3 ~ <0.5	2.0 ~ <5.0	0.5 ~ <1.5
中盐渍土	1.0 ~ <5.0	0.5 ~ <2.0	5.0 ~ <8.0	1.5 ~ <3.0
强盐渍土	5.0 ~ 8.0	2.0 ~ 5.0	8.0 ~ 10.0	3.0 ~ 6.0
过盐渍土	>8.0	>5.0	>10.0	>6.0

注:离子含量以100g干土内的含盐总量计。

(3)按地理位置分类

我国盐渍土总面积约为19.08万km^2,在我国的内陆地区和沿海平原地区均有分布,其中西北地区如新疆、青海、甘肃、宁夏和内蒙古等地区分布面积最广,所占比重最大。盐渍土按地理位置可以分为滨海盐渍土、冲积平原盐渍土、内陆盐渍土三种类型。

(4)按盐的溶解度分类

根据土中含盐的溶解度,盐渍土通常可分为易溶盐渍土、中溶盐渍土和难溶盐渍土三种类型,具体分类标准见表3-3。

盐渍土按盐的溶解度分类　　表3-3

盐渍土名称	含 盐 成 分	溶解度(%)
易溶盐渍土	氯化钠(NaCl)、氯化钾(KCl)、氯化钙($CaCl_2$)、硫酸钠(Na_2SO_4)、硫酸镁($MgSO_4$)、碳酸钠(Na_2CO_3)、碳酸氢钠($NaHCO_3$)等	9.6 ~ 42.7
中溶盐渍土	石膏($CaSO_4 \cdot 2H_2O$)、无水石膏($CaSO_4$)	0.2
难溶盐渍土	碳酸钙($CaCO_3$)、碳酸镁($MgCO_3$)	0.0014

(5)按盐的形成条件分类

盐渍土按盐的形成条件,可分为现代积盐过程盐渍土、残余盐渍土和碱化过程盐渍土三种类型,其形成特征见表3-4。

盐渍土按盐的形成条件分类　　表3-4

成 盐 类 别	形 成 特 点	对工程的危害程度
现代积盐过程盐渍土	由海水浸渍或海岸退移而形成,盐渍土的盐分主要来自海水	路基无盐胀、溶陷问题,主要对构造物有腐蚀作用
	由矿化度高的地下水经毛细作用在地表聚积而形成,盐分与地下水矿化物基本一致。此类盐渍土广泛分布于内陆盆地	路基盐胀、溶陷等病害突出,对构造物的腐蚀也较严重

续上表

成盐类别	形成特点	对工程的危害程度
残余盐渍土	原有的积盐过程因地下水大幅下降而停止，原有盐分残留在地表下某一层或多个层位，相对稳定，表聚性强	对公路危害相对较轻
碱化过程盐渍土	盐渍土受水的淋溶作用，产生脱盐和钠离子交换的碱性反应并使钠离子进入土体，从而形成碱化盐渍土。一般分布在地表下 1m 深度范围内	遇水后使土体膨胀，强度下降

3.1.2 项目沿线盐渍土的分布状况及分类

西宁南绕城高速公路沿线盐渍土分布广泛，主要存在于山麓斜坡带高阶地和河谷高漫滩，前者属中～弱硫酸、亚硫酸盐渍土，盐分主要来自斜坡后缘含盐碎屑岩风化物及易溶盐；后者为中等亚氯、亚硫酸盐渍土，深于土中的盐分系浅层地下水常年毛细上升蒸发所致。盐渍土的盐胀性、溶陷性、腐蚀性均较强。对沿线盐渍土现场调查时，对盐渍土进行取样，共计 16 处，如图 3-1 和图 3-2 所示。

图 3-1　盐渍土分布状况

图 3-2　盐渍土现场取样

参照《公路土工试验规程》（JTG E40—2007），采用室内易溶盐总量测定的方法，对所取土样进行易溶盐总量测定试验，并对盐渍土进行工程分类，结果见表 3-5。

由表 3-5 试验结果得知，项目沿线盐渍土的分布主要以中盐渍土为主，挖方路段中只有 2 处为弱盐渍土、1 处为非盐渍土、1 处为强盐渍土。根据《公路路基设计规范》（JTG D30—2004），弱氯盐渍土、亚氯盐渍土可以在上路堤及下路堤使用；中氯盐渍土、亚氯盐渍土及弱硫酸盐渍土、亚硫酸盐渍土可以在下路堤使用。由此分析，项目能使用的挖方盐渍土路段共 8 段，依次如下：

（1）K38 +200 左侧互通挖方非盐渍土，可作为路基填料；

（2）K32 +200 ~ K33 +700 弱亚氯盐渍土，可作为上路堤及下路堤填料；

（3）K27 +600 ~ K28 +200 弱硫酸盐渍土，可作为下路堤填料；

（4）K06 +800 ~ K07 +500 中亚氯盐渍土、K17 +400 ~ K19 +000 中亚氯盐渍土、K19 +000 ~ K21 +600 中氯盐渍土、K23 +500 ~ K24 +230 中亚氯盐渍土、K39 +000 ~ K39 +600 左侧滑坡挖方中氯盐渍土，可作为下路堤填料。

盐渍土试样各离子含量表 表 3-5

序号	桩号	取土桩号	HCO_3^- (%)	SO_4^{2-} (%)	Cl^- (%)	Ca^{2+} (%)	Mg^{2+} (%)	$Na^+ + K^+$ (%)	Cl^-/SO_4^{2-}	全盐量 (%)	按含盐量分类	按含盐性质分类	路基类型
1	K06 +800 ~ K07 +500	K06 +830	0.022	0.172	0.238	0.031	0.029	0.372	1.380	2.709	中盐渍土	亚氯盐渍土	路堑
2	K08 +735 ~ K10 +635	K10 +400	0.023	0.210	0.014	0.179	0.008	0.060	0.070	0.955	中盐渍土	硫酸盐渍土	路堤
3	K11 +100 ~ K11 +720	K11 +110	0.019	0.242	0.003	0.636	0.007	—	0.012	2.528	强盐渍土	硫酸盐渍土	路堑
4	K15 +300 ~ K15 +450	K15 +400	0.019	0.154	0.041	0.118	0.023	0.073	0.270	0.818	中盐渍土	硫酸盐渍土	路堑
5	K16 +300 ~ K17 +100	K16 +500	0.017	0.177	0.043	0.109	0.027	0.101	0.240	0.876	中盐渍土	硫酸盐渍土	路堑
6	K17 +100 ~ K17 +270	K17 +200	0.034	0.251	0.035	0.256	0.030	0.034	0.140	1.342	中盐渍土	硫酸盐渍土	路堑
7	K17 +400 ~ K19 +000	K18 +100	0.012	0.182	0.260	0.357	0.073	0.024	1.430	2.486	中盐渍土	亚氯盐渍土	路堑
8	K19 +000 ~ K21 +600	K21 +400	0.029	0.037	0.542	0.334	0.064	0.210	14.65	4.006	中盐渍土	氯盐渍土	路堑
9	K22 +000 ~ K23 +500	K22 +500	0.013	0.279	0.028	0.307	0.009	0.004	0.100	1.484	中盐渍土	硫酸盐渍土	路堑
10	K23 +500 ~ K24 +230	K23 +800	0.012	0.265	0.228	0.275	0.041	0.189	0.860	1.821	中盐渍土	亚硫酸盐渍土	路堑
11	K24 +230 ~ K25 +400	K25 +000	0.019	0.191	0.016	0.080	0.101	0.045	0.080	0.992	中盐渍土	硫酸盐渍土	路堑
12	K27 +600 ~ K28 +200	K28 +100	0.017	0.209	0.021	0.113	0.060	0.074	0.100	0.375	弱盐渍土	硫酸盐渍土	路堑
13	K31 +500 右侧互通挖方	K31 +500	0.017	0.200	0.041	0.126	0.035	0.097	0.210	0.766	中盐渍土	硫酸盐渍土	路堑
14	K32 +200 ~ K33 +700	K32 +570	0.012	0.182	0.140	0.109	0.018	0.207	0.770	0.725	弱盐渍土	亚硫酸盐渍土	路堑
15	K38 +200 左侧互通挖方	K38 +200	0.030	0.089	0.021	0.025	0.006	0.109	0.240	0.085	非盐渍土	—	路堑
16	K39 +000 ~ K39 +600 左滑坡挖方	K39 +060	0.013	0.224	0.480	0.192	0.082	0.438	2.140	1.760	中盐渍土	氯盐渍土	路堑

综上所述,对于项目而言,可直接用作路堤填料的盐渍土数量不多,想要增加其利用量,应考虑盐渍土的改良。

3.1.3 盐渍土的工程特性

为了揭示项目沿线盐渍土的工程特性，分别选取桩号 K18 +400、K21 +400、K25 +000、K32 +570 路段处的盐渍土为试验土样，依次对其进行化学性质、界限含水率、颗粒分析、击实、回弹模量、承载比等一系列试验研究。

(1)化学性质

根据《公路路基设计规范》(JTG D30—2004)中的相关规定，通过测定土样的各离子含量及全盐量，对4处盐渍土进行分类，试验结果见表3-6。

盐渍土试样各离子含量表 表3-6

序号	桩号	SO_4^{2-}(%)	Cl^-(%)	Cl^-/SO_4^{2-}	全盐量(%)	按含盐量分类	按含盐性质分类
1	K18 +400	0.182	0.260	1.430	2.486	中盐渍土	亚氯盐渍土
2	K21 +400	0.037	0.542	14.65	4.006	中盐渍土	氯盐渍土
3	K25 +000	0.191	0.016	0.080	0.992	中盐渍土	硫酸盐渍土
4	K32 +570	0.182	0.140	0.770	0.725	弱盐渍土	亚硫酸盐渍土

(2)界限含水率

4处土样界限含水率试验结果见表3-7。

界限含水率试验结果表 表3-7

序号	取土位置	液限 w_l(%)	塑限 w_p(%)	塑性指数 I_p
1	K18 +400	29.3	16.5	12.8
2	K21 +400	26.0	21.4	14.6
3	K25 +000	26.5	16.5	10.0
4	K32 +570	26.6	16.5	10.1

从试验结果可以看出：4处土样的液限、塑限值比较接近，塑性指数介于10～15之间，液限都在30%以下，属于低液限粉质黏土。

(3)颗粒分析

根据《公路土工试验规程》(JTG E40—2007)，对于粒径大于0.075mm的土样使用筛分法；对于粒径小于0.075mm的土样先进行洗盐，洗完盐后将其烘干，然后使用甲种比重计进行测定。在使用比重计测定前，应先对比重计进行湿度、土粒比重和分散剂的校正。土样洗盐前后颗粒组成分析见表3-8和表3-9。

素土洗盐前颗粒分析试验结果 表3-8

取土位置	盐渍土洗盐前颗粒组成(%)								不均匀系数 C_u	曲率系数 C_c
	20～10mm	10～5mm	5～2mm	2～0.5mm	0.5～0.25mm	0.25～0.075mm	0.075～0.002mm	<0.002mm		
K18 +400	0	0	0	0	0	0	83.43	16.57	17.5	0.46
K21 +400	0	0	0	0	0	0	85.75	14.25	34	16.1
K25 +000	0	0	0	0	0	0	82.64	17.36	45	11.3
K32 +570	0	0	0	0	0	0	77.44	22.56	130	3.6

素土洗盐后颗粒分析试验结果 表 3-9

取土位置	盐渍土洗盐后颗粒组成(%)								不均匀系数 C_u	曲率系数 C_c
	20 ~ 10mm	10 ~ 5mm	5 ~ 2mm	2 ~ 0.5mm	0.5 ~ 0.25mm	0.25 ~ 0.075mm	0.075 ~ 0.002mm	<0.002mm		
K18 +400	0	0	0	0	0	0	66.69	33.31	160	0.9
K21 +400	0	0	0	0	0	0	87.53	12.47	35.6	20
K25 +000	0	0	0	0	0	0	83.11	16.89	74	10.6
K32 +570	0	0	0	0	0	0	77.35	22.65	148.5	4.2

从以上试验结果可以看出,4 处土样的粒径主要分布在 0.002 ~ 0.075mm 范围内,不均匀系数 C_u >5,曲率系数 C_c 普遍大于 3,属于级配不良的粉质黏土。对比洗盐前后土样还可知,洗盐后土样的不均匀系数 C_u 明显更大,说明土中盐分的流失打乱了原有的土体结构,土颗粒占据了盐颗粒流失后的空间,导致土中颗粒重新排列,且排列更为紧密,增加了土体的密实度,使各土样的级配更加良好。

(4)重型击实

以控制压实度为目的,采用重型击实试验测定土样的最大干密度和最佳含水率。除 K25 + 000 处土样外,其余 3 处土样的重型击实试验结果见表 3-10。

素盐渍土重型击实试验结果 表 3-10

序　　号	取 土 位 置	最大干密度(g/cm³)	最佳含水率(%)
1	K18 +400	1.95	11.7
2	K21 +400	1.87	12.5
3	K32 +570	1.94	12.0
平均值		1.92	12.1

由表 3-10 可以看出,3 处盐渍土的最大干密度平均值为 1.92g/cm³,最佳含水率平均值为 12.1%。

(5)回弹模量和承载比(*CBR*)

以回弹模量和承载比作为盐渍土路用性能的评价指标,对 3 处土样进行了测试,结果见表 3-11。

素盐渍土路用性能试验结果 表 3-11

取土位置		K18 +400	K21 +400	K32 +570
压实度(%)		93	93	93
回弹模量	干密度(g/cm³)	1.82	1.74	1.81
	含水率(%)	11.7	12.5	12.0
	回弹模量(MPa)	109	60	42
	偏差系数(%)	18.6	12.6	9.5
承载比	干密度(g/cm³)	1.82	1.74	1.81
	含水率(%)	11.7	12.5	12.0

续上表

取土位置		K18 +400	K21 +400	K32 +570
承载比	膨胀率(%)	4.2	5.1	3.3
	吸水率(%)	7.0	8.6	5.8
	CBR(%)	1.9	1.6	2.1
	偏差系数(%)	13.0	0.0	7.4

从表3-11中可以看出,在93%的压实度下,素盐渍土的回弹模量均大于40MPa,但其*CBR*值均小于3%,说明该路段的盐渍土并不能达到路堤填料的强度要求,需要对其进行改良处理。

3.1.4 盐渍土的微观结构特征

材料的组成和微观结构特征决定其宏观表现,土的微观结构特征主要包括固、液、气三相物质的大小、数量、形态及相互关系。其中,固态颗粒的大小和形态是最为重要的参数,它决定了土的颗粒连接和排列方式、孔隙大小和形态等微观结构特征,也决定着土中液相、气相物质的分布特征。土的微观结构是土体的一个重要质量特征,它一方面反映了土体的形成条件,另一方面又是决定土体物理、力学及其他性质的重要因素。通过土的微观结构研究,可以认识土的许多工程性质的本质,并从微观角度进一步解释其宏观现象。

(1)微观结构观测方法

盐渍土试样微观结构试验观测采用的设备为日立S-570型扫描电子显微镜(图3-3),以及与其配套、对试样进行抽真空和喷金处理的日立IB-3型离子溅射仪(图3-4)。

图3-3 日立S-570型扫描电子显微镜

图3-4 日立IB-3型离子溅射仪

观测放大倍数分别选用了100倍、500倍、1500倍或3000倍,其中在100倍下观测试样全貌(即试样的整体结构),在500倍及其以上倍数下观测若干有代表性的点,并进行结晶状况特写。

(2)扫描试样的制备

用于扫描电镜的样品必须为固体(块状或粉末),同时在真空条件下能保持长时间稳定,含有水分的样品应事先干燥;沾有油污的样品是造成样品带电的主要原因,需用丙酮等溶液仔细清洗。对于导电性良好的样品，一般不经过处理就可以在电镜中观察，而导电性不好或不导电的样品在入射电子束照射下表面易积累电荷而影响图像质量。因此，盐渍土试样需要在表面利用溅射仪喷射一层厚约10nm的金膜使试样表面有良好的导电性，以防表面积聚电荷，产生放电现象。试样用自然断口，避免破坏表面存在的物质形貌，试样表面的总体不要起伏太大。由于盐渍土结构不够密实，进行真空镀膜时，抽真空时间较长，因此抽真空前应进行干燥。另外，试样应避免敲击，防止出现打击裂缝，影响对材料内部缺陷的判断。试样断面不能用嘴吹或用水洗，以免试样表面碳化。试样一旦稳定成型就应即时取样，进行电镜扫描。

（3）微观结构特征

选取项目沿线桩号K6+830、K23+700、K28+100、K32+200处的盐渍土作为观测试样，采用扫描电镜法（SEM）对其微观结构进行分析，观测结果如图3-5～图3-8所示。

a)100倍　　b)500倍　　c)3000倍

图3-5　K6+830盐渍土的微观结构形貌

a)100倍　　b)500倍　　c)1500倍

图3-6　K23+700盐渍土的微观结构形貌

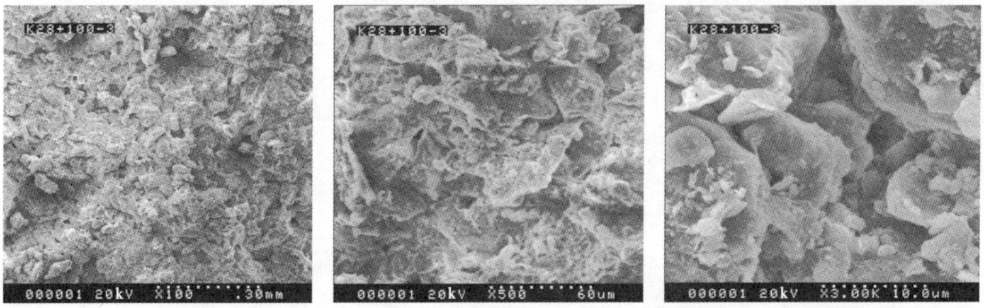

a)100倍　　b)500倍　　c)3000倍

图3-7　K28+100盐渍土的微观结构形貌

a)100倍　　b)500倍　　c)1500倍

图 3-8　K32 + 200 盐渍土的微观结构形貌

从图 3-5 ~ 图 3-8 可以看出，盐渍土样品整体结构较密实，微小颗粒胶结呈集粒，内部有细小孔隙和微裂隙，有部分架空孔隙，大部分颗粒能够镶嵌在一起；颗粒呈棱角状和条片状的碎屑颗粒，黏土颗粒很细碎，孔隙排列以粒间孔隙为主。黏土颗粒多为面-面叠聚形成的叠聚体，叠聚体沿微裂隙定向排列，结构形式为紊流状微结构。颗粒骨架之间的连接为接触连接，这类连接常出现在粒状集合体和黏粒组成的微聚集体之间。大的聚集体之间因存在一定的距离而彼此分离；小的聚集体则充填其间起胶结作用，使大聚集体间接相连。这类连接作用的强度一般较低，在外力作用下会表现出明显的蠕变性。

3.2　盐渍土填料改良试验

3.2.1　石灰改良盐渍土的路用性能

石灰改良盐渍土以强度为控制指标，包括 *CBR* 值和回弹模量。改良后盐渍土强度应符合《公路路基设计规范》(JTG D30—2004)和《公路沥青路面设计规范》(JTG D50—2006)对路基强度的相关技术要求，即盐渍土改良后应满足技术指标：*CBR*≥3%，回弹模量值≥30MPa(轻交通、中等交通)或≥40MPa(重交通、特重交通)。此外，根据《公路路基设计规范》(JTG D30—2004)对路堤压实度的要求，高速公路上路堤的压实度≥94%，下路堤的压实度≥93%。由于项目所取土样含有中氯盐渍土和弱硫酸盐渍土，均为细粒土，只能用作下路堤的填料，因此石灰改良盐渍土试验过程中的压实度均控制在 93%。

参照以往工程经验，此次选取的石灰掺量为 5%。根据《公路土工试验规程》(JTG E40—2007)的相关试验方法，以项目沿线 8 处盐渍土为试验土样，分别对掺灰前后盐渍土的承载比和回弹模量进行测定，测定结果见表 3-12 和表 3-13。

对比表 3-12 和表 3-13 可知，盐渍土掺加石灰后，其 *CBR* 值和回弹模量显著提高，均满足规范相关技术要求，说明石灰改良盐渍土是有效的。

3.2.2　石灰改良盐渍土的微观结构

为了比较盐渍土掺加石灰前后的微观结构特征，选取项目沿线桩号 K6 + 830、K28 + 100 处的盐渍土为观测土样，采用扫描电镜法对掺灰前后的盐渍土进行微观结构分析，其中石灰掺量为 5%，放大倍数为 100 倍、500 倍、3000 倍，观测结果如图 3-9 ~ 图 3-12 所示。

掺石灰前盐渍土路用性能试验结果 表 3-12

序号	土样名称	取样位置	界限含水率			重型击实		承载比(*CBR*)								回弹模量				
								试件成型			测试					试件成型			测试	
			液限	塑限	塑性指数	最大干密度	最佳含水率	干密度	含水率	压实度	吸水量	膨胀率	测试含水率	承载比	偏差系数	干密度	含水率	压实度	回弹模量	偏差系数
			%	%	—	g/cm^3	%	g/cm^3	%	%	g	%	%	%	%	g/cm^3	%	%	MPa	%
1	素土	K06 +830	43.7	23.9	19.8	1.74	15.7	1.62	15.7	93	381	6.7	26.5	1.5	24.0	1.62	15.7	93	161	12.2
2	素土	K15 +400	25.8	20.9	4.9	1.91	11.6	1.78	11.6	93	312	3.6	19.3	2.5	8.4	1.78	11.6	93	44	12.6
3	素土	K18 +100	29.3	16.5	12.8	1.95	11.7	1.82	11.7	93	313	4.2	19.2	1.9	13.0	1.82	11.7	93	109	18.6
4	素土	K21 +400	26.0	21.4	4.6	1.87	12.5	1.74	12.5	93	370	5.1	21.8	1.5	3.8	1.74	12.5	93	60	12.6
5	素土	K28 +100	26.5	17.0	9.5	1.93	12.6	1.80	12.6	93	230	3.3	18.1	4.0	1.4	1.80	12.6	93	32	5.4
6	素土	K32 +570	26.6	17.0	10.0	1.94	12.0	1.81	12.0	93	261	3.3	19.4	2.1	7.4	1.81	12.0	93	42	9.5
7	素土	K38 +200	29.0	17.0	12.0	1.96	11.2	1.83	11.2	93	279	3.4	17.6	3.8	1.5	1.83	11.2	93	70	2.4
8	素土	K39 +060	27.2	19.3	7.9	2.00	11.5	1.86	11.5	93	247	4.2	17.3	2.4	5.9	1.86	11.5	93	37	12.6

掺石灰5%后盐渍土路用性能试验结果

表3-13

序号	土样名称	取样位置	重型击实		承载比(*CBR*)								回弹模量				
					试件成型			测试					试件成型			测试	
			最大干密度	最佳含水率	干密度	含水率	压实度	吸水量	膨胀率	测试含水率	承载比	偏差系数	干密度	含水率	压实度	回弹模量	偏差系数
			g/cm³	%	g/cm³	%	%	g	%	%	%	%	g/cm³	%	%	MPa	%
1	石灰土	K06+830	1.72	18.7	1.60	18.7	93	328	—	28.3	9.0	9.1	1.60	18.7	93	124	25.1
2	石灰土	K15+400	1.87	13.8	1.73	13.8	93	225	0	19.1	24.4	9.2	1.73	13.8	93	63	21.1
3	石灰土	K18+100	1.88	14.0	1.75	14.0	93	221	0	19.6	32.7	6.2	1.75	14.0	93	126	9.1
4	石灰土	K21+400	1.86	12.7	1.73	12.7	93	261	0	19.2	33.1	8.1	1.73	12.7	93	80	12.2
5	石灰土	K28+100	1.87	14.0	1.74	14.0	93	174	0	18.1	36.2	2.4	1.74	14.0	93	51	7.4
6	石灰土	K32+570	1.89	12.6	1.76	12.6	93	226	0	18.2	26.4	4.8	1.76	12.6	93	70	10.7
7	石灰土	K38+200	1.89	12.8	1.75	12.8	93	232	0	18.8	22.9	2.0	1.75	12.8	93	78	5.4
8	石灰土	K39+060	1.90	12.6	1.77	12.6	93	235	0	18.2	19.1	5.8	1.77	12.6	93	59	12.8

a)100倍　　b)500倍　　c)3000倍

图 3-9　K6 + 830 掺石灰前盐渍土的微观结构形貌

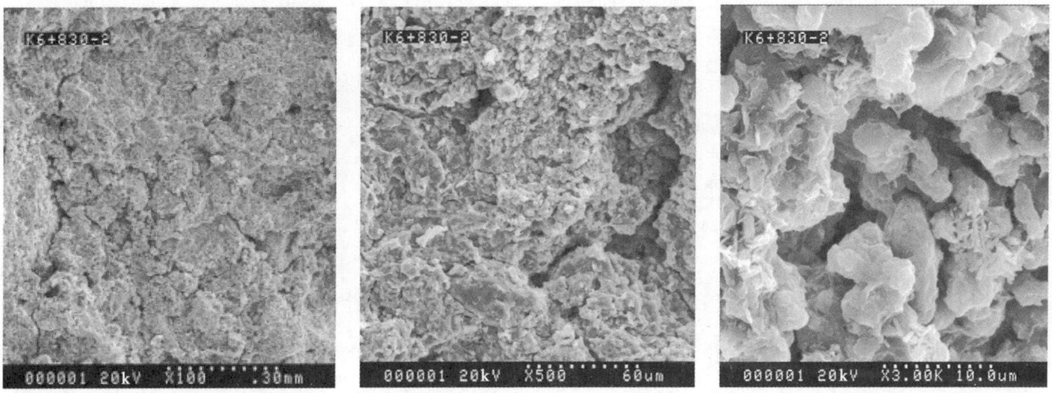

a)100倍　　b)500倍　　c)3000倍

图 3-10　K6 + 830 盐渍土掺石灰 5% 的微观结构形貌

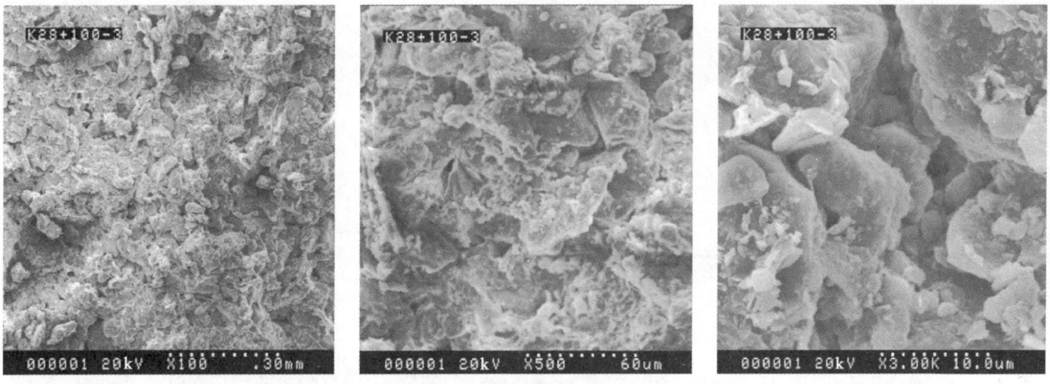

a)100倍数　　b)500倍数　　c)3000倍数

图 3-11　K28 + 100 掺石灰前盐渍土的微观结构形貌

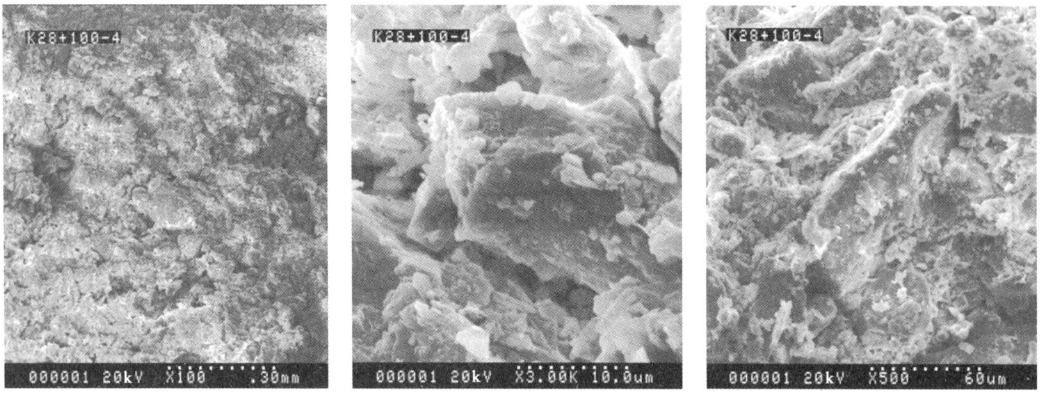

a)100倍　　b)500倍　　c)3000倍

图 3-12　K28 + 100 盐渍土掺石灰 5% 的微观结构形貌

从图 3-9 和图 3-11 可以看出，盐渍土掺石灰前，其内部有较多的细小孔隙和微裂隙，存在极为细碎的粉土颗粒，并且粉土颗粒被大量黏土颗粒胶结，片状颗粒上存在被盐溶蚀的小洞，黏土颗粒多呈现以面-面叠聚形成的叠聚体，叠聚体沿微裂隙定向排列，结构形式为紊流状微结构。而从图 3-10 和图 3-12 可以看出，盐渍土掺石灰后，其内部的细小孔隙和微裂隙明显减少，堆叠相对较密实，其微观结构得到了明显的改善。

3.2.3　砂砾改良盐渍土的路用性能

将盐渍土与砂砾掺拌，改变其级配，促进骨架结构的形成，同时使混合料的含盐量相对减小，从而达到盐渍土改良的目的，是一种盐渍土物理改良的方法。

试验研究拟定了两种不同的配合比，即：盐渍土∶砂砾（质量比）= 1∶0.3 和 1∶0.6，通过 *CBR* 值和回弹模量试验结果确定最佳配合比。试件成型压实度为 93%。

盐渍土∶砂砾 = 1∶0.3 配合比的试验结果见表 3-14。

砂砾改良盐渍土路用性能试验结果（土∶砂砾 = 1∶0.3）　　表 3-14

取样位置	重型击实		承载比（*CBR*）						回弹模量			
	最大干密度（g/cm^3）	最佳含水率（%）	干密度（g/cm^3）	含水率（%）	膨胀率（%）	吸水率（%）	承载比（%）	偏差系数（%）	干密度（g/cm^3）	含水率（%）	回弹模量（MPa）	偏差系数（%）
K18 + 400	2.04	10.6	1.91	10.6	3.2	5.9	2.0	12.4	1.91	10.6	32	11.2
K21 + 400	2.06	7.9	1.91	7.9	3.9	7.5	3.4	5.9	1.91	7.9	37	14.0
K25 + 000	2.03	7.5	1.88	7.5	2.8	8.6	4.9	4.4	1.88	7.5	52	10.7
K32 + 570	2.05	8.2	1.90	8.2	3.3	7.8	2.4	4.2	1.90	8.2	43	24.2

从表 3-14 可以看出，按 1∶0.3 的配合比掺拌砂砾改良，只有 K25 + 000 处的盐渍土改良后的技术指标同时满足要求（*CBR* ≥ 3%，回弹模量 ≥ 40MPa）。下面再看盐渍土∶砂砾 = 1∶0.6 的配合比掺拌砂砾改良的试验结果，见表 3-15。

砂砾改良盐渍土路用性能试验结果(土:砂砾 =1:0.6) 表3-15

取样位置	重型击实		承载比(*CBR*)						回弹模量			
	最大干密度(g/cm^3)	最佳含水率(%)	干密度(g/cm^3)	含水率(%)	膨胀率(%)	吸水率(%)	承载比(%)	偏差系数(%)	干密度(g/cm^3)	含水率(%)	回弹模量(MPa)	偏差系数(%)
K18 +400	2.11	9.4	1.91	9.4	1.1	2.9	5.3	10.7	1.91	9.4	41	8.7
K21 +400	2.12	7.3	1.91	7.3	2.0	7.1	6.6	26.3	1.91	7.3	44	17.9
K32 +570	2.10	7.5	1.97	7.5	0.7	6.0	3.9	3.6	1.97	7.5	41	26.5

从表3-15可以看出,按1:0.6的配合比掺拌砂砾改良,各处取样的盐渍土改良后的技术指标均能满足要求(*CBR*≥3%,回弹模量≥40MPa)。这说明适量增加盐渍土中的砂砾掺量,能够有效提高砂砾改良盐渍土的路用性能。

从表3-14和表3-15的试验结果可知,对K18 +400、K21 +400、K25 +000、K32 +570处盐渍土采用砂砾改良的适宜配合比依次为1:0.6、1:0.6、1:0.3、1:0.6。

3.2.4 砂砾改良盐渍土的粒径分析及分类

选取K18 +400、K21 +400、K25 +000、K32 +570处盐渍土为研究对象,基于上述试验结果确定的配合比制备试样。对于粒径大于0.075mm的试样采用筛分法;对于粒径小于0.075mm的试样先进行洗盐,洗盐烘干之后再使用甲种比重计进行测定。试验结果见表3-16和表3-17。

砂砾改良土洗盐前的粒径分析结果 表3-16

取样位置	配合比	砂砾改良盐渍土洗盐前的颗粒组成(%)							
		20~10mm	10~5mm	5~2mm	2~0.5mm	0.5~0.25mm	0.25~0.075mm	0.075~0.002mm	<0.002mm
K18 +400	1:0.6	6.80	11.73	10.04	4.83	2.28	0.99	52.97	10.36
K21 +400	1:0.6	6.80	11.73	10.04	4.83	2.28	0.99	54.42	8.91
K25 +000	1:0.3	4.20	7.20	6.20	3.00	1.40	0.60	64.05	13.35
K32 +570	1:0.6	6.80	11.73	10.04	4.83	2.28	0.99	49.23	14.10

砂砾改良土洗盐后的粒径分析结果 表3-17

取样位置	配合比	砂砾改良盐渍土洗盐后的颗粒组成(%)							
		20~10mm	10~5mm	5~2mm	2~0.5mm	0.5~0.25mm	0.25~0.075mm	0.075~0.002mm	<0.002mm
K18 +400	1:0.6	6.80	11.73	10.04	4.83	2.28	0.99	42.51	20.82
K21 +400	1:0.6	6.80	11.73	10.04	4.83	2.28	0.99	55.54	7.79
K25 +000	1:0.3	4.20	7.20	6.20	3.00	1.40	0.60	64.41	12.98
K32 +570	1:0.6	6.80	11.73	10.04	4.83	2.28	0.99	49.17	14.16

结合表3-16和表3-17中砂砾改良盐渍土的颗粒分析试验结果，对比素土的颗粒分析试验结果（表3-8和表3-9），可以看出单位体积内砂砾改良盐渍土中粒径大于0.075mm的颗粒含量显著增加，改变了盐渍土原有的级配，且土样中所增加的粒径大于0.075mm的颗粒主要来源于砂砾。

对砂砾改良盐渍土的含盐量进行测试并分类，结果见表3-18。

砂砾改良盐渍土的含盐量及分类　　表3-18

取样位置	配合比	Cl^-/SO_4^{2-}	含盐量(%)	按含盐量分类	按含盐性质分类
K18+400	1:0.6	1.240	0.987	弱盐渍土	亚氯盐渍土
K21+400	1:0.6	13.560	1.493	弱盐渍土	氯盐渍土
K25+000	1:0.3	0.120	0.474	弱盐渍土	硫酸盐渍土
K32+570	1:0.6	0.876	0.368	弱盐渍土	亚硫酸盐渍土

对比表3-6和表3-18试验结果可以看出，盐渍土经过与砂砾掺拌，混合料的含盐量明显降低；K18+400、K21+400、K25+000三处土样由原来的中盐渍土变成了弱盐渍土，使其用作路基填料的适用范围增大。

3.2.5 砂砾改良盐渍土的微观结构

为了揭示和比较盐渍土掺拌砂砾前后的微观结构特征，选取K23+700、K32+200处盐渍土为观测样品，采用扫描电镜法对掺拌砂砾前后的盐渍土进行微观结构分析，放大倍数选用100倍、500倍、1500倍。观测结果如图3-13～图3-16所示。

a)100倍　　b)500倍　　c)1500倍

图3-13　K23+700掺砂砾前盐渍土的微观结构形貌

从图3-13和图3-15可以看出，盐渍土掺砂砾前颗粒呈棱角状和条片状的碎屑颗粒，黏土颗粒很细碎，孔隙排列以粒间孔隙为主，并且片状颗粒上有被盐溶蚀的小洞，黏土颗粒多为面-面叠聚形成的叠聚体，叠聚体沿微裂隙定向排列，结构形式为紊流状微结构，颗粒骨架之间的连接为接触连接。

从图3-14和图3-16可以看出，盐渍土掺砂砾后，其粗颗粒明显增多，排列方式为架空镶嵌形式，连接形式为点式接触，颗粒大小混杂，结构相对密实，结构稳定性增强。

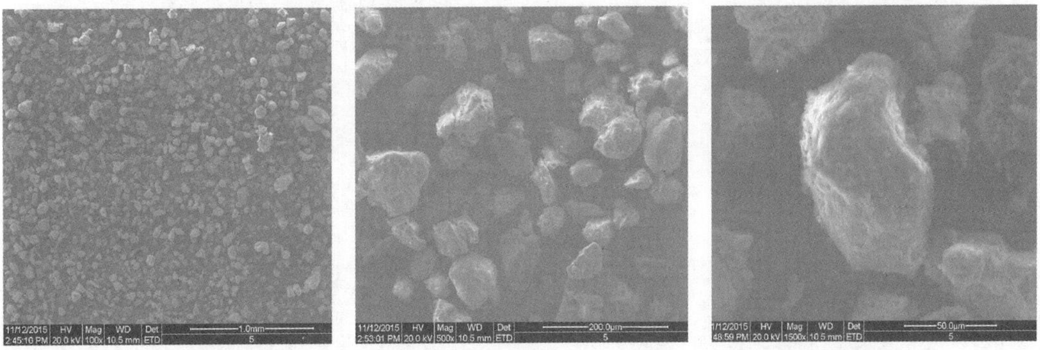

a)100倍　　b)500倍　　c)1500倍

图 3-14　K23 +700 掺砂砾后盐渍土的微观结构形貌

a)100倍　　b)500倍　　c)1500倍

图 3-15　K32 +200 掺砂砾前盐渍土的微观结构形貌

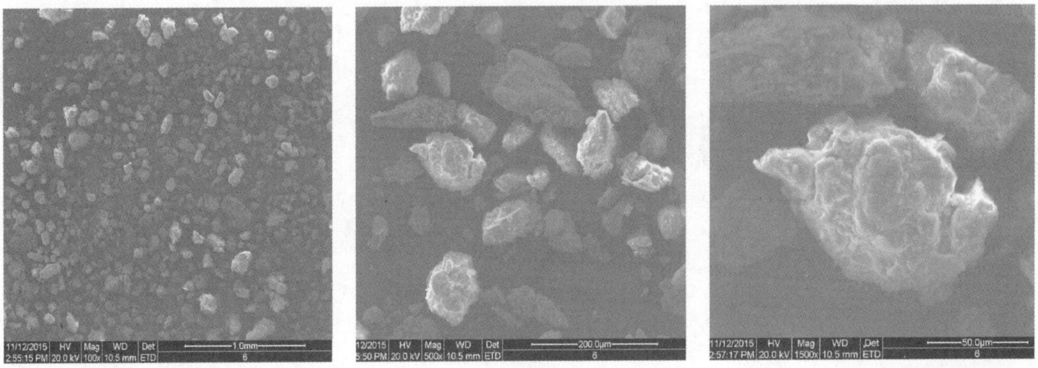

a)100倍　　b)500倍　　c)1500倍

图 3-16　K23 +700 掺砂砾后盐渍土的微观结构形貌

3.3　砂砾改良盐渍土路基填筑施工

项目沿线 K21 +300 ~ K26 +835 路段和 K30 +657.5 ~ K35 +190 路段分布较多的中硫酸(亚硫酸)盐渍土,不能直接用于路基填筑。但考虑到项目地形条件复杂,路基挖方量巨大,弃方较多,而沿线弃土场设置困难,因此需要将部分盐渍土进行改良,以作为路基填料,减少弃方压力,降低工程造价。根据沿线筑路材料调查情况,小峡高寨哈拉支河、北川河等处砂砾材料较为丰富,故考虑在盐渍土中掺拌砂砾进行改良。结合现场试验段情况,提出砂砾改良盐渍土路基填筑施工工艺。

3.3.1 松铺厚度和松铺系数的确定

砂砾改良盐渍土路基的施工工艺,首先应确定关键施工参数,即最佳松铺厚度和最佳碾压遍数。为了获取最佳松铺厚度和碾压设备配套所需要的最佳碾压遍数,以 K21 +300 ~ K26 +835 路段作为砂砾改良盐渍土路基的试验段,在该试验段中采用不同的松铺厚度(20cm、25cm、30cm)填筑砂砾改良盐渍土,共填筑三层,分别按路基横断面全宽水平层次逐层向上以 20cm、25cm、30cm 的松铺厚度进行填筑,并对该试验段不同桩号处的松铺厚度和松铺系数进行测定。

由现场试验数据可知,砂砾改良盐渍土路基试验路段不同桩号的松铺系数平均值为1.17,其松铺厚度宜控制在 25cm 左右,压实厚度宜控制在 20cm 左右。

另一方面,为了探究不同铺层厚度下碾压遍数与压实度之间的关系,现场测定松铺厚度为 20cm、25cm、30cm 时的碾压遍数和压实度。当松铺厚度为 25cm、碾压遍数为 4 遍时,路基压实度 >93%;而压实遍数为 6 遍时,其压实度 >96%。显然,当碾压遍数为 6 遍时,机械利用率最高,压实效果较理想,所以填土时最佳松铺厚度为 25cm,最佳碾压遍数为 6 遍。

3.3.2 砂砾改良盐渍土路基填筑施工工艺

砂砾改良盐渍土路基填筑施工工艺流程如下:

(1)施工放样

恢复道路中线,沿路线方向每 10m 设一控制桩,并用水准仪测其横断面高程,准确定出边桩,确定路基填筑范围。

(2)备料

填料所用的砂砾应集中堆放,堆放时间过长时,应覆盖封存。填料所用砂砾应在使用 7d 前进场。应对所进砂砾的含水率进行控制,不得太干燥以免产生扬尘,也不得过湿成团。砂砾最大粒径应小于 100mm,否则应过筛控制。

图 3-17　摊铺土

(3)摊铺土料

上土布料前,摊铺根据运输车辆的载重吨位,计算出自卸汽车每车填料所占的填筑面积,并用白灰标识于填筑底面上,采用渐进式摊铺法,填料的摊铺厚度及边界以挂线控制,如图 3-17所示。

(4)含水率控制

如含水率过小,应在土层上洒水闷料。洒水应均匀,防止出现局部水分过多的现象。同时严禁洒水车在试验段内停留或调头。如为细粒土应经一夜洒水闷料；中粒土和粗粒土，视其中细粒土含量的多少，可缩短闷料时间。

(5)整平轻压

机械摊铺完成后，对未达到平整度要求的路堤，应在表面局部补充细料并加强人工整平，方可进行下一步工序。铺撒细料后，摊铺面应相对平顺，以利压路机碾压施工。填土路堤的路肩位置是路基的整平薄弱环节，应加强人工对路基边缘部位进行整平，如图3-18所示。平地机整平后用压路机碾压1遍，使其表面平整，并具有一定的压实度。

图3-18 整平

(6)摊铺砂砾

按填料厚度计算出每平方米填料所用砂砾的量，并用砂砾在土层上画出摊铺砂砾的边线。用装载机将砂砾均匀摊开，砂砾摊铺完后，表面应没有空白位置。

(7)拌和与洒水

采用专用农用拖拉机悬挂爬犁翻拌。砂砾摊铺均匀后人工拣出砂砾中的超粒径及少量成团泥土（如砂砾含水率大会存在较多湿团，应将砂砾晾晒至含水率适中时再进行拌和，避免拌和与碾压后存在较多小砂砾颗粒，砂砾与土拌和不均匀将影响到砂砾拌和土的质量），拌和一遍后检查砂砾含砂量及含水率，如含水率及含砂量均满足要求，再进行第二次拌和，第二次拌和时，翻拌深度增加1～2cm，以消除素土夹层，拌和中继续用人工配合挖坑检查，最终拌和后砂砾与土混合料均匀，颜色一致，无素土夹层，如图3-19所示。

如经检测含砂量不满足要求，要重复提供砂砾，补足砂砾后再次拌和，若拌和一遍后检查含水率偏小，计算所需加水量，用洒水车进行洒水，然后再次进行拌和；若拌和一遍经检查后发现含水率偏大，砂砾经过适当晾晒后再进行拌和施工。最终经检查含水率、含砂量、拌和均匀性均合格后进入下道施工工序。

(8)整形及稳压

采用平地机对拌和后的砂砾土进行整平，之后用钢轮压路机稳压2遍，如图3-20所示。

图3-19 拌和

图3-20 整形

(9)碾压

用羊足碾压路机振动碾压，由弱振至强振，压路机碾压行驶速度开始宜用慢速，最大速度不宜超过4km/h;碾压时直线段由两边向中间,小半径曲线段由内侧向外侧,纵向进退式进行;碾压轮重叠轮宽的1/3~1/2,如图3-21所示。碾压6遍时,进行高程、密实度(灌砂法)检测;若压实度达到设计要求,则可停止碾压,否则继续进行碾压。每碾压一遍,重复上述检测过程,直到压实度达到设计要求。最后进行纵断面高程、宽度、平整度、横坡、边坡等的检测。

图3-21 碾压

第4章 大跨度黄土公路隧道修筑

西宁南绕城高速公路采用双向六车道分离式隧道，共有隧道6座，设计速度为100km/h，隧道限界宽度为14.5m，隧道内轮廓高度为7.95m，隧道开挖断面达170m^2，所有隧道洞身段地表均覆盖有不同厚度的黄土地层，部分区段具有Ⅳ级湿陷性。如此大跨度、大规模穿越黄土及泥岩地层的公路隧道在国内尚属首例，施工过程中势必会遇到很多技术难题，施工安全风险极大。

为了有效指导西宁南绕城高速公路黄土隧道的建设，保证隧道施工安全和结构的长期稳定，减少隧道施工灾害和运营病害的发生，本章以大跨度和黄土及泥岩工程性能对隧道设计和施工的影响作为研究重点和难点，从隧道合理结构形式、施工控制技术、地基加固技术、沉陷及裂缝防治技术等方面，开展大跨度黄土公路隧道修筑关键技术研究，以填补国内在黄土地层大跨度隧道修筑技术方面的空白。

4.1 不同黄土地层下大跨度公路隧道深浅埋界定

《公路隧道设计规范》(JTG D70—2004)、《公路隧道设计细则》(JTG/T D70—2010)及《铁路隧道设计规范》(TB 10003—2005)等规范通常采用隧道深浅埋来确定围岩压力计算方法，故黄土隧道深浅埋的界定对其围岩压力的确定影响很大，对其围岩压力计算方法及支护强度等也都有直接的关系。以往的工程经验已经达成一些黄土隧道设计的共识，如深浅埋界定标准，但对大跨度黄土隧道，特别是三车道附带紧急停车带的超大断面黄土隧道而言，其受力机制与一般断面隧道有较大的区别；此外，之前的研究背景大多集中在解析解层面或者均值材料的数值模拟计算基础上，这样的假设跟黄土的实际情况有较大的出入，并没有考虑黄土的结构性对其力学及变形特质的影响。因此，之前的鉴定标准不能直接用于大跨度黄土隧道的设计与施工中。

随着我国高速公路系统的发展，大跨度黄土公路隧道越来越多地被纳入规划方案中，目前对大跨度黄土隧道深浅埋界定的研究仍处在起步阶段，设计施工中如何界定大跨度隧道的深浅埋一直是困扰工程进行的一大问题。通过对西宁南绕城高速公路隧道埋深的统计(表4-1)，可知项目隧道埋深跨度大。本章节以此为出发点，综合上述考虑，探讨不同黄土地层下大跨度黄土隧道深浅埋的界定标准。

西宁南绕城高速公路隧道埋深统计结果　　表 4-1

统计参数	凤凰山 1 号左线	凤凰山 1 号右线	凤凰山 2 号左线	凤凰山 2 号右线	蔡家山左线	蔡家山右线
埋深(m)	0.0～83.4	7.4～81.3	20.8～81.2	22.2～72.9	0.4～45.8	0.0～40.4
里程	ZK26＋055～ZK27＋515	K26＋095～K27＋570	LK28＋190～LK28＋930	K28＋190～K28＋755	LK18＋030～LK18＋280	K18＋015～K18＋260
长度(m)	1460	1475	740	755	328	245

4.1.1 黄土的分类及其力学特性

为了探讨不同黄土地层下大跨度黄土隧道深浅埋的界定标准，首先应对黄土的分类及其力学特性进行分析。

(1)黄土的分类

以地质特性(地层、年代、成因)为基础的黄土分类定名体系将黄土地层由下向上分为老黄土和新黄土。Q_1黄土与Q_2黄土分别为早更新世黄土(老第四纪黄土，也称午城黄土)与中更新世黄土(中第四纪黄土，也称离石黄土)，它们一般称为老黄土；Q_3黄土和Q_4黄土分别为晚更新世黄土(新第四纪黄土，也称马兰黄土)和全新世黄土(也称现代黄土)，它们一般称为新黄土。

(2)黄土的力学特性

黄土由于其自身特殊的生成环境使其具有欠压密的结构，反映出对水作用的特殊敏感性以及加荷作用下表现出结构性。这种对水作用的特殊敏感性和抵抗外荷载突出的结构性，既表现为显著的湿陷特性，又表现为含水率变化对强度和本构关系的强烈影响，使得湿陷性、强度和本构关系的研究在黄土力学特性的研究中和黄土工程实践中占据了非常重要的地位。

①黄土的湿陷性

湿陷性黄土主要是Q_3、Q_4黄土，甚至Q_2黄土的上层，当其受到附加静应力作用，达到变形的稳定状态后，若维持压力不变，继续浸水会引起显著的、迅速发展的附加变形，称为湿陷变形。这种湿陷变形，只是由含水率的变化所引起的，是一种广义力作用的结果。它一般随着静应力的增大而增大(可能会出现最大值或峰值)，随初始含水率的增大而减小。如果用单位厚度黄土(起始含水率为w)在某一压力下浸水所发生的湿陷变形量即湿陷系数δ_{wh}来定量描述黄土的湿陷性，则δ_{wh}随压力P的增大而增大(也可能会出现峰值)。由于任何非饱和土都会因增加湿度而使含水率增大时发生一定的附加变形，因此一般把湿陷系数小于某一数值(如$P=200$kPa 时$\delta_{wh}\leqslant 0.015$)的土不当作特殊的湿陷性土，把$\delta_{wh}=0.015$所对应的压力称为湿陷起始压力。显然，黄土的湿陷起始压力越低，越容易发生湿陷，而且会发生更大的湿陷变形。有些黄土，因为具有更多的可溶盐，尤其是易溶盐，仅在原所处地层的饱和自重压力下就能发现浸水湿陷变形(称为自重湿陷黄土)。显然，它要比一般需在自重压力下再作用附加压力才能发生浸水湿陷变形的黄土(称为非自重湿陷黄土)产生更严重的影响，因此应加以注意。

②黄土的结构性

黄土发生湿陷的外因是浸水与压力，但其内因是它的特殊结构性，即黄土颗粒的排列方式和连接方式。通常所说的欠压密性与加固黏聚力只是对黄土特殊结构性的宏观反映。仔细地研究黄土的结构性对揭示黄土湿陷性的本质是非常必要的。因此，近年来所进行的黄土微观结构的扫描电子显微镜分析有着重要的价值。黄土微观结构的研究已经揭示了黄土在其颗粒的排列与胶结以及孔隙等诸多方面的特殊性，很好地定性解释了黄土一系列的物理力学特征。

黄土结构中骨架的结构单元可分为单粒、集粒和凝块。单粒主要为少量的砂粒和构成黄土土体的粗粉粒（粒径为0.05～0.1μm）。当其在表面或接触点处黏附有细粉粒、黏粒和腐殖质等胶结物质或有可溶盐对其形成胶结时，就集成大小不同的集粒，或凝成大小不同的凝块，共同形成黄土的骨架系统，即空间结构体系。因此，黄土中粒径为50～100μm的砂-粉粒不相互接触，黄土的力学性质完全由其结构形态和结合物质所控制。具体说来，这个体系中骨架结构单元的形态确定了土的传力性能和土的变形性质，骨架结构单元的连接方式确定了土的结构强度，骨架的排列方式确定了土的稳定性。

4.1.2 老黄土地层大跨度隧道深浅埋界定

（1）建立数学模型

依托西宁南绕城高速公路，采用FLAC3D有限差分计算软件建立黄土隧道模型，采用台阶法进行数值计算，对比不同埋深下隧道的最大应力、最小应力、竖向应力和沉降量的特点，分析研究隧道的深浅埋划分依据，以此为基础提出老黄土地层大跨度隧道深浅埋的界定标准。

隧道模型采用马蹄形断面，取隧道下40m作为模型的下边界，左、右边界各取距隧道原点左、右50m，建立的模型要对不同埋深的隧道进行分析，因此上边界分别取10m、20m、30m、40m、50m、60m、70m和80m，隧道的长度设定为60m。以隧道中心为坐标原点，X为径向，Y为轴向，Z为竖向，模型建好以后固定底面，同时约束X方向和Y方向水平位移，地表取为自由边界，地层采用实体单元，隧道开挖采用空单元模型（null）来模拟，表示被移除或者开挖掉的土体，空单元区域中的应力被设为零，区域中无重力作用，建立的数值模型如图4-1所示。

图4-1 数值计算模型

老黄土土层参数的选择见表4-2,支护参数选择见表4-3。

老黄土土层参数　　表4-2

土　　层	黏聚力(kPa)	摩擦角(°)	密度(kg/m^3)	弹性体积模量(MPa)	弹性切变模量(MPa)
老黄土	50	21	1900	27.5	12.69

支 护 参 数　　表4-3

埋　　深	弹性模量(MPa)	泊　松　比	重度(kN/m^3)
10m、20m	300	0.2	2500
30m、40m、50m	3000	0.2	2500
60m、70m、80m	30000	0.2	2500

(2)老黄土隧道围岩应力、变形及塑性区特征

①隧道围岩应力特征

隧道的应力状态受到隧道埋深的影响,基于以上数值模型和计算参数,分析研究隧道竖向围岩压力的变化规律,得出不同埋深隧道的竖向应力、大主应力、小主应力与其距拱顶位置的变化曲线,如图4-2～图4-4所示。

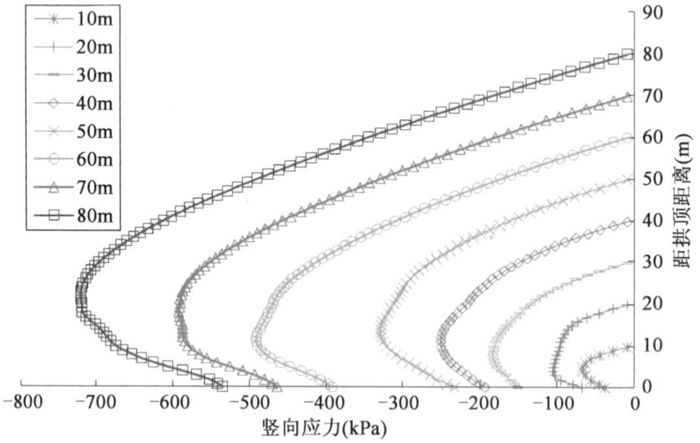

图4-2　不同埋深隧道的竖向应力曲线图

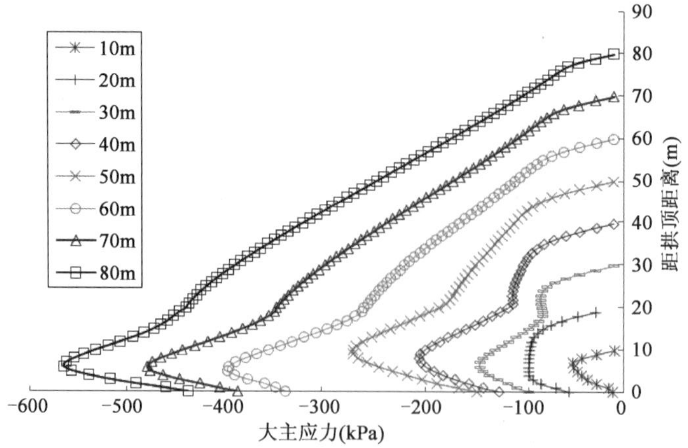

图4-3　不同埋深隧道的大主应力曲线图

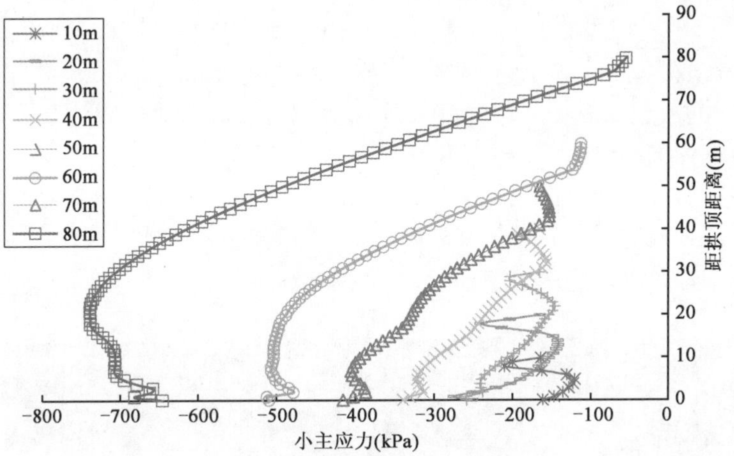

图 4-4 不同埋深隧道的小主应力曲线图

从图 4-2 ~ 图 4-4 可以看出，不同埋深隧道的竖向应力曲线的变化没有明显的规律性，大主应力和小主应力曲线在拱顶到地表的过程随着埋深的增大呈现一定的规律。20 ~ 30m 埋深的隧道的大主应力曲线有较大的变化，由近似的拱形曲线发展为比较复杂的形状，小应力曲线由近似"S"形向直线变化；50m 埋深以上的隧道与 40m 和 30m 埋深的隧道的大主应力曲线逐渐变平缓，即大主应力随着地表距离的靠近变小趋势开始减小，小主应力曲线为近似光滑的曲线。但总体来说，40m 以后埋深的隧道的应力关系曲线变化不是很明显。

②隧道围岩变形特征

在模型模拟完隧道的开挖后，考虑到模型的边界效应，选取隧道轴线 $Y = 20$m 处的断面位置，提取不同埋深隧道的沉降数据，以及各埋深沉降对应的坐标，分析研究其规律变化。将隧道上方距地表不同距离的沉降与拱顶的沉降的比值作为一定值，即沉降比 K，以沉降比为竖轴，距拱顶的距离为横轴，绘制曲线图进行分析比较，如图 4-5 所示。

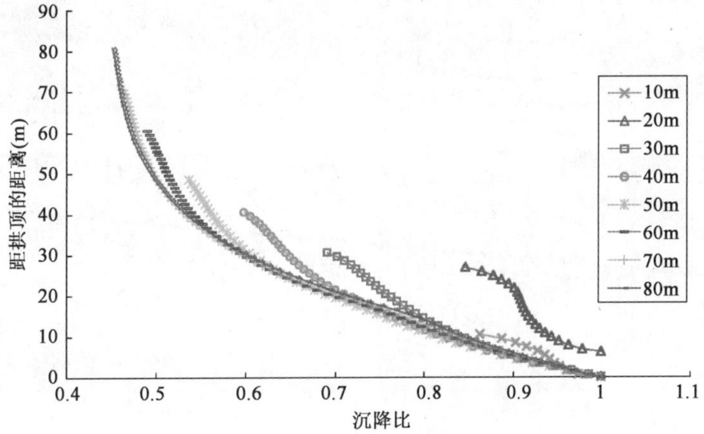

图 4-5 不同埋深沉降比与距拱顶距离的曲线图

将拱顶上方任意深度土层的沉降与拱顶正上方的沉降量的比值(沉降比)作为研究参数,由图4-5可以发现,随着埋深的增大,沉降比曲线近乎重合,10m和20m埋深隧道的沉降比曲线脱离总体趋势比较大,30m和40m埋深的隧道在离地表比较近时,脱离总体趋势,但随着向拱底处接近,也渐渐重合在一起。大于50m埋深的隧道的沉降比曲线近乎重合在一起,沉降比的变化不再受埋深的影响。

③黄土隧道围岩土体塑性区域特征

通过对比不同埋深隧道的塑性区域云图可知,隧道拱顶的塑性区域总是向上延伸的,塑性区域随着隧道的埋深呈现一定的规律性变化,如图4-6所示。

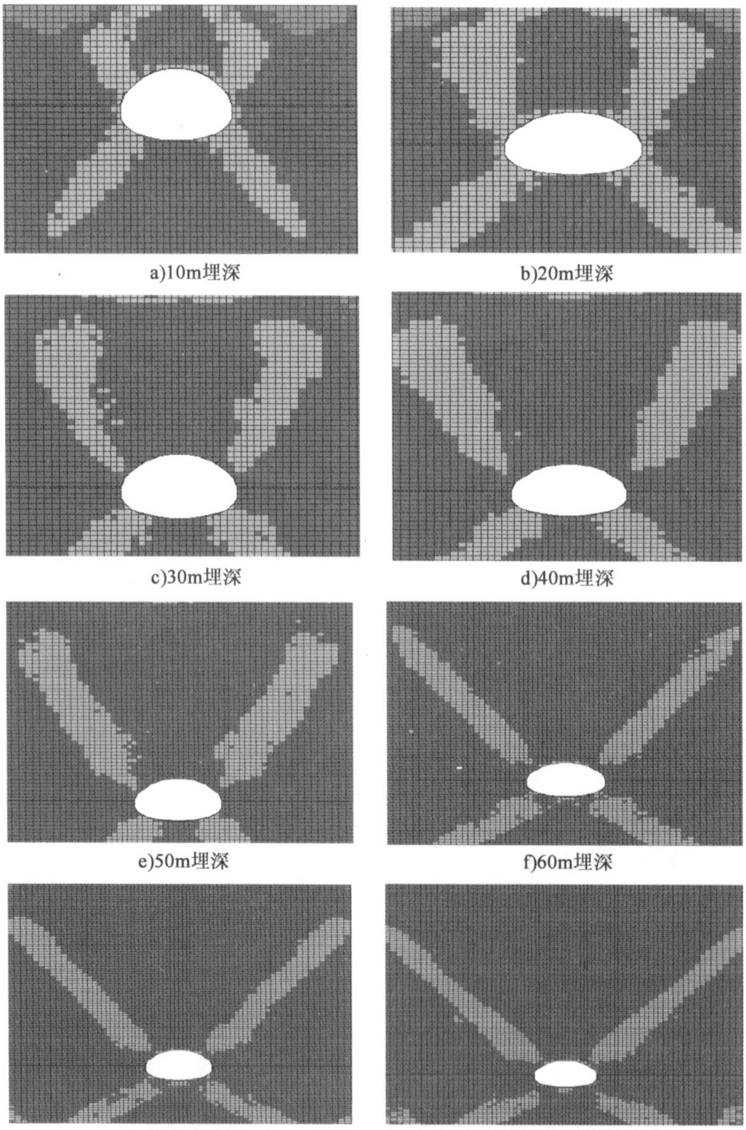

a)10m埋深 b)20m埋深

c)30m埋深 d)40m埋深

e)50m埋深 f)60m埋深

g)70m埋深 h)80m埋深

图4-6 不同埋深隧道的塑性区域云图

从图 4-6 可以看出,10m 和 20m 埋深隧道的塑性区域由拱顶延伸到地表面,塑性区域的边界与拱肩垂直,30m 和 40m 埋深的隧道上部的塑性区域与拱肩呈一定的角度向上延伸,50 ~ 80m 埋深的隧道上部的塑性区域不再延伸到地表,且地表面不会出现塑性区域。

(3)老黄土地层大跨度黄土隧道深浅埋界定标准

综合以上研究分析,老黄土地层大跨度隧道在埋深为 20m 和 60m 时分别出现应力、沉降和塑性变形的变化,所以将 20m 作为老黄土地层大跨度隧道超浅埋与浅埋的划分界线,浅埋与深埋的划分界线为 40 ~ 50m 或 1.4 ~ 1.7$(H+B)$。H、B 分别为隧道毛洞的高度和跨度。

4.1.3 新黄土隧道结构性衰减模型修正

摩尔-库仑理想弹塑性本构模型的屈服面就是土的破坏面。该模型不考虑结构性土的破坏过程中抗剪强度和抗拉强度的衰减变化规律。已经分析了压剪过程中结构性衰减变化规律,然而结构性参数只是中间变量。土在压剪或拉伸过程中,其屈服面随剪应变的发展而变化,直至土发生破坏为止,土的渐进破坏过程可以通过结构性参数来描述。

在摩尔-库仑强度准则基础上引入结构性参数,建立考虑结构性参数的摩尔-库仑模型,压剪屈服函数为:

$$f^s = \sigma_1 - \sigma_3 N_\varphi + 2c(m_u)\sqrt{N_\varphi} = \sigma_1 - \sigma_3 N_\varphi + 2\left(F \cdot e^{-\frac{m_u}{I}} + J\right)\sqrt{N_\varphi} \tag{4-1}$$

拉伸屈服函数:

$$f_t = \sigma_3 - Kc(m_u) = \sigma_3 - K\left(F \cdot e^{-\frac{m_u}{I}} + J\right) \tag{4-2}$$

拉压分界函数:

$$h(\sigma_1,\sigma_3) = \sigma_3 - K\left(F \cdot e^{-\frac{m_u}{I}} + J\right) + a^P(\sigma_1 - \sigma^P) \tag{4-3}$$

式中

$$a^P = \sqrt{1 + N_\varphi^2} + N_\varphi \tag{4-4}$$

$$\sigma^P = (KN_\varphi - 2\sqrt{N_\varphi})\left(F \cdot e^{-\frac{m_u}{I}} + J\right) \tag{4-5}$$

在 p-q 坐标中和 π 平面内结构性摩尔-库仑屈服面变化规律,如图 4-7 和图 4-8 所示。结构性参数初始值(构度指标)与强度之间呈现双曲线关系,不同结构性参数值对应的强度线实质上是压剪和拉伸过程中对应的屈服面。图 4-7 中,拉压分界线为压剪强度线与拉伸强度线交角的角平分线。

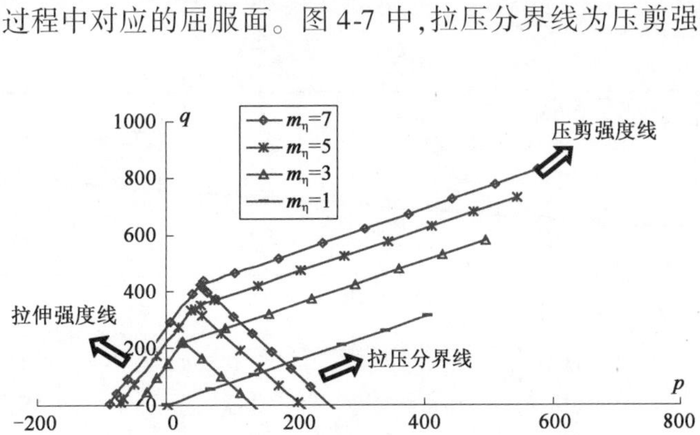

图 4-7 在 p-q 坐标中结构性摩尔-库仑屈服面变化规律

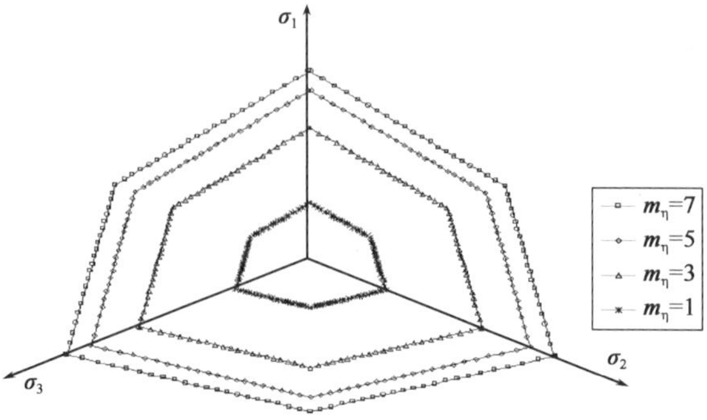

图 4-8 在 π 平面内结构性摩尔-库仑屈服面变化规律

摩尔-库仑理想弹塑性本构模型是数值计算中应用最普遍的计算模型，结合新黄土结构性衰减本构模型修正研究成果，对摩尔-库仑理想弹塑性本构模型进行结构性修正，形成黄土结构性衰减弹塑性修正本构模型，并将其应用到数值计算中。依托黄土结构性衰减弹塑性修正本构模型，依据 FLAC3D 数值软件的弹塑性计算原理，利用 Fish 语言编写修正本构模型程序修改 FLAC3D 自带的摩尔-库仑模型，从而嵌入反映黄土结构性演变的摩尔-库仑模型，成功将其应用于 FLAC3D 数值计算中。

具体实现方法：首先，自定义结构性参数 m_η 变量，输入结构性参数初始值（即构度指标）。依据黄土的抗剪强度指标和构度指标，通过抗拉强度与抗剪强度指标关系，确定黄土的抗拉强度。其次，通过计算一个 Δt 时步，输出各个单元应力分量和应变分量，计算结构性参数（广义剪应力和球应力）、剪应变。根据结构性参数与剪应变的关系，可知一个 Δt 时步结构性场的变化。然后，依据上一个时步计算得到下一个 Δt 时步的结构参数初始值以及对应的抗剪强度指标和抗拉强度。依次类推进行计算，直到设定计算时步终止。

4.1.4 考虑新黄土结构损伤的大跨度隧道深浅埋界定

鉴于 Q_1、Q_2 老黄土结构性不强，针对 Q_3 结构性新黄土中砂质黄土和黏质黄土两种土性围岩，采用不同土性材质的结构性模型，对不同埋深不同围岩的工况进行计算，重点比较不同埋深下围岩的结构性损伤发展趋势及破坏形态，从而根据围岩的破坏形态来界定大跨度黄土隧道的深浅埋，具体数值计算算例见表 4-4。

模拟工况一览表　　表 4-4

工况类别	洞跨/高度（m/m）	埋深（m）	工　法	围　岩	数值算例	计算模型
工况类别一	17/12	20 ~ 80	台阶法	黏质黄土	7	Q_3 黏质黄土衰减模型
工况类别二				砂质黄土	7	Q_3 砂质黄土衰减模型

（1）砂质 Q_3 黄土隧道深浅埋界定标准

经试验确定，砂质黄土的结构性衰减模型较黏质黄土衰减速率大，结构性破坏后无残余强度，黄土为脆性破坏。开挖工法采用台阶法开挖，支护参数强度同上节计算参数。砂质黄土衰减模型参数的选取见表 4-5。

砂质黄土衰减模型参数　　表 4-5

土　　层	重度 (kg/m³)	土层厚度 (m)	体积模量 (MPa)	剪切模量 (MPa)	初始黏聚力 (kPa)	摩擦角 (°)	残余黏聚力 (kPa)
黄土 1	1450	—	18	7	25	20	0
黄土 2	1500	13	23	9	30	21	0
黄土 3	1700	15	25	9.5	30	23	0
黄土 4	1800	22	27	10	30	25	0

图 4-9 ~ 图 4-11 分别为开挖完成后围岩结构损伤区云图、塑性区发展云图及剪应变云图，由计算结果可以看出，由于砂质黄土围岩在隧道开挖过程中，损伤速率较快，强度变化大，且结构性破坏后基本没有残余强度，故在埋深为 0 ~ 30m 的计算工况中，围岩结构损伤带近乎为垂直向地面发展，围岩压力可认为为拱顶土柱压力（注：损伤云图白色区域 $m_u = 1$ 为破坏区）；埋深较大情况下（30 ~ 50m），损伤带由拱肩向外发展，角度为30°左右，但损伤带并没有达到破坏贯通条件，仍有一定的强度存在，同时拱顶出现一定范围的损伤破裂域，围岩压力计算介于土柱压力及塌落拱平衡之间；当埋深大于 50m 时，由于计算模拟顶部土层均为砂质黄土，无残余强度，故损伤带由拱肩向外发展至地表位置，角度为 45°左右，近隧道处损伤较为明显，拱顶出现明显的塌落拱破坏区，拱顶围岩压力表现为塌落拱围岩的平衡支承作用。同时从围岩损伤位置可以看出，20m、30m 工况为拱顶、拱肩区域开始发展，50m 以上工况集中在拱腰处。

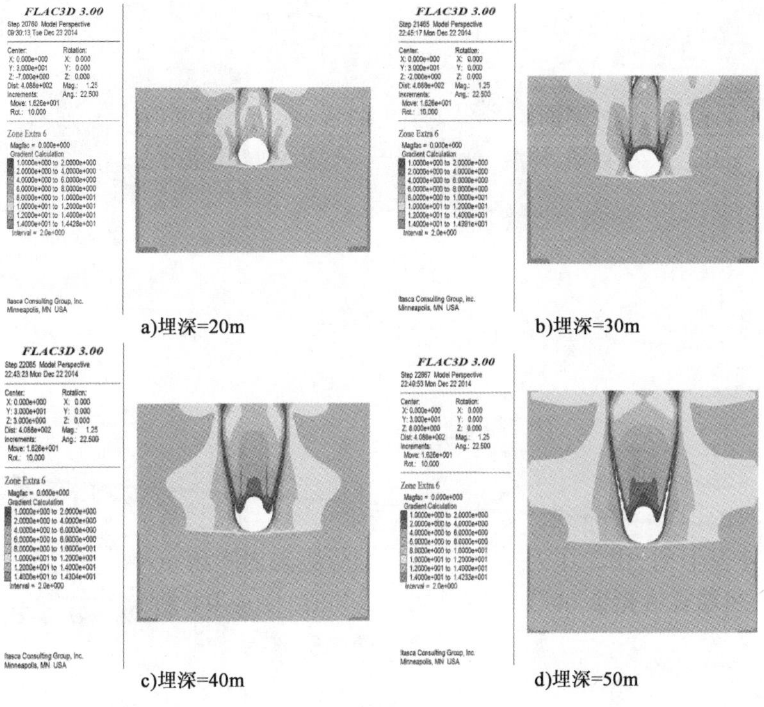

a)埋深=20m　　b)埋深=30m

c)埋深=40m　　d)埋深=50m

图　4-9

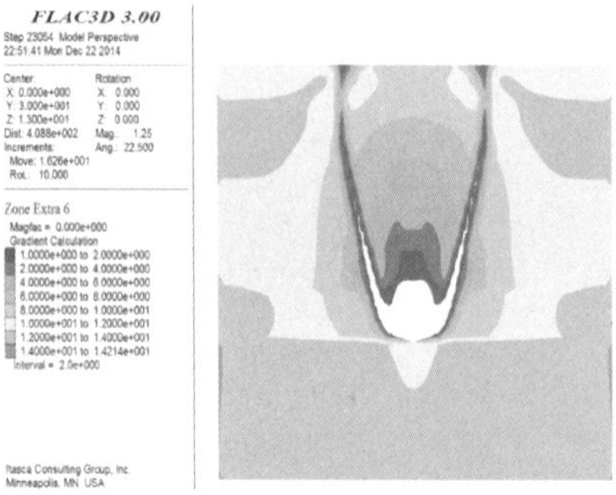

e)埋深=60m

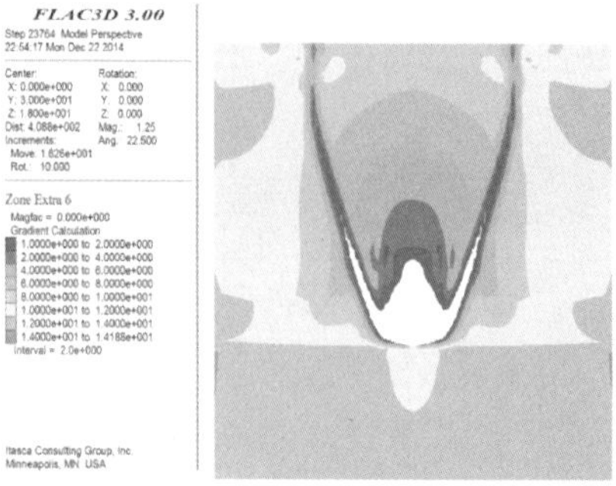

f)埋深=70m

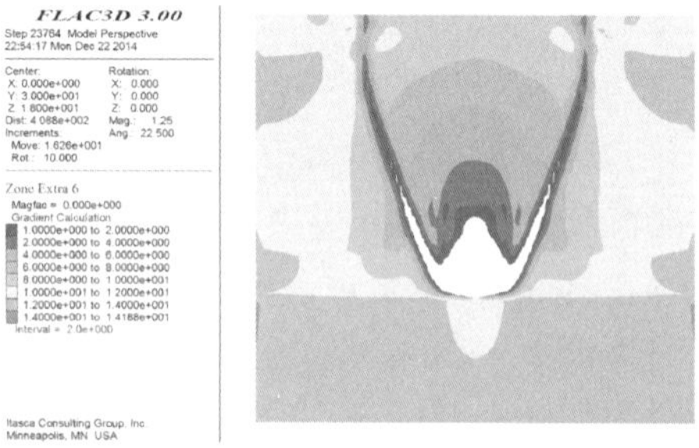

g)埋深=80m

图 4-9　大跨度隧道开挖围岩结构损伤云图

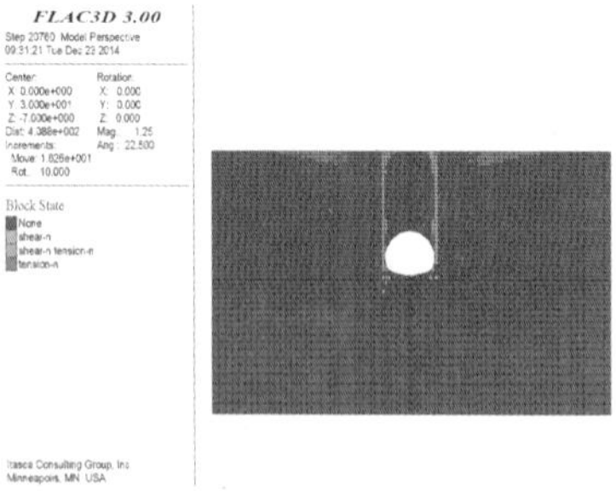

a)埋深=20m

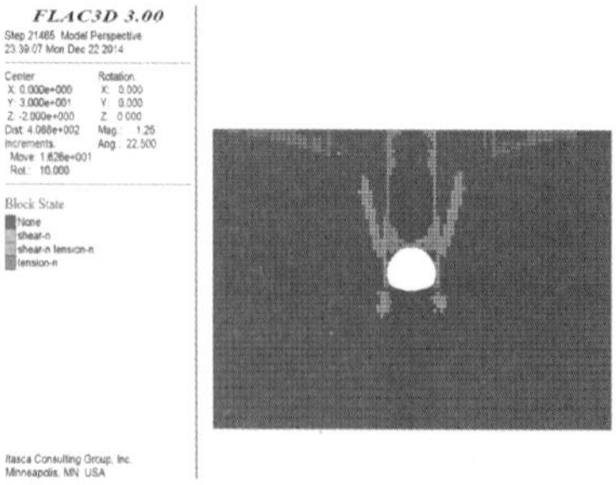

b)埋深=30m

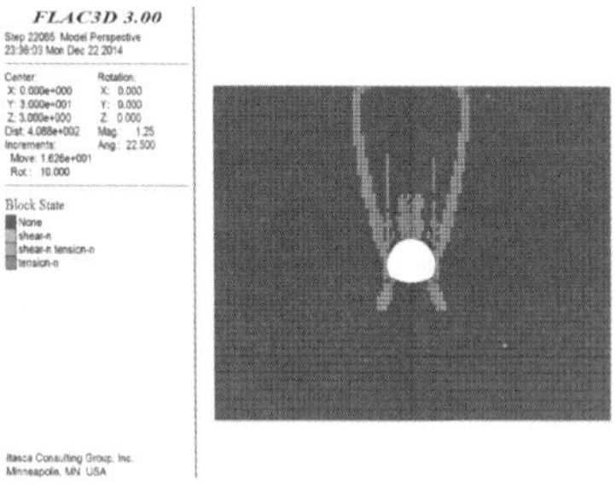

c)埋深=40m

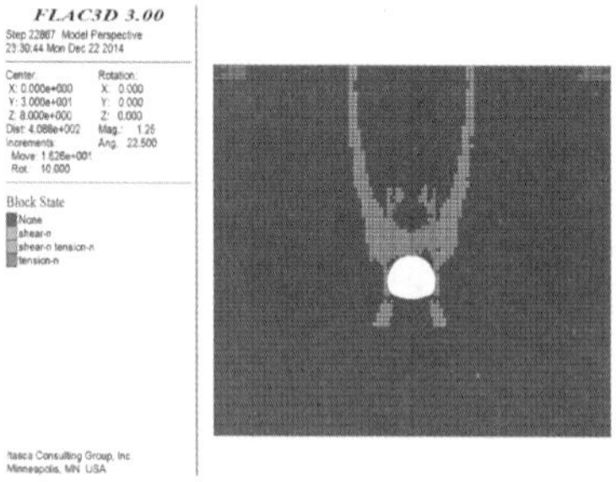

d)埋深=50m

图　4-10

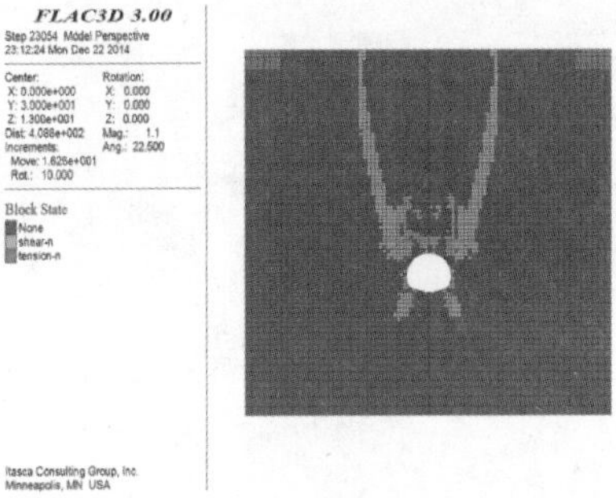

e)埋深=60m

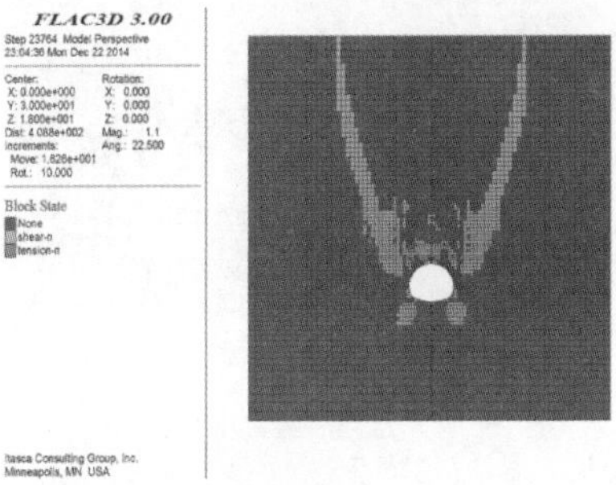

f)埋深=70m

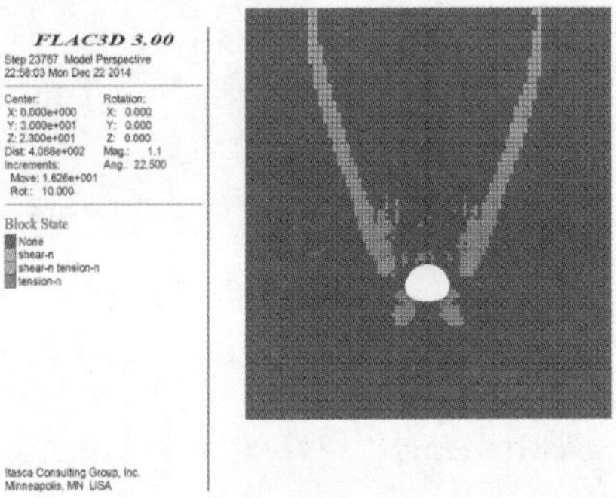

g)埋深=80m

图 4-10 大跨度隧道开挖围岩塑性区发展云图

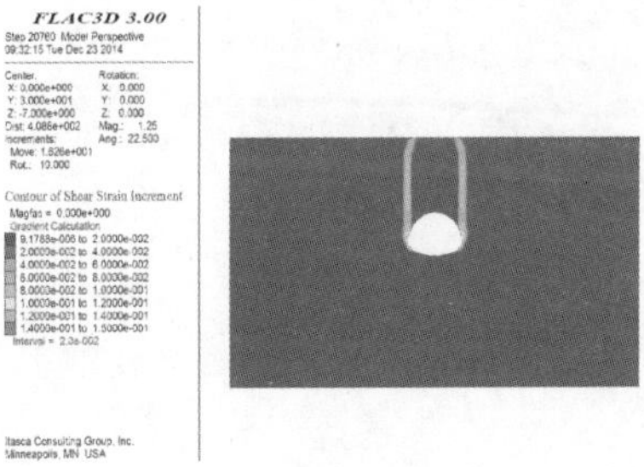

a)埋深=20m

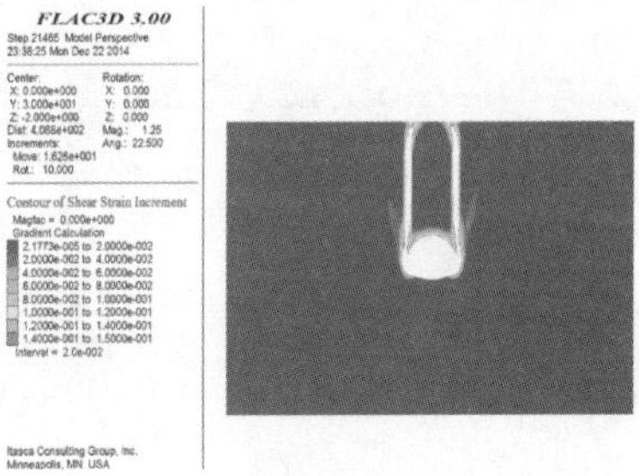

b)埋深=30m

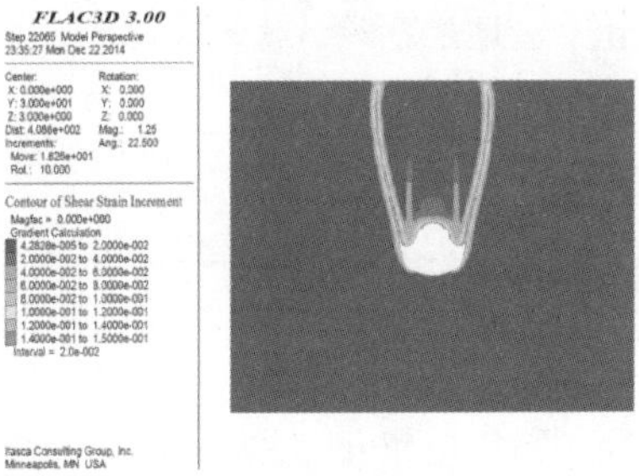

c)埋深=40m

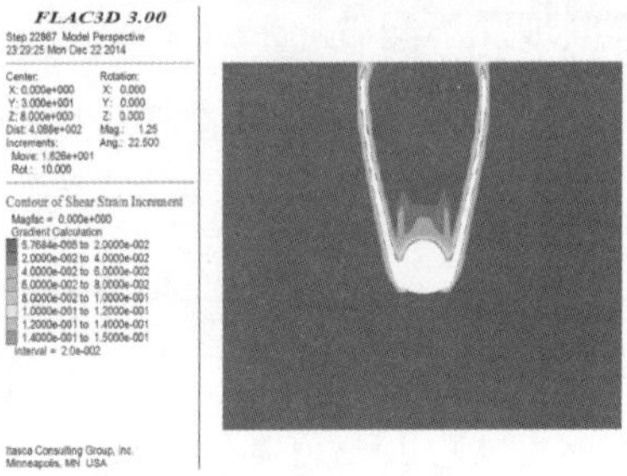

d)埋深=50m

图 4-11

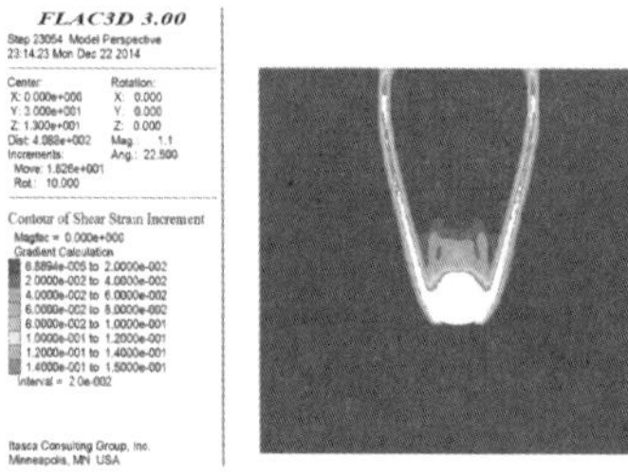

e)埋深=60m

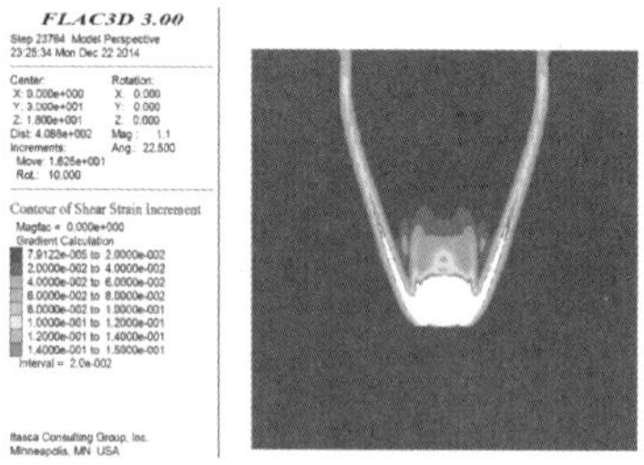

f)埋深=70m

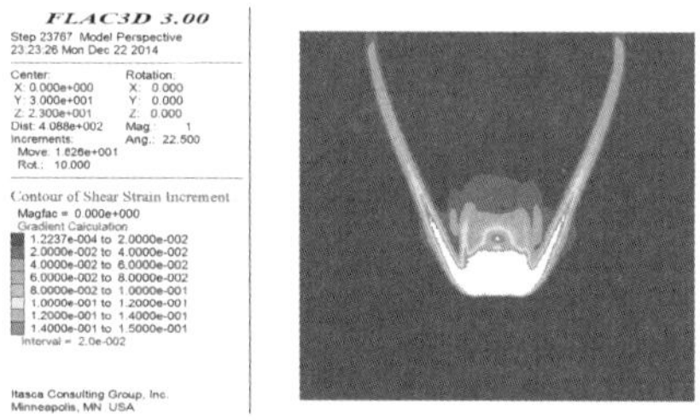

g)埋深=80m

图 4-11　大跨度隧道开挖围岩剪应变云图

对不同埋深土层的土体沿拱顶深度的沉降数据进行处理，其中以 20m 为例，如图 4-12 所示。从图 4-12 中可以看出，埋深较浅的大跨度隧道在采用台阶法开挖完成后，隧道拱顶范围土层出现整体的较大沉降变形，最大值为 600mm 左右，而拱顶以外土层沉降变形较小，并沿隧道轮廓边缘产生竖直裂缝。

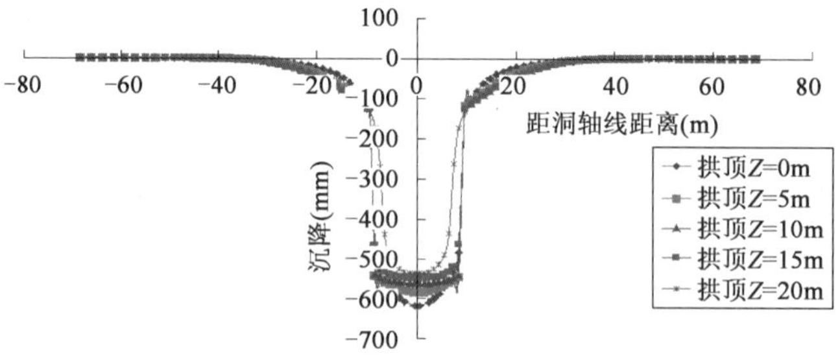

图 4-12　地层沉降曲线（埋深 $Z = 20$m）

为考虑不同埋深不同破坏形式下大跨度黄土隧道地层沉降形态，提出沉降比参数 K，定义如下：

$$K = \frac{S(z)}{S_0} \tag{4-6}$$

式中：$S(z)$——拱顶以上土层厚度 Z 处的沉降位移；

S_0——拱顶竖向位移。

计算砂质黄土大跨度隧道不同埋深隧道沉降比 K，结果汇总见表 4-6 及图 4-13，可以看出，随着埋深的增加，同一拱顶土层厚度处沉降比随埋深增加逐渐减小，但减小速率不同。埋深 30m 以内曲线最小沉降比为 0.72，表现为拱顶土柱整体沉降埋深大于 30m 后沉降比下降迅速，在 30～50m 埋深下，最小沉降比为 0.42，而大于 50m 后沉降比最终减小为 0.23，具体表现为拱顶塌落拱效应对土层沉降的影响。

不同拱顶埋深沉降比汇总结果　　表 4-6

拱底土层厚度（m）	拱顶埋深（m）	0	5	10	15	20	25	30	35	40	45	50	55	60	65	70	75	80
沉降比 K	20	1.00	0.94	0.90	0.89	0.87												
	30	1.00	0.76	0.75	0.74	0.74	0.74	0.72										
	40	1.00	0.58	0.53	0.50	0.48	0.46	0.45	0.45	0.44								
	50	1.00	0.59	0.52	0.50	0.48	0.46	0.45	0.44	0.43	0.43	0.42						
	60	1.00	0.60	0.49	0.45	0.43	0.41	0.39	0.38	0.37	0.36	0.36	0.35	0.35				
	70	1.00	0.61	0.48	0.41	0.38	0.36	0.34	0.32	0.31	0.30	0.29	0.29	0.28	0.28	0.27		
	80	1.00	0.62	0.49	0.40	0.37	0.34	0.32	0.30	0.28	0.27	0.26	0.26	0.25	0.25	0.24	0.24	0.23

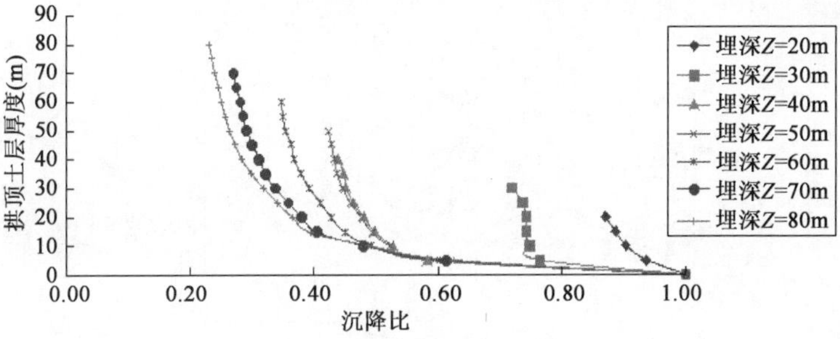

图 4-13　不同拱顶埋深沉降比曲线

从沉降比的变化范围及变化趋势亦可以得出，对于砂质大跨度黄土隧道，埋深 30m 作为深浅埋的界定土层深度较为合理，而埋深大于 50m 则从围岩力学损伤及变形两方面表现为深埋。

依据不同埋深砂质黄土隧道围岩破坏方式分析，砂质黄土隧道在埋深小于或等于 30m 时，隧道围岩破坏面为 90°直立式贯通至地表，砂质黄土隧道在埋深大于或等于 40m 时，隧道围岩破坏面为曲面式贯通至地表，随着埋深增大并未出现深埋隧道的松动圈。砂质大跨度黄土隧道深浅埋界定标准的建议值见表 4-7。

砂质结构性黄土隧道深浅埋界定标准　　表 4-7

Q_3砂质黄土	分界埋深 Z（m）
超浅埋	30～40
浅埋	>40
深埋	残余黏聚强度为 0，很难存在

（2）黏质 Q_3 黄土隧道深浅埋界定标准

黏质黄土的结构性损伤规律较砂质黄土的主要区别在于初始强度相同的情况下，黏质结构性黄土衰减速率较慢，且结构性破坏后即 $m_u=1$ 时，仍有一定的残余强度，从而在一定程度上遏制了围岩破坏的进一步发展，破坏形态由砂质黄土围岩的脆性破坏向塑性破坏转变。黏质黄土衰减模型参数的选取见表 4-8。

黏质黄土衰减模型参数　　表 4-8

土　　层	重度 (kg/m^3)	土层厚度 (m)	体积模量 (MPa)	剪切模量 (MPa)	初始黏聚力 (kPa)	摩擦角 (°)	残余黏聚力 (kPa)
黄土 1	1450	—	18	7	25	20	10
黄土 2	1500	13	23	9	30	21	10
黄土 3	1700	15	25	9.5	30	23	10
黄土 4	1800	22	27	10	30	25	10

图 4-14、图 4-15 为黏质黄土隧道开挖完成的计算结果对比，埋深 $Z = 20\text{m}$ 工况下的黏质黄土围岩结构损伤带发展趋势与同一埋深的砂质黄土隧道相似，围岩损伤带发展趋势为早期拱顶松动区，后期拱肩损伤带沿竖直方向向地表发展，但损伤带发展慢，损伤程度低。埋深 $Z = 50\text{m}$ 工况下的结构性黏质黄土围岩损伤主要表现为拱顶塌落拱的形成，拱肩形成沿 45°角向上的损伤带，但发展慢，影响小。

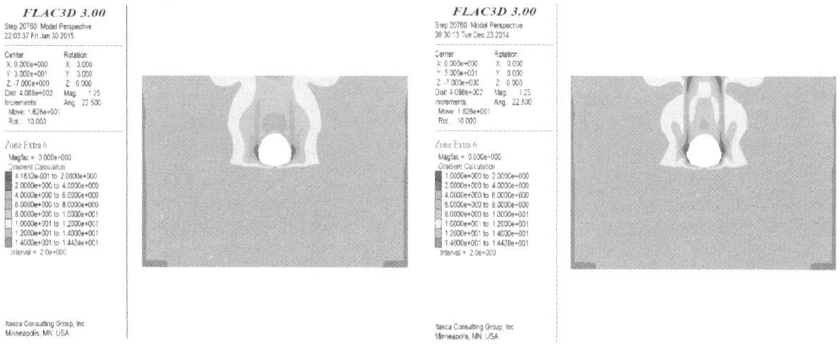

a)结构性损伤云图对比

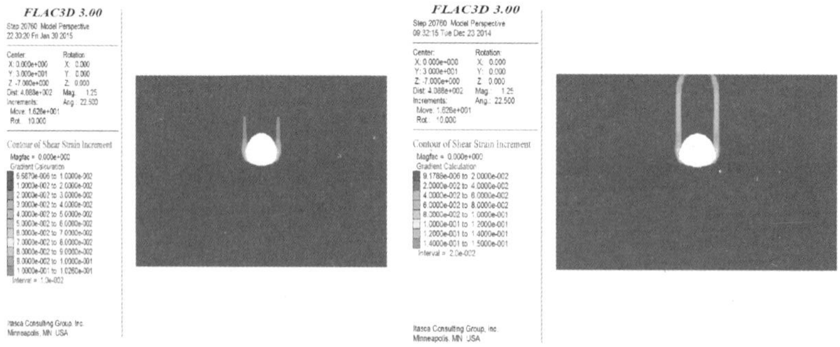

b)剪应变云图对比

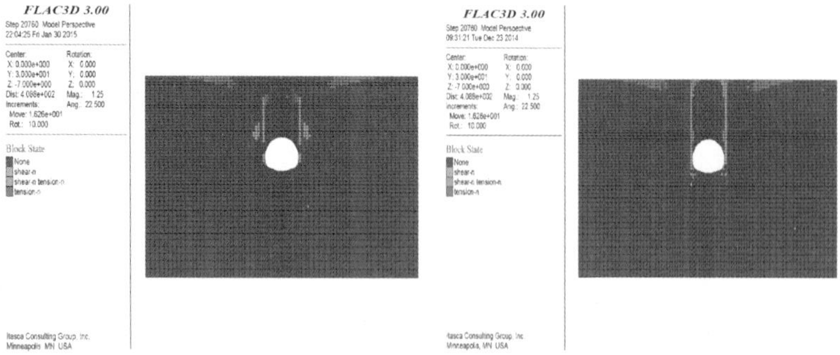

c)塑性区云图对比

图 4-14　黏质黄土(左)、砂质黄土(右)围岩破坏对比(埋深 $Z = 20\text{m}$)

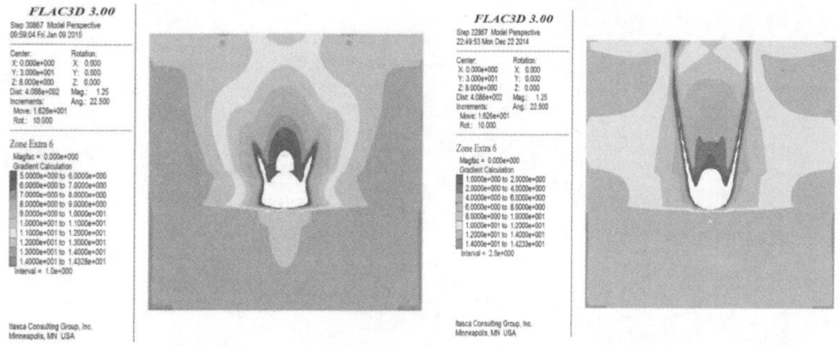

a)结构性损伤云图对比

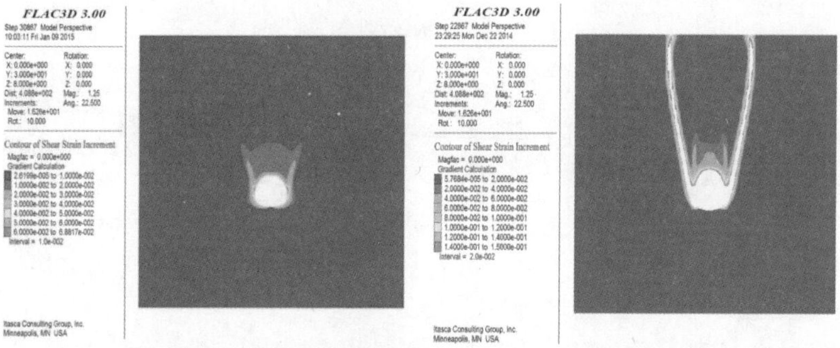

b)剪应变云图对比

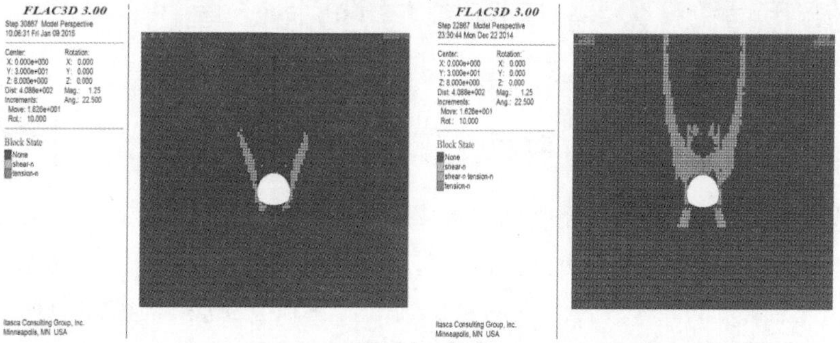

c)塑性区云图对比

图4-15　黏质黄土(左)、砂质黄土(右)围岩破坏对比(埋深 $Z=50\text{m}$)

通过埋深20m黏质黄土围岩隧洞开挖土层沉降位移曲线(图4-16)与砂质黄土拱顶20m埋深地层沉降曲线(图4-12)的对比,可以看出,两者沉降规律相似,均表现为隧道段土层整体下沉较为明显,地层可出现较为陡直的裂缝延伸至地表,拱顶围岩压力同土柱法适应工况破坏形态相似,但砂质黄土隧道围岩沉降变形仅为砂质黄土隧道围岩的一半。

综上所述,结构性黏质黄土围岩较砂质黄土围岩在围岩损伤带的发展速率及损伤程度上均有一定的减小,但在各个埋深工况下的围岩损伤基本形态相似,可以采用基于损伤理论的相同深浅埋判定标准。

(3)新黄土地层大跨度黄土隧道深浅埋界定标准

依据新黄土具有强结构性特点,基于新黄土结构性衰减变化规律,考虑新黄土破坏残余强度,研究了砂质黄土地层与黏质黄土地层隧道破坏方式与深浅埋界定。主要分析两类情况:①破坏时残余黏聚强度为0的砂质新黄土;②破坏时残余黏聚强度为10kPa的黏质新黄土。

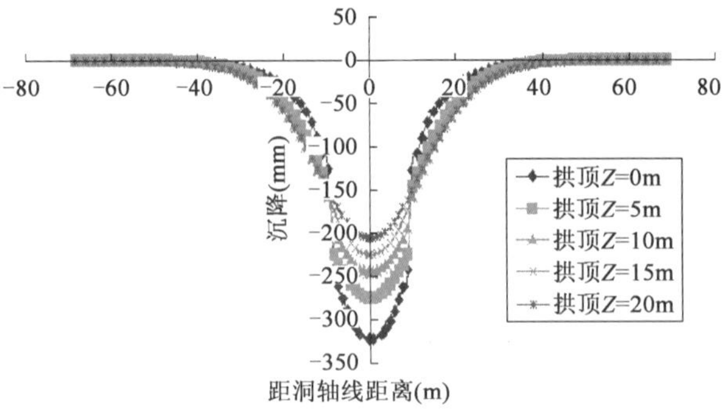

图4-16　地层沉降曲线(埋深 $Z=20$m)

依据研究结果,当隧道围岩破坏面残余强度为0时,大断面黄土公路隧道超浅埋分界深度在30~40m以内,埋深大于40m为浅埋隧道,未出现深埋隧道分界深度。结合以往工程经验及铁路黄土隧道规范及研究成果,新黄土隧道深埋分界深度可为50~70m或2.0~2.3($H+B$)。当隧道围岩破坏面具有一定残余黏聚强度时,隧道围岩自稳性较强,破坏面未贯通至地表,出现松动圈,可能会出现深埋隧道特征。并且,随着隧道围岩破坏面残余黏聚强度增大,大断面黄土公路隧道超浅埋、浅埋、深埋分界深度在减小。

4.2　大跨度黄土公路隧道围岩压力计算方法

4.2.1　常见的隧道围岩压力计算方法

黄土隧道施工过程中,初始应力受到工程力(如开挖、爆破等)破坏,使隧道周围一定范围内的原有岩体受到影响,受到影响范围内的岩体,叫作围岩。围岩作用于支护结构的荷载,叫做围岩压力。围岩压力的大小和分布规律是正确进行隧道支护、结构设计和选择施工方法的重要条件。常见的围岩压力计算方法包括全土柱理论、平衡拱理论、太沙基理论、岩柱法等,不同理论使用条件各有不同,考虑的影响因素指标各异,将其列入表4-9中,以便对比分析。

围岩压力计算方法比较　　表4-9

公式名称	影响因素	适用条件	计算类型	优点	缺点
全土柱理论	H	超浅埋,土质差,无支护	理论解析	公式简单,物理意义明确	未合理反映围岩压力生成机制,结果保守
普氏理论	B,L,φ	松散,破碎围岩,深埋	理论解析	考虑岩体自承作用	需有一定埋深
太沙基理论	H,B,L,φ,c	更适浅埋隧道	理论解析	浅埋隧道破坏机理较为合理	未考虑深埋隧道塌落拱
岩柱法	H,B,L,φ	$H<H_{max}=a_1/K$ $\varphi<30°$	理论解析	浅埋隧道较为合理	埋深浅以及较大内摩擦角,误差较大
谢家烋理论	$H,B,L,\varphi,\theta,\beta,c$	浅埋	理论解析	浅埋隧道较为合理	未考虑深埋隧道塌落拱

续上表

公式名称	影响因素	适用条件	计算类型	优点	缺点
铁路隧道设计规范公式	H,B,φ,χ	一般围岩,钻爆发施工	理论解析+经验公式	计算方法考虑较为全面	无施工方法及隧道形状考虑
芬纳公式	H,R,r,φ,c	圆形隧道	理论解析	考虑形变压力	无塑性半径理论计算公式
卡柯公式	H,R,r,φ,c	圆形隧道	理论解析	考虑形变压力	无塑性半径理论计算公式

注:H 为隧道埋深;B 为隧道跨度;L 为隧道高度;φ 为围岩的内摩擦角;c 为围岩的黏聚力;θ 为顶板土柱两侧摩擦角;β 为产生最大推力时的破裂角;χ 为围岩的分级;R 为围岩塑性圈半径;r 为洞室半径;K 为水平侧压力系数。$a_1=B/2+L\tan(45°-\varphi/2)$。

选取具有代表性的谢家烋理论等计算方法,对不同埋深工况下的围岩压力进行计算,结果见表4-10和图4-17。

不同理论方法计算结果汇总 表4-10

埋深(m)	谢家烋(kPa)	全土柱理论(kPa)	太沙基(kPa)	岩柱法(kPa)	比尔鲍曼(kPa)
0	0	0	0	0	0
5	88.081	90	31.14	87.23	83.27
10	172.32	180	74.45	168.92	161.01
15	252.73	270	138.43	245.07	233.19
20	329.30	360	193.41	315.68	299.84
25	402.04	450	240.65	380.75	360.95
30	470.94	540	281.24	440.29	416.53
35	536.01	630	316.12	494.28	466.56
40	597.23	720	346.09	542.74	511.06
45	654.63	810	371.85	585.65	550.01
50	708.18	900	393.98	623.03	583.43
55	757.90	990	412.99	654.86	611.31
60	803.78	1080	429.34	681.16	633.64
65	845.83	1170	443.38	701.92	650.44
70	884.04	1260	455.45	717.14	661.71
75	918.41	1350	465.82	726.82	667.42
80	948.95	1440	474.72	730.95	667.61
85	975.65	1530	482.38	729.55	662.24
90	998.52	1620	488.96	722.62	651.34
95	1017.54	1710	494.61	710.14	634.90
100	1032.74	1800	499.47	692.12	612.92
105	1044.09	1890	503.64	668.56	585.41
110	1051.61	1980	507.23	639.46	552.35
115	1055.30	2070	510.31	604.82	513.75
120	1055.14	2160	512.96	564.65	469.62

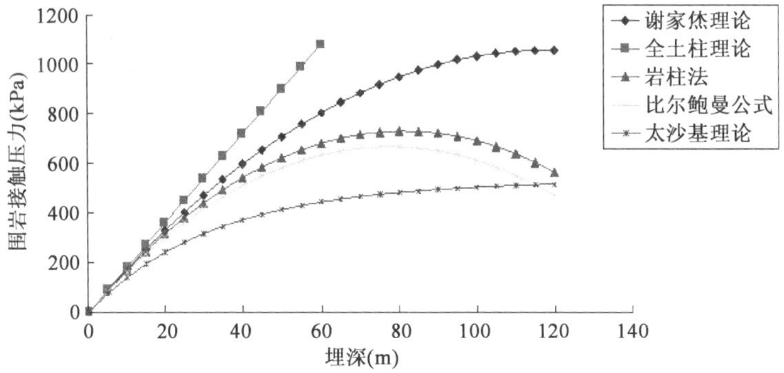

图 4-17　不同理论方法计算结果曲线

由表 4-10 和图 4-17 计算结果看出，采用全土柱理论和太沙基公式计算得到的围岩压力随着隧道埋深的增大而增大，所不同的是后者不断趋于稳定，而前者保持线性增大。全土柱法虽然计算公式简便，物理意义明确，但未考虑围岩自承效应，计算结果最为保守，因此一般应用于超浅埋隧道或围岩条件较差而环境影响要求高的城市隧道工程。采用谢家烋公式计算的围岩压力随埋深增大而增大，但幅度不大，岩柱法与比尔鲍曼公式呈现出抛物线的变化形式，故埋深一定深度后与实际不符。

5 种方法得到的围岩压力计算值由大到小依次为全土柱理论、谢家烋理论、岩柱法、比尔鲍曼公式和太沙基理论。应该指出的是，由于围岩物理力学参数的不同，各公式计算出的围岩压力值大小排序会略有变化。

总体而言，用这 5 种方法计算得到的围岩压力差异较大，这反映出受埋深界定等因素的影响，隧道围岩压力很难准确计算。相对而言，当隧道埋深较小时，全土柱理论、谢家烋理论、岩柱法和比尔鲍曼公式计算结果较为接近，而太沙基理论计算结果较小；在埋深较大条件下，岩柱法与比尔鲍曼公式的计算围岩压力随埋深增加反而减小，且会出现负值，因而比尔鲍曼公式不适合深埋隧道围岩压力计算。谢家烋理论与太沙基理论随着埋深的增大逐渐趋于稳定，但谢家烋理论计算的围岩压力比太沙基理论计算的围岩压力要大很多，在埋深 120m 时，其值几乎是太沙基理论的两倍，因此，谢家烋理论同样不适用于深埋隧道。对于全土柱计算理论，由于其未能合理反映围岩拱自承能力，计算结果最为保守，因此一般不建议采用。

《公路隧道设计规范》（JTG D70—2004）和《铁路隧道设计规范》（TB 10003—2005）是根据隧道埋深不同分别计算超浅埋、浅埋和深埋条件下的围岩压力，其中超浅埋时采用全土柱理论；浅埋时采用谢家然理论；深埋时采用基于样本统计和围岩分级的经验公式，便于工程技术人员应用，适用范围相对较广，但针对大跨度隧道而言，由于洞型尺寸、施工方法均较原有规范隧道大有不同，对大跨度隧道的深浅埋界定标准的认定，是设计人员亟须解决的问题。

4.2.2　基于极限平衡理论的浅埋黄土隧道围岩压力计算方法

通过上节常见的围岩压力计算方法比较分析，可以认为上覆岩土体破裂滑移直至地表的太沙基公式、比尔鲍曼公式以及全土柱理论适用于浅埋和超浅埋隧道。这些方法均考虑了上覆土体破裂滑移至地表。然而，现场黄土隧道围岩压力的实测结果表明，太沙基理论围岩压力计算结果偏小,全土柱理论计算结果偏大,比尔鲍曼公式不能合理反映黄土力学特性。此外,依据弹塑性本构模型数值分析可知,当不考虑黄土结构性衰减特性时,浅埋隧道围岩上覆土体易产生沿隧道两侧拱肩上方贯通到地表的倾斜塑性破坏剪切带,剪切带范围内土体的剪切变形发展较小,黄土的结构性几乎没有产生衰减。综合上述因素,有必要基于极限平衡理论寻求新的黄土隧道围岩压力计算公式,以考虑上覆黄土围岩塑性剪切带的几何特征和剪切带内土体的变形特性。

(1)基本原理与假设

如图4-18所示,上覆土体易沿 *AC* 面和 *DK* 面产生剪切滑移破坏,剪切破坏面范围内 *ECDF*黄土的剪应变小,结构性没有产生明显衰减,可视为刚性体。刚性体和剪切滑移面之间土体可视为塑性体。当洞室开挖时 *ECDF* 下沉,土体中形成的滑移面与水平面之间的夹角为 β。对称分布的 *ACE* 与 *FDK* 达到极限平衡条件。由于破坏区对称分布,中心 *ML* 面上剪应力为零,即可视为光滑面。

(2)围岩压力计算

取隧道上覆土体剪切破坏面之间脱离体的一半进行受力分析,如图4-19所示。

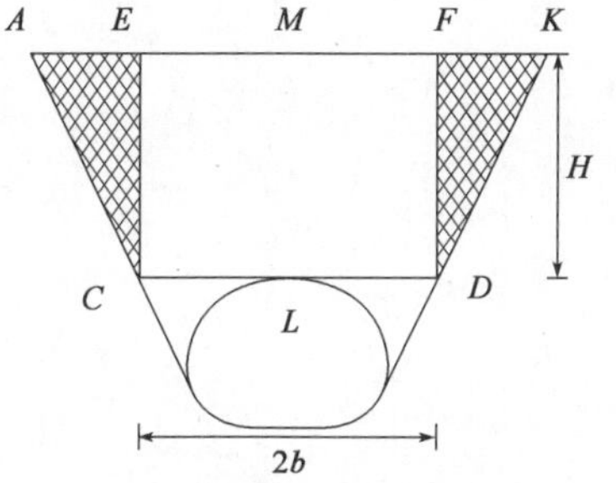

图4-18　新模型示意图

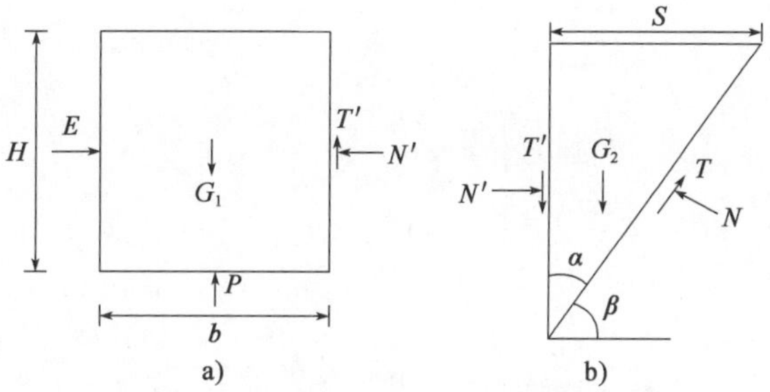

图4-19　新模型受力分析示意图

①依据图4-19a)所示脱离体受力条件,建立平衡方程:

水平方向:

$$N' - N\cos\alpha + T\sin\alpha = 0 \tag{4-7}$$

垂直方向:

$$T' + G_2 - T\cos\alpha - N\sin\alpha = 0 \tag{4-8}$$

②依据图4-20b)所示脱离体受力条件,建立平衡方程:

水平方向:

$$E - N' = 0 \tag{4-9}$$

垂直方向:

$$G_1 - T' - P = 0 \tag{4-10}$$

③联立上式解得:

$$N = G\sin\alpha - P\sin\alpha + E\cos\alpha \tag{4-11}$$

$$T = G\cos\alpha - P\cos\alpha + E\sin\alpha \tag{4-12}$$

④对于对称竖直面上的水平向作用力,可由剪切面上楔形体微单元的静止土压力积分确定。

静止土压力 E：

$$\mathrm{d}E = \sigma_x \mathrm{d}h \tag{4-13}$$

$$E = \int_0^H \sigma_x \mathrm{d}h = \int_0^H K_0 \sigma_z \mathrm{d}h = \int_0^H K_0 \gamma z \mathrm{d}h = \frac{1}{2} K_0 \gamma H^2 \tag{4-14}$$

⑤剪切滑移面达到了极限平衡条件,可采用摩尔-库仑定律计算。

剪切滑移面上的摩擦力 T 及正压力 N 分别为：

$$\mathrm{d}T = \tau_{\mathrm{f}} \mathrm{d}l \tag{4-15}$$

$$\cos\alpha = \frac{\mathrm{d}h}{\mathrm{d}l} \tag{4-16}$$

$$T = \frac{1}{\cos\alpha} \int_0^H \tau_{\mathrm{f}} \mathrm{d}h \tag{4-17}$$

$$\mathrm{d}N = \sigma \mathrm{d}l \tag{4-18}$$

$$N = \frac{1}{\cos\alpha} \int_0^H \sigma \mathrm{d}h \tag{4-19}$$

$$\tau_{\mathrm{f}} = \sigma \tan\varphi + c \tag{4-20}$$

$$\begin{aligned} T &= \frac{1}{\cos\alpha} \int_0^H \tau_{\mathrm{f}} \mathrm{d}h = \frac{1}{\cos\alpha} \int_0^H (\sigma \tan\varphi + c) \mathrm{d}h = \frac{1}{\cos\alpha} \int_0^H \sigma \tan\varphi \mathrm{d}h + \frac{1}{\cos\alpha} \int_0^H c \mathrm{d}h \\ &= \tan\varphi N + \frac{cH}{\cos\alpha} \end{aligned} \tag{4-21}$$

将式(4-9)、式(4-10)代入式(4-19)可得：

$$P = G - \frac{\sin\alpha + \cos\alpha \tan\varphi}{\cos\alpha - \sin\alpha \tan\varphi} E - \frac{cH}{\cos\alpha(\cos\alpha - \sin\alpha \tan\varphi)} \tag{4-22}$$

图 4-19 中脱离体 a)与脱离体 b)的重力为：

$$G = G_1 + G_2 = \gamma H b + \frac{1}{2} \gamma H^2 \tan\alpha \tag{4-23}$$

$$P = p_{\mathrm{a}} \cdot b \tag{4-24}$$

将式(4-14)、式(4-23)、式(4-24)代入式(4-22)可得：

$$\begin{aligned} p_{\mathrm{a}} = \gamma H \Big[1 + \frac{1}{2} \frac{H}{b} \tan\alpha - \frac{\sin\alpha + \cos\alpha \tan\varphi}{\cos\alpha - \sin\alpha \tan\varphi} \cdot \frac{1}{2} K_0 \frac{H}{b} - \\ \frac{c}{\gamma b} \cdot \frac{1}{\cos\alpha(\cos\alpha - \sin\alpha \tan\varphi)} \Big] \end{aligned} \tag{4-25}$$

令：

$$\begin{aligned} K = 1 + \frac{1}{2} \frac{H}{b} \tan\alpha - \frac{\sin\alpha + \cos\alpha \tan\varphi}{\cos\alpha - \sin\alpha \tan\varphi} \cdot \frac{1}{2} K_0 \frac{H}{b} - \\ \frac{c}{\gamma b} \cdot \frac{1}{\cos\alpha(\cos\alpha - \sin\alpha \tan\varphi)} \end{aligned} \tag{4-26}$$

$$P_{\mathrm{a}} = k \gamma H \tag{4-27}$$

上述式中：T'、N'——块体 1 与块体 2 之间作用力与反作用力,分别为切向力和法向力；

T、N——破裂面上的切向力与法向力；

G_1——块体 1 的重力；

G_2——块体 2 的重力；

G——块体 1 与块体 2 的重力；

K_0——静止土压力系数；

E——静止土压力；

$\alpha = 90° - \beta$；

β——破裂面与水平向夹角(破裂角)(通常 $\beta = 45° + \varphi/2$)；

c——黄土的黏聚力；

φ——黄土的摩擦角；

γ——黄土的重度；

b——黄土隧道围岩破裂面拱顶上方的有效宽度；

H——黄土隧道的埋深。

通过黄土隧道围岩破裂面拱顶上方的有效宽度 b 反映隧道断面大小对围岩压力的影响，同时还考虑了隧道埋深 H、黄土力学特性(c、φ)、破裂角 β、静止土压力系数、重度 γ。

4.2.3 基于新模型围岩压力计算方法的深浅埋界定

新模型提供了一种新的界定黄土隧道深浅埋的方法，即曲线的拐点为界定隧道深浅埋的分界点，与以往深浅埋的分界相比，分界点处隧道埋深稍微偏大，考虑到黄土隧道地区普遍存在的不良地质条件及频繁发生的隧道工程问题，故此界定方法在实际应用中偏于安全，建议采用。

对围岩压力计算公式进行求导，可得到浅埋隧道与深埋隧道临界深度：

$$H = \frac{b - \dfrac{c}{\gamma} \cdot \dfrac{1}{\cos\alpha(\cos\alpha - \sin\alpha\tan\varphi)}}{\tan\alpha - \dfrac{\sin\alpha + \cos\alpha\tan\varphi}{\cos\alpha - \sin\alpha\tan\varphi}K_0} \tag{4-28}$$

式中：$b = \dfrac{B}{2} - \dfrac{h}{\tan\alpha}$；

B——隧道断面跨度；

h——隧道断面高度。

式(4-28)说明深浅埋临界深度与隧道跨度、高度、黄土的黏聚力以及黄土摩擦角等参数相关。

4.2.4 大跨度超浅埋黄土隧道围岩压力计算方法

当隧道埋深很小、隧道开挖无支护，破坏面趋于地表，并忽略楔形滑体滑面摩阻力时，垂直土层压力随埋深的增大而增加，用式(4-29)计算，称为全土柱理论，即作用在结构上的土层压力等于土柱的全部重量。当埋深增加或土质较好时，工程实践和试验表明，作用在结构上的垂直土层压力比按全土柱理论计算的结果小，从而产生考虑楔形滑体滑面土柱两侧摩擦力和黏聚力的土柱计算理论。

$$q = \gamma h \tag{4-29}$$

式中：q——作用在支护结构上的均布荷载(kN/m^2)；

γ——围岩重度(kN/m^3)；

h——埋深，指隧道顶至地面的距离(m)。

4.2.5 大跨度深埋黄土隧道围岩压力计算方法

卡柯认为，洞室开挖后，由于支撑力不足，可能导致塑性圈内岩体松动，从而引起围岩中非平衡应力状态或导致失稳，因此应验算塑性圈在自重力作用下的平衡性。为此，假定塑性圈与弹性岩体或弹性变形区脱落，二者之间不发生任何联系，仅推导塑性圈内岩体在自重力作用下所产生的围岩压力的计算公式。

如图4-20所示，根据静力平衡条件，该微元体在洞室中轴线AB方向上的所有力之和应为零，即：

$$\sum F_r = \sigma_r r\mathrm{d}\theta + 2\sigma_\theta \mathrm{d}r\sin\frac{\mathrm{d}\theta}{2} - (\sigma_r + \mathrm{d}\sigma_r)(r + \mathrm{d}r)\mathrm{d}\theta - \mathrm{d}G = 0$$

$$\Rightarrow \sigma_r r\mathrm{d}\theta + 2\sigma_\theta \mathrm{d}r\sin\frac{\mathrm{d}\theta}{2} - (\sigma_r + \mathrm{d}\sigma_r)(r + \mathrm{d}r)\mathrm{d}\theta - \gamma r\mathrm{d}r\mathrm{d}\theta = 0 \quad (4\text{-}30)$$

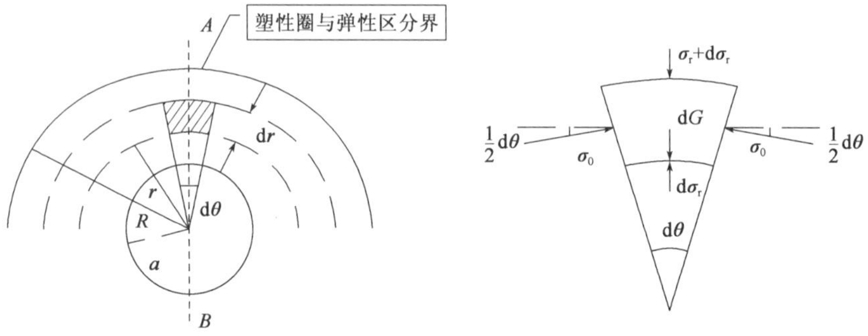

图4-20 围岩中出现塑性区时的重分布应力

由于$\mathrm{d}\theta \to 0$，所以$\sin\theta \approx \mathrm{d}\theta$。代入式(4-30)并且略去高阶无穷小，得：

$$(\sigma_\theta - \sigma_r)\mathrm{d}r - r\mathrm{d}\sigma_r - \gamma r\mathrm{d}r = 0 \quad \text{(塑性圈平衡微分方程)} \quad (4\text{-}31)$$

此外，塑性圈应力还应满足如下塑性条件：

$$\sigma_r(1 + \sin\varphi) - \sigma_\theta(1 - \sin\varphi) + 2c\cos\varphi = 0 \quad (4\text{-}32)$$

边界条件：当$r = R$时，$\sigma_r = 0$。

联立式(4-31)和式(4-32)，并且注意上述边界条件，解得：

$$\sigma_r = \left[\left(\frac{r}{R}\right)^{\frac{2\sin\varphi}{1-\sin\varphi}} - 1\right]c\cot\varphi + \left[1 - \left(\frac{r}{R}\right)^{\frac{3\sin\varphi-1}{1-\sin\varphi}}\right]\frac{\gamma r(1 - \sin\varphi)}{3\sin\varphi - 1} \quad (4\text{-}33)$$

当$r = a$时，$\sigma_r = \sigma_a$，将其代入上式得：

$$\sigma_a = \left[\left(\frac{a}{R}\right)^{\frac{2\sin\varphi}{1-\sin\varphi}} - 1\right]c\cot\varphi + \left[1 - \left(\frac{a}{R}\right)^{\frac{3\sin\varphi-1}{1-\sin\varphi}}\right]\frac{\gamma a(1 - \sin\varphi)}{3\sin\varphi - 1} \quad (4\text{-}34)$$

上述式中：c、φ——塑性圈岩体内聚力及内摩擦角；

γ——岩体重度；

R、r——塑性圈外半径及内半径；

a——洞室半径。

式(4-34)即为塑性圈岩体对衬砌或支护结构所产生的围岩压力计算式,称为卡柯公式,又叫塑性应力承载公式。

采用卡柯公式计算围岩压力时,首先需要确定塑性圈半径 R。根据卡柯公式推导的前提条件是塑性圈与弹性区岩体已脱落,所以引用卡柯公式时,可以认为塑性圈已获得充分的发展,以至于塑性圈半径 R 已达到最大值 R_{max}。将 $R = R_{max}$ 代入式(4-34)得松动压力计算公式:

$$p_a = k_1\gamma a + k_2 c \tag{4-35}$$

其中:

$$k_1 = \frac{1-\sin\varphi}{3\sin\varphi - 1}\left[1 - \left(\frac{a}{R_{max}}\right)^{\frac{3\sin\varphi-1}{1-\sin\varphi}}\right] \tag{4-36}$$

$$k_2 = c\cot\varphi\left[1 - \left(\frac{a}{R_{max}}\right)^{\frac{2\sin\varphi-1}{1-\sin\varphi}}\right] \tag{4-37}$$

$$R_{max} = a\left[\frac{(\sigma_0 + c\cot\varphi)(1-\sin\varphi)}{c\cot\varphi}\right]^{\frac{1-\sin\varphi}{2\sin\varphi}} \quad \text{(修正式子)} \tag{4-38}$$

或者:

$$R_{max} = a\left[1 + \frac{\sigma_0}{c}(1-\sin\varphi)\tan\varphi\right]^{\frac{1-\sin\varphi}{2\sin\varphi}} \quad \text{(非修正式子)} \tag{4-39}$$

4.3　不同施工方法下大跨度黄土公路隧道围岩稳定性分析

4.3.1　黄土隧道围岩分级

在《公路隧道设计规范》(JTG D70—2004)和《公路隧道设计细则》(JTG/T D70—2010)中,对黄土围岩仅按地质年代进行了定性的分级,其中将 Q_1、Q_2 老黄土定性为Ⅳ级围岩,Q_3、Q_4 新黄土定性为Ⅴ级围岩。在《铁路隧道设计规范》(TB 10003—2005)中,对黄土围岩仅按地质年代进行了定性的分级,其中将 Q_1、Q_2 老黄土定性为Ⅳ级围岩,Q_3、Q_4 新黄土定性为Ⅴ级围岩。可以看出,现行规范对隧道围岩划分时没有考虑黄土的力学性状等。从完善现有黄土围岩分级角度考虑,在项目中按照黄土物理力学参数统计特征,对规范中有关黄土的Ⅳ、Ⅴ级围岩进行了细分,同时考虑新黄土饱和情况下易产生流泥等灾害与规范中原有的Ⅵ级围岩相对应,黄土隧道围岩分级设置原则见表4-11。

黄土隧道围岩分级设置原则　　表4-11

现有公路隧道有关黄土的围岩分级	$Ⅳ_3$		$Ⅴ_1$	$Ⅴ_2$	Ⅵ
现有铁路隧道有关黄土的围岩分级	Ⅳ		Ⅴ		Ⅵ
大跨度黄土隧道围岩分级设置	Ⅳa	Ⅳb	Ⅴa	Ⅴb	Ⅵ

依据现行规范黄土分级分类的认识,除考虑黄土的地质年代之外,从影响围岩工程性质的程度以及物理力学参数的变异性及其获取的难易性等方面综合考虑,重点选择塑性指数考虑黄土

颗粒组成不同差异对围岩性质的影响，进而将黄土的饱和含水率与流塑状态、坚硬状态界线含水率进行比较，确定围岩黄土的稠度状态对其稳定性的影响，再进行亚级划分，如图4-21所示。

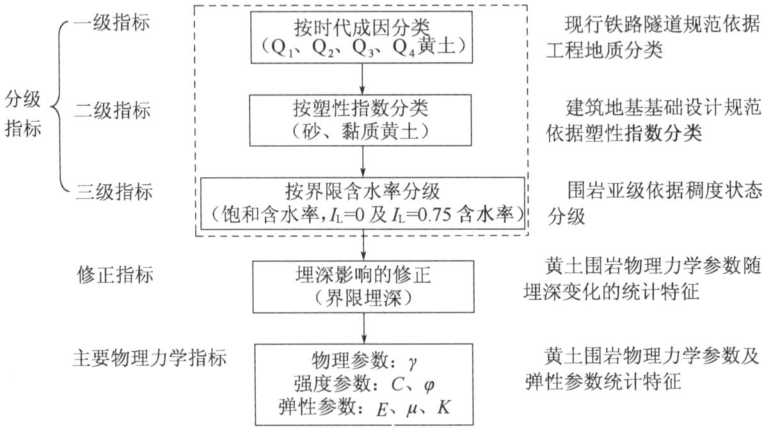

图4-21 黄土围岩分级及指标的确定

(1)地质年代

黄土围岩依据工程地质分类也是现行公路、铁路隧道规范对黄土围岩分级的主要依据，因此考虑将其作为大跨度黄土公路隧道黄土围岩分级的第一级指标，其分级指标参照现行公路、铁路隧道设计规范执行，见表4-12。

黄土围岩按地质年代的分级设置　　表4-12

黄土围岩分级	Ⅳ	Ⅴ
现行公路隧道设计规范	Q_1、Q_2老黄土	Q_3、Q_4新黄土
现行铁路隧道设计规范	Q_1、Q_2老黄土	Q_3、Q_4新黄土
大跨度黄土隧道围岩分级方案	Q_1、Q_2老黄土	Q_3、Q_4新黄土

注：本工程黄土围岩没有Q_4黄土。

(2)塑性指数

塑性指数与黄土的含黏量、变形强度有密切关系，同时变异性较小，是较容易准确获取的参数。在建筑地基基础设计规范中，塑性指数是黄土分类的主要指标。因此，考虑塑性指数为黄土围岩分级的第二级指标，作为围岩砂、黏质黄土分类的依据。黄土围岩按塑性指数分类为：砂质黄土$I_P<10$，黏质黄土$10\leq I_P<17$。通常，砂质黄土的黏聚性差，湿陷性强；黏质黄土的黏聚性强，湿陷性弱。前者陷穴发育，易产生泥石流、滑坡，围岩易产生塌方。

(3)含水率

含水率的大小以及饱和程度是隧道开挖后影响围岩稳定性的重要因素，在黄土各项参数中是影响黄土力学性质最为突出的物理指标，也是土的所有物理指标中较容易获取的参数。一般Q_1、Q_2老黄土的干密度较大，即使饱和条件下黄土也处于可塑、硬塑状态。但是，Q_3、Q_4新黄土，甚至Q_2老黄土的上部土层的干密度较小，当达到饱和状态时，该类黄土可能处于软塑、流塑状态。一旦黄土的结构受到扰动，围岩和掌子面黄土可能产生流动破坏。因此，黄土的稠度状态指标可作为围岩分级的第三级指标。不论是新黄土，还是老黄土，当液性指标小于零时，均处于坚硬状态；当液性指数大于0.75时，均处于软塑或流动状态。当液性指数小于零时，属于a亚级；当液性指数在0～0.75之间时，属于b亚级。液性指数大于0.75的饱和黄土属于Ⅵ级围岩。表4-13给出考虑界限含水率的亚级设置。

黄土围岩考虑界限含水率的亚级设置　　表4-13

黄土围岩分级	Ⅳ		Ⅴ		Ⅵ
现行公路隧道设计规范	Q_1、Q_2老黄土		Q_3、Q_4新黄土		
现行铁路隧道设计规范	Q_1、Q_2老黄土		Q_3、Q_4新黄土		
黄土隧道围岩分级方案	Q_1、Q_2老黄土		Q_3新黄土		饱和黄土 $I_L>0.75$
	Ⅳa	Ⅳb	Ⅴa	Ⅴb	
	$I_L<0$	$0<I_L\leq 0.75$	$I_L<0$	$0<I_L\leq 0.75$	

(4)考虑埋深影响的修正

浅埋隧道能利用的围岩自承能力有限，其围岩稳定性没有深埋隧道好，因此在围岩分级上现行规范按减弱1～2级修正。一般而言，深浅埋隧道分界深度与地层条件、隧道宽度以及施工方法有关。对于黄土隧道，从黄土物理性质随埋深变化角度分析，黄土围岩工程性质的改变，与对其自承能力的影响具有内在的联系。从这一角度出发，依据黄土隧道围岩物理性质发生明显改变的界限埋深，上述根据物性变化统计的界限埋深可作为考虑埋深影响对黄土围岩分级进行修正时的一个参考依据。具体考虑：当Q_1、Q_2老黄土埋深≤30m、Q_3新黄土埋深≤40m时，可视情况将黄土围岩分级减弱一个亚级。

(5)主要物理力学指标

根据上述3项分级指标，即可给出黄土围岩相应的物理力学指标，如天然密度γ，强度指标C和φ，弹性指标E、μ和K等。其中弹性模量E、泊松比μ则根据位移反分析以及静三轴试验、平板试验结果综合考虑，其建议值参见表4-14。

黄土围岩E、μ建议值　　表4-14

围岩分级	弹性模量E(MPa)	泊松比μ	适用地层
Ⅳa	450±100	0.30±0.05	深埋Q_1黄土
Ⅳb	300±100	0.35±0.05	Q_2黄土、浅埋Q_1黄土
Ⅴa	150±50	0.40±0.05	Q_3黄土、浅埋Q_2黄土
Ⅴb	80±50	0.45±0.05	浅埋Q_3黄土

注：对于E，砂质黄土取中至小值，黏质黄土取中至大值；对于μ则相反，黏质黄土取中至小值，砂质黄土取中至大值。

4.3.2　不同施工方法下大跨度结构性黄土隧道适用性研究

数值分析建模依托西宁南绕城大跨度蔡家山黄土公路隧道，隧址区属中低山侵蚀地貌，山势陡峻，坡面植被不发育，以人工种树和灌木为主，地面高程介于2244.29～2297.49m之间，相对高差为53.20m。隧道轴线在进出口段均与地形等高线接近直交。根据工程地质调绘、钻探揭示，隧址区进出口端及山坡表层分布有第四系上更新统风积(Q_3^{eol})黄土层、冲洪积(Q_3^{al+pl})卵石层，基岩为白垩系(K)棕红色砂质泥岩，侏罗系中下统窑街群(J_{1-2}^{yj})薄中层状砂岩和加里东期($\delta\gamma_3^3$)花岗岩。

隧道横断面按《公路工程技术标准》(JTG B01—2003)和《公路隧道设计规范》(JTG D70—2004)设计。建筑限界采用单洞宽17m,高12m,设双侧检修道。内轮廓设计考虑对结构受力良好、停车视距需要及便于施工,隧道衬砌断面内轮廓设计采用三心圆;隧道净空、横断面组成除满足行车净空要求外,还考虑到通风、照明、消防及其他运营管理设施所需的空间,如图4-22所示。

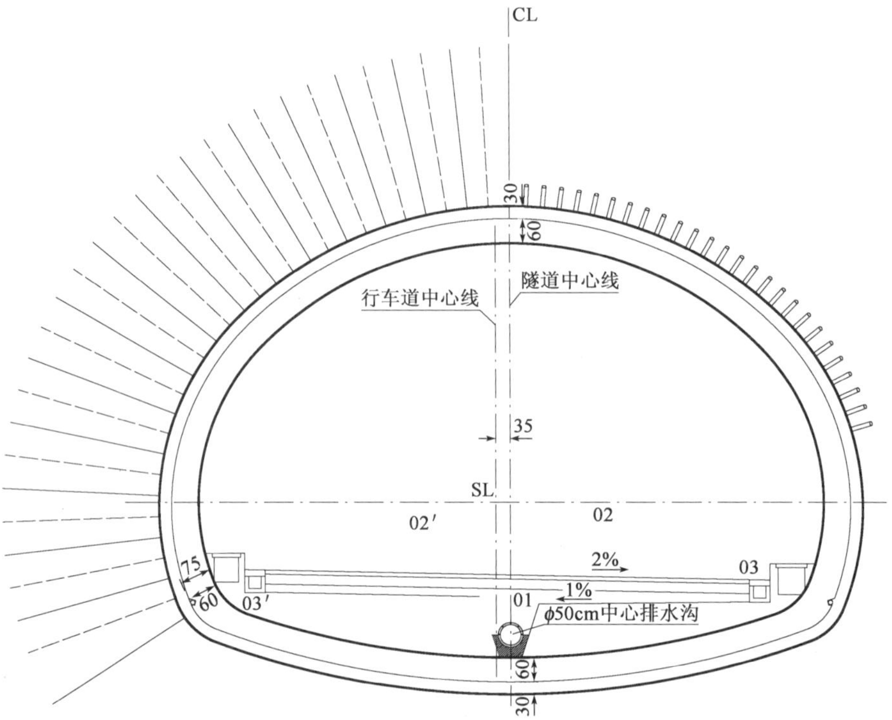

图4-22　蔡家山隧道施工图(尺寸单位:cm)

隧道除明洞段采用明挖法施工外,洞身段衬砌均按新奥法原理设计,其余均采用新奥法施工,分离式隧道Ⅴ级围岩浅埋段宜采用双侧壁导坑法开挖,深埋段采用CRD法开挖;Ⅳ级围岩段宜采用弧形导坑法开挖,对于Ⅲ级围岩段尽量采用光面爆破上下断面开挖法。小间距隧道左右洞掌子面纵向距离应大于50m。

依据项目隧道地质资料及施工设计要求,对黄土隧道施工中较为常见的台阶法、预留核心土台阶法、中隔壁法(CD法)、交叉中隔壁法(CRD法)及双侧壁导洞法进行在结构性黄土围岩条件下的超浅埋开挖数值模拟计算,而考虑黄土结构性衰减的隧道数值模拟计算,在相关领域尚属首次,为充分体现黄土的结构性特点及模拟的有效性,遵循以下原则:

(1)采用FISH语言嵌入的大跨度结构性黄土隧道结构性衰减模型进行不同工法的FLAC3D数值模拟计算,充分考虑超浅埋及围岩地质条件来确定初始强度、衰减速率及残余强度。

(2)针对台阶法及预留核心土台阶法,介于两者在大跨度隧道的适用性考虑,其工法均采用各台阶支护临时封闭的施工方法,以求对实际工程有指导性作用。

(3)工法模拟命令中考虑对衬砌关键部位采取加强支护及超前支护措施,但计算分析中为突出围岩损伤及破坏的具体发展部位、发展形势及最终可能破坏状态,在模拟中将部分加强支护措施作为实际施工的安全储备。

(4)为使不同工法的计算具有对比意义,不同工法计算均采用相同模型尺寸及洞型大小,初期支护、二次衬砌厚度及强度相同。

为了比较不同施工方法下大跨度结构性黄土隧道的适用性,基于结构性衰减计算模型,针对 Q_3 结构性黄土围岩隧道,分别采用台阶法、预留核心土的台阶法、CD 法、CRD 法及双侧壁导坑法等工法进行模拟计算,计算在结构性衰减破坏模型条件下不同工法对大跨度黄土超浅埋隧道的围岩损伤破坏发展范围、破坏形式及沉降规律的影响,并据此提出不同施工方法下的关键技术措施,计算结果见图 4-23 和表 4-15。

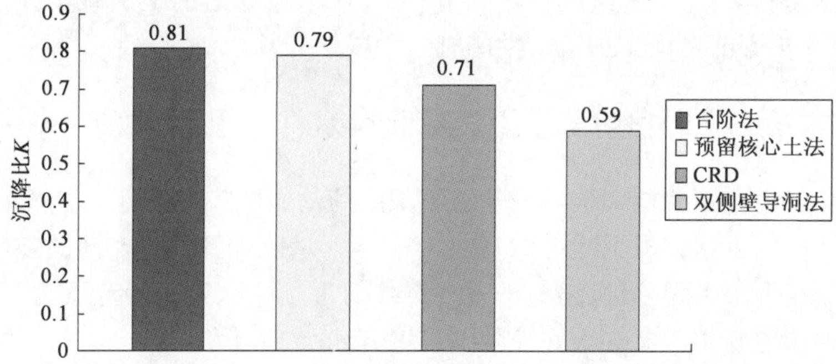

图 4-23 不同工法沉降比对比

不同施工方法下大跨度结构性黄土隧道适用性 表 4-15

施工方法	支护形式	临时封闭支护	埋深(m)	埋深条件	围岩条件	结构性损伤情况(m_u = 1 为破坏)	是否适用超浅埋隧道
封闭台阶法	初期支护、二次衬砌	有	10	超浅埋	Q_4 及 Q_3 结构性黄土	拱顶整体下沉塌方	否
预留核心土台阶法	初期支护、二次衬砌	有	10	超浅埋	Q_4 及 Q_3 结构性黄土	拱脚破坏,拱部整体下沉	较差围岩不适用
CD 法	初期支护、二次衬砌	无	10	超浅埋	Q_4 及 Q_3 结构性黄土	拱脚及仰拱破坏,拱腰破裂带贯通	较差围岩不适用
CRD 法	初期支护、二次衬砌	有	10	超浅埋	Q_4 及 Q_3 结构性黄土	拱脚及拱脚围岩结构性损伤 $(m_u)_{min} = 6$	较适用
双侧壁导洞法	初期支护、二次衬砌	有	10	超浅埋	Q_4 及 Q_3 结构性黄土	无特别集中区域 $(m_u)_{min} = 8$	适用

基于以上分析,针对大断面黄土隧道,特别是浅埋大断面结构性黄土围岩隧道施工阶段工法选择及关键技术点,归纳如下:

(1)支护封闭完成的及时性对控制拱部变形收敛及支护结构稳定性影响作用最为明显。由于结构性黄土的结构性损伤区域发展直至其破坏有明显的追踪形态趋势,即若围岩出现结构性损伤集中区域,则会沿此区域开始快速追踪发展,围岩结构迅速损伤至破坏,故支护封闭的及时性可以从根本上削弱结构性损伤集中区域的产生及后期可能的发展破坏。

(2)支护采用强拱脚,早封闭,勤测量。对于没有临时横撑等封闭措施的开挖工法,如台阶法、CD法,结构性黄土隧道较常规围岩隧道应特别注意加强拱脚承载力来控制拱脚处结构性损伤域的集中,以免结构性损伤发展至整个围岩支护区域,可采用大拱脚及设置斜向下锁脚锚杆等措施。同时,应增加拱顶、拱肩等关键部位的检测频率,特别是采用CD法、CRD法等开挖另一侧导洞过程中,变形速率会增加,此时应勤检测,注意控制。

(3)减小开挖断面,增加支护强度。黄土围岩强度一般较低,由于垂直节理以及裸露开挖面失水风化而迅速剥落,对于大跨度公路隧道而言,应采用合适的工法减小开挖断面,并采用超前支护、双层支护等能保证支护稳定性的有效手段。

4.3.3 预留大核心土两台阶施工工法数值模拟

大跨度公路隧道预留大核心土两台阶施工工法的最大优势是具有工法简单和支护结构能够尽快封闭成环等特点。在黄土隧道施工中,土体含水率变化较快,土性的强度变化较快,支护结构尽快封闭成环很关键,可以避免塌方。传统的黄土隧道施工研究认为三台阶以及多台阶开挖在大跨度隧道施工中能够很好控制围岩塌方和沉降位移。

针对大跨度公路隧道,通过数值分析方法,建立三维数值模型,如图4-24所示,对比分析预留大核心土两台阶施工工法与预留核心土三台阶施工工法的优越性。

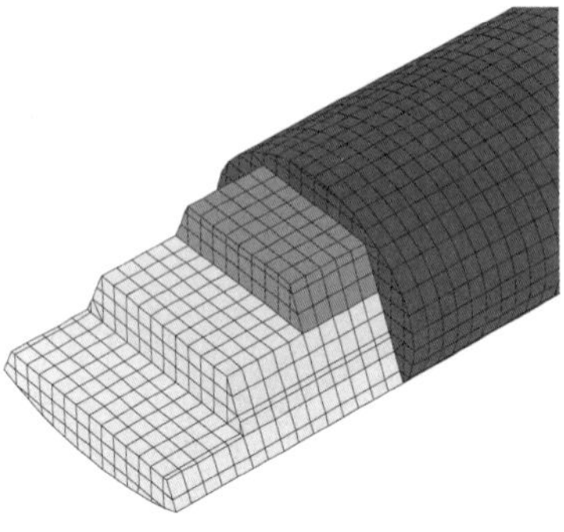

a)预留大核心土两台阶法

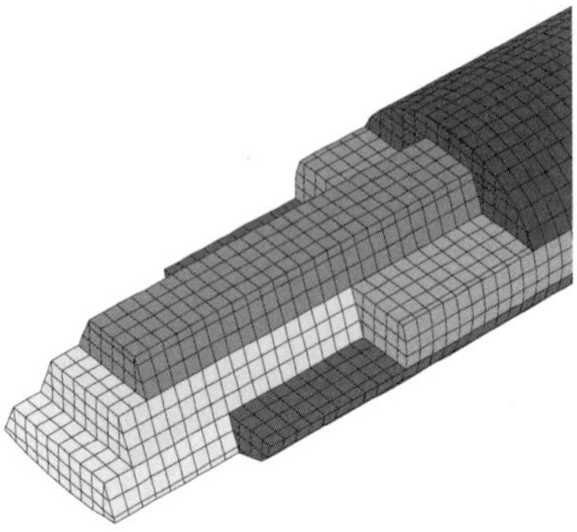

b)预留核心土三台阶法

图4-24　隧道三维数值模型

从隧道围岩沉降、横断面塑性区域以及纵断面塑性区域三个方面,对比预留大核心土两台阶施工工法与预留核心土三台阶施工工法的优越性。预留大核心土两台阶施工工法引起围岩最大沉降为13.9mm,预留核心土三台阶施工工法引起围岩最大沉降为676mm。预留大核心土两台阶施工工法初期支护封闭前,开挖土体体积较小,应力释放较小,围岩沉降较小。预留大核心土对掌子面稳定具有非常重要的作用,在掌子面开挖前,围岩沉降位移较小,如图4-25和图4-26所示。

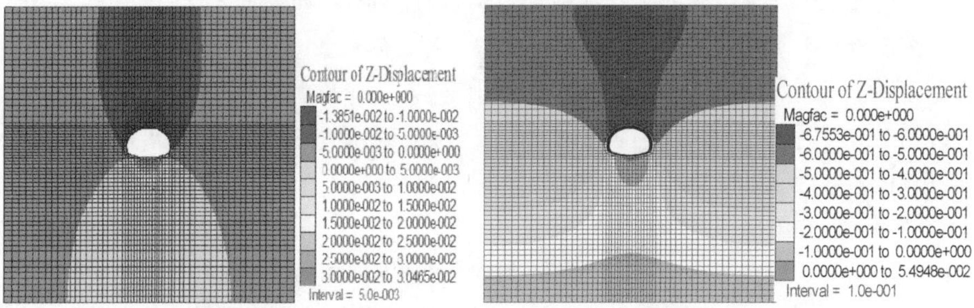

a)预留大核心土两台阶工法　　b)预留核心土三台阶工法

图 4-25　隧道围岩沉降位移

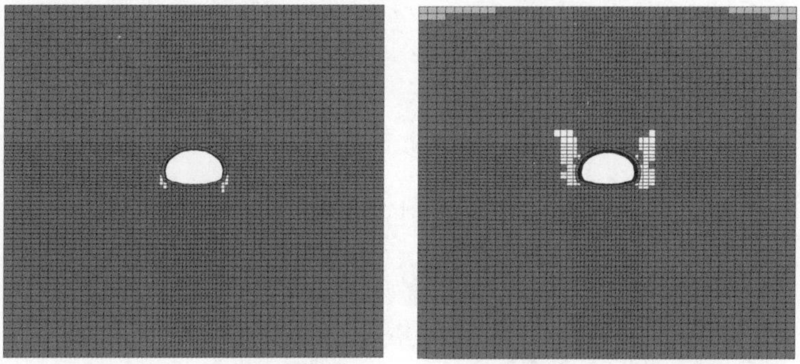

a)预留大核心土两台阶工法　　b)预留核心土三台阶工法

图 4-26　隧道围岩塑性区域

4.3.4　上、下台阶预留核心土分部开挖施工工法

将大断面黄土隧道进行分部开挖,分块分环,化大为小,步步封闭,上、下台阶开挖,上台阶预留核心土,重点控制上部预留核心土尺寸,开挖过程中上部核心土能充分支承大断面黄土隧道的开挖面,能迅速及时地建造拱部初期支护,初期支护封闭迅速。另外,核心土和下部开挖都是在拱部初期支护保护下进行的,施工安全性好,经济节约,上、下台阶长度加长,减少了上、下台阶施工干扰,施工机械化程度相对提高,施工速度较快。

(1)适用范围

本工法适用于Ⅴ级土质围岩深埋段(埋置深度≥60m),含水率不大于18% ,土体坚硬,处于硬塑状态,自稳能力较好,自承能力较强的离石黄土、午城黄土类围岩或土石混合围岩,也适用于Ⅳ级围岩中风化砂岩深埋段。

(2)工艺原理

环形开挖控制预留核心土工法先开挖上部弧形导坑,在拱部超前支护完成后,环向开挖上部弧形导坑,控制预留核心土的大小,确保掌子面的稳定,核心土的几何尺寸按照图 4-27 所示,上台阶宜采用人工开挖,开挖循环进尺应根据初期支护钢架间距确定,最大不得超过 1m,开挖后立即初喷 3 ~ 5cm 的混凝土,及时铺设第一层钢筋网、架设钢架,在钢架拱脚以上 50cm 处,紧贴钢架两侧按斜向下倾角 20° ~ 40°打设锁脚锚杆(锚管),锁脚锚杆(锚管)与钢架采用

U形钢筋牢固焊接,复喷至拱架内侧,铺设第二层钢筋网,再喷至设计厚度。接着开挖上台阶预留核心土,进一步开挖左右侧下台阶,开挖进尺应根据初期支护钢架间距确定,最大不得超过1.5m,左、右侧下台阶采用拉中槽、跳马口开挖,左、右两侧错开跳马口,开挖后立即初喷3~5cm的混凝土,及时铺设第一层钢筋网、接长钢架,底部垫槽钢,在钢架拱脚以上50cm处,紧贴钢架两侧按斜向下倾角20°~40°打设锁脚锚杆(锚管),锁脚锚杆(锚管)与钢架采用U形钢筋牢固焊接,复喷至拱架内侧,铺设第二层钢筋网,再喷至设计厚度。每循环开挖进尺长度不宜过长(分段长度宜为4~6m),开挖后及时施作仰拱和仰拱回填,及早成环。

控制上部留核心土的尺度以充分支挡开挖工作面,利于及时施作拱部初期支护以增强开挖工作面的稳定,上部预留核心土的尺寸要求为:上部宽度宜控制在3m左右,距拱顶的高度宜控制在2.2m左右,下部宽度宜控制在8~9.5m之间,核心土建议预留成阶梯梯形形式,详见图4-27。

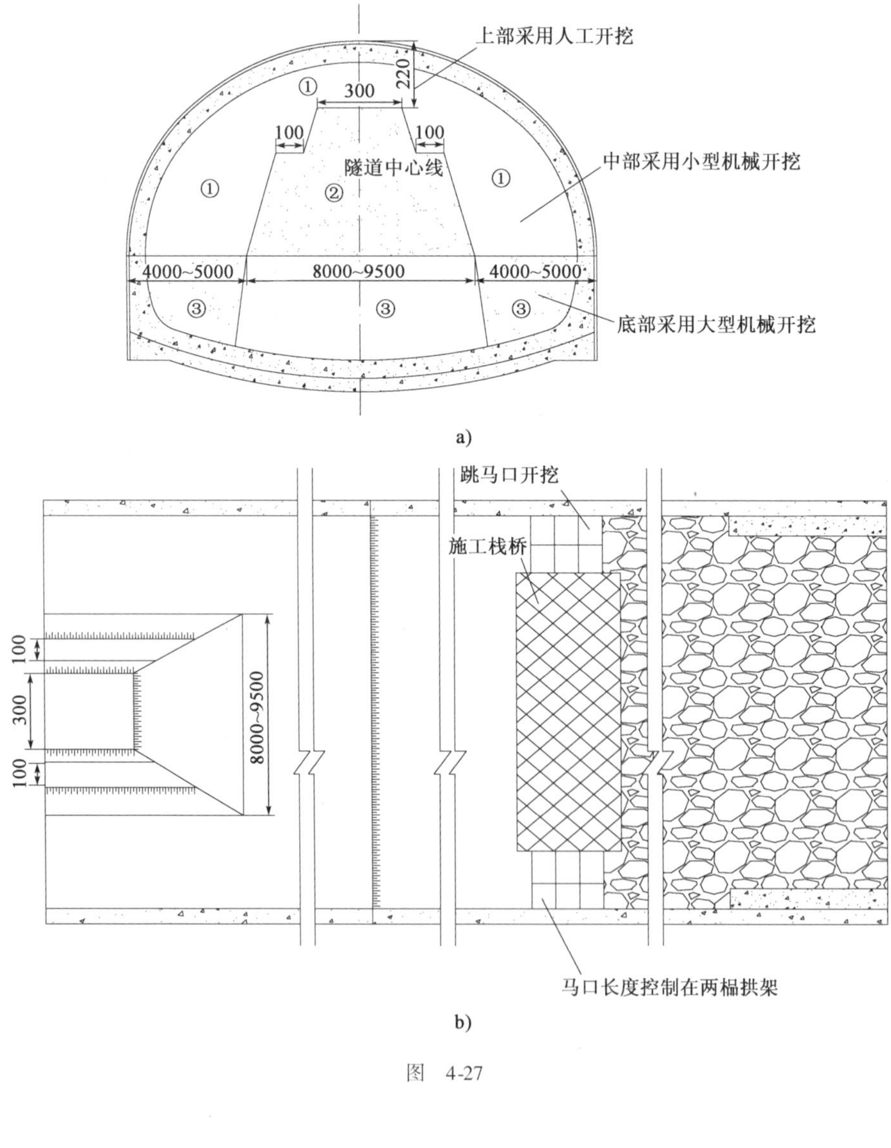

图 4-27

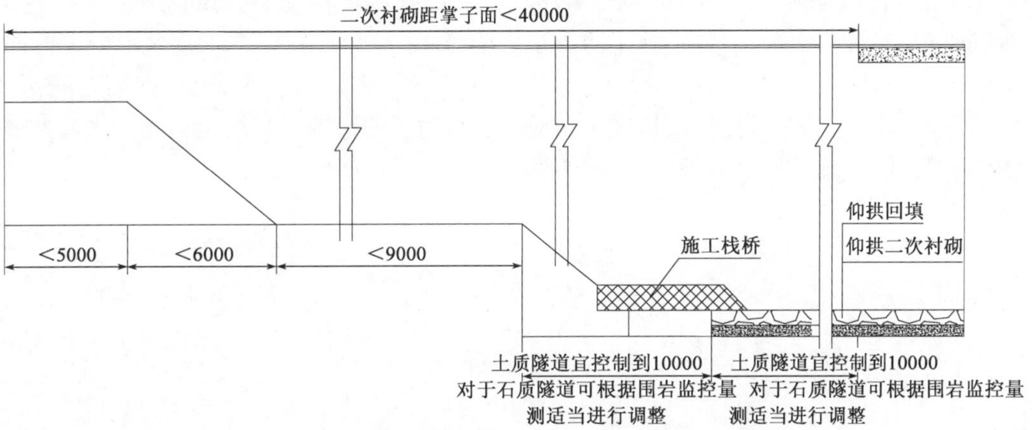

c)

图4-27 上、下台阶预留核心土分部开挖施工示意图(尺寸单位:mm)

分布台阶的上台阶长度宜控制在5m左右,上台阶宜采用人工开挖。核心土及下部开挖在拱部初期支护保护下进行,核心土宜采用小型机械开挖,一般环形开挖进尺长度为0.5~1m(两榀拱架),不宜过长;分布台阶的下台阶长度宜控制在9m左右。下半断面落底时,采用拉中槽跳间挖马口,马口长度宜控制在两榀拱架。仰拱底部宜采用大型机械开挖,且仰拱的开挖、支护及仰拱衬砌必须一次施作完成,不得采用半幅施工,为了方便掌子面的出渣,仰拱段施工必须采用栈桥。

与传统的环形开挖预留核心土法施工相比,本工法明确了上台阶预留核心土的尺度。控制上台阶预留核心土的尺寸尺度是本工法成功应用于大断面黄土隧道的关键,其优点在于大断面黄土隧道的开挖面在预留核心土的约束下稳定性好,上部环形导坑初期支护跟进及时,后续开挖在拱部初期支护保护下进行,施工安全性高,同时便于机械化作业,加快了施工进度。

4.3.5 上台阶临时侧壁分部开挖施工工法

将大断面的隧道分割成小断面洞室开挖,减小跨径,分部开挖,步步封闭;上台阶导坑开挖并施加临时侧壁与上、下台阶预留核心土法开挖相结合,减少了对周边软弱围岩的扰动,能迅速及时地建造拱部初期支护,不易形成大面积的坍塌,施工安全性好,经济节约,能有效地抑制地表沉降及收敛;同时,施工机械化程度相对提高,提高了施工效率,加快了施工速度。

(1)适用范围

适用于大跨度公路隧道Ⅴ级土质围岩深埋段(埋置深度≥60m),含水率不大于23%,自稳能力较好,自承能力较强的离石黄土或午城黄土类围岩,或连续5d内监控量测平均变形速率小于5mm/d时。也适用于大跨度公路隧道含水率不大于23%的土石混合围岩或有渗水现象的泥岩砂岩互层(泥岩为主)段落。

(2)工艺原理

在大断面黄土公路隧道施工中,首先进行先行导坑上台阶开挖支护,导坑开挖高度至起拱线位置,设置临时侧壁支护并做好临时支护与永久支护连接;待先行导坑上台阶开挖支护15m步距后,开始后行导坑弧形开挖及初期支护;后行导坑弧形开挖支护5m步距后,开挖核心土,同时拆除临时侧壁;核心土开挖并拆除临时侧壁5~10m后,开始下台阶两侧边墙掏槽跳马口开挖落底,左、右两侧跳马口开挖错开距离5m;待下台阶落底开挖支护6m步距后,开挖仰拱初期支护并浇筑仰拱混凝土;分部施工防排水系统和仰拱、边墙、拱部二次模筑混凝土衬砌,二次衬砌距掌子面距离不大于50m。施工中采用分割洞室,减小跨径,多部开挖,减小分部开挖跨度和开挖高度,小分割,短进尺,快支护,勤量测,早封闭的原则,同时分块分环,化大为小,步步封闭,环环相扣,施工安全有保障,如图4-28所示。

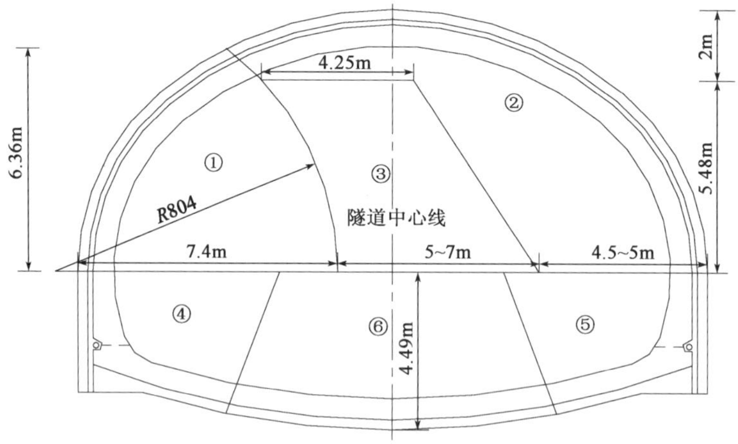

a)

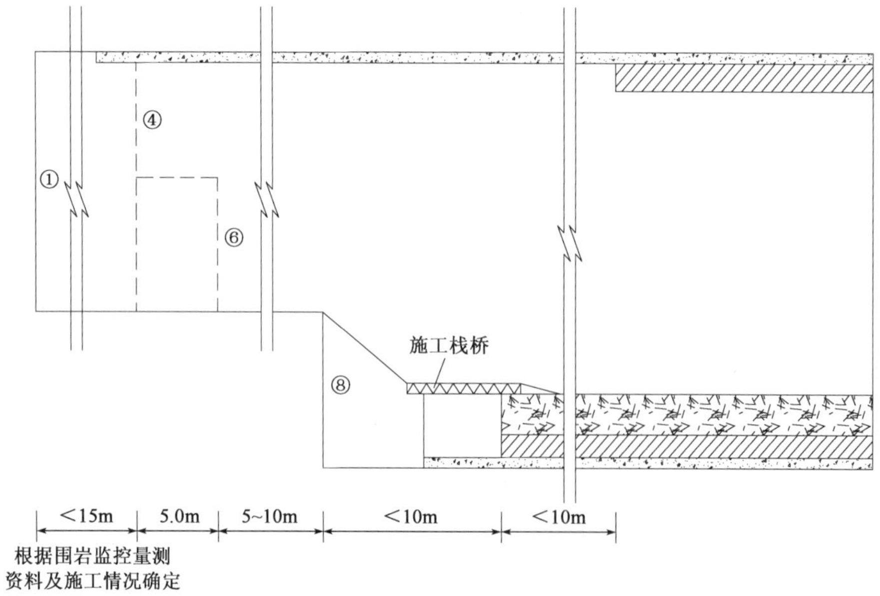

b)

上台阶临时侧壁法开挖顺序:

①-先行导坑上部开挖; ⑤-后行导洞上部初期支护;
②-先行导坑上部初期支护; ⑥-后行导洞上部核心土开挖,拆除临时侧壁;
③-设置上台阶临时侧壁; ⑦-下台阶跳马口开挖(马口开挖长度两榀拱架)及初期支护;
④-后行导洞上部拱部开挖; ⑧-下台阶开挖

图4-28 上台阶中支撑法施工示意图

注:序号⑦在图中不方便标注。

通过超前地质预报和监控量测数据，根据新奥法原理及时采用超前支护及喷锚进行初期支护，针对大跨度公路隧道黄土围岩特点，经超前地质预报和监控量测数据反馈，合理确定工序间的关系。

利用监控量测沉降、位移回归分析及初期支护锚杆拔力、钢支撑内力、喷射混凝土及二次衬砌混凝土应力的量测结果指导施工。

与传统的上、下台阶留核心法施工相比，由于上台阶施加临时侧壁，使施工安全性更高，有效地抑制了地表沉降及收敛，确保了施工的质量及安全。与传统的单侧壁导坑法和CD法施工相比，施加的临时侧壁仅限于上台阶（起拱线处），没有延伸至仰拱，在保证施工安全性的同时简化了施工工序，提高了施工效率，减少了工期和资金投入，更加经济节约。

大断面黄土公路隧道上、下台阶预留核心土分部开挖施工工法和大断面黄土公路隧道上台阶临时侧壁分部开挖施工工法及其施工工序控制，以其良好的适用性和经济性成功应用于黄延高速公路隧道建设。

4.3.6 大跨度黄土公路隧道设计与施工关键参数分析及优化

结合上述大跨度黄土公路隧道设计关键参数分析研究成果，提出大跨度黄土公路隧道在设计与施工过程中应该遵循的设计和施工原则，并对含水率大小对黄土隧道围岩级别的影响、分离式黄土隧道间距的分析与确定、黄土隧道的设计支护参数的选取、黄土偏压隧道处理措施等关键问题进行分析和设计优化。

（1）大跨度黄土公路隧道设计与施工推荐准则

①隧道设计参数根据隧道深、浅埋，围岩等级，跨度净距，富水情况，安全等级要求等，确定最优施工方案。尽量避免全断面开挖，合理有效的施工可以减少或避免地质灾害的发生。在大跨度浅埋、软弱围岩黄土隧道施工中，上、下台阶预留核心土和上台阶临时侧壁分部开挖施工工法对施工安全和变形控制效果良好。

②施工中应遵循“短开挖、少扰动、强支护、实回填、严治水、勤量测”的施工原则，紧凑施工工序，精心组织施工。施工中如发现工作面有失稳现象，应及时喷射混凝土封闭、加设锚杆、架立钢支撑等进行加强支护。

③黄土隧道施工中应该做好洞内及地表的防排水工作，尽量避免水与围岩接触。隧道在进暗洞前应该做好洞顶的截、排水系统，将隧道洞口范围内的地表水排至隧道范围以外。

④现场试验和监控是获得信息的主要渠道，围岩压力和变形实测是黄土隧道设计、施工的重要内容；根据量测结果，及时调整支护参数，确定二次衬砌施作时间，进行信息化施工管理。

（2）含水率大小对黄土隧道围岩级别的影响

含水率不同，黄土的稠度状态不同，且显著影响黄土的强度指标大小，以陕西地区黄土工程性质为例：陕西黄土按照黏粒含量可分为志丹以北的粉砂性黄土、志丹以南到渭北台塬地段的黏性黄土，因此陕西黄土隧道主要集中在渭北台塬以北的两种黄土当中。而这两种黄土的特性相对比较分明，志丹以北的粉砂性黄土塑限一般在15%～17%之间，液限在25%～27%之间；志丹以南的黄土塑限在17%～23%之间，液限在27%～37%之间。其含水率不同，故其黄土的稠度状态也不同，黄土的强度指标差异十分明显。含水率越大，黄土的强度指标就越小，工程性质相应的也就越差。

不同黄土及其稠度状态变化直接决定黄土隧道围岩级别的划分，但在目前设计规范中还没有明确这一指标，仅能通过工程经验进行判定。一般来说，位于地下水位线以上的黄土隧道由于开挖时遇到的水均为地表渗漏水或黏粒吸附的表面张力水，这些水分随着隧道开挖断面的不断推进在不断蒸发，在封闭及时时对隧道施工影响较小，可以按照勘察阶段实际地质情况来进行设计；但对于地下水位线以下的黄土隧道，勘察阶段提供的黄土含水率只是钻孔的天然含水率，而并非实际施工中的当下含水率，隧道施工造成井点降水作用，加之黄土的渗透，掌子面如果不推进，极易造成掌子面土体含水率超过液限从而造成涌泥或涌沙，这种情况在黄土隧道停工期间常发生。

从运营情况看来，地下水位线以下的黄土隧道其实就是位于淤泥当中，根据最近几年通车后隧道病害处理来看，所有的位于地下的水位线以下的黄土隧道 0.7 ~ 1.5m 范围内全是淤泥，因此地下水位线以下黄土隧道的围岩级别划分应统一为按照淤泥考虑，即Ⅵ级围岩；在实际施工中其支护参数应通过现场施工情况随时调整。同时鉴于黄土隧道围岩的含水率会随着隧道的开挖而发生改变，因此施工过程中监控围岩含水率就是一项必测指标，但目前规范对此还未提及。根据含水率的变化，应随时调整黄土隧道的围岩级别和其支护参数。

(3)分离式黄土隧道间距的分析与确定

相邻黄土隧道的最小间距与围岩类别、地质条件、埋深程度、断面形状及大小、衬砌材料及厚度、施工方法、施工顺序、施工时间先后等因素有密切关系，但主要还是以隧道开挖后土体产生的破裂面以及在外力相互关系中形成的免压圈为基础条件。相邻隧道被置于免压圈，即围岩松弛应力圈之外，即认为不受施工开挖影响，或两隧道之间土体所受的压应力不超过黄土允许应力，则认为是安全的。规范所采用数值只是理论计算数值，与实际经验确实相差过大。黄土隧道考虑上述因素，应在进出口段落设置加强段，加固隧道长度不小于 30m，即黄土隧道设计中应大大改善或加强进出口段落的地质条件、衬砌材料及厚度，因此隧道进出口间距可适当减小。根据近年来的经验，两车道黄土隧道最小间距在进出口段落可设置为 25m，三车道最小间距可设置为 35m。

进洞后隧道间距应参考规范规定值，其主要原因一是由于位于地下水位线以上的黄土的失水干缩二次固结导致黄土松弛圈扩大，二是位于地下水位线以下的黄土隧道存在井点降水作用，且黄土中一般均含有易溶盐类、长石等，吸水具微膨胀性且易泥化从而导致两洞之间实际支撑土体厚度大大减小。此两种情况均在实际施工中遇到过，第一种情况是黄延线汗寨隧道和青兰高速柯家庄隧道，具体表现为两洞之间行人横洞开挖时土体呈颗粒状管涌，即主体隧道开挖造成了两洞之间土柱失水干缩失稳；第二种情况在黄延高速公路道南隧道、青兰高速公路阳泉隧道、延志吴公路营盘卯一号隧道、东山隧道均出现过，隧道毛洞周壁泥化圈厚度增大，大大减小了两洞之间实际受力土柱的厚度且隧道主体断面收敛较大，导致初期支护失稳并伴随掌子面涌泥(图 4-29)，应适当加大隧道间距。

(4)黄土隧道设计支护参数的选取

《公路隧道设计规范》(JTG D70—2004)提供的支护参照表基本是在理想数值状态下计算分析的结果，而且此结果仅能应用于围岩物理力学性质较好、不受任何地应力影响、均质的岩石隧道。对于黄土隧道，其参数与实际施工相差较大；结合近年来黄土隧道的设计及施工，对黄土隧道支护参数的确定应结合以下几点考虑。

a)　　b)

图 4-29　掌子面涌泥

①无论是地下水位线以上或地下水位线以下，黄土隧道都应采用强支护。黄土隧道水位线以上土体由于失水干缩会造成松动圈增大，初期支护承受的压力远比普通基岩隧道要大得多。水位线以下由于隧道的井点降水作用而泥化现象突出，即使在完全通车的隧道当中同样发现此类问题：对青兰高速公路阳泉南隧道、黄延高速公路道南隧道在仰拱及边墙打孔取样分析表明，隧道周壁 0.5～1.5m 范围内全是稀泥；宝鸡过境唐家塬隧道在仰拱施作完 5 个月后，对其进行钻孔取样分析，发现隧道仰拱下 1.5m 的土体含水率已经达到 32%，远大于黄土液限；近年通车地下水位线以下黄土隧道出现的仰拱隆起、边墙产生纵向裂缝等病害情况表明，地下水位线以下的黄土隧道应加强初期支护并成环封闭，仰拱及二次衬砌全部宜采用钢筋混凝土，此时仰拱结构相当于施作了片筏钢筋混凝土基础，衬砌与仰拱结构的整体性及结构基础刚度得到了极大提高，彻底改善了水位线以下隧道的黄土地基沉降变形条件。地下水位线以上黄土隧道在初期支护加强后一般不会出现不利于施工及后期运营的现象，且由于位于地下水位线之上，基础承载力变化不大也不受水的影响，因此仅对初期支护钢架进行加强，不需要其他措施，已经建成的铜黄一级公路的篓子沟、罗圈梁、蒿庄梁两车道黄土隧道，隧道结构安全性良好。

因此，大跨度黄土公路隧道应该采用强支护，如果隧道位于地下水位线之上，宜对初期支护钢架进行加强；如果隧道位于地下水位线之下，应加强初期支护并成环封闭，仰拱及二次衬砌全部宜采用钢筋混凝土，以保证大跨度黄土公路隧道衬砌结构安全。

②黄土隧道由于垂直节理发育，承压能力比较好，且粉砂性黄土抗剪能力差，因此黄土隧道超前支护选取不应采取常用的单层管棚或者小导管进行超前施作，而应该尽量密排小导管（图 4-30）或采用插板法进行超前施作，尽最大努力减少对土体垂直节理的破坏，避免“切豆腐块”现象发生。实际应用中密排小导管或采用插板法进行超前施作，超前支护效果远比单层管棚或者小导管效果要好得多，尤其在治理黄土切割掉块方面。

③锚杆在黄土隧道中支护效果如何，在隧道工程界有着不同的观点，一部分人认为锚杆在喷锚支护的黄土隧道中起到了一定的支撑作用，另一部分人认为在钢架条件下，锚杆在黄土隧道中的作用不明显。锚杆在隧道工程是否能够起到支护作用，取决于锚杆是否穿透黄土隧道塑性圈，这和锚杆的设计参数和施工水平有很大关系。黄土隧道锚杆的设计与施工的实际情

况是,规范列表中的长度远没达到黄土隧道塑性圈边缘。根据近年来黄土隧道设计与施工经验,地下水位线以下两车道黄土隧道的塑性圈一般为拱顶5.5~7m范围内,拱腰为4~5m,而规范规定值仅为最长4m;实际施工中的锁脚锚杆或锚管(图4-31)长度也远远大于4m。因此在黄土隧道特别是大跨度黄土隧道的设计与施工中,拱部要尽可能延长锚杆长度,拱腰以下锚杆长度也应适当加长以期锚固段进入未破坏土体。若锚杆长度不足,不能锚固入未破坏土体,会造成很多黄土隧道按照规范设计的初期支护刚度明显不足,收敛严重以致初期支护喷射混凝土开裂,拱架失稳。因此,锚杆在黄土隧道中的作用不明显首先是锚杆长度不够造成的,其次是施工数量和水平达不到设计要求。

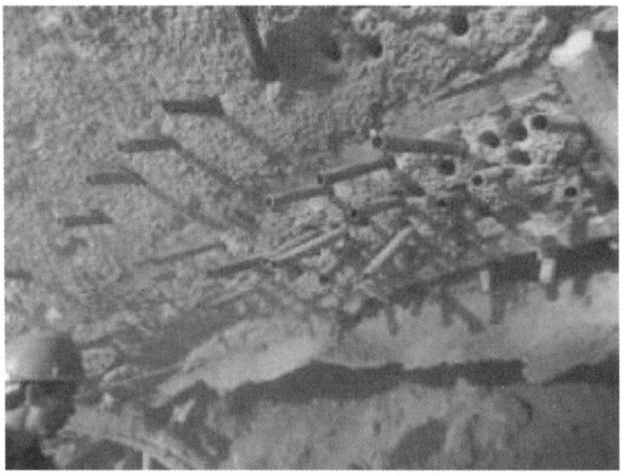

图4-30 双层小导管超前

图4-31 锁脚锚管

另外,锚杆与黄土隧道拱架焊接可以增加黄土隧道初期支护的稳定性,保证隧道施工安全,黄土隧道施工材料以及施工工艺达不到新奥法的要求会造成隧道初期支护失稳,而锚杆与拱架焊接可有效解决或者减轻由此带来的施工风险。具体表现在:首先,新奥法施工要求的初期支护喷射混凝土强度一般要达到50MPa以上,与国内初期支护喷射混凝土强度的差异很大,锚杆与拱架焊接可有效提高初期支护整体稳定性;其次,拱架拼装一直采用人工施工,存在拱架自重、铺设困难等不利因素,如果锚杆不与拱架焊接则大大增加了拱架的施设难度;同时,拱架长度大于5m之后,由于我国多采用Ⅰ型钢,横向刚度基本为纵向刚度的1/15,在现场施工受力情况下极易失稳,采用锚杆焊接可大大提高横向刚度;最后,由于施工过程中喷射混凝土未完成之前,拱架与围岩不能密贴,不能完全承担受力因而不能按照弹性地基梁来考虑,而两车道隧道的拱架长度就达到了20余米,与锚杆焊接可起到绝对的减跨作用。所以锚杆与黄土隧道拱架焊接无论是对于施工还是对于理论计算都是有利的,而且在理论计算方面锚杆焊接与锚杆设置到两榀拱架之间在简化模型上是完全一致的。

根据多年在黄土隧道施工中的设计及现场施工经验,对于两车道黄土隧道地下水位线以上的二次衬砌可以采用普通混凝土衬砌,但对于处于地下水位线以下的二次衬砌应采用钢筋混凝土衬砌(包括仰拱),并且初期支护应封闭成环;对于三车道大跨度黄土隧道,无论处于地下水位线以上或以下其二次衬砌均应采用钢筋混凝土衬砌,初期支护仰拱应封闭成环。黄土隧道初期支护在拱腰及拱脚处应施作锁脚锚管,可有效地抑制围岩的变形。

综上所述,黄土公路隧道设计参数可采用工程类比确定,并通过理论分析进行验算,当无类比资料时,可参照表4-16、表4-17选用,并根据现场围岩量测信息和建筑限界要求对支护参数做必要的调整。

两车道黄土公路隧道衬砌设计参数表 表 4-16

黄土类别			老黄土(Q_1、Q_2)			新黄土(Q_3、Q_4)		
围岩级别			V浅	V深	Ⅳ	V浅	V深	Ⅵ
超前支护	ϕ45mm×4 导管	长度(m)	4~5	4~5	4~5	4~5	4~5	4~6(双排)
		间距(cm)	35	40	50	30	35	30
初期支护	钢拱架	I 形	I20b	I20b	I18	I20b	I20b	I22
		H 形						HK220a
		间距(cm)	60	75	100	60	70	50~60
	系统锚杆	长度(m)				4.5(边墙)	3.5(边墙)	4.5 中空注浆锚杆(边墙)
		纵向间距(cm)				100	100	50~60
		环向间距(cm)				100	100	100
	锁脚锚杆	直径(mm)	ϕ25	ϕ25	ϕ25	ϕ22	ϕ22	ϕ50(钢管)
		长度(m)	3.5	3.5	3	4	3.5	4
	钢筋网	型号	ϕ6	ϕ6	ϕ6	ϕ8	ϕ8	ϕ8
		规格(cm×cm)	20×20	20×20	20×20	20×20	20×20	20×20(双层)
	喷射 C25 早强混凝土	厚度(cm)	26 早强混凝土	26 早强混凝土	24 早强混凝土	26 早强混凝土	26 早强混凝土	30 纤维混凝土
二次衬砌	C30 混凝土厚度(cm)		50(钢筋混凝土)	50(钢筋混凝土)	45(钢筋混凝土)	50(钢筋混凝土)	50(钢筋混凝土)	55(钢筋混凝土)
仰拱	喷射 C25 早强混凝土厚度(cm)		26(早强混凝土)	26(早强混凝土)	—	26(早强混凝土)	26(早强混凝土)	30(纤维混凝土)
	C30 钢筋混凝土		50(钢筋混凝土)	50(钢筋混凝土)	45(钢筋混凝土)	50(钢筋混凝土)	50(钢筋混凝土)	55(钢筋混凝土)

注:1. Ⅵ级围岩主要指高含水率黄土或位于地下水位线以下的黄土隧道。

2. 纤维混凝土纤维参量为 1.2kg/m^3。

三车道黄土公路隧道衬砌设计参数表 表 4-17

黄土类别			老黄土(Q_1、Q_2)			新黄土(Q_3、Q_4)		
围岩级别			V浅	V深	Ⅳ	V浅	V深	Ⅵ
超前支护	ϕ50mm×4 导管	长度(m)	4~5	4~5	4~5	6	6	6(双排)
		间距(cm)	35	40	45	30	35	30
初期支护	钢拱架	I 形	I22b	I22b	I20b	I25a	I22b	
		H 形						HK260a
		间距(cm)	60	70	80	60	70	50~60

续上表

黄土类别			老黄土(Q_1、Q_2)			新黄土(Q_3、Q_4)		
围岩级别			Ⅴ浅	Ⅴ深	Ⅳ	Ⅴ浅	Ⅴ深	Ⅵ
初期支护	系统锚杆	长度(m)				4.5（边墙）	4（边墙）	4.5（边墙）
		纵向间距(cm)				60	70	50～60
		环向间距(cm)				100	100	100
	锁脚锚杆	直径(mm)	Φ25	Φ25	Φ25	Φ25	Φ25	Φ50(钢管)
		长度(m)	3.5	3.5	3.5	4	4	4
	钢筋网	型号	ϕ6	ϕ6	ϕ6	ϕ8	ϕ8	ϕ8
		规格（cm）	20×20（双层）	20×20（双层）	20×20（双层）	20×20（双层）	20×20（双层）	20×20（双层）
	喷射C25混凝土	厚度（cm）	28(早强混凝土)	28(早强混凝土)	26(早强混凝土)	35(纤维混凝土)	30(纤维混凝土)	30/20(纤维混凝土)
二次衬砌	C30混凝土厚度（cm）		60(钢筋混凝土)	60(钢筋混凝土)	55(钢筋混凝土)	65(钢筋混凝土)	60(钢筋混凝土)	65(钢筋混凝土)
仰拱	喷射C25早强混凝土厚度(cm)		28(早强混凝土)	28(早强混凝土)	26(早强混凝土)	35(纤维混凝土)	30(纤维混凝土)	35(纤维混凝土)
	C30钢筋混凝土厚度(cm)		60(钢筋混凝土)	60(钢筋混凝土)	55(钢筋混凝土)	65(钢筋混凝土)	60(钢筋混凝土)	65(钢筋混凝土)

注：1. Ⅵ级围岩主要指高含水率黄土或整个洞身均位于湿陷性地层的黄土隧道。

2. Ⅵ级围岩初期支护设计参数建议采用双层衬砌结构，二次衬砌采用每延米4根双层钢筋网。

3. 纤维混凝土纤维参量为1.2kg/m^3。

(5)黄土偏压隧道处理措施

在黄土质偏压隧道施工中，因施工方法不当易发生洞顶坍塌甚至露顶，并引起山体滑动，此时需进行地表处理。较为有效的方法是“重新配载法”，即首先清除部分坍体，重新配载，减少偏压，然后进行地表浆砌片石或喷浆防护、固结、封闭坍体，同时在施工中应遵循“短开挖、强支护、早封闭”的原则，以使隧道顺利通过，如图4-32所示。

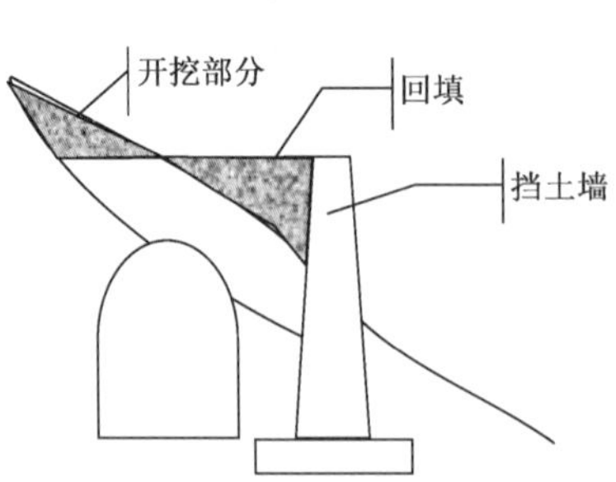

图4-32 加固处理示意图

4.4　黄土隧道开挖扰动围岩变形控制技术

4.4.1　大跨度黄土公路隧道围岩破坏特征

随着越来越多三车道甚至有紧急停车带的三车道黄土隧道的建立，黄土隧道开挖断面及洞径越来越大，其破坏模式大致可归纳为洞口边仰坡的滑塌、开裂，地表沉陷，隧道洞口的高边坡偏压破坏，洞内塌方掌子面涌泥，初期支护及二次衬砌开裂、仰拱隆起等(图4-33)。

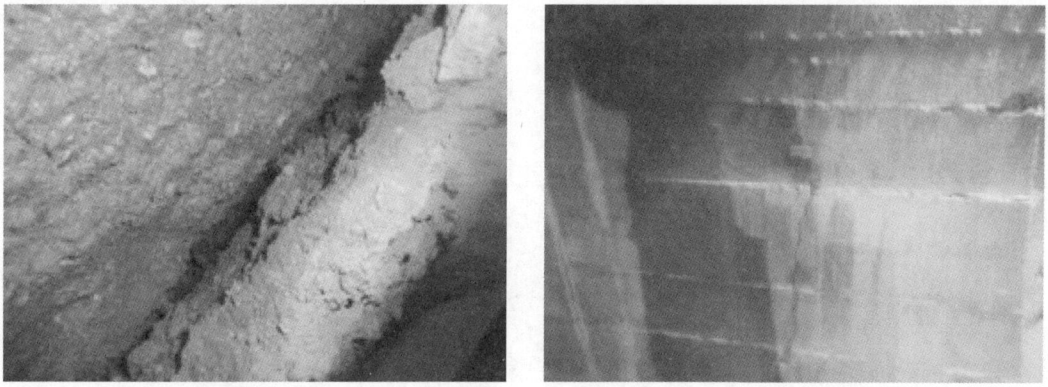

a)初期支护开裂　　b)二次衬砌开裂

图4-33　隧道衬砌破坏形式

与其他软土围岩相比，黄土围岩因具有大孔隙、垂直裂隙发育、显著结构性的黄土而具有独特的工程性质，即变形速度快，变形大且持续时间长，同时表现出在时间上、空间上不对称、不均匀性的特点，施工过程中容易出现多处塌方并造成工期延误、生命财产损失，特别是开挖断面面积大幅提高，施工难度急剧增加，因此开展隧道开挖过程中黄土围岩变形特征及影响因素研究极为重要。

黄土地层对隧道施工围岩破坏的影响因素主要有：

(1)黄土地层的受力情况。原状黄土有一定的抗压变形能力，而抗剪能力极差，微弱的震动就会破坏其稳定性，所以黄土隧道施工一般不宜采用爆破开挖，而是以人工或机械开挖为主，隧道设计中应该按照初期支护和二次衬砌共同受力进行设计。

(2)黄土裂隙。黄土裂隙缝隙稠密，孔隙率较大，会层层剥落，隧道开挖后暴露时间过长，会导致围岩的变形过大，甚至会引起隧道局部的坍塌。

(3)黄土冲沟地段。隧道在沿着黄土冲沟或塬边地段施工时，在覆盖较薄或偏压很大的情况下，容易发生较大的坍塌或滑坡现象。

(4)地下水对隧道施工的影响。在含有地下水的黄土层中修建隧道，由于黄土在干燥时很坚固，承压力也较高，施工可顺利进行。当其受水浸湿后，力学特性显著变化，会突然发生崩解现象，使开挖后的围岩迅速丧失自稳能力，如果支护措施满足不了变化后的情况，极容易造成坍塌。

(5)施工用水对隧道的影响。施工中洞内排水不良，洞内道路泥泞难行，不论是无轨还是有轨运输都会给道路的维护、机械的使用与保养、隧道的铺底或仰拱施工作业等带来很大的困难。

(6)湿陷性黄土。湿陷性黄土一般位于隧道的洞口段，由于其地基承载力较低，若隧道洞口段的地基基础不采取相应的处理措施，则隧道有可能由于承载力不足，引起隧道的变形、衬砌开裂，甚至是整体下沉。

浅埋及深埋黄土隧道往往表现出不同的破坏形式，浅埋大跨度黄土隧道由于埋深较浅，围岩结构性及强度容易较快因为掌子面的扰动而彻底破坏，导致由于支护不及时、封闭不及时或关键部位支护力度不够，出现塌方、冒顶等较为严重的破坏形式。

深埋黄土隧道，由于随着隧道埋深的不断增加，特别是100m以上埋深情况下，黄土隧道所处围岩基本为结构性较弱、强度较大的Q_1及Q_2黄土层，掌子面的开挖扰动对围岩影响的范围及程度都较Q_3黄土小得多，大跨度黄土隧道拱顶围岩产生的结构性损伤带不会快速贯通，而是以拱顶扰动塑性区的形式对围岩支护结构进行作用，从而表现为初期支护及二次衬砌裂缝、边墙破裂等破坏形式。

4.4.2 黄土隧道开挖扰动围岩变形数值分析

(1)数值计算工况选取

针对大跨度黄土公路隧道的变形控制条件，依托西宁南绕城黄土公路隧道，通过数值模拟分析，揭示大跨度黄土隧道开挖扰动围岩变形特征，为之后提出不同埋深的大断面黄土隧道变形控制条件与监测控制值提供依据。在数值计算中，分别选取10m、20m、30m、40m、50m、60m 6个埋深，以及选取0.025GPa、0.25GPa、2.5GPa、25GPa、250GPa 5种初期支护参数(采用不同支护参数模拟围岩渐进破坏过程，寻求隧道围岩塌方拱顶沉降临界值)，共5×6=30种工况，不同埋深初期支护参数见表4-18。双侧壁导坑法开挖顺序如图4-34所示。

不同埋深初期支护参数表　　表4-18

埋深(m)	弹性模量 E(GPa)					厚度(m)		泊松比
	0.025	0.25	2.5	25	250	0.2	0.4	
10	√	√	√	√	√	√		0.20
20	√	√	√	√	√	√		
30	√	√	√	√	√		√	
40	√	√	√	√	√		√	
50	√	√	√	√	√		√	
60	√	√	√	√	√		√	

注："√"表示计算工况。

(2)黄土隧道开挖扰动围岩变形特征

①黄土隧道塑性区域分析

图4-35为埋深30m的大跨度马蹄形黄土隧道不同支护模量下的塑性区域。塑性区域关于隧道轴线对称，塑性区域发展分为四个阶段：

a. 仰拱拱脚、拱肩发生剪切破坏。

b. 地表发生拉裂破坏。

c. 拱脚、拱肩剪切破坏区域扩大,沿与水平方向夹角为 $45^\circ + \varphi/2$ 方向向地表方向发展。
d. 剪切破坏区域发展到地表,与地表拉裂破坏区相连。

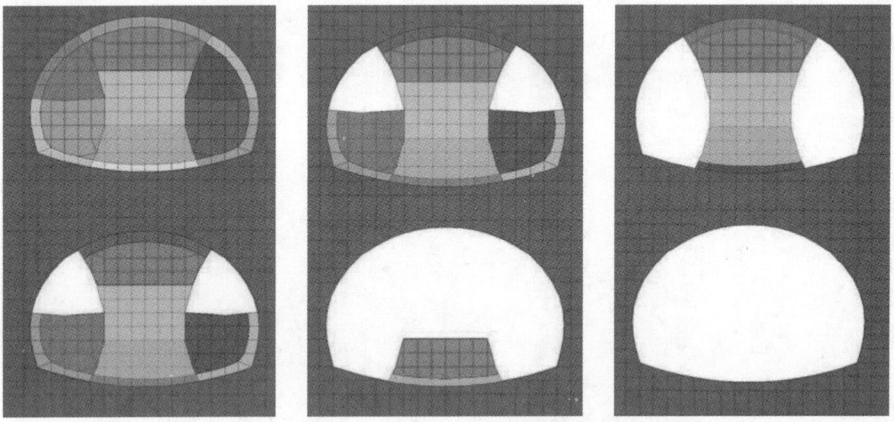

图 4-34 双侧壁导坑法开挖顺序图

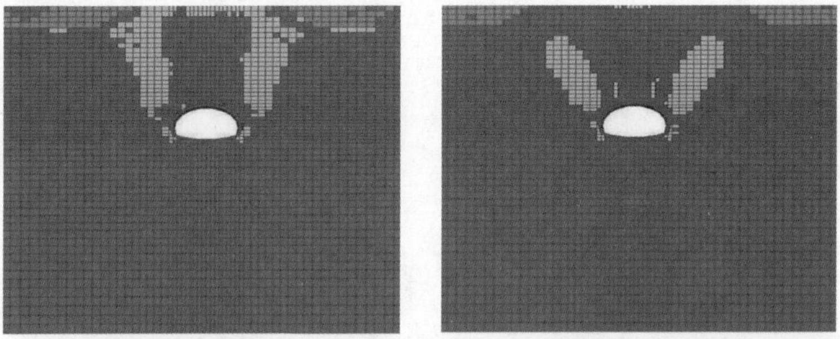

a)支护模量为0.025GPa　　b)支护模量为0.25GPa

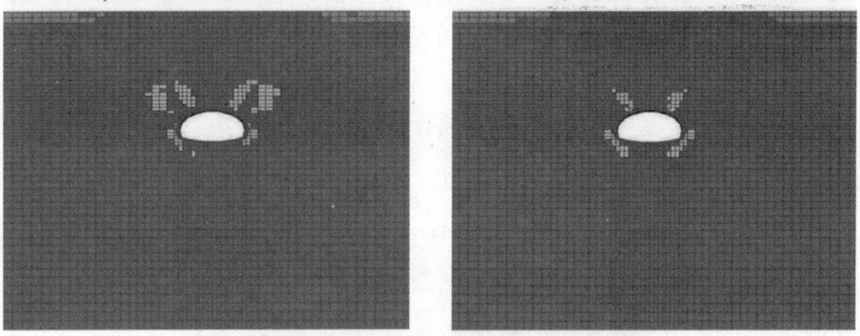

c)支护模量为2.5GPa　　d)支护模量为25GPa

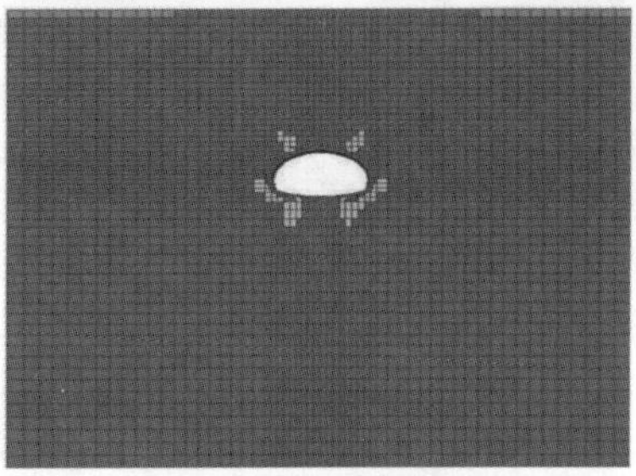

e)支护模量为250GPa

图 4-35 马蹄形隧道不同支护模量的塑性区域

当支护模量为0.025GPa时，剪切破坏区域由拱顶两侧一直贯穿到地表，且与地表拉裂区相连，地表拉裂区深度约为6m；支护模量为0.25GPa时，剪切破坏区域较小，没有发展到地表，地表拉裂区也有所减小。随着支护模量的继续增大，剪切破坏区域与地表拉裂区继续减小，当支护模量增大到250GPa时，塑性区域几乎为零。这说明支护模量与塑性区域大小呈负相关，加强支护可以有效限制塑性区域的发展。

②隧道围岩变形特征

掌子面开挖前拱顶沉降量为S_1，拱顶监测沉降量为S_2，拱顶最终沉降量为S。掌子面位移释放率为η，计算公式如下：

$$S = S_1 + S_2 \tag{4-40}$$

$$\eta = \frac{S_1}{S} \tag{4-41}$$

通过式(4-41)，计算出不同支护强度下的位移释放率η，见表4-19。

不同支护模量下埋深为30m的隧道的位移释放率 表4-19

支护模量(GPa)	0.025	0.25	2.5	25	250
η(%)	72.47	59.78	49.48	42.74	39.46

(3)隧道围岩拱顶沉降位移控制条件

由图4-36可以看出，拱顶沉降量与支护模量相关，支护模量越大，拱顶沉降量越小。随着支护模量的不断减小，拱顶沉降量先缓慢增大，呈直线增长，随后突然加速，不可控制。为了控制住拱顶沉降，必须在拱顶沉降加速增长之前便加强支护，因此必须找到拱顶沉降线性增长与加速增长的临界点。这个临界点对应的拱顶沉降量便为拱顶沉降极限值，对应的支护模量便为最佳支护模量。

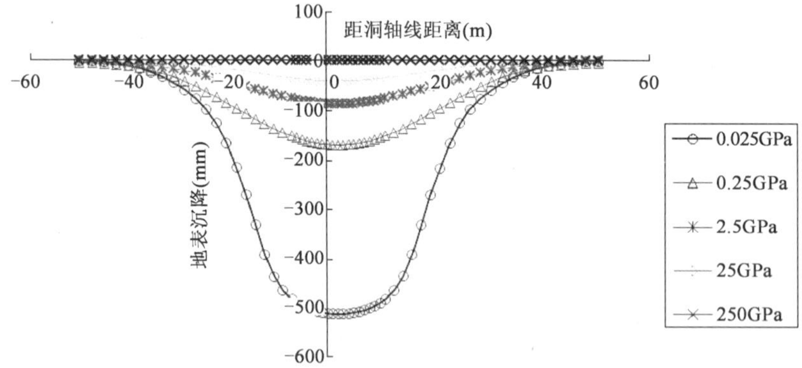

图4-36 不同支护条件下拱顶沉降曲线图

如图4-37所示，隧道埋深为30m时，对曲线作两条切线，再通过两条切线交点作一条水平线，水平线与曲线的交点即为临界点。临界点横坐标为最佳支护模量，纵坐标218mm为最佳支护模量下的拱顶沉降值。在临界点右侧，拱顶沉降量小于极限值，拱顶处围岩保持稳定，不用加强支护；在临界点右侧，拱顶沉降量大于极限值，拱顶沉降会迅速增大，为了控制拱顶沉降，必须增大支护模量以加强支护，这个极限值即为拱顶沉降的控制条件。

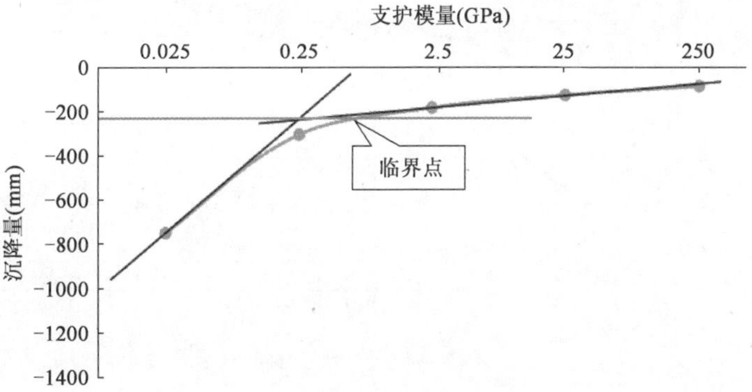

图 4-37 埋深为 30m 的隧道支护临界点寻找图

为了将极限值与施工监测相统一，设拱顶沉降计算极限值为 S_{max}，拱顶沉降监测极限值为 S_{2max}，则有式(4-42)：

$$S_{2max} = S_{max}(1 - \eta) \tag{4-42}$$

在实际工程中，为了保证围岩的稳定性，当拱顶沉降监测值 S_2 小于拱顶沉降监测极限值 S_{2max} 时，则支护强度足够维持围岩稳定性，不必加强支护；当 S_2 大于 S_{2max} 时，则支护模量过小，为了防止隧道坍塌，必须及时加强支护。

4.4.3 大断面黄土隧道围岩变形控制条件

采用式(4-42)可求得不同工况下的掌子面位移释放率 η。支护参数的大小对黄土隧道围岩变形特征有着重要的影响，支护模量越小，对围岩的变形抑制效果越小，越能够充分发挥围岩自身稳定性，以达到经济、方便的效果，但支护模量过小时，有可能导致围岩塑性区域过大，产生裂缝甚至塌方而出现安全问题；支护模量越大，越能更好地抑制围岩变形，有效限制塑性区域的范围以保证施工安全；但支护模量过大时，则不能充分发挥围岩自稳能力，围岩应力得不到很好的释放导致应力过大，可能会破坏隧道衬砌，且支护模量过大需要技术上的支撑，也会造成经济上的浪费。因此如何选取合适的支护参数便成了关键。掌子面位移释放率随埋深的关系如图 4-38 所示。

从图 4-39 可以看出，不同埋深下支护模量与拱顶最大沉降关系曲线形状一致，拱顶沉降量与支护模量呈反比，支护模量越大，拱顶沉降量越小。曲线存在明显的拐点，当支护模量很大时，随着支护模量的不断减小，拱顶沉降量增长缓慢，几乎呈线性关系，支护模量减小到一定程度时，拱顶沉降量迅速增大。为了选取合适的支护模量，需要通过支护模量与拱顶沉降关系曲线来寻找一个临界点。不同工况下的拱顶沉降极限值见表 4-20。

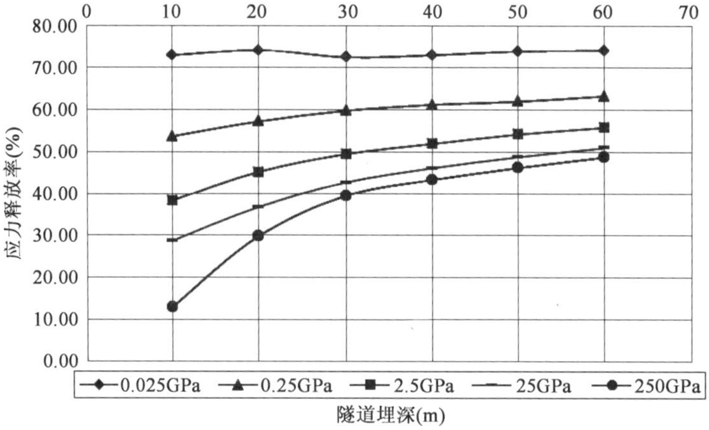

图 4-38 掌子面位移释放率随埋深的关系

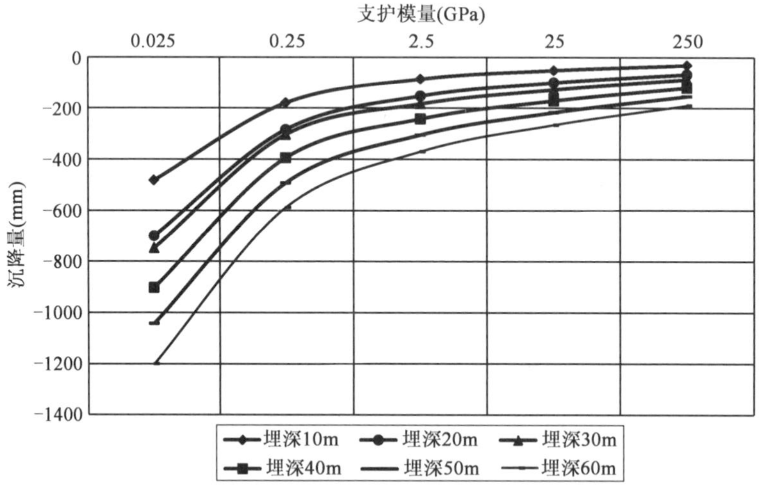

图 4-39 不同埋深下支护模量与拱顶最大沉降关系

不同埋深拱顶沉降的极限值 表 4-20

埋深(m)	10	20	30	40	50	60
极限值(mm)	-103	-189	-218	-278	-349	-407

拱顶沉降监测极限值 S_{2max} 即为现场施工中隧道拱顶沉降的控制条件。在隧道开挖施工过程中,若发现拱顶沉降监测值小于极限值 S_{2max},则可不必加强支护,若监测值远小于极限值 S_{2max},则可适当降低支护参数以达到经济、方便的效果;若发现监测值大于极限值 S_{2max},则需立即加强支护以免引起隧道坍塌,若未能及时加强支护,则拱顶沉降会迅速增大甚至无法控制导致安全问题。

在实际施工过程中,可用表 4-21 中的拱顶沉降监测极限值 S_{2max} 作为拱顶沉降控制条件。隧道开挖后安装拱顶沉降监测仪器,若监测沉降 S_2 小于监测极限值 S_{2max},则围岩稳定,可继续施工,一旦发现 S_2 接近 S_{2max},则需立刻增加支护强度以免沉降继续发展。

不同埋深拱顶沉降监测的极限值　　表 4-21

参数名称	隧道埋深(m)					
	10	20	30	40	50	60
S_{max}(mm)	-86.313	-152.88	-183.80	-242.96	-305.65	-370.56
η(%)	38.32	44.51	49.48	51.93	54.19	55.81
S_{2max}(mm)	-53.24	-84.83	-92.86	-116.79	-140.02	-163.75

4.4.4 大跨度黄土隧道拱顶沉降控制条件

大跨度黄土公路隧道拱顶沉降量比较大，其原因主要有三个方面：

(1)黄土隧道在进行开挖时，围岩内部不能形成明显的拱效应，而围岩的容许变形值也较小，因此当围岩发生变形时，地层的承载力和稳定性便会丧失，从而导致隧道拱顶发生较大的沉降。

(2)黄土垂直节理发育，地层竖向压力较大，侧压力较小。

(3)与其他岩体地层不同，黄土地层具有较小的承载力，因此黄土隧道在没有施作仰拱之前，如果仅仅采用设置锁脚锚杆和增大拱脚尺寸的方法来控制隧道变形，无法承受隧道上部的土压力作用。

现将采用台阶法和弧形导坑法开挖的已有黄土隧道变形监测结果列入表 4-22 中。

部分隧道变形量的统计结果　　表 4-22

线路	吴堡至子州	青兰高速公路	神府高速公路	武西高速公路	兰渝铁路	晋中南铁路	宝兰客专	榆绥高速公路
隧道名称	沿线	青皮塔隧道	墩梁隧道	桃花峪隧道	胡马岭隧道	隰县隧道	新松树湾	米脂1号隧道
围岩级别			V	V			V	V
跨度(m)	12.26	12.2	17.31	17.3				12.77
最大拱顶下沉(mm)	117.0	91.0	119.2	216	87.0	160.0	400.0	228.4
最大水平收敛(mm)	35.9	109.4	146.4			160.0	175.0	277.3

黄土隧道的变形量普遍大于公路隧道设计规范给出的建议值，参考依据丹拉国道主干线西宁境内大有山隧道和郑西客运专线陕西境内秦东、潼洛川和高桥等隧道，以及其他黄土公路铁路隧道监测资料。以拱顶下沉作为控制基准，得出在Ⅳ级围岩条件下，预留变形量可取 10~15cm；在Ⅴ级围岩条件下，预留变形量可取 25~28cm。公路隧道设计规范及郑西客专所给的参考预留变形量见表 4-23。

黄土隧道预留变形量(单位：mm)　　表 4-23

围岩级别	公路隧道设计规范		郑西客专线	大跨度黄土公路隧道
	两车道	三车道		
Ⅳ(老黄土)	50~80	80~120	100~150	100~130
Ⅴ(新黄土)	80~120	100~150	250~280	220~250

综上所述,提出黄土隧道拱顶沉降控制条件,见表4-24。

黄土隧道拱顶沉降控制条件　　表4-24

围岩类别	埋深	拱顶沉降(mm)	水平收敛(mm)
Ⅳ(老黄土)	浅埋	120	80
Ⅳ(老黄土)	深埋	140	120
Ⅴ(新黄土)	浅埋	90	60

4.4.5 增湿条件下大断面黄土隧道围岩变形与力学特性

(1)湿陷性黄土隧道工程问题及原因分析

隧道周围土体含水率增大是影响黄土隧道围岩稳定、引发工程问题的最主要原因。从黄土隧道的含水率场看,开挖前黄土地层含水率一般不是很大,围岩处于非饱和状态,开挖一定时间后,在隧道周围将形成一个地下汇水长廊,围岩几乎接近饱和。地表水(降雨和冲沟水流)渗入和地下水(孔隙裂隙水)转移是围岩水分的主要来源,除此之外,喷射混凝土后,黄土围岩将吸收混凝土中的水分,使含水率增大。黄土体垂直裂隙发育,为地表水渗入提供了良好的渠道,虽然降雨强度不大,但足以使得围岩含水率场发生变化,对于浅埋隧道,地表水是围岩水分的主要来源。而对于地下水,由于开挖前黄土中的孔隙裂隙水处于一种被封闭的环境中,本身处于平衡状态,是几乎静止的,没有外来压力的情况下,不会产生渗流,而开挖后形成的空间,使周围岩土及孔隙裂隙水失去支撑环境,形成新的渗透边界,破坏了地下水的平衡,从而水分向隧道围岩聚集。

天然非饱和黄土一般具有结构性,在未受扰动和浸水之前具有较高的结构强度,基于新奥法的理念,在黄土隧道工程中,应尽可能减小对黄土隧道围岩的扰动,保持围岩自身的承载能力。这里的扰动,更确切地说应该是对黄土围岩结构性的破坏,力的作用只是围岩结构性散失的一个因素,而不是全部因素。黄土的结构性可以通过浸水和扰动而充分释放。本章节主要分析开挖扰动和含水率增大对隧道围岩稳定性的影响。

(2)湿陷性黄土的力学特性及其参数分析

Q_3黄土在天然低湿度下具有明显的高强度和低压缩性,一旦浸水甚至增湿就会发生强度大幅度骤降和变形大幅度突增现象。黄土的变形和强度与含水率的变化有非常密切的关系,因此,可在不同的初始含水率下研究黄土的变形和强度,其变形的差值即为增湿的变形增量,强度的差值即为增湿的强度增量。它们不同于一般土类之处,仅在于这种差值对含水率的变化具有更加明显的可变性。利用不同含水率对应的模量值可以综合反映此时黄土的变形与强度特性。

通过压缩试验、常规三轴试验以及基本物性指标试验,得到湿陷性黄土力学参数,见表4-25,其中配制黄土试样含水率分别为5%、10%、14%、18%、22%、26%,Q_3黄土饱和含水率为26%。依据室内试验结果,分析黄土黏聚力、摩擦角、压缩模量以及重度与含水率之间的关系,如图4-40所示。

湿陷性黄土力学参数　　表4-25

含水率(%)	5	10	14	18	22	26
重度(kN/m³)	14.2	14.8	15.4	16	16.5	17.1
压缩模量(MPa)	60.9	30.2	10.7	5.1	2.4	2.1
黏聚力(kPa)	36.8	29.1	21.6	14.1	9.5	8.2
摩擦角(°)	27.3	26	24.9	23.7	22.9	22.7

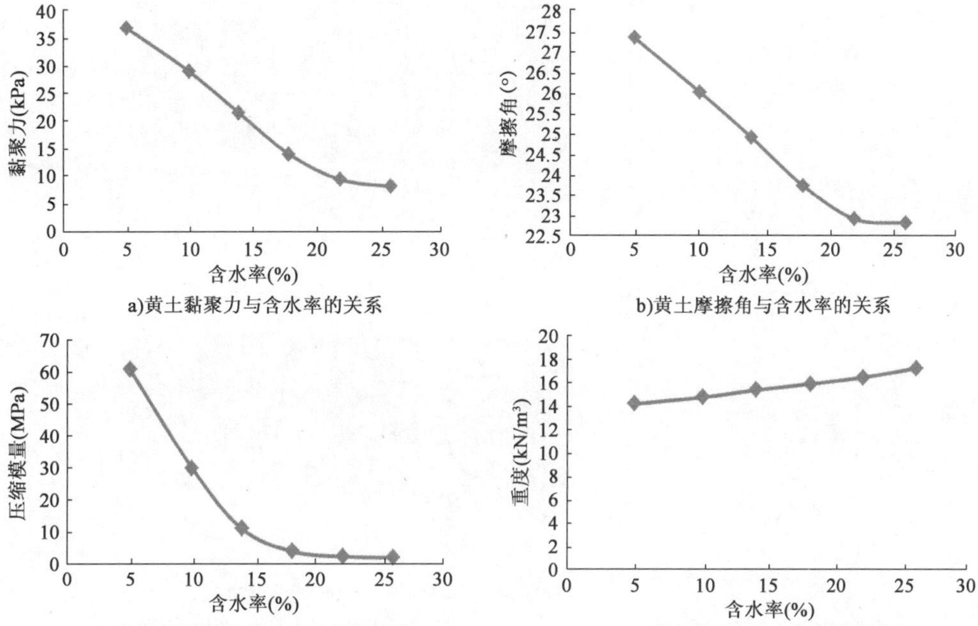

a)黄土黏聚力与含水率的关系　b)黄土摩擦角与含水率的关系

c)黄土压缩模量与含水率之间的关系　d)黄土重度与含水率之间的关系

图4-40　湿陷性黄土力学参数与含水率之间的关系曲线

从图4-40可知，在增湿条件作用下，黄土摩擦角变化较小，黏聚力变化较大，随着含水率变化，黏聚力逐渐降低。黄土压缩模量随着含水率增大而降低，含水率小于18%时，压缩模量变化较为显著；含水率大于18%时，压缩模量变化较小。

(3)建立湿陷性黄土隧道数值模型

本章节采用FLAC3D建立如下大跨度黄土隧道模型进行相关计算。隧道为马蹄形断面，跨度17m，高12m，上覆13.5m的Q_3黄土层，埋深16m，如图4-41所示。采用双侧壁导坑法开挖，初期支护采用壳单元模拟，实体单元模拟C30混凝土二次衬砌。

为了模拟这一实际情况，考虑隧道上覆Q_3黄土增湿的情况，分别计算含水率为5%、10%、14%、18%、22%的情况，相关计算参数见表4-25。

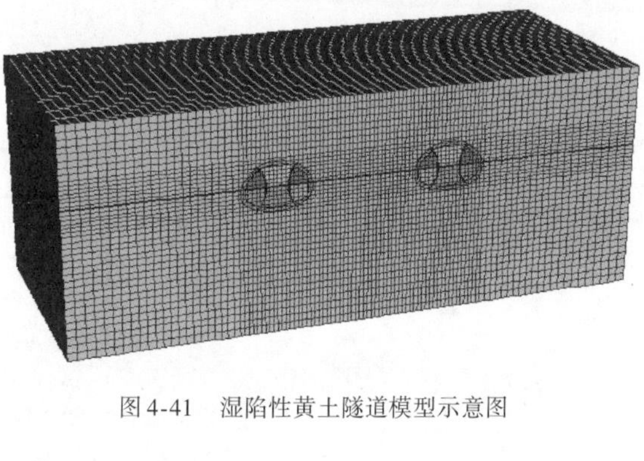

图4-41　湿陷性黄土隧道模型示意图

(4)隧道围岩增湿变形分析

提取不同含水率计算工况下竖向位移云图,为避免模型尺寸效应,选取模型中间断面进行结果提取,如图4-42所示。由图4-42可知,竖向沉降的最大值均出现在拱顶处,且在逐步湿水即含水率逐步增大的过程中,竖向沉降量逐步增大。提取不同含水率的拱顶上方不同深度土层的竖向沉降位移,将其变化规律绘制在同一坐标系下,如图4-43所示。

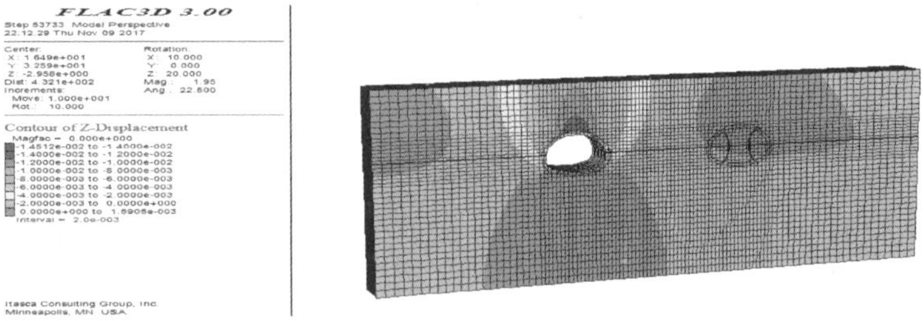

a)5%含水率Z向位移云图

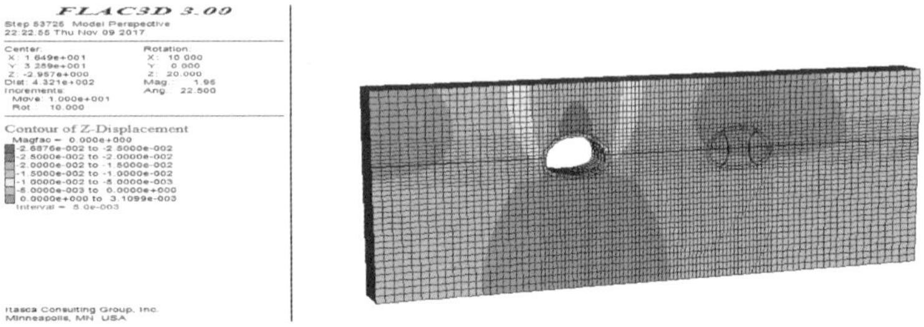

b)10%含水率Z向位移云图

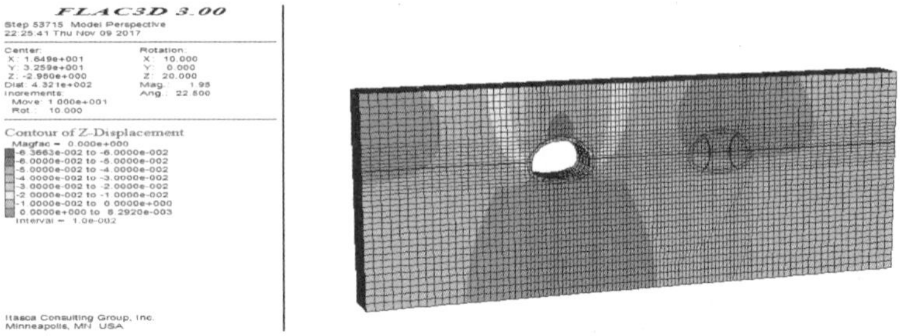

c)14%含水率Z向位移云图

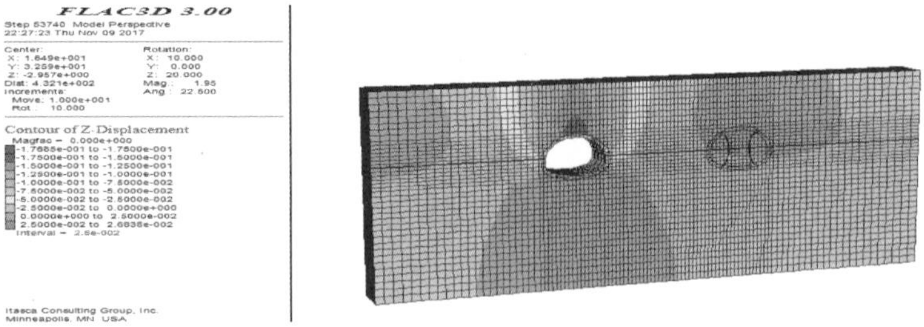

d)18%含水率Z向位移云图

图 4-42

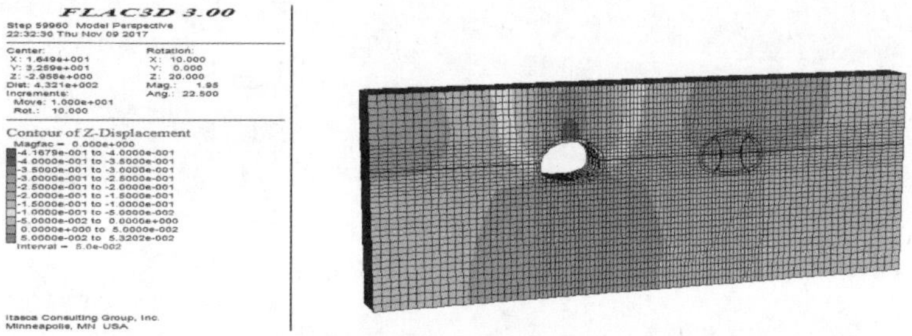

e)22%含水率Z向位移云图

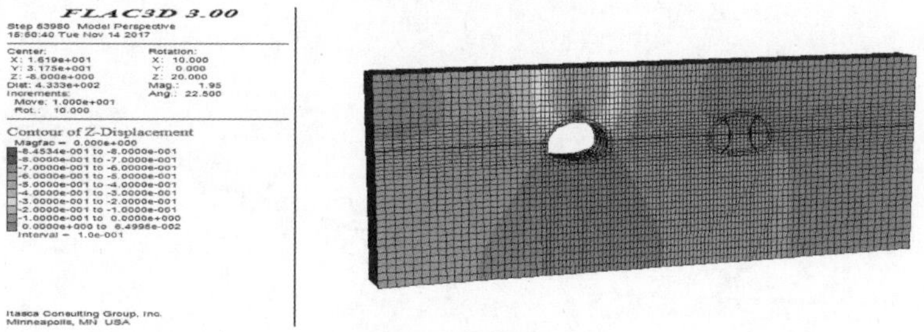

f)26%含水率Z向位移云图

图4-42 不同含水率的隧道围岩竖向沉降云图

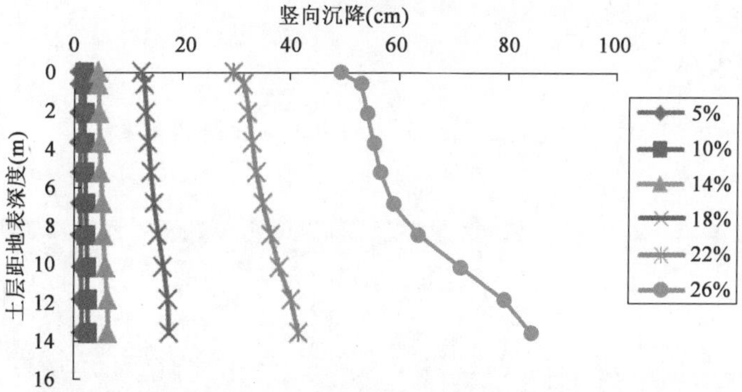

图4-43 不同含水率的拱顶上方不同深度土层竖向沉降变化规律

由图4-44可知，隧道围岩含水率小于18%时，隧道拱顶正上方土体随深度变化呈线性变化，含水率大于18%时，隧道拱顶正上方土体距离拱顶越近，沉降位移加速越大。在一定程度上，在隧道开挖过程中，隧道围岩黄土增湿达到18%时，塌方的可能性较大。跨度为17m的大断面隧道，黄土增湿作用下，隧道拱顶最大沉降变化曲线如图4-44 a)所示，采用双切线法，得到双切线交点对应的沉降值为90mm，增湿变形达到90mm以前，黄土含水率在14%～18%之间，结合隧道围岩塑性区域分析，可以认为，湿陷性黄土隧道围岩拱顶沉降控制值为90mm。

(5)增湿作用下隧道围岩应力变化规律

不同含水率的隧道围岩压力变化规律如图4-45和图4-46所示，围岩黄土含水率小于18%时，隧道围岩压力最大值发生在拱肩处，围岩黄土含水率大于18%时，隧道围岩压力最大值发生在拱顶处。在黄土增湿作用下，隧道围岩压力最大值随含水率增大而增大，最终趋于不变。围岩湿度从10%增大到20%时，围岩压力变化较为突出，围岩湿度为20%时的围岩压力是湿度为10%时的2倍。

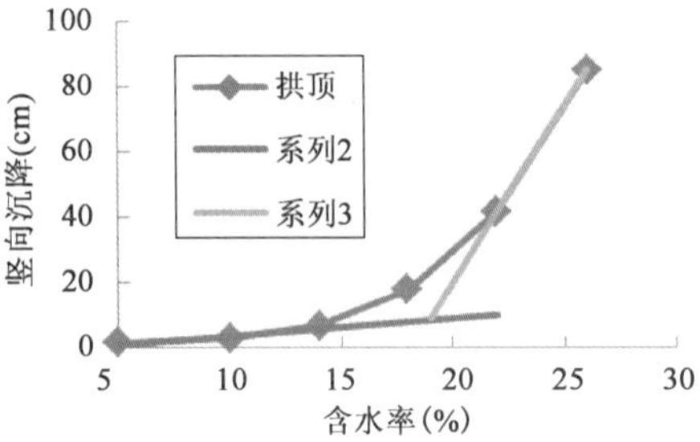

a)

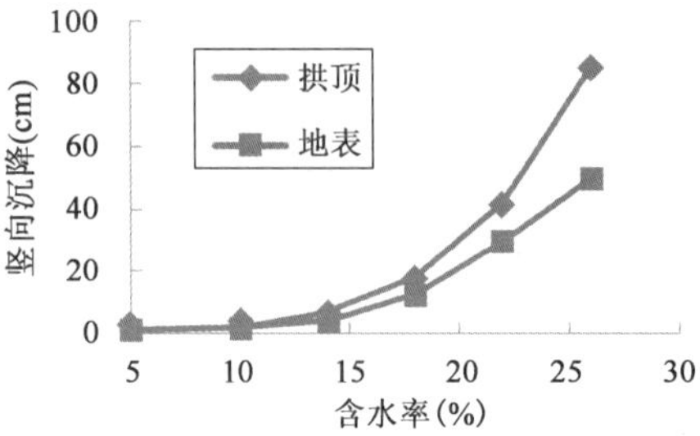

b)

图 4-44　隧道拱顶与地表沉降随黄土含水率的变化规律

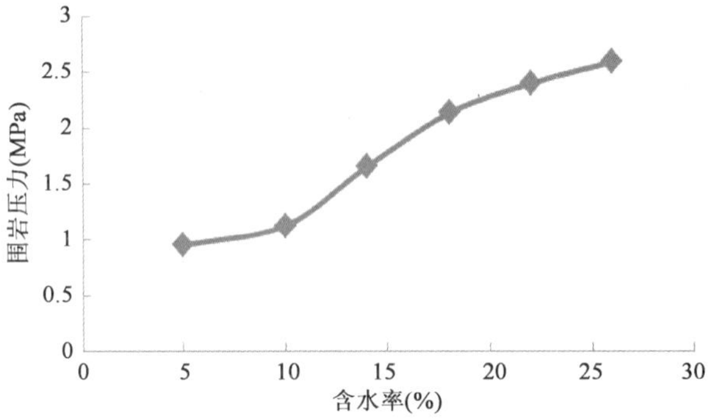

图 4-45　隧道最大围岩压力随黄土含水率变化规律

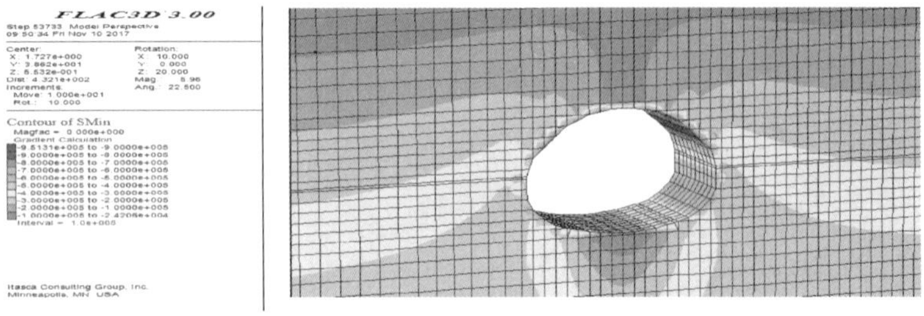

a)5%含水率小主应力云图

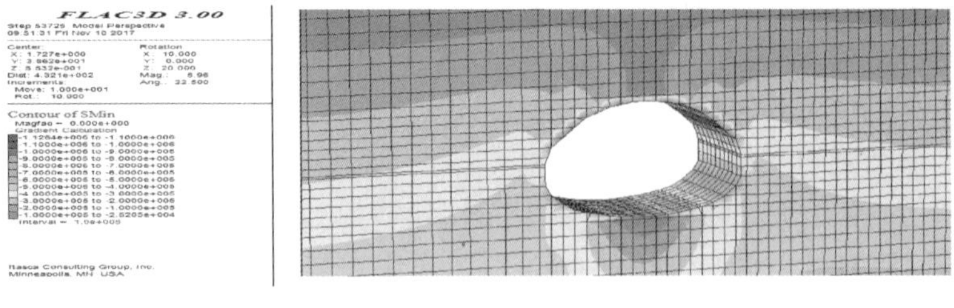

b)10%含水率小主应力云图

图　4-46

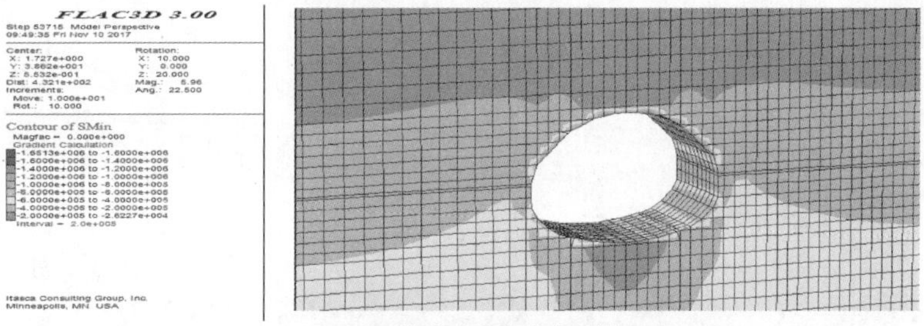

c)14%含水率小主应力云图

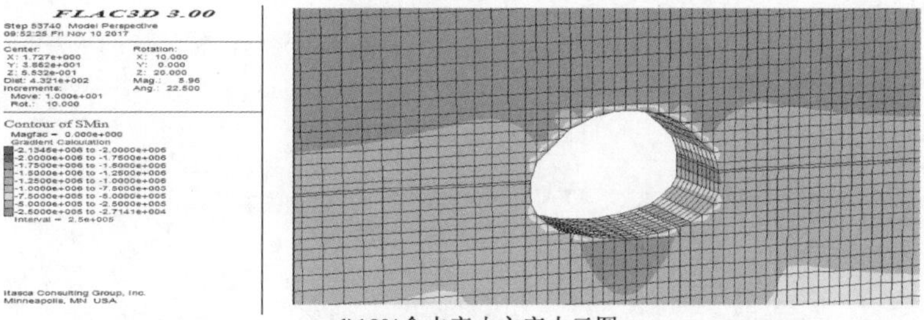

d)18%含水率小主应力云图

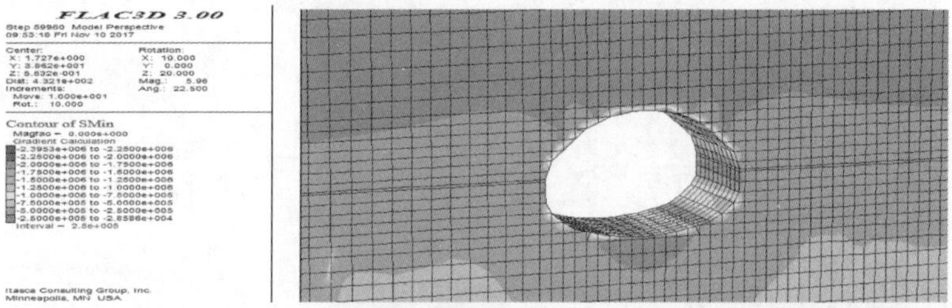

e)22%含水率小主应力云图

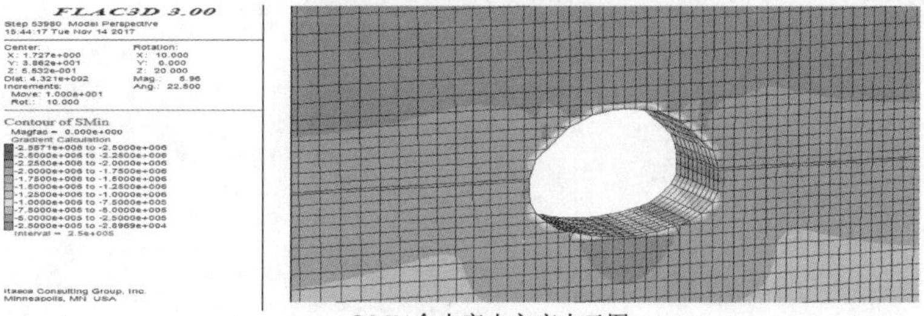

f)26%含水率小主应力云图

图4-46　不同含水率的隧道围岩压力变化规律

(6)增湿作用下隧道衬砌应力变化规律

衬砌结构的相对受拉作用,采用衬砌结构单元的大主应力表示;衬砌结构的相对受压作用,采用衬砌结构单元的小主应力表示。提取不同含水率工况下中间断面衬砌结构的大主应力云图及小主应力云图,分别如图4-47～图4-50所示。

由图4-47～图4-50可知,随着围岩湿度场的增大,隧道衬砌结构拱顶与拱底受拉作用增大,可能会产生受拉破坏;而隧道衬砌结构拱腰受压作用增大,可能会产生受压破坏。在增湿作用下,衬砌结构最大拉应力增大了6倍,衬砌结构最大压应力增大了2.3倍。因此,隧道围岩增湿作用下,衬砌应力变化较为突出。

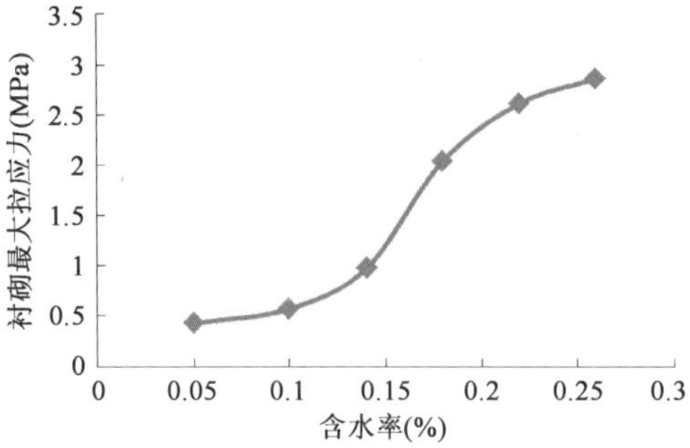

图 4-47　隧道衬砌结构最大拉应力随黄土含水率的变化规律

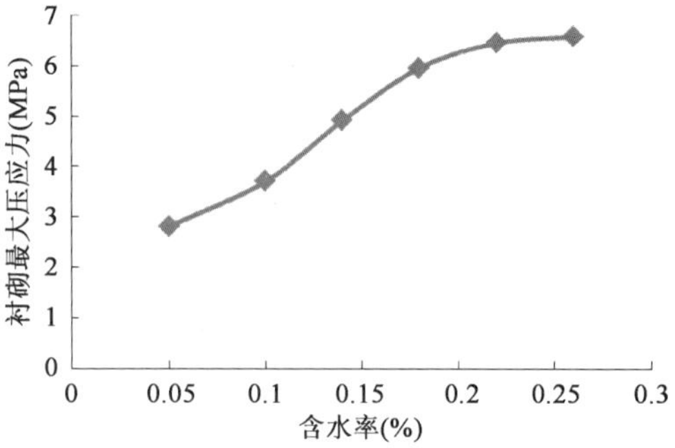

图 4-48　隧道衬砌结构最大压应力随黄土含水率的变化规律

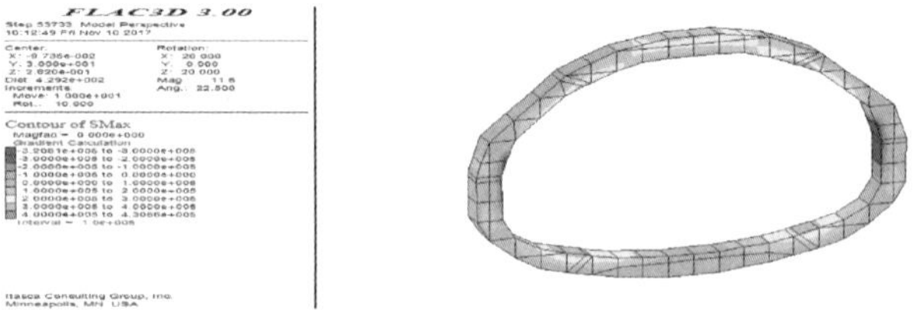

a)5%含水率大主应力云图

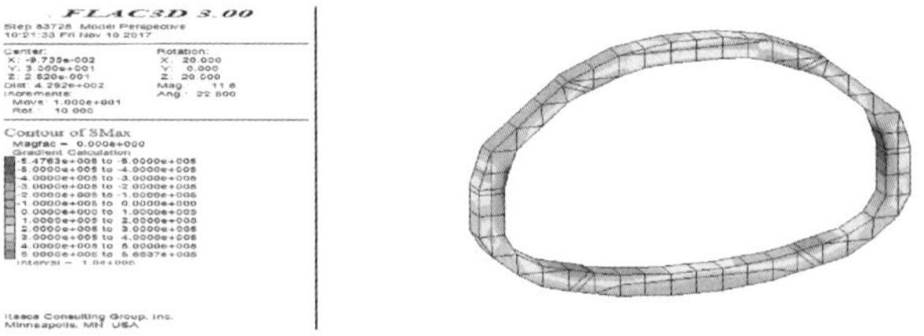

b)10%含水率大主应力云图

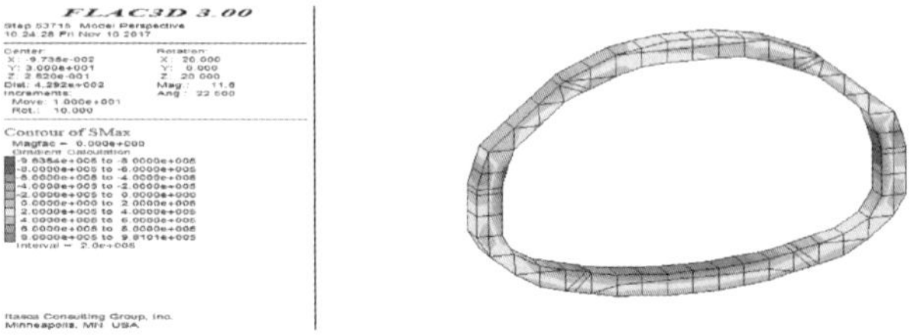

c)14%含水率大主应力云图

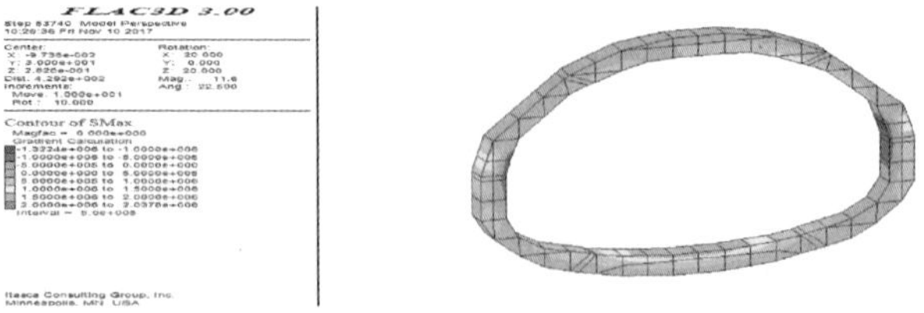

d)18%含水率大主应力云图

图　4-49

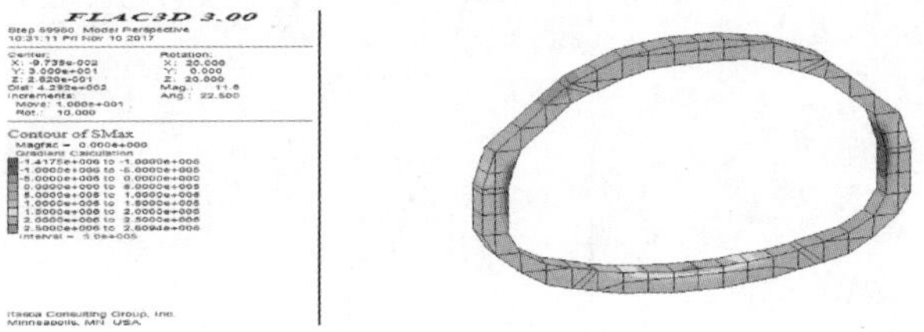

e)22%含水率大主应力云图

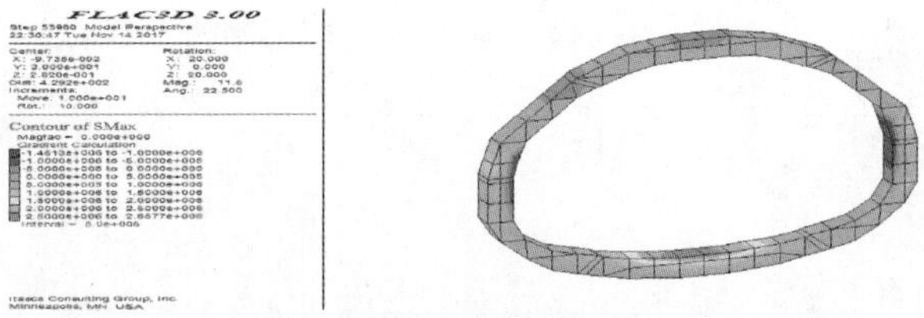

f)26%含水率大主应力云图

图4-49 不同含水率的隧道衬砌大主应力云图

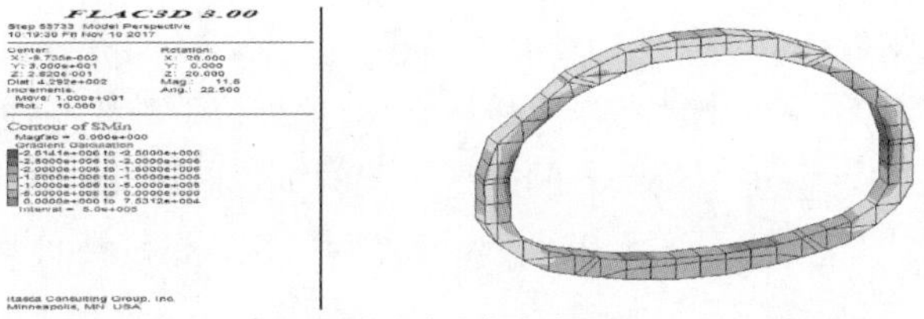

a)5%含水率小主应力云图

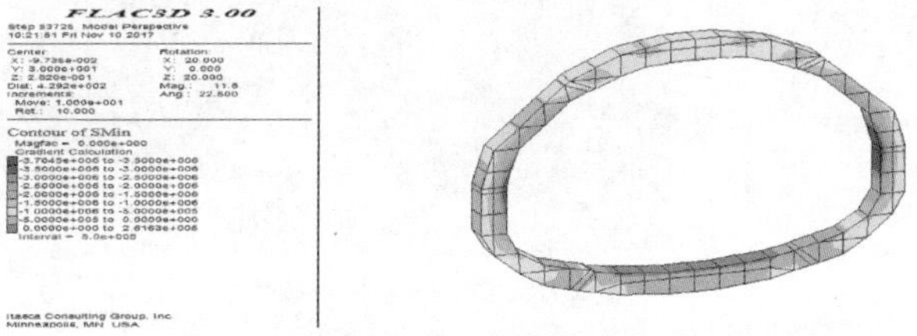

b)10%含水率小主应力云图

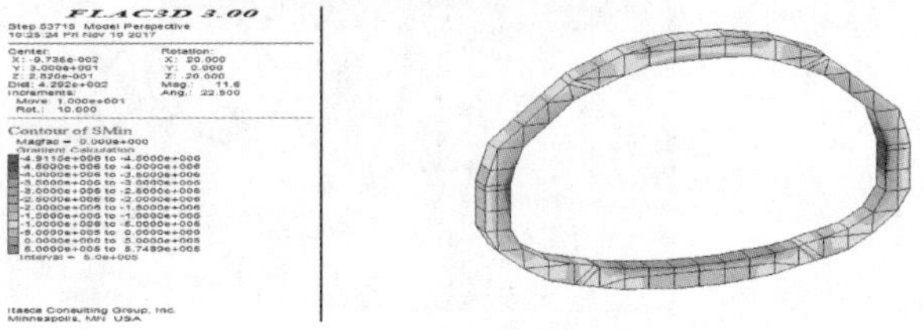

c)14%含水率小主应力云图

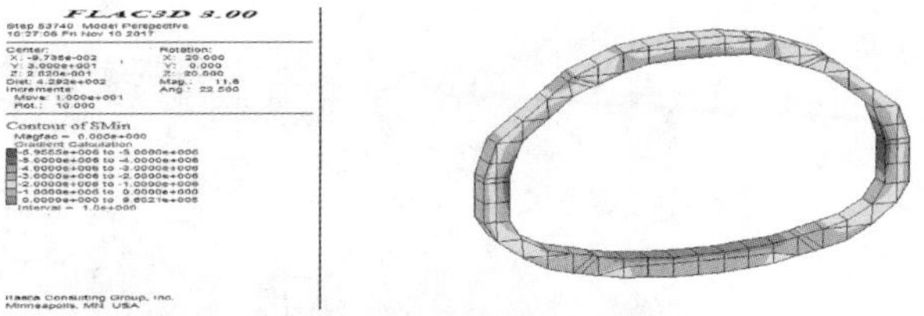

d)18%含水率小主应力云图

图 4-50

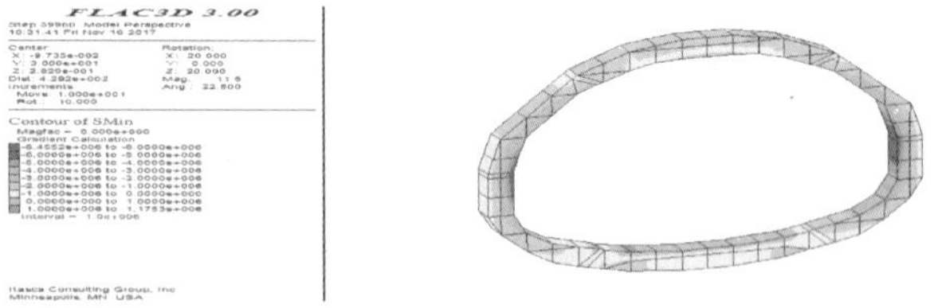

e)22%含水率小主应力云图

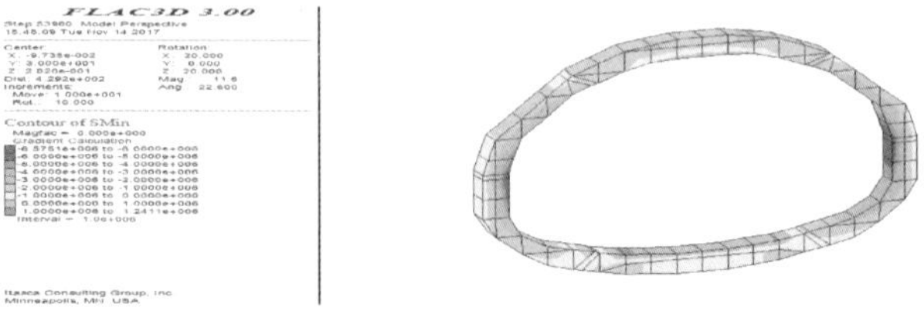

f)26%含水率小主应力云图

图4-50　不同含水率的隧道衬砌小主应力云图

(7)增湿作用下隧道围岩塑性区域

图4-51为不同含水率工况下隧道围岩塑性区域。由图4-51可知,隧道地表附近土体易产生拉裂破坏,一般深度较小,拱顶处土体易产生剪切破坏,地表拉裂破坏与地层剪切破坏贯通,将会产生塌方。针对大断面黄土隧道双侧壁导洞开挖引起的围岩破坏,围岩含水率小于18%时,隧道围岩整体稳定性较好。围岩含水率大于22%时,隧道围岩整体稳定性较差,将会产生塌方。

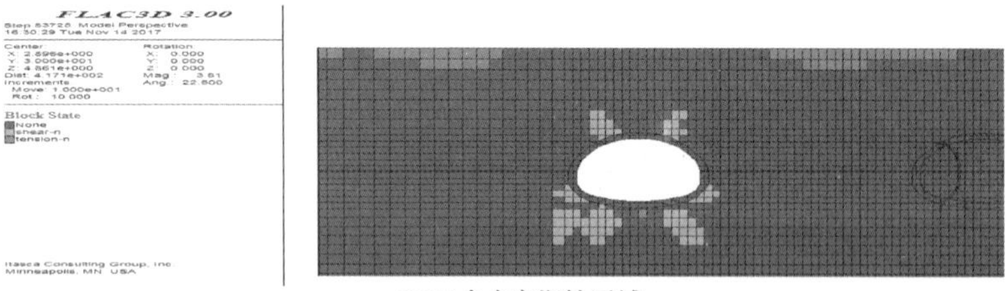

a)10%含水率塑性区域

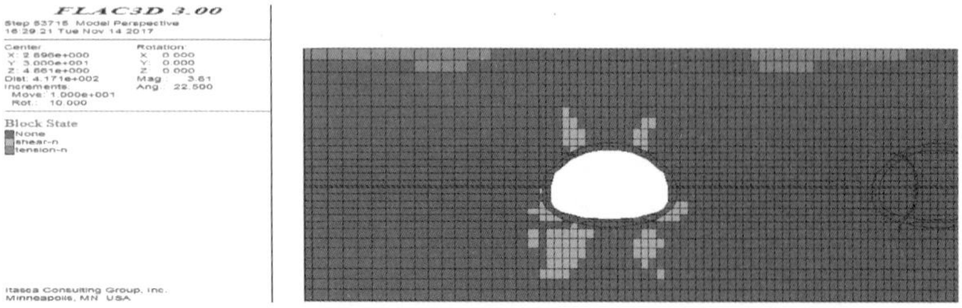

b)14%含水率塑性区域

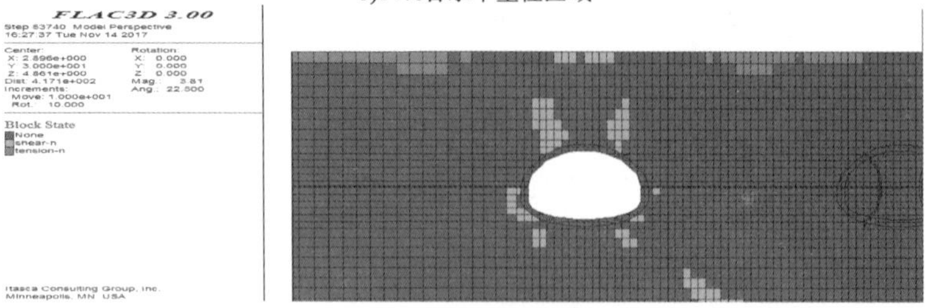

c)18%含水率塑性区域

图　4-51

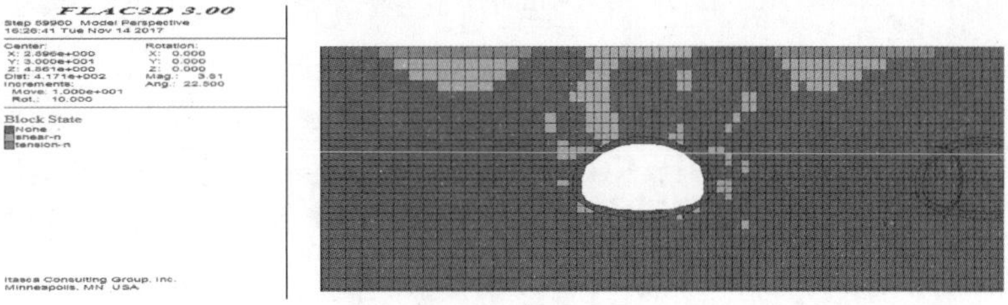

d)22%含水率塑性区域

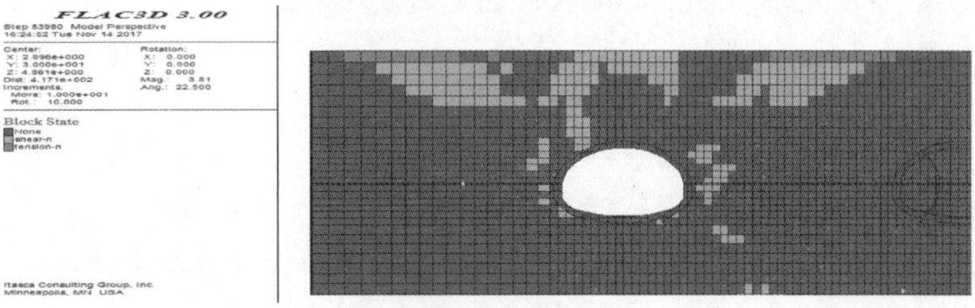

e)26%含水率塑性区域

图 4-51　不同含水率工况下隧道围岩塑性区域

4.5　大跨度黄土隧道灾害分析及处治措施

4.5.1　黄土隧道灾害的诱发因素

(1)地层条件

隧道围岩的工程地质条件密切关系到隧道修建时的开挖方法、支护形式以及衬砌结构的类型;围岩工程地质条件既是产生隧道地质灾害的基础,又是研究隧道地质灾害的载体,撇开人为因素,隧道地质灾害都可以从围岩工程地质条件中找到根源。黄土的物理力学性质、压缩性、湿陷性、击实性、抗剪性、水理性等基本工程地质特性决定着黄土隧道围岩的工程性质。

黄土是第四纪干旱半干旱特定地区形成的具有特定物质组成和微观结构的特殊土,在古地形地貌基础上继承性堆积形成幔覆结构。颗粒级配、接触关系、孔隙类型和大小、胶联结构类型、状态及特征等关系构成黄土的基本骨架,决定了黄土构造的特殊性,即强度偏低,承载力低,新黄土具有湿陷性。黄土表现出特殊的工程特性,对工程结构物危害大,为工程界普遍关注并被视为特殊工程地质体,在隧道工程中被划分为Ⅳ级、Ⅴ级,甚至Ⅵ级软弱围岩。自地表而下一般为黄土状土、新黄土和老黄土。黄土隧道开挖施工过程极大地改变了黄土的天然应力状态,以及隧道围岩的应力场。随着围岩变形过程施加初期支护和二次衬砌,又二次、三次改变黄土围岩的应力场,使得原本就复杂的黄土工程特性又经历了复杂的应力调整过程,这一过程使洞室围岩的应力一部分转移到附近区域,另一部分则以导致围岩塌方等工程灾害的形式而释放掉。

(2)施工方法

隧道开挖方法由很多因素综合确定,如工程地质、围岩等级、埋深大小、断面大小及施工条件等。利用新奥法修建隧道时,目前隧道开挖通常采用全断面法、台阶法、分部开挖法和中壁法。对于大跨度黄土隧道，主要的施工方法包括弧形导坑核心土台阶法、双侧壁导坑分布法和中隔壁法等。对于全断面法，顾名思义，就是按照隧道设计断面大小一次性全部开挖。全断面法对于围岩等级的要求较高，一般适用于石质硬岩隧道。全断面法施工速度较快，施工时作业空间较大，容易管理，但开挖面大，围岩稳定性不高。大跨度黄土隧道施工一般不采用这种方法。分部开挖法，一般用于跨度更多的软弱围岩隧道施工中。

分部开挖法根据分部情况分为台阶分部开挖法、单侧壁导坑法及双侧壁导坑法。台阶分部开挖法是台阶法的改进，通过在上部留有核心土的方式来增强开挖工作面的稳定性，是最为常用的一种施工方法。它一般将整个断面分为上、下或上、中、下多个台阶进行开挖。同时，它可以根据隧道所处实际工程环境，决定开挖台阶长度，灵活性很高。根据开挖台阶长度的大小，台阶法分为长台阶、短台阶及超短台阶法三种。台阶法施工较有层次感，作业空间及速度适中，开挖后围岩稳定性得到了提高。但上、下断面开挖互相干扰，对围岩扰动次数多。对于大跨度黄土隧道，已成功在郑西客专黄土隧道中采用了拱顶弧形导坑留核心土的台阶法。这种开挖方式施工安全性较好，也减少了上、下台阶的相互干扰。缺点是对围岩扰动次数增多，支护结构封闭时间较长，围岩变形会增大。单侧壁导坑法则适用于大跨度、软弱围岩且地表沉降难以控制的工程。单侧壁导坑法将大跨度转为小跨度，从而提高了围岩的稳定性，不足之处在于施工周期更长，工程造价大。双侧壁导坑法（眼睛法）则适用于比单侧壁导坑法更为复杂的岩土工程条件和沉降控制更加严格的工程。施工中应注意左右侧导坑要错开开挖，错开距离视实际情况具体而定。该施工方法虽然开挖断面更多，但开挖后都及时地闭合，因此地表及围岩变形很小，施工更为安全，同时施工进度较慢，成本大。大跨度黄土隧道中一般采用双侧壁导坑分台阶或留核心分台阶施工方法。

中壁法一般分为中隔墙法（CD 法）和交叉中隔墙法（CRD 法）两种。在城市地下铁道建设中，隧道洞径一般在 8m 以下，采用 CD 法或 CRD 法能够很好地控制地表沉降；在大跨度车站隧道施工时，则采用双侧壁导坑台阶法。CD 法施工简单，难度较低，且施工周期较短，造价不高。CRD 法是在 CD 法的基础上发展而来的，开挖断面更小，能更好地控制地表沉降。

（3）不良地质条件作用

①湿陷性黄土的湿陷变形

黄土在我国分部广泛，它具有一个明显特质——水敏性，这导致部分黄土具有一定程度的湿陷特性，对其上的工程建筑或穿越其中的隧道结构产生不良影响。天然低湿度下的黄土具有明显的高强度和低压缩性，一旦浸水增湿会发生强度大幅度骤降和变形大幅度突增的情况。黄土因其自然形成条件差异较大，不同地区、不同场地自重湿陷性质差别会很大，即使在相似的物理力学性指标下，湿陷敏感性也会有很大的差异，近年来的研究表明，黄土的水敏性受地域、粉粒性、富盐性、大孔性、欠压密性、非饱和性及各各异性的影响，应力状态、应力历史、应力路径、应力速率、应力水平与增湿状态、增湿历史、增湿路径、增湿速率、增湿水平的变化是引起黄土在变形和强度上反映出不同水敏性的主要外因。黄土的湿陷是因水分的增加削弱了粒间的联结，导致黄土中的孔隙急剧而大量破坏所造成。湿陷性黄土具有以下特征：黄土中具有大量孔隙，尤其是大孔隙；颗粒间的联结因水分增加而易于削弱和破坏；黏粒含量低，尤其是具活动晶格的黏土矿物含量低。因此，当水浸入孔隙度高、含碳酸盐的粉质黄土时，使土结构联结削弱，黄土在压力或自重作用下发生湿陷变形导致不均匀沉降，一方面围岩塌陷，另一方面因过大的附加应力作用而开裂。

②震陷

震陷主要是指地基土由于地震而引起的附加残余变形。震陷的宏观现象是地震引起的地面沉陷。不仅软黏土(包括黄土)会发生震陷,砂土也可能发生震陷。液化是指土体突然丧失承载能力和强度,并发生流动的现象。黄土液化与砂土液化的定义相同,即饱和黄土在动荷载(如地震)作用下产生超孔隙水压力,同时土中的有效应力降低,当土中的超孔隙水压力大约升至总应力的70%(此时与砂土液化有差异)时,土中的有效应力降为零,即可发生液化。

③黄土边坡滑塌

在外在因素(地震、施工等)的影响下,隧道坡体最大主应力和剪应力明显增大,应力集中带的范围扩大,坡体塑性区迅速扩大,黄土自身的黏聚力明显不足以抵抗应力,产生大面积的高边坡滑塌。另一方面,黄土体在斜抛、下落的过程中,由于其厚度较大,整个土体压缩了很大一部分气体。这部分气体不能及时排出,便在滑体与滑床之间形成一个封闭的气垫层,使摩擦力骤减。滑体在震动结束时获得一定的初速度,并浮在此气垫层上运移,从而形成高速远程的黄土瀑布或黄土流,也即高速黄土滑坡。

④陷穴暗穴

湿陷性黄土地区,尤其在隧道地表地形起伏多变、地表水易汇集的地方,由于地表水(雨水、灌溉水)的汇集,水流沿着黄土的垂直节理和大孔隙向内部渗透、潜流、侵蚀土的结构,土结构中易溶盐遭到溶解,导致土体不断崩解,土粒在裂隙通道中随渗流运动,形成大小不等的暗沟、暗穴,也可能随着暗穴发育局部范围沉陷形成陷穴,这些洞穴可分为竖井状暗穴、漏斗状暗穴、串珠状暗穴和蝶形陷穴四类,是黄土隧道开挖施工过程导致冒顶塌方的重要隐患。

4.5.2 黄土隧道设计与施工过程灾害分析

(1)支护结构破坏

黄土是第四系堆积的大陆沉积物,是半干旱气候条件下形成的并有针状孔隙、垂直节理的特殊土。黄土按形成年代及工程特性可分为新黄土和老黄土,湿陷性黄土和非湿陷性黄土。

老黄土(Q_1、Q_2):老黄土是下更新统的午城黄土(Q_1)和中更新统的离石黄土(Q_2)的统称,其大孔结构多经压密,一般没有湿陷性或仅在Q_2黄土的上部有轻微湿陷性。老黄土一般覆盖在新黄土之下,埋深较大。Q_2老黄土的颜色为深黄、棕黄及微红色;老黄土的强度较低,容易产生屈服,老黄土隧道的变形特性是一个漫长的过程,但开挖后在无支护的条件下,开挖面暴露时间较长,围岩蠕动变形较大,易产生塌方,因此在老黄土中开挖隧道,应该适当的控制围岩变形,尽量缩短围岩的塑性圈,采用较强的初期支护。

新黄土(Q_3、Q_4):覆盖在老黄土上部及阶地上的上更新统马兰黄土(Q_3)及全新统的新近堆积黄土(Q_4),称为新黄土,土质均匀,较疏松,大孔和虫孔发育,具垂直节理,有较严重的湿陷性。Q_4新黄土颜色为褐黄~黄褐色,具有大孔、虫孔及植物根孔,含少量小的钙质结核、小砾石,土质均匀,稍密至中密。在新黄土地层中,围岩变形释放快,无前期预兆,具有突然性,属脆性破坏,即易产生塌方,故要严格控制围岩的变形,加强围岩的初期支护。湿陷性黄土浸水后产生湿陷变形,引起衬砌结构不均匀沉降;同时,也会增大拱顶、拱腰的土压力,使支护结构产生更大的变形,如图4-52和图4-53所示。

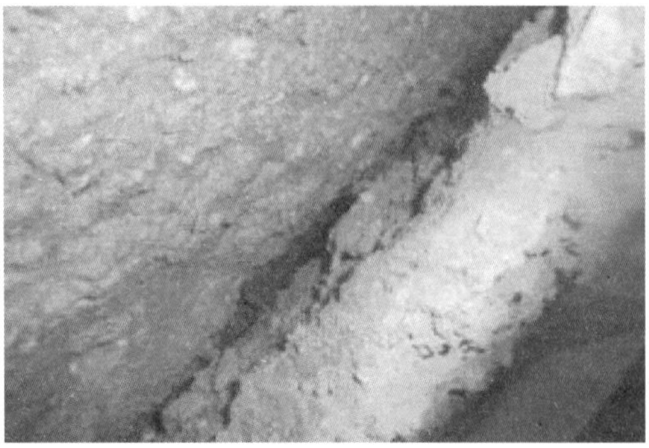

图 4-52　初期支护开裂

图 4-53　边墙混凝土剥落

黄土中的孔隙、空洞成为地下水的有效存赋空间和运移通道，构成黄土的重要含水介质，而隧道开挖后低强度围岩新增节理裂隙又拓展了地下水的空间通道。隧道穿越黄土地层时，一方面富水区域的潜水可沿着衬砌结构与围岩黄土之间裂隙渗流，另一方面地表积水区域的水沿着黄土体竖向裂隙快速向隧道围岩土体渗透，黄土浸水对隧道的影响举足轻重。黄土中水的作用主要表现为软化作用、润滑作用、溶蚀作用、增重作用、冲击作用和崩解作用，其结果是不仅降低了围岩强度，增加了围岩的不稳定性，还使得隧道渗水，增加了施工难度。围岩中水的作用是黄土隧道设计、施工时重点研究和关注的对象，需考察饱和黄土中隧道的成洞条件和非饱和黄土围岩浸水时的变形、围岩压力增大作用，完善支护措施，控制围岩失稳破坏。

黄土在干燥时很坚硬，承载力较高，随着隧道开挖的深入，当其受到浸湿后，已开挖断面的含水率不断增加，致使土层强度逐渐变弱，呈软塑状，含水率达到一定界限后会突然发生下沉和黄土块剥落现象，使开挖后的围岩迅速丧失自稳能力。特别是拱脚处围岩呈流塑状，承载力明显不够，以致拱脚下沉，已施作初期支护的喷射混凝土突然开裂，格栅严重弯曲变形，长时间不处理地表会出现裂缝，且有继续发展的趋势。拱顶如支护满足不了要求，其地层会很快松弛，而且黄土地基在土体的自重压力或土的附加压力与自重压力共同作用下，一旦受水浸湿，土的结构迅速破坏，承载力急剧降低，使开挖后的围岩迅速丧失自稳能力。随之产生显著的湿陷，从而使构筑物出现裂缝甚至破坏。如支护措施不能满足其变化情况，极易造成塌方，塌方可能直达地表，出现冒顶情况。

即使永久衬砌结构完成后，黄土浸水产生的附加沉降变形和增大的围岩压力作用，也会引起衬砌结构附加应力过大，造成结构开裂。仰拱纵向开裂如图 4-54 所示，隧道拱脚地基与仰拱中央地基沉降不均匀，导致仰拱结构产生拉应力大于混凝土抗拉强度，二次衬砌结构仰拱开裂。拱脚上二次衬砌边墙沿纵向开裂如图 4-55 所示，拱脚上边墙与仰拱之间存在明显的沉降差异，导致侧墙与仰拱之间产生剪切破坏。侧墙拱腰纵向开裂如图 4-56 所示，侧墙外黄土浸水后，侧向土压力增大，拱腰内侧混凝土受拉，沿纵向产生裂缝。横向裂缝如图 4-57 所示，隧道进出口受边坡卸荷影响，卸荷裂隙发育，地基沉降变形较大，沿纵向隧道地基沉降变形差异显著时即产生横向裂缝，甚至在仰拱、边墙和拱顶形成贯通裂缝。隧道内水可沿横向裂隙渗入地基，加大了进出口隧道段不均匀沉降。

图 4-54 二次衬砌仰拱开裂

图 4-55 二次衬砌边墙开裂

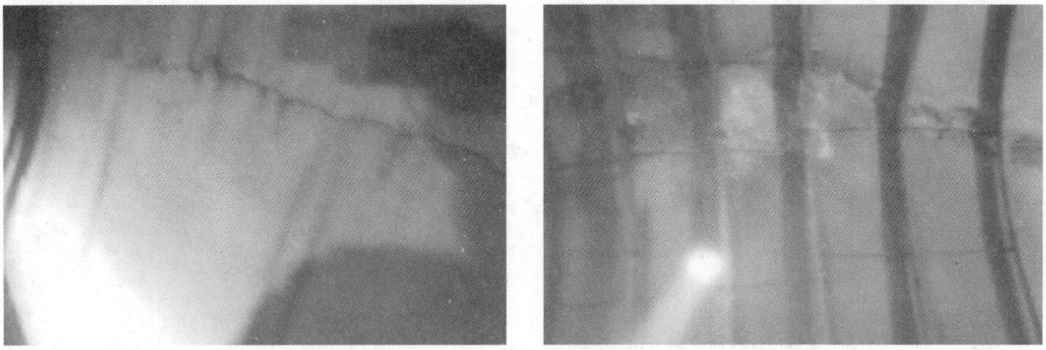

图 4-56 二次衬砌纵向裂缝

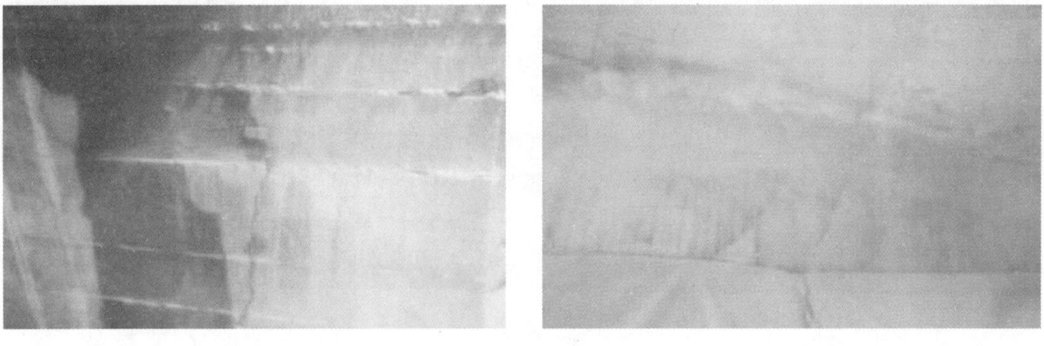

图 4-57 二次衬砌环向裂缝

(2)支护结构不合理

黄土隧道的支护设计与开挖方法联系密切,应根据围岩分级、断面大小选择适当的开挖施工方法,选择合理的支护结构参数。支护方法和参数的选取应考虑隧道穿越岩土层结构和力学性质的变化,还要考虑断层、地裂缝、地下洞穴等不良地质条件的变化。当支护方法和支护参数不变时,不仅能应用于围岩物理力学性质较好、不受任何地应力影响、均质完整体的岩石隧道,也能适应破碎带发育、含有软弱围岩的岩石隧道。对于黄土隧道,不仅能够适应疏松的黄土状土、新黄土隧道,还能够适应质密的老黄土隧道,以及穿越黄土与岩石接触面不同地质单元的隧道。大跨度黄土隧道支护结构承载能力不足，或者拱脚出现较大沉降变形时，拱顶沉降变形发展较大，就会出现塌方。

①浅埋隧道段大范围塌方。进出口浅埋隧道段，往往围岩的地层沉积年代较新，土质疏松土。当支护结构偏弱，或者二次衬砌支护不及时时，拱脚的沉降变形较大，会引起拱顶上覆土层塌陷，黄土结构遭到破坏，土体自身承载能力下降，还会引起侧墙土体向洞内滑移破坏，诱发拱腰外侧滑移土体上覆土体出现塌陷，如图4-58所示。其破坏特征是隧道拱腰外侧土体滑移，顶拱和拱腰两侧上覆土体塌陷。

②隧道顶拱上覆土体冒顶塌方。黄土竖向裂隙发育，拱顶上作用了上覆土柱；也易产生蝶形陷穴破坏土的原状结构，陷穴土柱作用于拱顶支护结构上。当拱顶支护结构不能承受裂隙发育形成上覆土柱作用的荷载，或者陷穴发育形成土柱作用的荷载时，支护结构破坏，出现冒顶塌方，如图4-59所示。

图4-58　地表大范围沉陷

图4-59　拱顶冒顶塌方

(3)黄土隧道地表变形与裂缝

众所周知，黄土地基承载力低、隧道拱脚和墙脚稳定性差，施工过程隧道拱顶土体沉降变形大，支护结构承载力不足，容易发生支护下沉和洞室坍塌，影响施工安全；浅埋黄土隧道施工中层应力状态的改变和调整，引起地层和地表位移与变形，易产生地表裂缝，对环境和建筑物影响大，如图4-60和图4-61所示。这种施工变形可在较短时间、地表一定范围内形成不均匀的沉降凹槽，即在隧道开挖的上方形成具有滑动趋势的楔形体，隧道中心两侧地表存在水平位移，且水平位移方向均指向隧道中心线；在隧道中心线两侧存在一个水平位移最大点，且位于地表竖直位移反弯点位置。

图4-60　地表开裂错台

图4-61　地表裂缝

拱顶土体向开挖临空面沉降,产生向两侧扩展的滑动楔形体,当滑动面拉应力或剪应力大于土体强度时形成实际破坏面。滑动楔形体向下滑动,且贯穿到地表时,即形成塌方。滑动体向下滑移的过程两侧土体产生推挤作用,深部的实际破坏面不会张开;滑动面延伸到地表部分,因拉应力超过土体抗拉或抗剪强度而破坏,又因黄土柱直立性较好而形成可见裂缝。

根据已建黄土隧道地表裂缝调查,公路隧道地表裂缝调查结果见表4-26,已建新黄土先拱后墙法地表开裂的最大埋深为140m,新黄土、碎石地层双侧壁导坑法的地表开裂的埋深达35m,新黄土、饱和黄土、老黄土或泥岩地层条件先拱后墙、上下台阶法地表开裂的最大埋深为120m,双侧壁导坑法地表开裂的埋深达60m,离石组老黄土三台阶留核心土法或者中导洞双侧壁三导洞法地表开裂的最大埋深为46m,新黄土、老黄土正台阶核心土、双侧壁法地表开裂的最大埋深为91m。可见,先拱后墙法新黄土围岩地表开裂的隧道埋深最大;先拱后墙、上下台阶法新黄土、饱和黄土、老黄土或泥岩围岩地表开裂的隧道埋深次大;正台阶核心土、双侧壁法新黄土、老黄土围岩地表开裂的隧道埋深较大;新黄土、饱和黄土、老黄土或泥岩围岩地表开裂的隧道埋深较小;双侧壁导坑法新黄土、碎石围岩,或者三台阶留核心土法及中导洞双侧壁三导洞法离石老黄土围岩地表开裂的隧道埋深最小。

已建公路黄土隧道施工地表裂缝调查汇总　　表4-26

序号	隧道名称	隧道长度(m)	施工方法	埋深(m)	异常情况	土质情况
1	岘柳高速公路新庄岭隧道	上行1455 下行1422	先拱后墙	<120	两侧地表裂缝	新黄土、饱和黄土、老黄土
2	平定高速公路静宁隧道	上行2600 下行2679	双侧壁导坑	61	地表裂缝	新黄土、饱和黄土、泥岩
3	平定高速公路卧龙隧道	上行1402 下行1336	上下台阶法	20~120	裂缝贯通	新黄土、饱和黄土、泥岩
4	平定高速公路老君隧道	上行1180 下行1270	上下台阶法	20~120	地表裂缝	新黄土、饱和黄土、泥岩
5	平定高速公路太平隧道		上下台阶法	20~120	地表裂缝	新黄土、饱和黄土、泥岩
6	平定高速公路青岚隧道	上行1345 下行1415	上下台阶法	20~120	地表裂缝	新黄土、饱和黄土、老黄土
7	鲍家河隧道	590			冒顶塌方 地表陷坑	黄土状粉土、黄土质黏土
8	引大入秦东二干渠14A隧道	134	人工导洞	3.3~3.6	地表沉陷 开裂	新黄土
9	西过境公路大有山隧道	上行2553 下行2528	上下台阶留核心土法	7~23	地表裂缝 支护开裂	新黄土
10	张承高速公路草帽山隧道	1557	双侧壁导坑	35	地表裂缝 支护开裂	新黄土、碎石
11	祁临高速公路燕家岭隧道	上行676 下行556	弧形导坑留核心土		地表裂缝 塌方	老黄土、夹卵石、钙质结核

续上表

序号	隧 道 名 称	隧道长度(m)	施工方法	埋深(m)	异 常 情 况	土 质 情 况
12	汾柳高速公路离石隧道	180	中导洞双侧壁三导洞	3~46	无	老黄土
13	吴子高速公路刘家坪3号隧道	上行103 下行187	三台阶留核心土	44	无	离石组老黄土
14	吴子高速公路刘家坪2号隧道	340	三台阶留核心土	7~10	无	次生黄土、离石组老黄土
15	吴子高速公路刘家坪4号隧道	上行1914 下行1865	上下台阶留核心土法		左洞进口地表开裂	马兰组新黄土、离石组老黄土
16	抽黄灌溉工程汉村隧道	1275	人工导洞	10~11	无	新黄土、老黄土
17	靖安高速公路赐湾隧道	465	正台阶核心土、双侧壁	17~91	变形大	新黄土、老黄土
18	吴子高速公路闫家沟3号隧道	左线815 右线667	上下台阶扇形支撑	<81	地表裂缝	马兰组新黄土、离石组老黄土
19	黄延高速公路汉寨隧道	891	二台阶三步开挖		无	老黄土
20	延安市鲍家河隧道	590	先拱后墙法	10~140	冒顶塌方 地表陷坑	马兰黄土

(4)偏压造成的隧道塌方

黄土隧道进、出口因冲沟切割发育,地形起伏较大,往往承受偏压作用,且冲沟发育引起坡面土发生剪切变形,造成土的结构性衰减。因为坡面和横剖面上土质围岩条件较差,当横坡较陡时,一方面偏压荷载较大,另一方面随着开挖扰动,黄土的剪切变形发展较大,引起土强度衰减,同时增强了偏压横剖面上剪切位移发展。

由于黄土隧道偏压作用影响,往往于洞口或洞身浅埋段产生塌方(图4-62)。其塌方破坏特征是隧道傍山,侧压力较大,而且隧道埋深较浅,属地形原因造成的偏压问题,隧道破坏常常发生在受力小的一侧。

图4-62 隧道偏压塌方

4.5.3 隧道不良地质条件引起的隧道灾害分析

黄土具有特殊的微观结构，它由结构单元（单矿物、结合体和凝块）、胶结物（黏粒、有机质、碳酸钙）和空隙（大孔隙、架空孔隙和粒间孔隙等）三部分组成。黄土以粗粉粒（粒径为0.05～0.01mm）为主体，较大的砂颗粒（粒径>0.05mm）含量较少，粗粉粒构成黄土的骨架，而细粉砂、黏土和腐殖质等胶结物质附在砂颗粒表面，特别集中地聚集在大颗粒的接触点。他们与易熔盐形成的溶液与沉积在该处的碳酸钙和硫酸钙一起形成胶结性的链接，形成黄土的微观结构特性。黄土的微观特性造成了黄土具有较强的湿陷性、结构性等宏观特性，而这些特有的力学性质使黄土较其他土质更易产生不良地质危害，如富水区涌泥、地表陷穴及边仰坡滑裂破坏等，如图4-63所示。

a)地表陷穴　b)掌子面涌泥

c)仰坡失稳　d)边坡失稳

图4-63　黄土隧道不良地质危害

(1)黄土隧道地表陷穴

黄土垂直节理发育丰富，排水不畅造成了黄土地区地表陷穴较为常见。根据形成原因及形态分类，陷穴的形成机理主要为内因及外因两个方面，黄土土质疏松多孔、厚度大、裂隙发育是形成陷穴的主要内在原因，而外部原因则以水的冲蚀作用和潜蚀作用为主，配合湿陷作用、崩解、重力等一系列综合作用，形成黄土地区陷穴，对隧道施工，特别是大跨度隧道施工安全性造成严重危害。

(2)黄土掌子面"流土"破坏

黄土具有显著的结构性。天然风积原状黄土的含水率越低、孔隙比越大,结构性越强,黄土掌子面遭受结构扰动后的强度衰减越大。对于大孔隙比、强结构性黄土掌子面,在隧道开挖过程必然产生变形。随着变形发展,黄土结构性丧失后,未能形成新生结构时,黄土就表现为"流动"运动现象。掌子面的变形是土体应力场改变,剪应力增大的结果随着剪切变形发展,土的结构遭到破坏,掌子面失稳,对掌子面前土体的支撑作用丧失,拱顶上覆土体可能伴随塌方。塌方土体又加速了掌子面土体的"流动"。掌子面"流动"破坏如图4-64所示。

大孔隙比黄土浸水饱和后,在没有遭到变形扰动时黄土还具有原状的组构。当开挖变形时,该种黄土的组构即发生变化。若达到软塑、流塑稠度状态,则在掌子面出现如图4-65所示的泥流。

图4-64 干黄土掌子面"流土"

图4-65 饱和黄土掌子面"流土"

(3)边仰坡滑坡

黄土隧道进出口一方面具有冲沟发育切割形成的天然边坡,另一方面受到隧道洞口拉槽和进洞开挖土体变形的扰动作用。在天然边坡形成过程中,原生黄土体在冲刷、侵蚀作用下土结构发生损伤变化,还有边坡演变发育过程的卸荷作用,沿坡面走向卸荷裂隙发育,坡面产流通过裂隙可发育形成洞穴,产生浸水结构损伤作用,边坡的稳定性降低。洞口拉槽和开挖边仰坡时,仰坡坡比增大,边仰坡的剪切作用增大,剪切变形进一步发展,边仰坡区域黄土的结构性进一步衰减,洞口边坡的稳定性再次降低。当洞口开挖时,拱顶上覆土体支撑卸除,掌子面变形发展,隧道围岩土体应力场重新分布,剪切变形发展,围岩黄土的破损性增强。当拱顶出现塌方破坏时,边仰坡的整体稳定可能丧失,出现整体滑移破坏,如图4-66、图4-67所示。

图4-66 仰坡滑塌

图4-67 边坡滑塌

总的来说,黄土边仰坡工程地质条件较差,大断面黄土隧道施工时,洞口边坡开挖卸荷、变形发展、整体稳定性下降演变过程出现滑移破坏。边坡失稳也破坏了洞口的支挡构筑物和衬砌结构。边仰坡洞口施工方案必须遵循以下原则:管超前(超前导管或超前管棚),短开挖(控制循环进尺,减小对围岩的扰动),强支护(采用锚杆、喷射混凝土、钢筋网片及钢拱架强化初期支护效果),快封闭(开挖后及时实施初喷,加快仰拱浇筑),禁爆破(土质隧道施工时,不得采用爆破开挖,以降低对围岩的扰动),严注浆(明确注浆管距,保证注浆效果),勤量测(设计完善的监控技术方案,及时掌握拱顶沉降、水平收敛变形、围岩压力、支护与衬砌结构规律,便于及时调整开挖轮廓参数,控制超、欠挖),早成环(初期支护尽早封闭成环,形成具有稳定性的整体受力结构)。

避免边仰坡失稳的洞口施工控制要点:控制开挖长度,根据围岩地质条件,合理确定循环进尺;隧道进洞前应做好洞顶及洞口的防排水系统;根据施工情况,控制仰拱至掌子面的距离。仰拱及时封闭、及时进行二次衬砌:黄土隧道在开挖工程中隧道的净空位移绝大部分都发生在仰拱未封闭前,因此在隧道施工时应该尽早封闭仰拱,及时进行二次衬砌;合理的选择开挖方法可有效地控制围岩的变形,防止隧道产生开裂甚至塌方;避免欠挖,严禁超挖;有效地控制拱顶及地表下沉,控制洞室周边收敛。

4.5.4 地表陷穴对大跨度黄土隧道的安全性影响

(1)地表陷穴形成条件及机理

黄土垂直节理发育丰富,排水不畅造成了黄土地区地表陷穴较为常见,对隧道施工,特别是大跨度隧道施工安全性造成严重危害。黄土地区陷穴可按照以下两种分类方法进行分类:

①按照形态分类

a.碟形陷穴:直径数十米的碟状凹地,深度较浅,边缘陡,需湿陷性土层较厚以及较长浸水湿陷才能形成。

b.漏斗状陷穴:口径较小,但成群分布,为竖直节理发育至水流浸入而成,大多分布在台地边缘及谷坡附近。

c.竖井状陷穴:水流沿竖直节理侵入而成,口径小,深度大,为阶地径流汇集处。

d.串珠状陷穴:地表水沿沟床波折汇聚侵蚀而成。

e.暗穴:陷穴间通道,由于地下水的溶蚀和机械潜蚀而成。

②按照成因分类

a.浸水溶解陷穴:由黄土浸水溶解可溶盐,解析破坏而成。

b.暗流冲蚀陷穴:地层暗流冲蚀溶解黄土可溶盐,破坏原有结构形成陷穴。

c.植物腐蚀陷穴:由生物成长破坏及腐殖产生。

d.动物外力破坏陷穴。

根据形成原因及形态分类,陷穴的形成机理主要为内因及外因两个方面,黄土土质疏松多孔、厚度大、裂隙发育是形成陷穴的主要内在原因,而外部原因则以水的冲蚀作用和潜蚀作用为主,以及湿陷作用、崩解、重力等一系列综合作用,形成黄土地区陷穴,具体归纳见表4-27。

陷穴形成机理　　表 4-27

内　　因	外　　因
黄土特性:黄土的颗粒成分、疏松程度及渗透性等	地形地貌因素:陷穴易发育于凹凸坡面、沟坎等地带
黄土厚度:厚度越大,越容易形成陷穴	
黄土湿陷性:湿陷性越大,越容易形成陷穴	水文地质及气候条件:与地域性降水、水流下渗及冲刷有关
黄土结构构造:构造裂隙越发育,越容易形成陷穴	

(2)地表陷穴对大跨度黄土隧道安全性的数值模拟分析

以西宁南绕城高速公路大跨度黄土隧道为依托工程,建立数值仿真模型,采用 FLAC3D 有限差分软件对陷穴受扰动情况下对隧道开挖的不良影响进行模拟。根据工程基本工况,采用 FLAC3D 有限差分软件建立模型,尺寸为 137m × 60m × 60m。隧道断面为椭圆形断面,宽 17m,高 12m,陷穴为 $R = 3$m 的圆柱形模型,陷穴中心位置在洞轴线 $Y = 30$m 处,高度 $H = 10$m,贯通至拱顶,如图 4-68 所示。

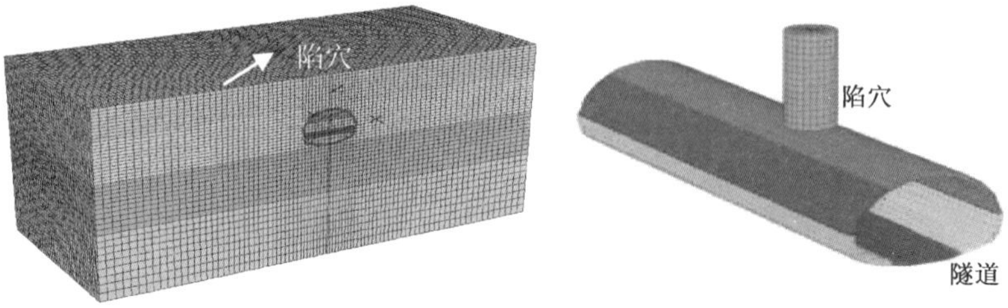

图 4-68　模型示意图

开挖土体模型采用摩尔-库仑弹塑性本构模型,支护结构为线弹性模型,地层参数见表 4-28,支护参数见表 4-29。

地层参数表　　表 4-28

土层	重度(g/m^3)	土层厚度(m)	体积模量(MPa)	剪切模量(MPa)	初始黏聚力(kPa)	摩擦角(°)
黄土 1	1450	10	18	7	25	20
黄土 2	1500	13	23	9	30	21
黄土 3	1700	15	25	9.5	30	23
黄土 4	1800	22	27	10	30	25
陷穴土体	1450	10	9	3.5	2	15

支护参数表　　表 4-29

支护类型	弹模(MPa)	泊松比	重度(kN/m^3)	厚度(m)
隧道初期支护	28000	0.20	25	0.25
隧道二次衬砌	32500	0.17	25	0.60
仰拱填充	20000	0.17	25	—

在计算分析中,隧道开挖采用空单元模型(null)模拟来实现,表示被移除或开挖掉的土体,空单元区域的应力被设置为零,区域中没有重力作用。支护结构的模拟为初期支护 shell 单元模拟、二次衬砌实体单元模拟,具体模拟方案如下:进行地层初始应力场计算,然后隧道采

用台阶法开挖，分上、中、下台阶法开挖，具体方案较上节台阶法相同，掌子面开挖至陷穴前 2m 激活陷穴土体参数，模拟陷穴受扰动后抗剪强度减小对台阶开挖法大跨度隧道的稳定性影响；最后掌子面穿过陷穴。

地表土层及拱顶土层随掌子面推进的沉降曲线如图 4-69 ~ 图 4-71 所示，当掌子面接近陷穴位置（$Y = 25$m）时，陷穴土体在扰动作用下拱顶沉降 $\Delta Z = -56.2$mm，地表以及拱顶位置土体变形开始逐渐增大，掌子面推进至陷穴中心位置处（$Y = 31$m），拱顶沉降 $\Delta Z = -720.0$mm，掌子面推进至 $Y = 33$m 即陷穴后边缘位置处时，拱顶沉降 $\Delta Z = -1050.0$mm，此时地表整体下陷 600mm，当掌子面推离陷穴至模型开挖结束，陷穴及周围围岩体土层变形并无收敛，即黄土隧道陷穴破坏形态表现为脆性破坏，穴体一旦受开挖扰动，会迅速引起自身土体及围岩迅速产生变形破坏，造成黄土地区的隧道开挖塌方、冒顶等工程事故。

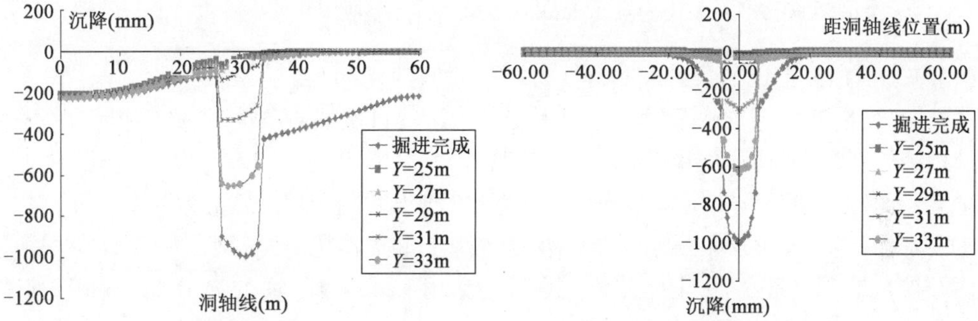

a)沿洞轴线纵向　　b)沿洞轴线正交向

图 4-69　地表土层随掌子面推进沉降曲线

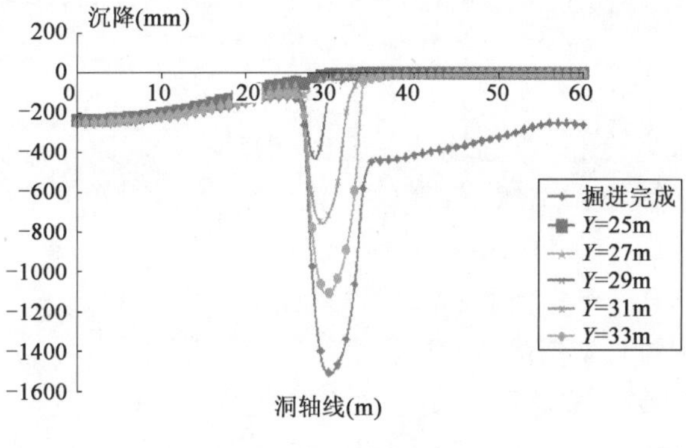

图 4-70　拱顶土层随掌子面推进沉降曲线

陷穴破坏示意图如图 4-71 所示，大跨度隧道开挖过程中陷穴破坏的形态表现为整体性的沉降变形破坏，影响范围广，深度大，地陷穴顶部地表土层亦出现近 1m 的沉降变形，说明对于大跨度黄土隧道而言，结构性黄土本身具有破坏发生快、影响范围大的脆性破坏特点，而大跨度隧道开挖断面尺寸较常规隧道增加明显，对陷穴的扰动比较强烈，综上所述，对于结构性地区的大跨度黄土隧道开挖，如不能采取必要的措施预防及治理陷穴，破坏发生不仅迅速，而且对隧道围岩造成的破坏程度相当剧烈。

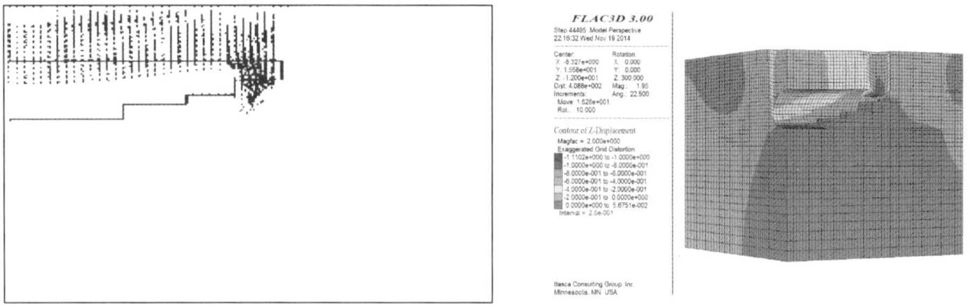

a)破坏示意图(二维)　　b)破坏示意图(三维)

图 4-71　陷穴破坏示意图

4.5.5　掌子面涌泥对大跨度黄土隧道的安全性影响

(1)掌子面涌泥形成的条件及机理

黄土湿陷性较强,开挖掌子面在穿越围岩富水区等自然地层条件时,如不提前预防并采取合理处理措施,掌子面往往失稳破坏,造成涌泥、塌方等严重施工灾害。在对近几年黄土隧道建设中掌子面涌泥的工程实例原因及发生机理进行研究的基础上,总结为两个方面:

①突水涌泥:由于地层本身水文条件及地表降水汇集作用,黄土地层往往存在富水区,在掌子面开挖至地下水富区时,土体在较大水压力作用下形成掌子面的突水涌泥作用,其破坏程度往往由地下水压力大小及土质遇水软化破坏的程度决定,严重情况下可产生百米以上的突水涌泥破坏距离,对隧道支护结构产生彻底的破坏。

②扰动涌泥:在 Q_4 及 Q_3 等大孔隙、低密度的黄土围岩进行隧道开挖过程中,掌子面接触至富水区或者由于种种原因掌子面较长时间停止推进,掌子面后围岩裂隙水由于压力作用向掌子面处汇聚,同样形成掌子面富水区域,相较于突水涌泥破坏,此种工况富水区土体在原土层稳定的前提下有效应力及水压力达到力学平衡,仍能保证围岩稳定,如式(4-43)所示,土体的抗剪强度 τ_f 足以维持围岩稳定。但随着掌子面继续开挖扰动,原有富水区土体颗粒在外力扰动作用下产生液化破坏,有效应力减小,原有支撑体系力学平衡被打破,富水区土体产生流变破坏,失去稳定状态下的原有强度,掌子面涌泥破坏。

$$\tau_f = \sigma \cdot \tan\varphi + c \tag{4-43}$$

式中:σ——作用在土颗粒骨架上的有效应力。

(2)掌子面涌泥对大跨度黄土隧道安全性的数值模拟分析

以西宁南绕城高速公路大跨度黄土隧道为依托工程,建立数值仿真模型,采用 FLAC3D 有限差分软件对大跨度黄土隧道开挖过程中的掌子面扰动涌泥破坏进行数值模拟计算。根据工程基本工况,采用 FLAC3D 有限差分软件建立模型,尺寸为 137m×60m×60m。隧道断面为椭圆形断面,宽 17m,高 12m,富水区域位置在隧道纵向 $Y = 35$m 处,模型示意图如图 4-72 所示。

由于突水涌泥较为常见,且在隧道地质勘查报告中可以做到一定的预防,故本书主要对掌子面处富水带受扰动情况下产生液化流变进行数值模拟计算。根据工程资料,富水带土层受扰动情况下的黄土强度衰减主要体现在黏聚力的衰减上,故土体模拟参数采用表 4-30 中数据,开挖土体模型采用摩尔-库仑弹塑性本构模型,支护结构为线弹性模型。

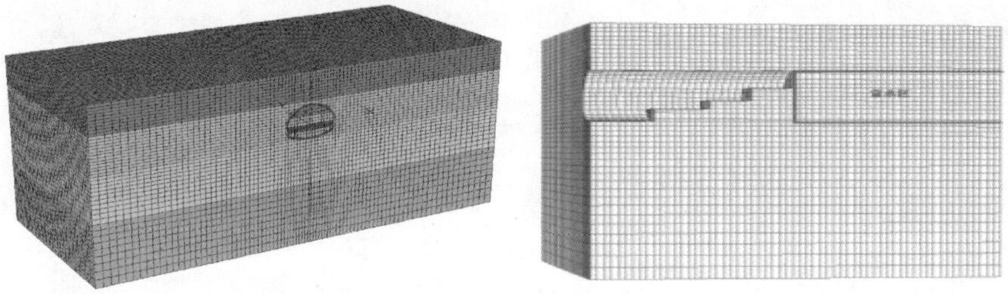

a)　　　　　　　　　　b)

图4-72　模型示意图

地层参数表　　　　表4-30

材料类别	重度（g/m^3）	土层厚度（m）	体积模量（MPa）	剪切模量（MPa）	初始黏聚力（kPa）	摩擦角（°）
黄土1	1450	10	18	7	25	20
黄土2	1500	13	23	9	30	21
黄土3	1700	15	25	9.5	30	23
黄土4	1800	22	27	10	30	25
饱和扰动黄土	1500	13	23×0.8	9×0.8	30×0.1	21

在计算分析中，隧道开挖采用空单元模型（null）模拟来实现，表示被移除或开挖掉的土体，空单元区域的应力被设置为零，区域中没有重力作用。支护结构的模拟为初期支护shell单元模拟，二次衬砌实体单元模拟，具体工法如下：进行地层初始应力场计算；然后隧道采用台阶法开挖，分上、中、下及仰拱四部，掌子面开挖至富水黄土带前2m激活扰动黄土带参数，模拟受扰动饱和黄土土体流变变形，摩擦角减小近似为零，不具有承载掌子面竖向围岩压力及临空面侧向压力的作用，使隧道掌子面纵向及侧向变形位移急剧增大，模拟台阶法开挖隧道稳定性可能产生的破坏程度。

计算结果中，图4-73为隧道洞轴线富水段拱顶深度土层的位移变化曲线，掌子面接触富水区前，地层变形发展稳定，当掌子面推进至$Y=30$m，即富水区断面前5m处时，土层变形速率开始增加，$\Delta Z=-495$mm，此时虽然还未推进至富水区，但证明开挖对富水区的扰动已经对富水区土层的稳定性造成了扰动，当掌子面突进至$Y=35$m处时，拱顶土层变形迅速增至$\Delta Z=-3000$mm，即拱顶已经发生塌方，围岩沿洞轴线变形三维图如图4-74所示，此时掌子面土体向洞口方向变形已经达到64m，掌子面已经彻底产生了涌泥破坏。综合围岩拱顶变形及洞轴线变形可知，富水区在扰动下的破坏发展非常迅速，掌子面从扰动开始至破坏形成，推进距离仅为5m，变形发展却已达到了完全破坏的程度。

图4-75为掌子面的剪应力塑性区云图，从图可知，掌子面推进至富水区域后，在施工扰动作用下，富水区土体产生液化，土体有效应力减小，抗剪强度降低，富水区土体产生大面积剪应力塑性区，进而向开挖临空面流变变形引起掌子面失稳破坏，同时随着掌子面土体涌泥流变，打破了原支撑平衡，掌子面拱顶土体失去支撑作用，进而造成塌方破坏，故掌子面的涌泥破坏是沿隧道纵向及垂直向两个方向变形破坏的综合结果。

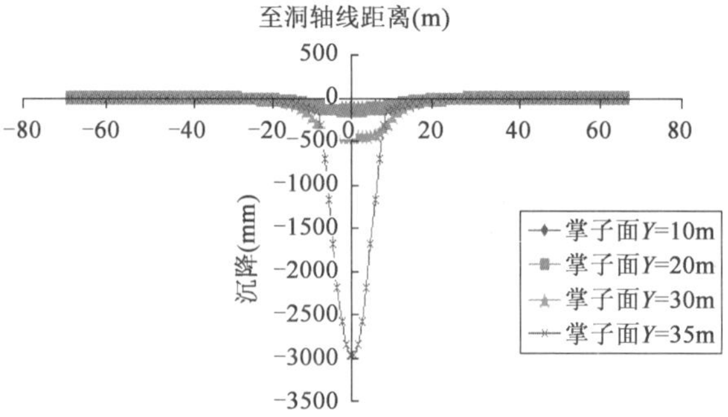

图 4-73　拱顶深度土层随掌子面推进沉降曲线($Y = 35\text{m}$)

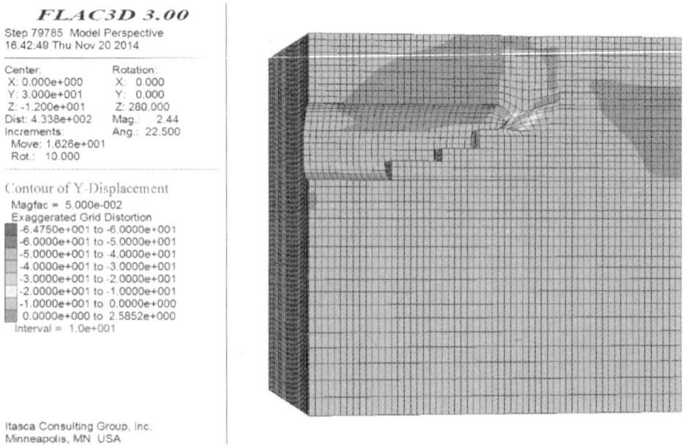

图 4-74　土层沿洞轴向变形三维图

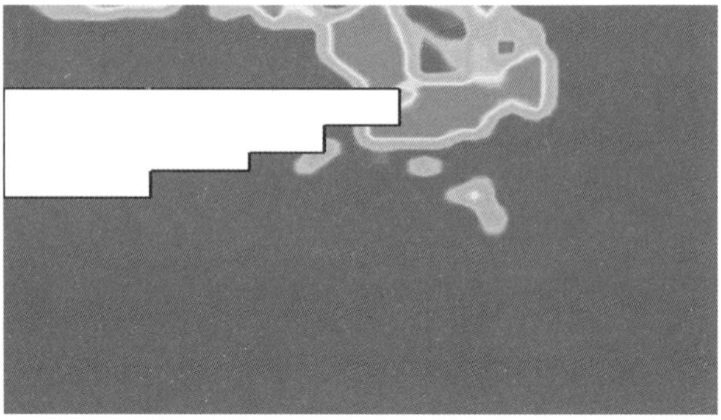

图 4-75　剪应力塑性区云图

4.5.6　结构性大跨度黄土隧道洞口边仰坡安全性影响

(1)黄土隧道边仰坡破坏机理

黄土隧道边仰坡破坏原因主要分为内部原因和外部原因两类。内部原因主要包括隧道洞口段边仰坡的土体物理力学性质、地质构造、地形地貌等，外部原因主要包括隧道施工、支护措施、降水、地震等。一般而言，内部原因是隧道洞口段边仰坡失稳的主导因素，起到决定性的作用，同时，外部原因往往成为破坏开始的诱导因素。故隧道洞口段边仰坡的破坏主要是内部及外部两方面原因综合影响、共同作用的结果。

由于影响洞口段边仰坡稳定性的因素众多,边仰坡的失稳破坏亦呈现出多种形态的破坏模式,归纳起来,主要有平面破坏、崩塌破坏、楔形破坏、局部塌陷破坏、锥塌破坏五种。

①平面破坏:平面破坏是边仰坡破坏的主要形式,具体可分为剪切破坏和张拉破坏。剪切破坏是因为洞口坡面出现剪切破坏区从而导致洞口边仰坡支护结构的失稳及破坏。张拉破坏是由于隧道洞口边仰坡坡面由于施工影响产生拉力破坏区域,从而导致结构沿破裂面移动破坏。

②崩塌破坏:崩塌破坏主要由于在高地应力地区岩体与坡体分离导致边仰坡失稳破坏,造成洞口坍塌。

③楔形破坏:楔形破坏主要发生在围岩较好的地形区域,由于施工影响而造成潜在的破坏区域,对施工安全造成较大安全隐患,一旦后期施工扰动而产生破坏,由于没有明显预兆,会对施工人员人身及财产安全造成极大威胁。

④局部坍塌破坏:局部坍塌常常发生在围岩级数较低的较差地层条件下的边仰坡施工过程中,由于围岩力学参数低,在洞口开挖过程中难以及时形成支撑作用,从而产生冒顶等坍塌破坏,影响施工安全。

⑤锥榻破坏:锥榻破坏往往发生于土性条件较差的黄土地区边仰坡施工中,坡体土体沿破裂带及裂隙滑移破坏,特别是在降雨等外在因素共同作用下,发生概率较大,损失严重。

(2)结构性大跨度黄土隧道洞口边仰坡施工数值模拟分析

以西宁南绕城高速公路大跨度黄土隧道为依托工程,建立数值仿真模型,采用FLAC3D有限差分软件对结构性大跨度黄土隧道洞口边仰坡施工过程进行数值模拟计算分析,模拟工况分为自然边坡开挖(工况一)及网喷支护边坡开挖(工况二)两种。根据工程基本工况,采用FLAC3D有限差分软件建立模型,尺寸为137m×60m×63m。隧道断面为椭圆形断面,宽17m,高12m,仰坡坡比为1:1,洞顶土层埋深13m,模型示意图如图4-76所示。

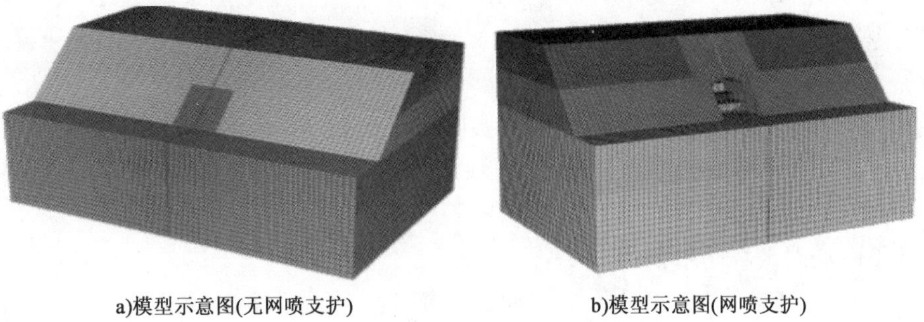

a)模型示意图(无网喷支护)　　b)模型示意图(网喷支护)

图4-76 模型示意图

土体材料分为四层,土体模型采用摩尔-库仑弹塑性本构模型,支护结构为线弹性模型,具体计算参数同上节。

为反应边仰坡破坏模式,隧道开挖采用台阶法开挖,在计算分析中,隧道开挖采用空单元模型(null)模拟来实现,表示被移除或开挖掉的土体,空单元区域的应力被设置为零,区域中没有重力作用。支护结构的模拟为初期支护shell单元模拟,二次衬砌采用实体单元模拟。工况二中,边仰坡网喷支护模拟采用shell结构单元。为反应结构性黄土与均质黄土围岩在边仰坡破坏失稳中的区别,开挖模型采用结构性摩尔-库仑弹塑性模型,具体工法如下:摩尔-库仑弹塑性本构模型条件下,原始边坡初始应力场计算;边仰坡坡脚拉槽进洞,隧道采用台阶法开挖,分上、中、下及仰拱四部;结构性损伤模型条件下,边仰坡失稳破坏模拟计算。

计算结果表明,结构性黄土隧道边仰坡破坏往往是剪力及拉力共同作用的结果。自然坡面的边仰坡破坏从隧道入口拱肩处开始发展,表现为剪应力破坏,损伤带最终贯通汇聚于坡顶中心,造成坡面的整体滑裂破坏以及洞口段拱顶地表的坍塌。而网喷支护的边仰坡开挖初期支护结构对损伤发展有一定抑制作用,入洞10m时的结构损伤区域大小及程度均较自然坡面有一定的改善,但鉴于本书采用的支护方式仅为坡面加固,对土层整体强度的提高作用不明显,故随着掌子面继续的推进,坡面沿支护结构边缘处开始破坏,最终造成网喷结构边缘部位的损伤加剧,引起支护结构整体性的破坏。综上所述,根据黄土结构性衰减规律,其结构的损伤会加剧土体抗剪及抗拉强度的衰减,最终造成边仰坡的拉剪失稳破坏。

4.5.7 大跨度黄土隧道灾害处治措施

(1)大跨度黄土隧道地表陷穴防治措施

以上数值计算结果表明,黄土隧道开挖遭遇地表陷穴后,常常引起掌子面围岩破坏,造成塌方甚至冒顶等严重工程事故,针对地表陷穴的形成机理及黄土公路隧道围岩支护措施,建议从如下几个方面对黄土隧道遭遇地表陷穴进行工程实践上的预防及治理:

①早预防:地表陷穴往往形成于谷底边缘、沟壑等凹凸坡面位置,除暗穴外,大部分陷穴可以通过隧道开挖沿线的观察及地质报告得到相应的位置及深度信息,故隧道掌子面在开挖至陷穴位置前,可以通过对陷穴采取混凝土注浆等措施提高其强度,从大量工程实践中反馈的信息证明,尽早发现并采取预防措施能大大减小陷穴对隧道开挖稳定性的影响程度,特别是大断面开挖的黄土公路隧道尤其适用。

②超前支护:由数值计算破坏示意图看出,隧道掌子面开挖至陷穴位置处时,往往松散、流变的陷穴土体破坏发展迅速,故隧道掌子面的超前支护就更为重要,其能提高掌子面在遭遇陷穴松散体后的整体稳定性,降低事故率。

③监测及时:通过数值模拟计算结果及实际工程经验,陷穴土体强度随掌子面扰动而减小,拱顶及地表沉降速率增大明显,故及时有效的监测可以尽早发现陷穴对掌子面稳定性的破坏,及时采取措施进行治理。

(2)掌子面涌泥破坏防治措施

针对上述分析结果,本书针对掌子面涌泥对施工安全性的影响提出以下几点措施,以供参考:

①加强施工线路水文地质调查,密切关注施工期降水可能产生的潜在富水区域。

②突水涌泥以及扰动涌泥均发展迅速,破坏明显,故应重点加强富水区域开挖前的预防支护,例如增加超前小导管及大管棚的刚度及注浆强度等,同时缩短作业步距,尽早封闭支护,提高支护强度。

③施工期掌子面若较长时间暂停掘进,需对掌子面加强支护,防止掌子面附近地下水通过黄土裂隙汇聚掌子面,造成扰动涌泥破坏。

(3)结构性黄土隧道边仰坡施工失稳防治措施

结构性黄土隧道洞口边仰坡较一般围岩隧道破坏过程发展迅速,破坏范围大。故对结构性黄土隧道边仰坡施工防护重点采取的措施应作用在潜在危险区形成之前。具体为:

①加强洞口段地质条件勘探,全面掌握洞口段围岩力学参数及黄土裂隙发育情况等参数,将其充分考虑在边仰坡的设计中,尽量避免高边坡的开挖,若无法避免,可采用加长明洞等方式进行防护。

②加强对施工过程中潜在破裂区的控制措施,如使用预应力锚索来增加摩擦力,提高抗滑力,采用框架锚杆梁等开放加固体系,对稳定坡体作用明显。

③对边仰坡土体进行注浆加固,提高强度,阻止原有裂隙在隧道施工过程中发展破坏,同时关注支护结构的排水功能,避免对坡体造成冲刷、湿陷等水力破坏。

以上措施的主要作用是减小黄土隧道边仰坡初始阶段失稳性,国内外已发生的破坏工况表明,针对黄土隧道而言,初始阶段的防护措施是重中之重,若在此时期不采取严格的措施进行防控,当潜在的破坏区域开始进一步加速发展时,结构性黄土因其特有的损伤破坏机制,实际工程中对其的限制措施效果已经不再明显。

4.6 大跨度黄土公路隧道地基处理技术

4.6.1 黄土隧道地基应力与基底压力特征

依据不同埋深隧道,考虑降雨、降雨加灌溉入渗条件下应力应变场分析结果,分别分析了隧道仰拱中心铅垂线沿深度的竖向应力变化曲线,均表明在隧道下20m深度范围内,竖向压缩应力有明显的衰减。即隧道基底下地基若浸水时,其湿陷变形的压缩应力小于场地自重应力。

依据数值计算分析,确定隧道围岩竖向压缩应力分布如图4-77所示。表明隧道仰拱基底下约一倍洞径深度范围内的竖向压缩应力明显小于自由场地的竖向应力。

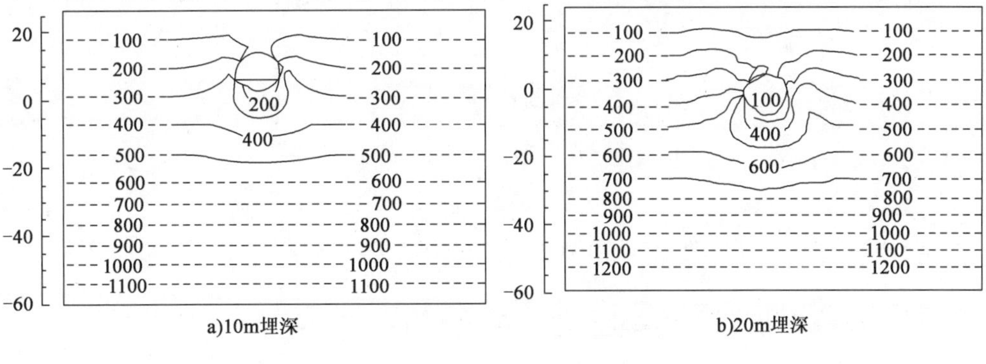

a)10m埋深　　b)20m埋深

图4-77 不同埋深工况下隧道竖向应力等值线云图(单位:kPa)

注:图中虚线表示未开挖时的初始应力场,实线表示隧道建成后的应力场。

徐家川场地不同埋深隧道开挖完成后,竖向压缩应力分布如图4-78所示。不同埋深隧道,仰拱基底下约20m以下的竖向应力随深度的变化基本呈线性关系,且呈平行线性关系,与场地原有自重应力的线性变化关系基本一致。不同埋深隧道基底下 20m 深度范围内,竖向应力比场地原有自重应力明显减小。考虑降雨及降雨加灌溉增湿作用下,不同埋深隧道基底下地基竖向应力随深度的变化关系与隧道开挖完成后的变化规律相似。

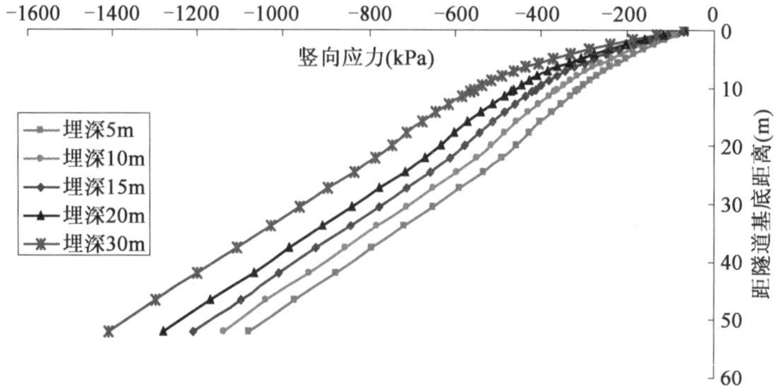

图 4-78　隧道开挖完成后竖向应力分布

如果令场地原有竖向应力为 σ_{z0},隧道开挖完成后基底下不同深度的竖向应力为 σ_z,则由隧道基底下不同深度的竖向应力与场地原埋深的自重应力比较可得到竖向应力系数 k,即:

$$k = \frac{\sigma_z}{\sigma_{z0}} \tag{4-44}$$

徐家川隧道基底下不同深度的竖向应力系数变化规律如图 4-79 所示,建立竖向应力系数随基底下深度的变化关系式,即:

$$K = \frac{z}{-3.6306 + 1.236z} + 0.2369 \qquad z \in (0, -60) \tag{4-45}$$

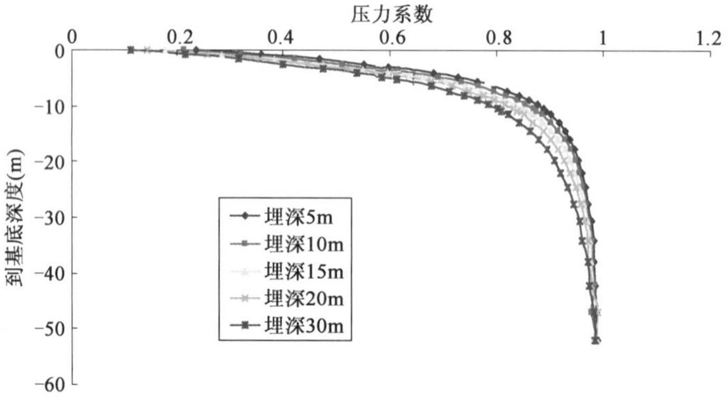

图 4-79　徐家川隧道压力系数与基底下土层深度的关系

4.6.2　黄土隧道仰拱以下地基压缩应力新计算方法

(1)隧道中心点下地层竖向压缩应力

建筑地基的压缩应力依据基底下土层的自重应力和净基底压力引起的附加应力进行计算。对于湿陷性黄土地基,由自重应力和附加应力构成了竖向压缩应力。图 4-80 为条形基础下地基应力分布图,σ_s 表示自重应力(由于埋深较浅,基础埋深范围内的土体自重应力不计),

可由单位面积上覆土柱的有效重力计算；σ_z 表示上覆荷载引起的附加应力，可由净基底压力作用下弹性地基的解答确定。

隧道具有一定的埋深，隧道上覆土对衬砌结构产生围岩压力作用，前述土柱理论和太沙基公式给出了确定方法，表明太沙基公式给出的计算结果更加合理。隧道拱顶的围岩压力通过衬砌结构传递至仰拱基底。因此，隧道基底下地基的压缩应力除了其自重应力外，还有基底压力引起的附加应力，以及隧道两侧上覆土层自重引起的附加应力。如图 4-81 所示，隧道基底下地基的应力分布包括自重应力 σ_s（从基础底面开始算起），以及上覆荷载引起的附加应力 σ_z。

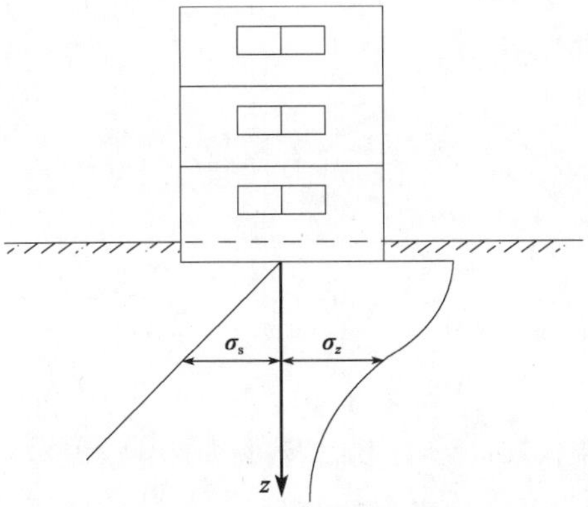

图 4-80　条形基础下应力分布

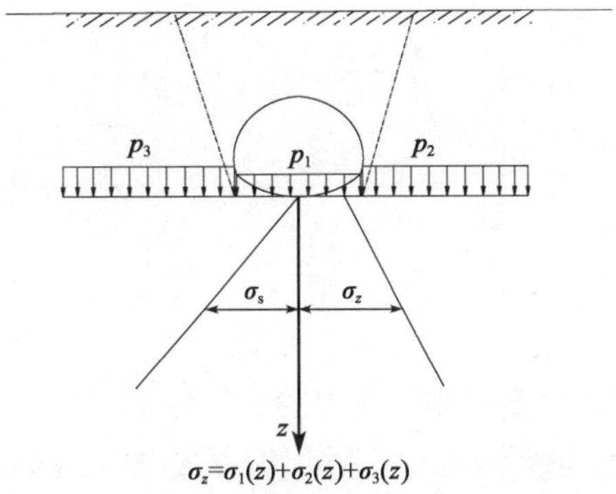

图 4-81　隧道基底平面下应力分布

附加应力 σ_z 包括由基底均布压力 p_1 以及隧道两侧上覆土层压力 p_2、p_3 引起的附加应力。p_1 可由式(4-47)计算，p_2、p_3 可由隧道两侧基底面以上单位面积土柱的有效重力计算确定。即隧道仰拱基底中心铅锤线上的附加应力为：

$$\sigma_z = \sigma_1(z) + \sigma_2(z) + \sigma_3(z) \tag{4-46}$$

$$p' = \frac{p \cdot 2a + G_z}{2a} \tag{4-47}$$

p_1 作用下，由弗拉曼（Flamant）弹性解答，可得附加应力计算公式：

$$\sigma_1(z) = \frac{P_1}{\pi}\left(\frac{2az}{a^2 + z^2} + 2\arctan\frac{a}{z}\right) \tag{4-48}$$

p_2、p_3 作用下，由弗拉曼（Flamant）弹性解答，可得附加应力公式：

$$\sigma_2(z) = \sigma_3(z) = \int_0^{\infty} \frac{2pz^3}{\pi[(x+a)^2 + z^2]}\mathrm{d}x$$

$$= p \cdot \frac{2z^3}{\pi}\left[\frac{\pi}{4z^3} - \frac{a}{2z^2(a^2 + z^2)} - \frac{1}{2z^3}\arctan\frac{a}{z}\right] \tag{4-49}$$

（2）隧道拱角下地层竖向压缩应力

与隧洞中轴线下地层竖向压缩应力计算方法类似，可以得到隧道拱角位置下附加应力计算公式，计算中取 $p_2 = p_3$。隧道拱角附加应力计算示意图如图 4-82 所示。

p_1 在拱角以下产生的附加应力 σ_{1g} 为：

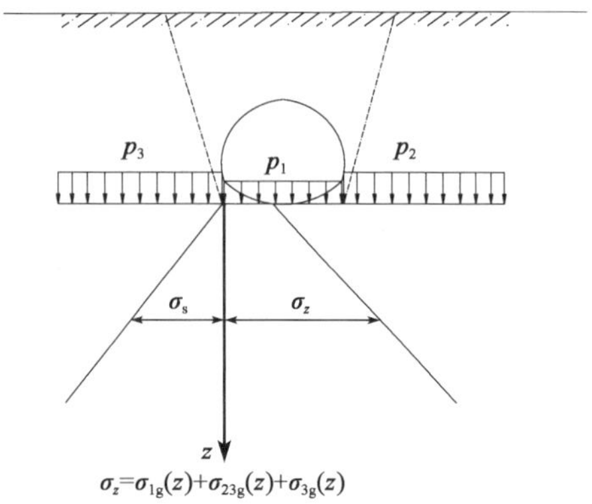

图 4-82　隧道拱角附加应力计算示意图

$$\sigma_{1g} = \frac{p_1}{\pi}\left(\arctan\frac{2a}{z} + \frac{2az}{4a^2 + z^2}\right) \tag{4-50}$$

p_2在靠近p_3一侧的拱角以下产生的附加应力σ_{23g}和p_3在靠近p_2一侧的拱角以下产生的附加应力σ_{32g}为：

$$\sigma_{23g} = \sigma_{32g} = p_2\frac{2z^3}{\pi}\left[\frac{\pi}{4z^3} - \frac{2a}{2z^2(4a^2+z^2)} - \frac{1}{2z^3}\arctan\frac{2a}{z}\right] \tag{4-51}$$

p_2、p_3在靠近各自一侧的拱角产生的附加应力为σ_{2g}、σ_{3g}，其表达式如下：

$$\sigma_{2g} = \sigma_{3g} = \frac{p_2}{2} = \frac{p_3}{2} \tag{4-52}$$

则隧道拱角处地层竖向压缩应力计算公式为：

$$\sigma_z = \sigma_{23g} + \sigma_{2g} = p_2\frac{2z^3}{\pi}\left[\frac{\pi}{4z^3} - \frac{2a}{2z^2(4a^2+z^2)} - \frac{1}{2z^3}\arctan\frac{2a}{z}\right] + \frac{p_2}{2} \tag{4-53}$$

(3)竖向压缩应力的比较分析

选择天然密度，隧道埋深为10m、20m的断面，计算基底中心点以及拱脚下一定深度范围内的应力分布。其中隧道基底下压缩应力的解析计算方法选用太沙基公式，与数值计算结果比较。可得隧道埋深10m时基底压力$p_1 = 140$kPa，两侧覆盖土层均布压力$p_2 = p_3 = 308$kPa；隧道埋深20m时基地压力$p_1 = 226$kPa，两侧覆盖土层均布压力$p_2 = p_3 = 448$kPa。不同埋深隧道中心点和拱角下的压缩应力分布结果，见表4-31和表4-32。

不同埋深隧道中心点下的压缩应力分布　　表4-31

基底以下深度 z(m)		3	5	10	15	20	30	40
竖向压缩应力(kPa)	10m埋深	203	241	344	439	526	685	835
	20m埋深	286	328	444	548	641	808	962
场地自重应力(kPa)	10m埋深	350	378	448	518	588	728	868
	20m埋深	490	518	588	658	728	868	1008
竖向压缩应力/场地自重应力	10m埋深	0.58	0.64	0.77	0.85	0.89	0.94	0.96
	20m埋深	0.58	0.63	0.75	0.83	0.88	0.93	0.95

不同埋深隧道拱角下的压缩应力分布　　表4-32

基底以下深度 z(m)		3	5	10	15	20	30	40
竖向压缩应力(kPa)	10m埋深	282	311	386	464	541	693	840
	20m埋深	406	435	512	591	670	824	973
场地自重应力(kPa)	10m埋深	350	378	448	518	588	728	868
	20m埋深	490	518	588	658	728	868	1008
竖向压缩应力/场地自重应力	10m埋深	0.81	0.82	0.86	0.90	0.92	0.95	0.97
	20m埋深	0.83	0.84	0.87	0.90	0.92	0.95	0.97

4.6.3 地基压缩应力新计算方法可靠性评价

为了验证提出的计算结果的可靠性，针对上述隧道，运用连续介质模型的数值解法进行计算，计算结果见表4-33、表4-34。

不同埋深隧道中心点下的应力分布　　表4-33

基底以下深度 z(m)		3	5	10	15	20	30	40
本书解析结果(kPa)	10m 埋深	161	241	344	439	526	685	835
	20m 埋深	286	328	444	548	641	808	962
连续介质数值结果(kPa)	10m 埋深	161	227	343	426	513	692	890
	20m 埋深	233	300	439	535	629	816	991

不同埋深隧道拱脚下的应力分布　　表4-34

基底以下深度 z(m)		3	5	10	15	20	30	40
本书解析结果(kPa)	10m 埋深	282	311	386	464	541	693	840
	20m 埋深	406	435	512	591	670	824	973
连续介质数值结果(kPa)	10m 埋深	223	264	352	432	507	685	832
	20m 埋深	283	336	449	542	623	810	961

由表4-33、表4-34可以看出，运用本章节提出解析法的计算结果与基于连续介质的数值计算方法得到的计算结果基本吻合，特别是对于浅埋隧道中心点下的地层应力具有相当高的一致性，而且隧道基底土层埋深越浅，计算结果越接近。对于深埋隧道拱脚下地层的竖向应力，本章节的解析法与连续介质法得到的结果在浅土层有些出入，在较深土层处趋于一致，可见本章节提出的计算黄土隧道基底下伏土层地基竖向应力的计算方法合理可行。

令场地原有竖向应力为 σ_{z0}，隧道开挖完成后基底下的竖向应力为 σ_z，定义由隧道基底下的竖向应力与场地原埋深的自重应力的比值为竖向应力系数，即 $k=\sigma_z/\sigma_{z0}$。通过计算，可知竖向应力系数 k 与深度呈双曲线关系，隧道基底下不同深度的竖向应力系数变化规律如图4-83所示。

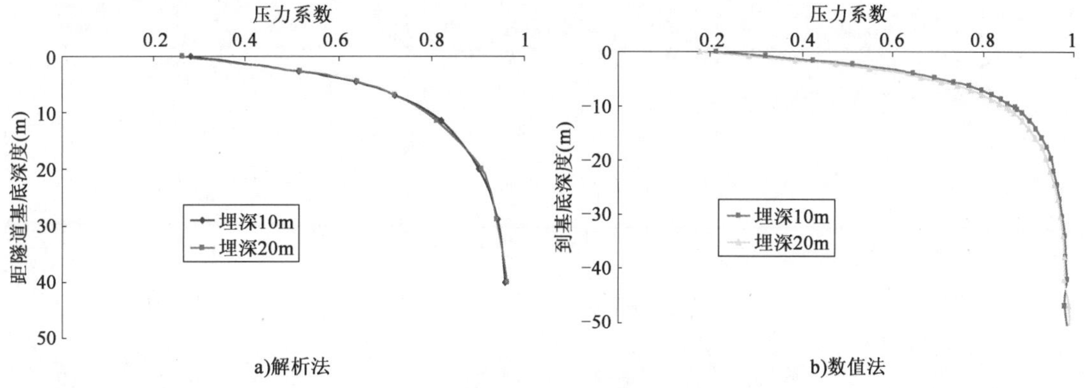

图4-83　隧道基底下竖向应力系数随深度变化规律

从图4-83可知，运用两种计算方法得到的竖向应力系数 k 随深度的变化规律一致，结果吻合，竖向应力系数 k 随深度增加而渐进增加，两者呈双曲线关系，在基底下20m范围以内竖向应力比场地原有自重应力明显减小，在基底下较深部位 k 值变化较小，最终趋近于1，即隧道开挖对该位置的竖向应力已经没有影响。

4.6.4 基于极限平衡的隧道地基承载力计算方法

(1)基于极限平衡的地基临界塑性荷载解析计算方法

假定地基是均质半无限弹性体，将其塑性区域限定在某一范围内，确定其相应的承载力。在允许塑性区域的开展范围有一定值的前提下，地基能够以最大程度来正常、安全地承担结构荷载时的基底压力，称为地基的设计承载力。第一步，先根据弹性理论计算得出地基任意一点的附加应力，并假设静止侧向压力系数，可以得出地基中任意一点的自重应力和附加应力的表达式；再根据极限平衡条件推导求出塑性区边界方程，进而可通过界定塑性开展区的最大深度来获得地基承载力计算公式。

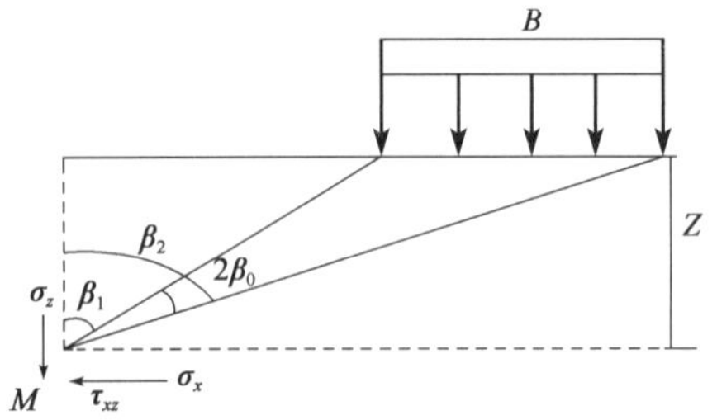

图4-84　地基中的大、小主应力

依托西宁南绕城公路黄土隧道工程，假定仰拱底面等同于建筑地基基础底面，隧道结构等同于条形基础，在一均质地基表面上放置一条形基础，并有均布铅直荷载作用于基础上，如图4-84所示。

依据弹性理论，在地基中 M 点处因条形荷载 p_0 所引起的附加应力为：

$$\sigma_z = \frac{p_0}{\pi}[\sin\beta_2\cos\beta_2 - \sin\beta_1\cos\beta_1 + (\beta_2 - \beta_1)] \tag{4-54}$$

$$\sigma_x = \frac{p_0}{\pi}[-\sin(\beta_2 - \beta_1)\cos(\beta_2 + \beta_1) + (\beta_2 - \beta_1)] \tag{4-55}$$

$$\tau_{zx} = \frac{p_0}{\pi}(\sin^2\beta_2 - \sin^2\beta_1) \tag{4-56}$$

M 点处的主应力和各应力分量之间的关系为：

$$\sigma_1/\sigma_3 = \frac{1}{2}[(\sigma_z + \sigma_x) \pm \sqrt{(\sigma_z + \sigma_x)^2 + 4\tau_{zx}^2}] \tag{4-57}$$

将式(4-54)、式(4-55)和式(4-56)代入式(4-57)可得：

$$\sigma_1/\sigma_3 = \frac{p_0}{\pi}[(\beta_2 - \beta_1) \pm \sin(\beta_2 - \beta_1)] \tag{4-58}$$

$$\sigma_1/\sigma_3 = \frac{p_0}{\pi}(2\beta_0 + \sin 2\beta_0) \tag{4-59}$$

其中，$2\beta_0 = \beta_2 - \beta_1$。作用于 M 点的应力，除因基底附加应力 p_0 引起的外，还有土的自重应力，则 M 点的自重应力为：

$$\sigma_{cM} = \sigma_{cd} + \gamma z \tag{4-60}$$

$$\sigma_{cd} = \gamma_0 d \tag{4-61}$$

式中：σ_{cd}——基底土自重应力；

d——仰拱距离地表深度；

γ——仰拱以下土的重度；

γ_0——仰拱以上土的重度；

z——M 点距仰拱底的距离。

为了便于推导，可假定地基土原有自重应力场其土侧压力系数 $k_0=1$，因拥有静水压力性质，所以其自重应力场并没有改变 M 点处的主应力的作用方向及其附加应力场的大小，则 M 点处的总大小应力为：

$$\sigma_1/\sigma_3 = \frac{p_0}{\pi}(2\beta_0 + \sin 2\beta_0) + \sigma_{cM} \tag{4-62}$$

当基础荷载大到与 M 点处应力达到极限平衡状态时，则 M 点的大小主应力会满足以下极限平衡条件：

$$\sin\varphi = \frac{\sigma_1 - \sigma_3}{\sigma_1 + \sigma_3 + 2\cos\varphi} \tag{4-63}$$

将式(4-62)代入式(4-63)，整理可得：

$$z = \frac{p_0}{\pi\gamma}\left(\frac{\sin 2\beta}{\sin\varphi} - 2\beta_0\right) - \frac{c}{\gamma\tan\varphi} - d\frac{\gamma_0}{\gamma} \tag{4-64}$$

上式即为满足极限平衡条件时的塑性区域边界方程式，它给出了塑性区域边界上的任意一点的 z 值与 $2\beta_0$ 之间的关系。当已知地基强度参数 c、φ 值，并确定基础埋深 d 和基底压力 p_0 时，z 就是 $2\beta_0$ 的函数。在实际运用中，只要知道塑性区域相对的基底压力 p_0 所对应的最大深度 z_{max}，就可以由 $\frac{d_z}{d_{\beta 0}}=0$ 求出：

$$\frac{d_z}{d_{\beta_0}} = \frac{2p_0}{\pi\gamma}\left(\frac{\cos 2\beta_0}{\sin\varphi} - 1\right) = 0 \tag{4-65}$$

$$\cos 2\beta_0 = \sin\varphi \tag{4-66}$$

$$2\beta_0 = \frac{\pi}{2} - \varphi \tag{4-67}$$

将式(4-65)、式(4-66)、式(4-67)代入式(4-64)，整理可得：

$$z_{max} = \frac{p_0}{\pi\gamma}\left(\cot\varphi - \frac{\pi}{2} + \varphi\right) - \frac{c}{\gamma\tan\varphi} - d\frac{\gamma_0}{\gamma} \tag{4-68}$$

由定义可知，临界塑性荷载是地基将要出现但是还没有出现的塑性极限平衡区时的荷载，就是当 $z_{max}=0$ 时的荷载，令式(4-68)的右侧等于零，则有：

$$p_{cr} = \frac{\pi(\gamma_0 d + c\cot\varphi)}{\cot\varphi - \frac{\pi}{2} + \varphi} + \gamma_0 d \tag{4-69}$$

p_{cr}还可表示为：

$$p_{cr} = N_d\gamma_0 d + N_c c \tag{4-70}$$

$$N_d = \frac{\pi}{\cot\varphi - \frac{\pi}{2} + \varphi} + 1 \tag{4-71}$$

$$N_c = \frac{\pi\cot\varphi}{\cot\varphi - \frac{\pi}{2} + \varphi} \tag{4-72}$$

上述式中：N_d、N_c——承载力系数。

由式(4-70)可知，临塑荷载 p_{cr}是由基础埋深的影响和地基土黏聚力的作用两部分构成的，与内摩擦角 φ 有关，且随着 φ 的增加而增大。临塑荷载 p_{cr}随着基础埋深 d 的增加而增大，随着地基土的黏聚力 c 的增加而增大。

(2)基于极限平衡的地基临界荷载解析计算方法

实践表明，除了特别软弱的一些地基土之外，如果使用了不符合地基发生临塑性区域的临塑荷载 p_{cr}来作为地基承载力的特征值，不能很好地发挥地基的承载力，所取值偏保守。关于中等强度以上的地基土，地基承载力的特征值就是取其一定范围内塑性区域的塑性荷载，使地基既具有稳定性和安全性，又能够很好地发挥地基承载力，进而达到减少基础工程量、优化结构设计的目的。塑性区域开展的深度范围的大小不仅与建筑物的大小、重要性以及荷载性质有关，还与其基础形式与特性、地基土的物理力学性质等因素有关。依据工程经验，在中心荷载的作用下，控制塑性区域的最大开展深度$z_{max} = \frac{1}{4}b$，而对于在偏心荷载的控制下$z_{max} = \frac{1}{3}b$，这对于一般建筑物来说是允许的。

由定义可知，将$z_{max} = \frac{1}{4}b$ 与$z_{max} = \frac{1}{3}b$ 代入式(4-68)，则有：

$$p_{1/4} = \frac{\pi\gamma}{\cot\varphi - \frac{\pi}{2} + \varphi}\left(\frac{1}{4}b + d + \frac{c}{\gamma}\cot\varphi\right) + \gamma_0 d \tag{4-73}$$

$$p_{1/3} = \frac{\pi\gamma}{\cot\varphi - \frac{\pi}{2} + \varphi}\left(\frac{1}{3}b + d + \frac{c}{\gamma}\cot\varphi\right) + \gamma_0 d \tag{4-74}$$

$p_{1/4}$、$p_{1/3}$还可表示为：

$$p_{1/4} = N_{b(1/4)}\gamma d + N_d \gamma_0 d + N_c c \tag{4-75}$$

$$p_{1/3} = N_{b(1/3)}\gamma d + N_d \gamma_0 d + N_c c \tag{4-76}$$

$$N_{b(1/4)} = \frac{\pi}{4\left(\cot\varphi - \frac{\pi}{2} + \varphi\right)} \tag{4-77}$$

$$N_{b(1/3)} = \frac{\pi}{3\left(\cot\varphi - \frac{\pi}{2} + \varphi\right)} \tag{4-78}$$

从式(4-73)和式(4-74)可知，塑性荷载由基础宽度的影响、基础埋深以及土黏聚力对承载力的影响三部分构成。实际上，基础宽度的影响也就是塑性区域开展深度的影响，而基础的埋深以及地基土黏聚力对承载力的作用则构成了临塑荷载。N_b、N_d、N_c 这三个系数为塑性荷载的承载系数，这三个系数都会随着 φ 的增加而增大。

4.6.5 大跨度公路黄土隧道地基加固处理措施

湿陷性黄土地区建筑工程地基处理方法经过多年的实践，已经积累了大量的经验，这些方法有效解决了由于湿陷变形引起的工程质量问题。可根据建筑物的类别、场地的湿陷类型、湿陷性黄土的厚度、地基湿陷等级、湿陷起始压力等选用不同的地基处理方法，主要包括：碾压、换填、强夯、动力/振动挤密桩、静力挤密（预制）桩、CFG 桩、注浆、高压灌浆、高压旋喷桩等。这些方法在建筑等工程中得到了广泛的应用，但在隧道工程中尚缺乏隧道开挖后洞内改进应用的成熟经验。

目前，黄土地基深、浅埋基础工程较常用的处理方法有垫层法、强夯法、挤密法、预浸水法、桩基础法、化学加固法等，各处理方法的适用性分析如下：

（1）垫层法

垫层法是一种浅层处理湿陷性黄土地基的传统方法，包括素土垫层和灰土垫层，先将基础下的湿陷性黄土部分或全部挖除，然后用素土或灰土分层夯实做成垫层，以消除地基的部分或全部湿陷量，减小地基的压缩变形。按照处理范围可将其分为局部垫层和整片垫层。

垫层法适用于地下水位以上的土层，可处理的湿陷性黄土层厚度一般为 1 ~ 3m。该方法目前在湿陷性黄土地区使用较为广泛，具有因地制宜、就地取材和施工简便等优点。实践证明，经过回填压实处理的黄土地基湿陷性速率和湿陷量可大大减少，一般表土垫层的变形量减少 1 ~ 3cm，灰土垫层的沉降量往往小于 1cm。

垫层法在实际应用中还应考虑以下几个问题：

①局部垫层处理后，地面水或管道漏水仍可能从垫层侧向渗入下部未处理的湿陷性土层，从而引起湿陷，因此，局部垫层无法起到防水、隔水的作用，地基受水浸湿可能性大，有防渗要求的建筑物不得采用局部垫层处理地基。

②整片垫层的平面处理范围应满足基础地面应力扩散的要求，即 $b' \geqslant b + 2z\tan\theta$。地铁车站围护结构多采用排桩加内支撑体系，围护桩外放量一般不超过 100mm，往往无法满足换填范围的要求，而围护桩对应力扩散的阻隔范围和效果认定目前尚有难度。

③垫层法在实际施工中要求回填土一定要密实，否则可能会引起建筑物的倾斜，在西安地铁 1 号线的施工中出现过类似问题，应给予高度重视。

隧道仰拱范围内可采用这种方法，垫层厚度一般为 0.5 ~ 1.5m。但垫层夯实时振动会传递到围岩黄土，影响围岩的稳定性。

（2）强夯法

强夯法又叫动力固结法，是利用起重设备将重锤（一般采用 10.0 ~ 40.0t 的重锤）起吊到一定高度后（落距一般为 10.0 ~ 40.0m），使重锤自由落下，对黄土地基进行强力夯击，以消除其湿陷性，降低其压缩变形。

强夯法适用于地下水位以上、饱和度 $S_r \leqslant 60\%$ 的湿陷性黄土地基，可处理的深度为 3 ~ 12m。

采用强夯法处理湿陷性黄土地基时，土的天然含水率宜低于塑限含水率 1% ~ 3%。当土的天然含水率低于 10% 时，宜对其增湿至接近最优含水率；当土的天然含水率大于塑限含水率 3% 以上时，宜采用晾干或其他措施适当降低其含水率。

隧道明洞地基具有应用的场地条件，但施工时所产生的振动过大，影响边仰坡和洞口段初衬与围岩的安全稳定。隧道洞内空间狭小，不具备强夯法施工的条件。

(3)挤密法

挤密法是利用沉管、爆破、冲击、夯扩等方法,在湿陷性黄土地基中施作挤密填料孔,再用素土、灰土或水泥土分层回填夯实,以加固湿陷性黄土地基的方法。

挤密法适用于地下水位以上、饱和度 $S_r \leqslant 65\%$ 的湿陷性黄土地基,可处理的湿陷性黄土层厚度为 5~15m。

挤密法的作用机理主要分两部分:

①横向加密土层,改善土体物理力学性能。在土中挤压成孔时,桩孔内原有土被强制侧向挤出,使桩周一定范围内土层受到挤压、扰动和重塑,土孔隙比减小,土中气体溢出,从而增加土体密实程度,降低土的压缩性,提高土体的承载能力。土体挤密范围,从桩孔边向四周减弱,挤密影响半径通常为 $1.5d \sim 2d$(d 为挤密桩直径),桩距越小,挤密效果越显著。

②灰土桩与桩间挤密土组成复合地基。一般来说,挤密桩可以按等边三角形布置,这样可以达到均匀的挤密效果。每根桩都对其周围一定范围内的土体有一定的挤密作用,即使桩与桩之间有一小部分尚未被挤密的土体,因为其周围有着稳定的、不会发生湿陷的边界,这一部分也不会发生湿陷变形。桩与其周围被挤密后的土体共同组成复合地基,一起承受上部荷载。

隧道明洞地基可以采用这种方法,但夯扩成孔和夯填施工时也产生振动,影响边仰坡和洞口段初衬与围岩的安全稳定。隧道洞内空间狭小,不具备挤密成孔夯填的施工条件。

(4)预浸水法

预浸水法是利用黄土浸水后产生自重湿陷的特性,在施工前进行大面积浸水,使土体在饱和自重应力作用下预先产生自重湿陷,以消除黄土土层的自重湿陷性。

预浸水法适用于自重湿陷性黄土场地,地基湿陷等级为Ⅲ或Ⅳ级,可消除地面下 6m 以下黄土层的湿陷性。

预浸水法用水量大、工期长,一般应至少提前半年到一年进行施工。对于少雨、水资源贫乏地区,不易采用。当土层下部存在隔水层时,预浸时间加大,工期延长,影响工程进度。

由于浸水湿陷变形历时长,隧道施工时饱和黄土软弱围岩易产生塌方,成洞条件差,因此,隧道湿陷性黄土地基不宜采用预浸水法。

(5)桩基础法

桩基础既是一种基础形式也可看作是一种地基处理措施,是在地基中有规则的布置灌注桩或钢筋混凝土桩,以提高地基承载能力。桩根据受力不同可分为端承桩和摩擦桩。

这种地基处理方法已使用较多,但桩基础仍然存在潜在的隐患:桩周围的土受水浸湿后,桩侧摩阻力将大幅度减小,甚至消失。当桩周围的土产生自重湿陷时,桩侧的正摩阻力迅速转化为负摩阻力。由于负摩擦力的发挥程度不同,导致基础产生严重的不均匀沉降,构成基础的剪切应力,形成剪应力破坏。因此,除桩身强度必须满足要求外,还应根据场地工程地质条件,尽量采用穿透湿陷性黄土层的端承型桩。桩端的受力层:在非自重湿陷性黄土场地,必须是压缩性较低的非湿陷性土层;在自重湿陷性黄土场地,必须是可靠的持力层。

采用桩基础(静压桩、灌注桩)穿越湿陷性黄土层时,如果采用静压桩,需要大型压桩设备,采用钻孔灌注桩则需要大型钻探设备,隧道洞内不具备压桩、成孔场地条件。如果采用人工挖孔灌注桩,则施工周期长,仰拱暴露时间长,不能及时封闭衬砌结构,易造成围压失稳,对施工人员安全、工程安全造成威胁。

(6)深层搅拌桩法

深层搅拌桩是复合地基的一种,近几年在黄土地区应用比较广泛,可用于处理含水率较高、湿陷性较弱的黄土。它具有施工简便快捷、无振动、低噪声等特点。

深层搅拌桩的固化材料有石灰、水泥等。其加固机理是将水泥掺入黏土后,与黏土中的水分发生水解和水化反应,进而与具有一定活性的黏土颗粒反应生成不溶于水的稳定的结晶化合物,这些新生成的化合物在水中发生凝硬反应,使水泥有一定的强度,从而使地基土达到承载的要求。

隧道穿越旱区黄土层的地下水位埋深较大,黄土的含水率较小。低含水率黄土的强度较大,搅拌地基土层施工困难,难以形成搅拌桩。饱和黄土具备搅拌成桩的条件,但饱和度较大的黄土的湿陷性弱或无湿陷性。如在地面场地施工,则搅拌地层深度较大;如在隧道洞内施工,则不具备搅拌施工机械设备运行的条件。

(7)化学加固法

在我国湿陷性黄土地区地基处理应用较多并已取得实践经验的化学加固法包括硅化加固法和碱液加固法,其加固机理如下:

硅化加固:浓度不大、黏滞度很小的硅酸钠溶液渗入黄土孔隙中,溶液与土相互凝结,土起着凝结剂的作用。

碱液加固:氢氧化钠溶液注入黄土后,与土中可溶性和交换性碱土金属阳离子发生置换反应,结果使土颗粒表面生成碱土金属氢氧化物。

化学加固方法工程造价高,且化学溶液渗透加固过程历时长。如果在仰拱浇筑前完成地基处理,则不能够及时封闭衬砌结构。

截至目前,以上地基处理技术中垫层法和灰土挤密桩法在黄土隧道工程中得到了应用。其中,垫层法适用于明洞地基处理和洞内地基处理;灰土挤密桩法主要适用于明洞隧道地基或开槽地基的加固处理。其他方法在隧道地基处理工程中的应用还需要进一步探讨和改进。

上述几种湿陷性黄土地基处理方法的使用条件和相互比较见表4-35。

湿陷性黄土地基常用的处理方法 表4-35

名称		适用范围	处理深度(m)	隧道内地基处理方法比选
垫层法	素土	地下水位以上的湿陷性黄土,局部或整片处理	1~3	处理深度过浅不能满足处理要求
	灰土			
夯实法	强夯	饱和度小于60%的黄土,局部或整片处理	3~12	洞内空间不够且振动过大,不安全
	重夯		1~2	
桩基础法	端承桩	基础荷载较大,有可靠的持力层	≤30	造价过高且受洞内施工空间限制
	摩擦桩			
挤密法	成孔挤密	含水率小于24%、饱和度小于70%的黄土	5~15	适当的设备可满足洞内空间振动的限制且造价低
	孔内夯实		5~30	
预浸水法		Ⅲ、Ⅳ级自重湿陷性黄土地基,可消除地面下6m以下土层的自重湿陷性	地面下6m,可用垫层法或夯实法处理	洞内地基浸水对初期支护影响较大,过于不安全
化学加固法	单液硅化法	一般用于加固地下水位以上的既有建筑物地基	2~5	造价过高且对环境有较大的负面影响
	碱液加固法		2~5	

4.6.6 隧道穿越自重湿陷性黄土的地基处理措施

(1)自重湿陷性黄土场地防浸水措施

对于在自重湿陷性黄土场地内穿越的隧道,首先应降低施工及使用期间隧道周围湿陷性土层浸水的可能性,除对地下结构本身采取严格的防水措施外,还应着重考虑以下防水处理措施:

①防止雨水或生产、生活用水的渗漏,对防护范围内的地下管道增设检漏管沟和检漏井,提高防水地层、排水沟、检漏管沟和检漏井等设施的材料标准,如增设可靠的防水层、采用钢筋混凝土排水沟等。

②对于道路和管线尚未施工的地段,可协调规划管理部门及管线设计施工单位,严格遵循以上措施,提高管线和路面的设计等级。

③对于道路和管线已经施工的地段,在地铁施工前应对市政管线等进行排查检修,对入渗可能性进行仔细分析,有必要时采取一定的注浆加固措施或帷幕注浆。

④建议规划时对地表水体严格控制,尽量不要在大厚度湿陷性黄土区域设置地表水系或人工湖。当确有规划时,应提前施工,在地下结构施工前完成。

⑤隧道开挖及路基施工时,应尽量避开雨季和冬季,缩短基坑暴露时间,并采取措施防止施工用水和雨水流入作业面。

(2)隧道穿越自重湿陷性黄土场地的地基处理措施

根据隧道穿越自重湿陷性黄土的地基处理原则及各种地基处理方法的适用性,主要采用如下地基处理措施:

①洞口外湿陷性黄土地基处理措施

根据湿陷性土层的厚度以及现场施工条件,可以采用如下几种方法进行处理:

a.灰土换填处理

对于附属结构及基底湿陷性土层厚度小于3m的明挖结构。可采用3:7的灰土换填处理,换填深度为1~3m。

b.灰土挤密桩处理

对于湿陷性土层厚度超过3m的地段,可采用灰土挤密桩对湿陷性土层进行处理。灰土挤密桩桩径可按400mm、间距800mm×800mm考虑,按等边三角形布置,桩长可根据湿陷性土层的厚度确定。

c.桩基础处理

当基底湿陷性土层超过15m时,可以采用桩基础穿透湿陷性土层,将桩端放到非湿陷土层上。桩基础拟采用ϕ1000mm钻孔灌注桩,沿车站纵向间距3m,桩长可根据湿陷性黄土层的厚度确定。

②洞内湿陷性黄土地基处理措施

洞内暗挖法施工时针对黄土湿陷性处理问题可以采用如下几种方法进行处理:

a.微型桩法

微型桩一般是指桩径不大于300mm、长细比大于30、桩长不大于30m的灌注桩。桩体主要由压力灌注之水泥(砂)浆或细石混凝土与加筋材料组成,依据其受力需求加筋材可为钢筋、钢棒、钢管或型钢等。微型桩布置灵活,可根据工程需要做成垂直或倾斜的,可以是单根的,也可以是成束的。微型桩于20世纪30年代初起源于意大利,近年来有很大发展,适于荷载小而分散的中小型工业与民用建筑。它不仅可用于新建工程的地基处理,也可用于现有工程的基础托换,特别是对于场地狭窄、净空低矮的工程现场,其优点尤为突出。

微型桩和其他地基加固方法相比承载力高。按照注浆微型桩的施工工艺,注浆微型桩在最后成桩前要进行静力压浆,并进行稳压,这样原来桩壁与周围土层接触不好的地方就会被强行压入的水泥浆强制充填,从而使桩侧与桩周土体接触良好。同时水泥浆的水解、水化作用,黏土颗粒与水泥水化物的作用以及碳酸化作用,更增强了注浆微型桩与其桩周土之间的胶结力,从而提高了注浆微型桩桩周土的摩阻力。通过静力压浆后,大部分浆液会被压入桩间土体中的空隙中,在一定的压力下,浆液会沿阻力最小的方向流动,并充填于桩间土体中的空隙中,使土的密度增大,地基土的承载力提高。这对于人工填土和砂性土尤为明显。根据已有工程的实践资料,经注浆微型桩处理后的地基桩间土的强度一般会提高10%～30%。

微型桩和其他地基加固方法相比沉降量小。由于注浆微型桩桩体的变形模量远远大于桩间土的变形模量,当注浆微型桩与周围土体共同承担上部基底应力时,基底应力会向注浆微型桩桩体集中。因此,微型桩降低了基底下一定深度范围内土层中的附加应力,从而减小了持力层内可能产生的大量压缩变形,此外,注浆微型桩对桩间土也能起到侧向约束作用,限制桩间土的侧向位移。

微型桩所需施工场地较小,一般平面尺寸为0.6m×1.8m、净空高度为2.2m即可施工。施工时噪声和振动小,施工也比较方便。施工时桩孔孔径小,因而对基础和地基土几乎都不产生附加应力,对原有基础影响小,也不干扰建筑物的正常使用。能穿透各种障碍物,适用于各种不同的土质条件。桩和桩间土通过褥垫层形成复合地基。

b. 水泥土挤密桩法

水泥土挤密桩按地基处理规范应称为夯实水泥土桩,是中国建筑科学研究院地基基础研究所的发明专利,采用挖空或沉管机等成孔后将水泥土料混合后投入孔内,分层投入分层夯实,构成密实桩体的一种复合地基,兼具加筋与挤密作用。水泥土挤密桩是从土桩和灰土桩演变过来的,由于水泥土桩成桩后期强度较高,且强度提高较快,在工程中得到广泛的应用,在设计理论、施工工艺、设备配套、质量控制等方面已日臻完善。

水泥土挤密桩与深层搅拌桩相比较,有其不可多得的优点。首先,夯实水泥土桩的填料在可视状态下拌和,能够保证水泥土与土拌和的均匀性,基本上杜绝了因深层搅拌桩拌和不均匀造成的桩身缺陷乃至断桩;其次,夯实水泥土桩填料时采用机械或人工夯实,桩身密度在很大程度上得以提高,从根本上解决了深层搅拌桩只搅拌无法有效提高桩身密度的问题;最后,夯实水泥土桩成孔成桩、夯实机械小巧便捷,对施工场地适应性强,便于多台机械施工,在基槽中施工无须预留工作面,可大大减少开挖工作量,缩短工期,提高效率。

水泥土挤密桩与灰土挤密桩比较,也有其优势。首先,水泥土挤密桩处理后的复合地基承载力要比灰土挤密桩高,压缩模量也比灰土挤密桩大;其次,水泥土挤密桩可以只布置在基础内,不需要超出基础以外,这在场地有限的场地里优势比较明显。它的适用范围与灰土挤密桩一样广泛。

水泥土挤密桩的特点是以土治土、就地取料、工期较短。一般工业与民用建筑中采用此地基比采用换土法费用减少三分之一。其一般采用沉管法成孔后填料夯填成桩，常用的有振动沉管法、冲击沉管法、锤击沉管法、静压沉管法。结合隧道内挤密桩施工设备高度受限，产生的振动受限的特点，经对比分析冲击沉管法噪声和振动较大，噪声污染严重，振动对初期支护结构和围岩稳定危害较大；锤击沉管法振动大，振动对初期支护结构和围岩稳定危害大；静压沉管法噪声小且振动最小，但设备很高；振动沉管法噪声小且振动小，振动对初期支护结构和围岩稳定危害小，因此选用振动沉管法。

湿陷性黄土隧道洞内地基挤密桩加固处理中，应谨记"隧道开挖后总的变形量和迅速变形阶段结束的时间，完全受控于仰拱封闭的时间，仰拱封闭得越早则总变形量越小，仰拱封闭得越晚则总变形量越大，因此要控制初期支护的变形量就必须尽早封闭仰拱"。隧道施工中，可通过监控量测反馈信息了解围岩稳定状态和支护可靠程度。一旦发现问题，及时调整水泥土挤密桩施工段长度，以便快速施工完挤密桩及时封闭仰拱；或者立即停止挤密桩施工，并加固初期支护钢架拱脚，待有效限制初期支护变形后再继续施工。即湿陷性黄土隧道地基水泥土挤密桩处理过程中，要根据监控量测信息调整仰拱安全步距，以便调整仰拱封闭时间。

c. 高压旋喷桩处理法

高压旋喷桩原理就是利用钻机把带有喷嘴的注浆管钻进至土中的预定深度后，以高压设备使浆液或水成为20～40MPa的高压流从喷嘴中喷射出来，形成喷射流冲击破坏土体。当能量较大，速度很快和呈脉动状的动压超过土体结构强度时，土粒便从土体剥落下来。被破坏的一部分细小的土粒随着浆液冒出水面，其余土粒在喷射流的冲击力、离心力、重力等作用下，与浆液搅拌混合，并按一定的浆土比例和质量大小有规律的重新排列，形成连续搭接的水泥加固体。

高压旋喷桩具有施工用时少、安全可靠、噪声低、施工质量可控制及加固效果好等优点，但容易污染环境，成本较高，需考虑成桩过程中造成的湿陷变形。

d. 树根桩处理法

树根桩是一种小型钻孔灌注桩。它是利用钻机钻孔到设计深度，然后放入钢筋笼、碎石和注浆管，再用压力灌注水泥浆或水泥砂浆的方法制成的钢筋混凝土桩。布桩方式可采用垂直、倾斜设置，也可采用网状如树根状布置，故称为树根桩。树根桩凭借其承载力高、沉降量与扰动范围小、施工方便、经济合理等优点，在既有建筑物的修复和加层、古建筑的整修、地下铁道穿越、桥梁工程等各类地基的处理与基础加固，以及增强土坡或岩坡的稳定性等工程中有着广泛的应用。近年来，树根桩在隧道基底的加固中开始尝试应用，树根桩施工技术可以在狭小的施工作业空间内最大限度减少开挖对隧道洞身地层的扰动。

采用直径为100～300mm、长径比大于30的小型钻孔灌注桩对隧道圆心以下黄土地基进行处理，布桩方式可采用垂直、倾斜设置，也可采用网状如树根状布置。树根桩通过压力灌注、渗透、二次劈裂注浆、挤密土体这些特殊的施工工艺，可以很好地利用水泥浆体将土颗粒胶结起来，改变地基土的力学性能，形成结构新、强度大、稳定性好的结石体，从而获得比较理想的加固效果。具有承载力高、沉降量与扰动范围小、施工方便、经济合理等优点，目前在公路黄土隧道已有成功应用。

(3)穿越自重湿陷性黄土场地隧道的其他辅助处理措施

对于自重湿陷性黄土场地内穿越的各类施工工法形成的隧道,除采取相应的地基处理措施外,还需要采用如下的辅助处理措施。

①施工和运营期间的沉降观测和地下水位观测

a.施工和运营期间的沉降观测和地下水位观测应按现行国家标准及设计要求进行。

b.当发现地下结构沉降和地下水位变化出现异常时,应及时将所发现的情况反馈给有关方面进行研究和处理。

c.坚持长时期不间断的观测,分析判断地基变形的原因和发展趋势,从而可采取措施,切断水源,制止湿陷变形的发展,并为是否需要加固地基提供依据。

②维护和检修

a.隧道建成后,在其有效保护范围内,增添或改变用水设施时,应通过铁路运营部门的审批,并按防水措施的要求严格执行。

b.对有效保护范围内的防水地面、排水沟、市政管线等,应经常检查,发现裂缝及时修补。

c.当观测到地下结构沉降或地下水位变化,并预测到地基变形发展的趋势时,应通过地下结构上预留的注浆管进行加固或通过其他方法进行加固。

d.当地基变形或不均匀沉降已发生时,应会同有关部门研究采取相应的处理措施。

第5章　强紫外线、大温差条件下沥青路面合理结构

目前国内沥青路面设计方法中,结构设计与材料设计是相互分离的。在沥青路面结构设计中,仅考虑材料的力学参数;而在进行沥青路面材料设计时,又往往只考虑混合料室内的高低温性能,并没有充分考虑当地气候条件对各层材料的影响,即无法满足路面结构各层混合料的设计要求。考虑到西宁地区特殊的气候特点,路面工作环境普遍偏低,温度变化较为显著,日最高气温与最低气温全年均存在10℃以上温差,对沥青混合料低温抗裂性要求较高;此外,由于混合料材料组成设计和沥青选择等多种原因,近几年青海省多条公路普遍出现车辙病害,对沥青混合料高温性能也提出了较高的要求。

为了保证本项目沥青混合料材料组成设计能够满足当地气候特征及路面结构性能要求,本章节针对西宁地区强紫外线、大温差的气候特性,展开沥青路面结构与材料一体化的研究,提出符合当地气候及交通量条件和结构性能要求的沥青混合料材料组成设计,使设计出的沥青混合料在结构性能上及功能性能上同时达到最优。

5.1　沥青路面结构温度场分布规律

5.1.1　西宁地区常年气温统计

为建立沥青路面和桥面铺装结构的温度场模型,分析西宁地区气候条件对沥青路面结构的影响,首先通过资料收集,对西宁地区路面温度实测数据及气象资料进行统计分析。根据西宁市气象局提供的资料,1992—2012年西宁地区气温统计情况见图5-1。

通过图5-1中西宁地区近20年(1992—2012年)气温统计数据可知,西宁地区日最低气温为-23.8℃,连续7天平均日最低气温为-21.3℃;日最高气温为36.5℃,连续7天平均日最高气温为34.8℃;日最大温差为29.2℃,连续7天平均日最大温差为23.6℃;日平均气温的最高气温为25.9℃,日平均气温的最低气温为-17.8℃。说明西宁地区温度变化较为显著,呈现强紫外线、大温差的气候特征,其气候条件必然会对本项目路面工程产生较大的影响。

5.1.2　路面温度场理论分析

由于道路表面完全暴露于自然条件中,因此气候变化对路面材料的影响是不可避免的。

路面温度可用数值解析温度场方法进行计算，也可通过现场测定路面中若干点温度变化规律，选择合适的函数形式进行拟合。

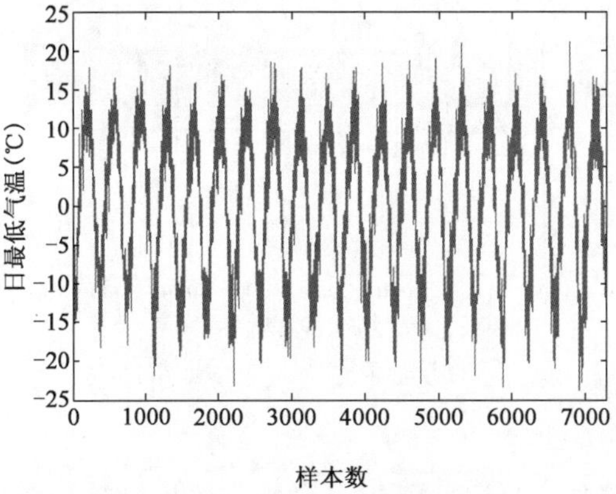

a) 日最低气温统计

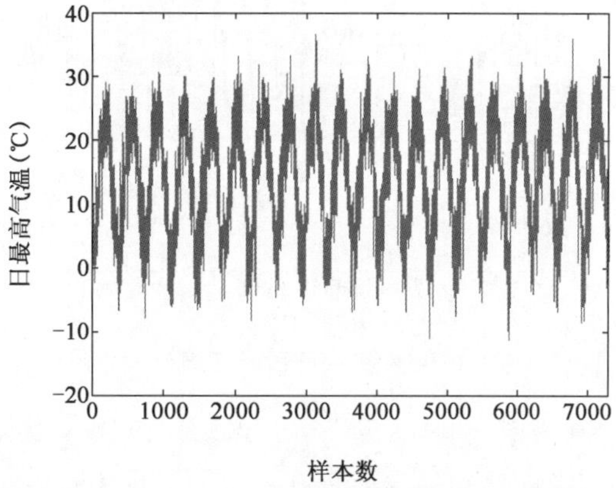

b) 日最高气温统计

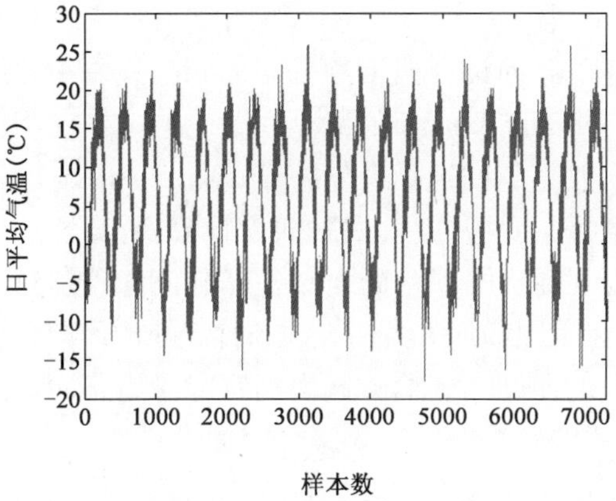

c) 日平均气温统计

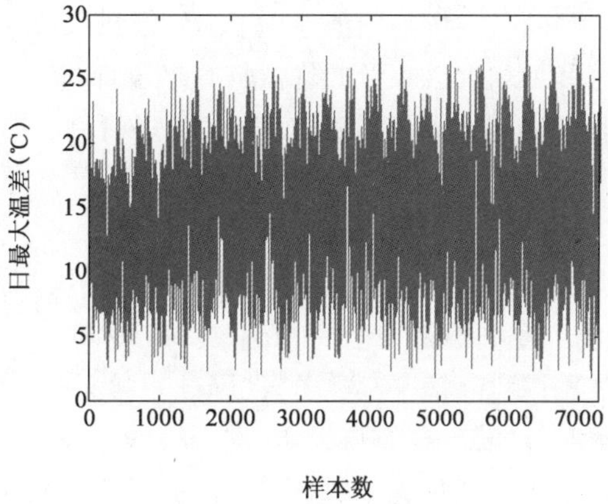

d) 日最大温差统计

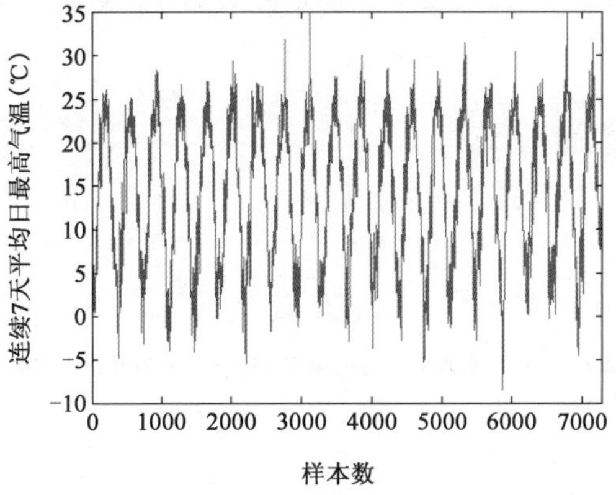

e) 连续7天平均日最高气温统计

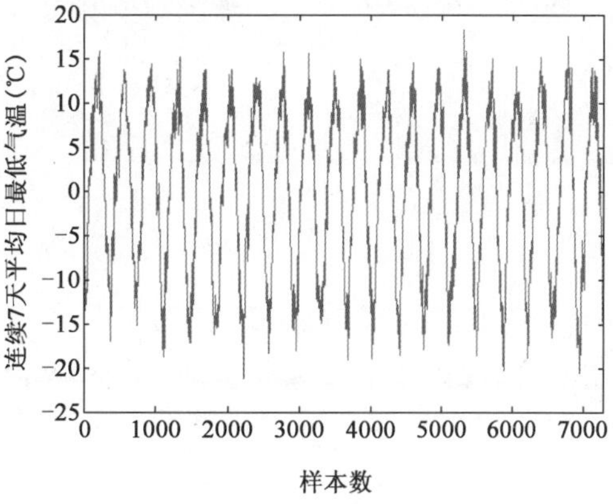

f) 连续7天平均日最低气温统计

图　5-1

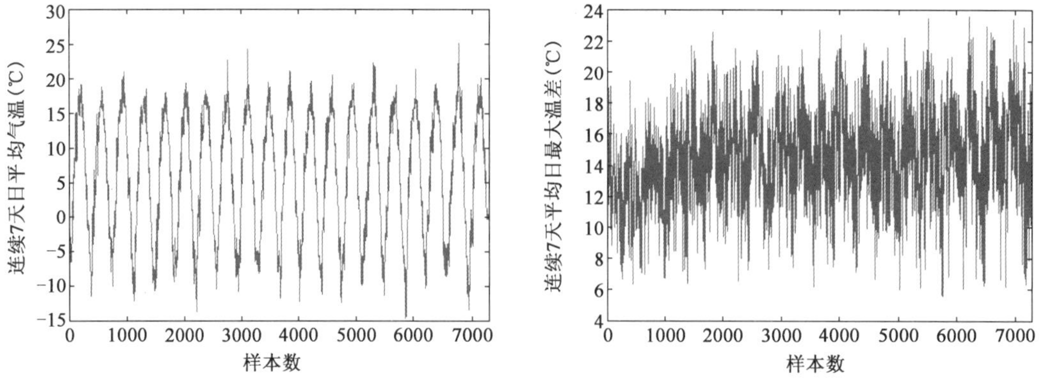

g)连续7天日平均气温统计　　h)连续7天平均日最大温差统计

图 5-1　西宁地区气温统计情况(1992—2012 年)

路面温度场研究的目的在于分析影响路面结构的内外因素,建立合理的路面结构预估模型,为路面结构性能指标的确定提供准确的参数。基于 Superpave 技术的高性能沥青路面设计是以路面温度场为依据建立 PG 分级进行沥青胶结料的选型,但是美国 SHRP 研究人员根据美国和加拿大气象台的气候信息数据库统计,建立的路面设计温度高低温回归公式有很多的限制(例如:太阳辐射吸收率、大气辐射、风速等),并不能适应各种情况。即使基本条件相同的两个地区,也会因为海拔等因素的不同而对沥青胶结料的选择产生差异。同时,SHRP 的回归公式只适用于 Sperpave 规定的面层下一定深度的温度场分析,如路面设计温度,高温选择在路表面下 2cm 深度,低温在路面表面,这不能适应层状体系路面面层各部分沥青胶结料的选择。通过横向对比,考虑到整体环境的差异性,以美国和加拿大的气候条件建立的回归模型也与国内实际情况存在差异,因此直接采用 SHRP 的回归公式用于国内沥青混凝土路面设计是否足够精确,还有待探究,国内外对于路面温度场的分析也多处于探索阶段。

本章节从热力学传热过程原理出发,考虑大气能量传递的导热、对流换热、辐射传热的方式,建立周期非稳态热传导方程用于路面的温度场分析。相对于实测温度场,该方法可以从理论方面给予解释,具有一定的理论深度和可移植性,用于更加精确的模拟和分析实际路面使用状况。

(1)热传导方程

$$\frac{\partial T}{\partial t}=\alpha\nabla^2 T=\alpha\left(\frac{\partial^2 T}{\partial x^2}+\frac{\partial^2 T}{\partial y^2}+\frac{\partial^2 T}{\partial z^2}\right) \tag{5-1}$$

(2)边界条件

对于路面结构,由于假设水平方向上的温度梯度为零,故侧面的边界条件不必考虑。所以,路面的上表面为主要边界,无限深处为次要边界。按照传导过程和路面特征的不同,边界条件可分为以下三种类型:

①第一类边界条件。

已知路表温度变化的函数:

$$T_1\big|_{z=0}=\varphi(t) \tag{5-2}$$

②第二类边界条件。

已知路表热流变化的函数：

$$-\lambda_1 \frac{\partial T_1}{\partial z}\bigg|_{z=0} = q(t) \tag{5-3}$$

③第三类边界条件。

已知与路表相接触的介质的温度变化函数：

$$-\lambda_1 \frac{\partial T_1}{\partial y}\bigg|_{z=0} = B[f_1(t) - T_1|_{z=0}] \tag{5-4}$$

式中：T_1——路面表层的温度函数；

$\varphi(t)$——路表温度；

λ_1——第一层路面材料的导热系数；

$q(t)$——路表的热流函数；

$f_1(t)$——与路表接触的介质的温度函数；

B——介质与路面之间的热交换系数。

本项目路面结构温度场属于第三类边界条件，也是工程中常见的类型。

(3)太阳辐射影响

太阳辐射的作用，使得大气温度在昼夜之间产生明显的差异，呈现出日周期性变化的特征，太阳辐射的周期性变化规律对路面结构温度场的影响可以近似用周期性变化的边界条件描述。

太阳辐射可分为短波辐射和长波辐射。其中短波辐射包括太阳直接辐射和散射辐射，以及路表对直接辐射和散射辐射的反射辐射；长波辐射包括路表向天空发出的长波辐射以及大气、云层等对路表面的逆辐射。有效辐射为短波辐射与长波辐射之差。

辐射传递给路面表面的热流量公式为：

$$R = \alpha_s \cdot Q - F \tag{5-5}$$

式中：Q——辐射热；

α_s——路表面对总辐射的吸收率；

F——有效辐射。

对流交换的热流量为：

$$P = B(T_a - T_1|_{z=0}) \tag{5-6}$$

这时路表边界条件为：

$$-\lambda_1 \frac{\partial T_1}{\partial z}\bigg|_{z=0} = \alpha_s Q - F + B(T_a - T_1|_{z=0}) \tag{5-7}$$

(4)太阳辐射日变化过程函数

根据Barber、严作人等的研究成果，太阳辐射的日变化过程采用以下函数近似描述：

$$Q(t) = \begin{cases} 0 & \left[0, \frac{\pi}{\omega}\left(1 - \frac{m}{2}\right)\right] \\ Q_0 \cos m\omega(t - 12) & \left[\frac{\pi}{\omega}\left(1 - \frac{m}{2}\right), \frac{\pi}{\omega}\left(1 + \frac{m}{2}\right)\right] \\ 0 & \left[\frac{\pi}{\omega}\left(1 + \frac{m}{2}\right), \frac{2\pi}{\omega}\right] \end{cases} \tag{5-8}$$

式中：Q_0——中午最大的辐射，$Q_0=0.131mQ_s$，$m=12/c$；

Q_s——日太阳辐射总量（J/m^2）；

c——实际有效日照时间（h），可参照气象部门数据；

ω——角频率（rad），$\omega=\frac{\pi}{12}$；

t——时间（h），以早上六点为时间的起点。

该式为分段函数，不光滑连续，在计算温度场时会出现跳跃间断点，为此，需要将其展开为级数表示以得到光滑连续的函数表达式。根据 Fourier 级数的相关原理，对该非连续函数 $Q(t)$ 进行傅立叶变换，可以转化成余弦三角函数形式的 Fourier 级数连续函数，依次作为边界条件，即：

$$Q(t)=\begin{cases}\dfrac{Q_0}{\pi}+\dfrac{Q_0}{2}\sin\omega t+\dfrac{2Q_0}{\pi}\sum\limits_{k=1}^{\infty}\dfrac{1}{1-4k^2}\sin\left(2k\omega t+\dfrac{\pi}{2}\right) & m=1\\[2ex] \dfrac{Q_0}{m\pi}+\dfrac{2mQ_0}{\pi}\sum\limits_{k=1}^{\infty}\dfrac{\cos\dfrac{k\pi}{2m}}{m^2-k^2}\sin\left(k\omega t+\dfrac{\pi}{2}-\dfrac{k\pi}{2}\right) & m\neq 1\end{cases} \tag{5-9}$$

当计算阶数 k 达到 30 时即可满足工程精度的要求。

（5）气温及对流热交换

由于太阳辐射的影响，大气温度呈现出周期性的变化特征。由于最低气温通常出现在黎明前后，大约在上午 4 时左右，而最高气温大多出现在最大太阳辐射出现后约 2h（14 时左右），这样从最低气温上升到最高气温不足 10h，而从最高气温降至最低气温则需要 14h 以上，单一的正弦函数无法模拟这种实际的变温过程。为此，采用下式所示的两个正弦函数的线性组合来模拟气温的日变化过程，其结果与实际情况符合较好。

$$T_a=\bar{T}_a+T_m[0.96\sin\omega(t-t_0)+0.146\sin 2\omega(t-t_0)] \tag{5-10}$$

式中：$\bar{T}_a$——日平均气温（℃），$\bar{T}_a=\frac{T_a^{max}+T_a^{min}}{2}$，其中 T_a^{max}、T_a^{min} 分别为日最高和最低气温（℃）；

T_m——日气温变化幅度（℃），$T_m=\frac{1}{2}(T_a^{max}-T_a^{min})$；

t_0——初相位（h），最大太阳辐射与最高气温出现时间差加 7，一般情况下可设时间差为 2h，为此，t_0 可以取为 9。

本章节研究的西宁地区气候预估模型即为上述公式，主要是采用双正弦曲线预估温度的模型，通过最高温度和最低温度来反推，理论上拟合日温度变化。

路面表面与大气产生热交换的热交换系数 h_c 主要受风速 v_w 的影响，两者之间呈现线性关系：

$$h_c=3.7v_w+9.4 \tag{5-11}$$

式中：h_c——热交换系数[$W/(m^2\cdot℃)$]；

v_w——日平均风速（m/s）。

（6）路面有效辐射

路面有效辐射的大小主要与地面温度、气温、云量、空气的湿度及透明度等诸多因素有关。以往的研究中，对此问题的计算通常是通过适当的改变表面放热系数修整气温，或者对太阳辐射的幅值进行折减等方法来近似计算表面有效辐射的释热效果，但这种处理方法存在较大误差。东南大学等院所研究学者建议采用如下计算公式可直接实现地面有效辐射的边界条件：

$$q_F = \varepsilon\sigma[(T_1|_{z=0} - T_z)^4 - (T_a - T_z)^4] \quad (5\text{-}12)$$

式中：q_F——地面有效辐射[W/(m^2·℃)]；

ε——路面发射率(黑度)，沥青路面取0.81；

σ——Stefan-Boltzmann常数(黑体辐射系数)，5.6697×10^{-8}W/(m^2·K^4)；

$T_1|_{z=0}$——路表温度(℃)；

T_a——大气温度(℃)；

T_z——绝对零度值(-273℃)。

5.1.3 路面温度场预估模型

1)基于统计分析法的预估模型

统计分析法也叫相关分析法，气温和太阳辐射是影响路面温度场的最主要环境变量，简化模型参数，忽略其他因素，也可以得到满意的预测精度。

(1)Superpave温度模型

美国SHRP计划提出了沥青及沥青混合料的性能按气候分区评价的设想，SHRP报告指出，在高温条件下，路表温度是由路表的热气流决定的，而路表热气流是由多方面组成，路表最高温度可采用下式计算：

$$T_{smax} = T_a - 0.0618Lat^2 + 0.2289Lat + 24.4 \quad (5\text{-}13)$$

式中：T_{smax}——路表最高温度(℃)；

T_a——连续7天平均最高温度(℃)；

Lat——项目所在地的地理纬度。

Superpave高温设计温度以路表以下20mm处的最高温度作为路面的高温设计温度，即：

$$T_{20mm,max} = (T_a - 0.0618Lat^2 + 0.2289Lat + 42.2)\times0.9545 - 17.78 \quad (5\text{-}14)$$

式中：$T_{20mm,max}$——路面高温设计温度(℃)，阳光吸收率为0.9，空气热传导为0.81，大气辐射为0.70，风速为4.5m/s。

低温温度模型，Superpave认为冬季路面最低温度发生在路表处，以路表最低温度为路面低温设计温度。但是加拿大研究认为其结果偏保守，建议低温设计温度为：

$$T_{min} = 0.895T_a + 1.7 \quad (5\text{-}15)$$

式中：T_{min}——路面低温设计温度(℃)；

T_a——最低温度的平均值(℃)。

(2)Mohseni改进温度模型

$$T_{min} = -1.56 + 0.72T_a - 0.04Lat^2 + 6.26\lg(d + 25) \quad (5\text{-}16)$$

式中：d——距路表面的深度(mm)。

不同的组织和个人通过不同的手段得到了适应于当地条件的路面温度场模型，但是相关模型都具有一定的地域适用性，对于不同环境条件下则会造成很大误差。因此，一般认为仅仅基于气温和太阳辐射强度的预估模型具有局限性。

2)路面温度场的其他预估模型

郑健龙、周志刚、张起森在《沥青路面抗裂设计理论与方法》中根据同样的假设条件得到的解析解为：

(1)周期性变化的边界条件

$$-\lambda_1\frac{\partial T_1}{\partial z}\bigg|_{z=0}=\begin{cases}B\{T_1|_{z=0}-T_a-(T_m+c_F\alpha_s)[0.96\sin\omega(t-t_0)+0.146\sin2\omega(t-t_0)]\}-\\ \quad\dfrac{Q_0\alpha_s}{\pi B}\left[1+\dfrac{\pi}{2}\sin\omega t+2\sum\limits_{k=1}^{\infty}\dfrac{1}{1-4k^2}\sin\left(2k\omega t+\dfrac{\pi}{2}\right)\right] & m=1\\ B\{T_1|_{z=0}-T_a-(T_m+c_F\cdot\alpha_s)[0.96\sin\omega(t-t_0)+0.146\sin2\omega(t-t_0)]\}-\\ \quad\dfrac{Q_0\alpha_s}{\pi B}\left[\dfrac{1}{m}+2m\sum\limits_{k=1}^{\infty}\dfrac{\cos\dfrac{k\pi}{2m}}{1-4k^2}\sin\left(2k\omega t+\dfrac{\pi}{2}-\dfrac{k\pi}{2}\right)\right] & m\neq1\end{cases}\tag{5-17}$$

(2)路面温度场周期变化的一般解

$$T_i(z,t)=\begin{cases}\overline{T}_a+(T_m+c_F\cdot\alpha_s)[0.96T_{emp_i}(z,t-t_0,\omega)+0.146T_{emp_i}(z,t-t_0,2\omega)]+\\ \quad\dfrac{Q_0\alpha_s}{\pi B}+\dfrac{Q_0\alpha_s}{2B}T_{emp_i}(z,t,\omega)+\dfrac{2Q_0\alpha_s}{\pi B}\sum\limits_{k=1}^{\infty}\dfrac{1}{1-4k^2}T_{emp_i}\left(z,t+\dfrac{\pi}{4k\omega},2k\omega\right)\\ \overline{T}_a+(T_m+c_F\cdot\alpha_s)[0.96T_{emp_i}(z,t-t_0,\omega)+0.146T_{emp_i}(z,t-t_0,2\omega)]+\\ \quad\dfrac{Q_0\alpha_s}{\pi mB}+\dfrac{2mQ_0\alpha_s}{\pi B}\sum\limits_{k=1}^{\infty}\dfrac{1}{m-4k^2}T_{emp_i}\left(z,t+\dfrac{\pi}{2k\omega}-\dfrac{\pi}{2\omega},k\omega\right)\end{cases}\tag{5-18}$$

式中：$T_{emp_i}(z,t,\Omega)$——$T_{emp_i}(z,t,\Omega)=I_{mg}[A_i e^{j\Omega-(1+j)\beta_i z}+B_i e^{j\Omega t+(1-j)\beta_i z}]$；

I_{mg}——函数取虚数；

B——热交换系数；

λ_i——第 i 层的导热系数；

Ω——频率，当 $\Omega=0$ 表示温度场为一定常温度场；

j——$j=\sqrt{-1}$；

α_i——第 i 层的导温系数(m^2/h)；

$$\alpha_i'=\sqrt{\frac{j\Omega}{\alpha_i}},\beta_i=\sqrt{\frac{\Omega}{2\alpha_i'}};$$

A_i、B_i——复常数，其中：

$$A_1=V\cdot B_1,B_1=\frac{B}{(1+V)B+(1-V)\lambda_1\beta_1(1+j)};$$

$$A_{i+1}=R_i^{11}A_i+R_i^{12}B_i,B_{i+1}=R_i^{21}A_i+R_i^{22}B_i;$$

$$R_i^{11}=\frac{1}{2}(1+\eta_i)e^{-(\beta_i-\beta_{i+1})H_i(1+j)},R_i^{12}=\frac{1}{2}(1-\eta_i)e^{(\beta_i-\beta_{i+1})H_i(1+j)};$$

$$R_i^{21}=\frac{1}{2}(1-\eta_i)e^{-(\beta_i+\beta_{i+1})H_i(1+j)},R_i^{22}=\frac{1}{2}(1+\eta_i)e^{(\beta_i-\beta_{i+1})H_i(1+j)};$$

$$V=\frac{R_1^{12}R_2^{11}R_3^{21}+R_1^{22}R_2^{12}R_3^{21}+R_1^{12}R_2^{21}R_3^{22}+R_1^{22}R_2^{22}R_3^{22}}{R_1^{11}R_2^{11}R_3^{21}+R_1^{21}R_2^{12}R_3^{21}+R_1^{11}R_2^{21}R_3^{22}+R_1^{21}R_2^{22}R_3^{22}};$$

$$\eta_i = \frac{\lambda_i \beta_i}{\lambda_{i+1}\beta_{i+1}};$$

$$H_i = \sum_{k=1}^{i} h_k;$$

h_i——第 i 层结构材料的厚度(m)。

3)路面温度场模型一般解

相比较于长度和宽度,路面的厚度很小,同时考虑路面结构温度铺筑稳定后的受热情况,因此,可以将路面结构看作受热面为 $z=0$,厚度 $l\to\infty$ 的半无限厚场,且无内热源。由上述分析可知,温度场模型的定解方程为:$\frac{\partial T}{\partial t}=\alpha\cdot\frac{\partial^2 T}{\partial z^2}$

假定初始条件为:$T|_{t=0}=\varphi(z)$

边界条件:

①若考虑单层体系,则:$\left.\frac{\partial T}{\partial z}\right|_{z=0}=\phi(t)$,$\left.\frac{\partial T}{\partial z}\right|_{z=l}=0$

②若考虑多层体系,则:$\left.\frac{\partial T^i}{\partial z}\right|_{z=h_i}=\phi_{i+1}(t)$,$(i=1,2,\cdots)$

显然,多层体系中的自然边界条件为:$-\lambda_n\left.\frac{\partial T^n}{\partial z}\right|_{z=\infty}=0$

方程属于非齐次边界条件的定解问题。

(1)单层体系分析

齐次化边界条件:设 $T=T_1+T_2$

考虑到边界条件,若使 $T_2(z,t)=A(t)z+B(t)$,则会使在 T_1 的边界条件齐次化时系数 $A(t)$ 和 $B(t)$ 无法确定,所以,设 $T_2(z,t)=A(t)z^2+B(t)z$,$\left.\frac{\partial T_2}{\partial z}\right|_{z=0}=\phi(t)$,$\left.\frac{\partial T_2}{\partial z}\right|_{z=l}=0$

则:$A(t)=-\frac{1}{2l}\phi(t)$,$B(t)=\phi(t)$,即:$T_2(z,t)=-\frac{1}{2l}\phi(t)z^2+\phi(t)z$

故:$\frac{\partial T}{\partial t}=\alpha\cdot\frac{\partial^2 T}{\partial z^2}=\frac{\partial T_1}{\partial t}+\frac{\partial T_2}{\partial t}=\alpha\left(\frac{\partial^2 T_1}{\partial z^2}+\frac{\partial^2 T_2}{\partial z^2}\right)$

即:$\frac{\partial T_1}{\partial t}-\alpha\frac{\partial^2 T_1}{\partial z^2}=\alpha\frac{\partial^2 T_2}{\partial z^2}-\frac{\partial T_2}{\partial t}=-\frac{\alpha}{l}\phi(t)+\frac{1}{2l}\phi'(t)z^2-\phi'(t)z$

设 $f(z,t)=-\frac{\alpha}{l}\phi(t)+\frac{1}{2l}\phi'(t)z^2-\phi'(t)z$

其中:$T_1|_{t=0}=T|_{t=0}-T_2|_{t=0}=\phi(z)+\frac{1}{2l}\phi(0)z^2-\phi(0)z$

设 $g(z)=\varphi(z)+\frac{1}{2l}\phi(0)z^2-\phi(0)z$

即:定解方程 $\frac{\partial T_1}{\partial t}-\alpha\frac{\partial^2 T_1}{\partial z_n^2}=f(z,t)$

初始条件:$T_1|_{t=0}=g(z)$

边界条件:$\left.\frac{\partial T_1}{\partial z}\right|_{z=0}=0$,$\left.\frac{\partial T_1}{\partial z}\right|_{z=l}=0$

这是齐次边界条件的非齐次方程。

设$T_1 = T_{11} + T_{12}$，

且满足：$\begin{cases} \dfrac{\partial T_{11}}{\partial t} - \alpha \dfrac{\partial^2 T_{11}}{\partial z^2} = 0 \\ T_{11}\big|_{t=0} = g(z) \\ \dfrac{\partial T_{11}}{\partial z}\Big|_{z=0} = 0, \dfrac{\partial T_{11}}{\partial z}\Big|_{z=l} = 0 \end{cases}$，$\begin{cases} \dfrac{\partial T_{12}}{\partial t} - \alpha \dfrac{\partial^2 T_{12}}{\partial z^2} = f(z,t) \\ T_{12}\big|_{t=0} = 0 \\ \dfrac{\partial T_{12}}{\partial z}\Big|_{z=0} = 0, \dfrac{\partial T_{12}}{\partial z}\Big|_{z=l} = 0 \end{cases}$

对于齐次边界条件的齐次方程分离变量：

设$T_{11}(z,t) = X(z) \cdot W(t)$

则：$\dfrac{\partial T_{11}}{\partial t} - \alpha \dfrac{\partial^2 T_{11}}{\partial z^2} = \dfrac{\partial W}{\partial t}X - \alpha \dfrac{\partial^2 X}{\partial z^2}W$

显然易知：$\dfrac{\partial W}{\partial t}\Big/\alpha W = \dfrac{\nabla^2 X}{X} =$ 负数，设为 $-\omega^2$

则：$\begin{cases} \dfrac{\partial W}{\partial t} + a\,\omega^2 W = 0 \\ \nabla^2 X + \omega^2 X = 0 \end{cases}$

方程解的构型为 $\begin{cases} W = e^{-\alpha\omega^2 t} \\ X = C\cos\omega z + D\sin\omega z \end{cases}$

由边界条件：$\dfrac{\partial T_{11}}{\partial z}\Big|_{z=0} = \dfrac{\partial X}{\partial z}\Big|_{z=0} = 0$，可知 $D = 0$；

$\dfrac{\partial T_{11}}{\partial z}\Big|_{z=l} = \dfrac{\partial X}{\partial z}\Big|_{z=l} = 0$，可知 $\omega = \dfrac{n\pi}{l}, (n = 0, 1, \cdots)$

即：$X_n(z) = C_n\cos\left(\dfrac{n\pi}{l}z\right)$

则满足 Dirichlet 条件的 Fourier 级数解的形式为：

$$T_{11}(z,t) = \frac{C_0}{2} + \sum_{n=1}^{\infty} C_n e^{-\alpha\left(\frac{n\pi}{l}\right)^2 t}\cos\left(\frac{n\pi}{l}z\right)$$

其中，$C_n = \dfrac{2}{l}\int_0^l g(z) \cdot \cos\left(\dfrac{n\pi}{l}z\right)dz$

考虑到初始条件的温度分布函数未知，为此假设为均值常量进行稳定温度场分析，可知当迭代进行到一定数量时，傅里叶级数收敛趋于稳定值，因此可以用于计算，设 $\varphi(z) = \varphi_0$，则：

$$\begin{aligned} C_n &= \frac{2}{l}\int_0^l \left[\varphi_0 + \frac{1}{2l}\phi(0)z^2 - \phi(0)z\right] \cdot \cos\left(\frac{n\pi}{l}z\right)dz \\ &= \frac{2}{l}\left[\varphi_0\int_0^l \cos\left(\frac{n\pi}{l}z\right)dz + \frac{1}{2l}\phi(0)\int_0^l z^2\cos\left(\frac{n\pi}{l}z\right)dz - \phi(0)\int_0^l z \cdot \cos\left(\frac{n\pi}{l}z\right)dz\right] \\ &= \frac{2l}{n^2\pi^2}\phi(0) \end{aligned}$$

其中，$C_0=2\varphi_0-\frac{2}{3}\phi(0)l$

对于非齐次方程，考虑到对应齐次方程的结构形式，按本征函数展开：

设$\begin{cases}T_{12}(z,t)=\sum\limits_{n=1}^{\infty}T_n(t)\cos\left(\frac{n\pi}{l}z\right)\\f(z,t)=\sum\limits_{n=1}^{\infty}f_n(t)\cos\left(\frac{n\pi}{l}z\right)\end{cases}$

其中，$f_n(t)=\frac{2}{l}\int_0^l f(z,t)\cos\left(\frac{n\pi}{l}z\right)\mathrm{d}z$

代入得到$\begin{cases}T_n'(t)+\alpha\left(\frac{n\pi}{l}\right)^2T_n(t)=f_n(t)\\T_n(0)=0\end{cases}$

由一阶常微分方程可知，$T_n(t)=\mathrm{e}^{-\alpha\left(\frac{n\pi}{l}\right)^2t}\left[\int_0^t f_n(t)\mathrm{e}^{\alpha\left(\frac{n\pi}{l}\right)^2t}\mathrm{d}t+E\right]$

由于
$$\int_0^l f(z,t)\cdot\cos\left(\frac{n\pi}{l}z\right)\mathrm{d}z=-\frac{\alpha}{l}\phi(t)\int_0^l\cos\left(\frac{n\pi}{l}z\right)\mathrm{d}z+\frac{1}{2l}\phi'(t)\int_0^l z^2\cdot\cos\left(\frac{n\pi}{l}z\right)\mathrm{d}z-\phi'(t)\int_0^l z\cdot\cos\left(\frac{n\pi}{l}z\right)\mathrm{d}z=\frac{l^2}{n^2\pi^2}\phi'(t)$$

则：$f_n(t)=\frac{2l}{n^2\pi^2}\phi'(t)$

考虑到路表边界条件的形式为：$\phi(t)=\left.\frac{\partial T}{\partial z}\right|_{z=0}=-\frac{1}{\lambda}\left[\alpha_s\cdot Q-F+B(T_a-T|_{z=0})\right]$

其中，Q 和 T_a 均展开为傅里叶级数的形式，含有正弦函数形式，那么其导数应为余弦函数形式，对于积分形式，设 $M=\int_0^t\cos\omega(t-t_0)\,\mathrm{e}^{\alpha\left(\frac{n\pi}{l}\right)^2t}\mathrm{d}t$

$$\begin{aligned}M&=\int_0^t\cos\omega(t-t_0)\,\mathrm{e}^{\alpha\left(\frac{n\pi}{l}\right)^2t}\mathrm{d}t\\&=\frac{1}{\alpha}\left(\frac{l}{n\pi}\right)^2\left\{\cos\omega(t-t_0)\,\mathrm{e}^{\alpha\left(\frac{n\pi}{l}\right)^2t}-\cos\omega t_0+\frac{\omega}{\alpha}\left(\frac{l}{n\pi}\right)^2\left[\sin\omega(t-t_0)\,\mathrm{e}^{\alpha\left(\frac{n\pi}{l}\right)^2t}+\sin\omega t_0\right]-\right.\\&\quad\left.\frac{\omega^2}{\alpha}\left(\frac{l}{n\pi}\right)^2\int_0^t\cos\omega(t-t_0)\,\mathrm{e}^{\alpha\left(\frac{n\pi}{l}\right)^2t}\mathrm{d}t\right\}\\&=\frac{1}{\alpha}\left(\frac{l}{n\pi}\right)^2\left\{\cos\omega(t-t_0)\,\mathrm{e}^{\alpha\left(\frac{n\pi}{l}\right)^2t}-\cos\omega t_0+\frac{\omega}{\alpha}\left(\frac{l}{n\pi}\right)^2\left[\sin\omega(t-t_0)\,\mathrm{e}^{\alpha\left(\frac{n\pi}{l}\right)^2t}+\sin\omega t_0\right]\right\}-\\&\quad\frac{\omega^2}{\alpha^2}\left(\frac{l}{n\pi}\right)^4M\end{aligned}$$

则：$M=\frac{1}{1+\frac{\omega^2}{\alpha^2}\left(\frac{l}{n\pi}\right)^4}\cdot\frac{1}{\alpha}\cdot\left(\frac{l}{n\pi}\right)^2\left\{\cos\omega(t-t_0)\mathrm{e}^{\alpha\left(\frac{n\pi}{l}\right)^2t}-\cos\omega t_0+\right.$

$$\frac{\omega}{\alpha}\left(\frac{l}{n\pi}\right)^2\left[\sin\omega(t-t_0)\mathrm{e}^{\alpha\left(\frac{n\pi}{l}\right)^2 t}+\sin\omega t_0\right]\Bigg\}$$

当 $t=0$ 时,$M=0$

又由 $T_n(0)=0$,显然 $E=0$。

$$T(z,t)=T_{11}(z,t)+T_{12}(z,t)+T_2(z,t)$$

$$=\frac{C_0}{2}+\sum_{n=1}^{\infty}C_n\cdot\mathrm{e}^{-\alpha\left(\frac{n\pi}{l}\right)^2 t}\cdot\cos\left(\frac{n\pi}{l}z\right)+\sum_{n=1}^{\infty}T_n(t)\cos\left(\frac{n\pi}{l}z\right)-\frac{1}{2l}\phi(t)z^2+\phi(t)z$$

$$=\frac{C_0}{2}+\frac{2l}{\pi^2}\sum_{n=1}^{\infty}\frac{1}{n^2}\phi(0)\cdot\mathrm{e}^{-\alpha\left(\frac{n\pi}{l}\right)^2 t}\cdot\cos\left(\frac{n\pi}{l}z\right)+\frac{2l}{\pi^2}\sum_{n=1}^{\infty}\frac{1}{n^2}\mathrm{e}^{-\alpha\left(\frac{n\pi}{l}\right)^2 t}\int_0^t\phi'(t)\mathrm{e}^{\alpha\left(\frac{n\pi}{l}\right)^2 t}\mathrm{d}t\cdot\cos\left(\frac{n\pi}{l}z\right)-$$

$$\frac{1}{2l}\phi(t)z^2+\phi(t)z$$

又设 $G=\int_0^t\cos\left(k\omega t+\frac{\pi}{2}-\frac{k\pi}{2}\right)\mathrm{e}^{\alpha\left(\frac{n\pi}{l}\right)^2 t}\mathrm{d}t$

$$=\frac{1}{1+\frac{k^2\omega^2}{\alpha^2}\left(\frac{l}{n\pi}\right)^4}\cdot\frac{1}{\alpha}\cdot\left(\frac{l}{n\pi}\right)^2\Bigg\{\cos\left(k\omega t+\frac{\pi}{2}-\frac{k\pi}{2}\right)\mathrm{e}^{\alpha\left(\frac{n\pi}{l}\right)^2 t}-\cos\left(\frac{\pi}{2}-\frac{k\pi}{2}\right)+$$

$$\frac{k\omega}{\alpha}\left(\frac{l}{n\pi}\right)^2\left[\sin\left(k\omega t+\frac{\pi}{2}-\frac{k\pi}{2}\right)\mathrm{e}^{\alpha\left(\frac{n\pi}{l}\right)^2 t}-\sin\left(\frac{\pi}{2}-\frac{k\pi}{2}\right)\right]\Bigg\}$$

$$S=\int_0^t\cos2\omega(t-t_0)\,\mathrm{e}^{\alpha\left(\frac{n\pi}{l}\right)^2 t}\mathrm{d}t$$

$$=\frac{1}{1+\frac{4\omega^2}{\alpha^2}\left(\frac{l}{n\pi}\right)^4}\cdot\frac{1}{\alpha}\cdot\left(\frac{l}{n\pi}\right)^2\Bigg\{\cos2\omega(t-t_0)\,\mathrm{e}^{\alpha\left(\frac{n\pi}{l}\right)^2 t}-\cos2\omega t_0+\frac{2\omega}{\alpha}\left(\frac{l}{n\pi}\right)^2$$

$$\left[\sin2\omega(t-t_0)\,\mathrm{e}^{\alpha\left(\frac{n\pi}{l}\right)^2 t}+\sin2\omega t_0\right]\Bigg\}$$

则:$\int_0^t\phi'(t)\,\mathrm{e}^{\alpha\left(\frac{n\pi}{l}\right)^2 t}\mathrm{d}t=-\frac{\alpha}{\lambda}\cdot\frac{2m\omega Q_0}{\pi}\sum_{k=1}^{\infty}\frac{k\cos\frac{k\pi}{2m}}{m^2-k^2}G-\frac{B}{\lambda}(T_{\mathrm{m}}+c_{\mathrm{F}}\cdot\alpha)(0.96\omega M+0.292\omega S)$

由此可知温度场的解析结果。

(2)多层体系

多层体系的边界条件处理方式同单层体系。

显然对于多层体系,应满足 $l=h_1+h_2+\cdots$

基本方程满足 $\frac{\partial T^i}{\partial t}=\alpha_i\cdot\frac{\partial^2T^i}{\partial z^2}$

同时对于温度场建立以下约束条件:

①层间黏结良好,接触面温度连续,即 $T^i\big|_{z=h_i}=T^{i+1}\big|_{z=0}$

②接触面热流连续,即 $-\lambda_i\frac{\partial T^i}{\partial z}\Big|_{z=h_i}=-\lambda_{i+1}\frac{\partial T^{i+1}}{\partial z}\Big|_{z=0}$

由边界条件可知，$\left.\frac{\partial T^i}{\partial z}\right|_{z=h_i}=\left.\frac{\partial T^{i+1}}{\partial z}\right|_{z=0}=\phi_{i+1}(t)\phi_1(t)$

$$=\left.\frac{\partial T^1}{\partial z}\right|_{z=0}=-\frac{1}{\lambda_1}[\alpha_s\cdot Q-F+B(T_a-T|_{z=0})]$$

则：$T_2^i=-\frac{1}{2h_i}[\phi_i(t)-\phi_{i+1}(t)]\cdot z^2+\phi_i(t)\cdot z\qquad(i=1,2,\cdots)$

同理可知：

$$\frac{\partial T_1^i}{\partial t}-\alpha_i\frac{\partial^2 T_1^i}{\partial z^2}=-\frac{\alpha_i}{h_i}[\phi_i(t)-\phi_{i+1}(t)]+\frac{1}{2h_i}[\phi'_i(t)-\phi'_{i+1}(t)]\cdot z^2-\phi'_i(t)\cdot z=f_i(z,t)$$

$$T_1^i\Big|_{t=0}=T^i\Big|_{t=0}-T_2^i\Big|_{t=0}=\phi_i(z)+\frac{1}{2h_i}[\phi_i(0)-\phi_{i+1}(0)]\cdot z^2-\phi_i(0)\cdot z=g_i(z)$$

设$T_1^i=T_{11}^i+T_{12}^i$

$$\text{则}\begin{cases}\frac{\partial T_{11}^i}{\partial t}-\alpha\frac{\partial^2 T_{11}^i}{\partial z^2}=0\\ T_{11}^i\Big|_{t=0}=g_i(z)\\ \frac{\partial T_{11}^i}{\partial z}\Big|_{z=h_i}=0,\frac{\partial T_{11}^i}{\partial z}\Big|_{z=h_{i+1}}=0\end{cases},\begin{cases}\frac{\partial T_{12}^i}{\partial t}-\alpha\frac{\partial^2 T_{12}^i}{\partial z^2}=f_i(z,t)\\ T_{12}^i\Big|_{t=0}=0\\ \frac{\partial T_{12}^i}{\partial z}\Big|_{z=h_i}=0,\frac{\partial T_{12}^i}{\partial z}\Big|_{z=h_{i+1}}=0\end{cases}$$

以下解法同单层体系。

则满足 Dirichlet 条件的 Fourier 级数解的形式为：

$$T_{11}^i(z,t)=\frac{C_0^i}{2}+\sum_{n=1}^{\infty}C_n^i\cdot e^{-\alpha\left(\frac{n\pi}{h_i}\right)^2 t}\cdot\cos\left(\frac{n\pi}{h_i}z\right)$$

其中，$C_n^i=\frac{2}{h_i}\int_0^{h_i}g_i(z)\cdot\cos\left(\frac{n\pi}{h_i}z\right)dz=\frac{2h_i}{n^2\pi^2}\phi_i(0)-\frac{2(-1)^n h_i}{n^2\pi^2}\phi_{i+1}(0)$

$$C_0^i=2\varphi_0^i-\frac{2}{3}\phi_i(0)\cdot h_i-\frac{1}{3}\phi_{i+1}(0)\cdot h_i$$

$$\text{本征方程为：}\begin{cases}T_{12}^i(z,t)=\sum_{n=1}^{\infty}T_n^i(t)\cos\left(\frac{n\pi}{h_i}z\right)\\ f_i(z,t)=\sum_{n=1}^{\infty}f_n^i(t)\cos\left(\frac{n\pi}{h_i}z\right)\end{cases}$$

则：$f_n^i(t)=\frac{2}{h_i}\int_0^{h_i}f_i(z,t)\cos\left(\frac{n\pi}{h_i}z\right)dz=\frac{2h_i}{n^2\pi^2}\phi_i(t)+(-1)^{n+1}\frac{2h_i}{n^2\pi^2}\phi'_{i+1}(t)$

$$\begin{cases}\frac{d}{dt}T_n^i(t)+\alpha_i\left(\frac{n\pi}{h_i}\right)^2T_n^i(t)=f_n^i(t)\\ T_n^i(0)=0\end{cases}$$

即：$T_n^i(t)=e^{-\alpha_i\left(\frac{n\pi}{h_i}\right)^2 t}\left[\int_0^t f_n^i(t)\,e^{\alpha_i\left(\frac{n\pi}{h_i}\right)^2 t}dt+E_i\right]$

同理，由路表边界条件，

$$设\ M = \int_0^t \cos \omega(t - t_0)\ e^{\alpha_i (\frac{n\pi}{h_i})^2 t} dt$$

$$= \frac{1}{1 + \frac{\omega^2}{\alpha^2}\left(\frac{h_i}{n\pi}\right)^4} \cdot \frac{1}{\alpha_i} \cdot \left(\frac{h_i}{n\pi}\right)^2 \left\{ \cos \omega(t - t_0)\ e^{\alpha_i (\frac{n\pi}{h_i})^2 t} - \cos \omega t_0 + \frac{\omega}{\alpha_i}\left(\frac{h_i}{n\pi}\right)^2 [\sin \omega(t - t_0)\ e^{\alpha_i (\frac{n\pi}{h_i})^2 t} + \sin\omega t_0] \right\}$$

显然,对于多层结构,$E_i = 0$。

即可知:$T_i(z,t) = T_{11}^i(z,t) + T_{12}^i(z,t) + T_2^i(z,t)$

$$= \frac{C_0^i}{2} + \sum_{n=1}^{\infty} C_n^i \cdot e^{-\alpha_i (\frac{n\pi}{h_i})^2 t} \cdot \cos\left(\frac{n\pi}{h_i} z\right) + \sum_{n=1}^{\infty} T_n^i(t) \cos\left(\frac{n\pi}{h_i} z\right) - \frac{1}{2 h_i}[\phi_i(t) - \phi_{i+1}(t)] \cdot z^2 + \phi_i(t) \cdot z$$

同理,也可以与单层体系一样按系数将积分展开为傅里叶级数。

5.1.4 沥青路面结构温度场

1)沥青路面温度场模型的解析计算

基于上述路面温度场理论及预估模型分析,采用解析方法建立沥青路面结构温度场模型,其中本项目路面典型结构为:4cm AC-13(F)细粒式 SBS 改性(或胶粉改性)沥青混凝土 + 6cm AC-20(C)中粒式沥青混凝土 + 8cm ATB-25 密级配沥青稳定碎石 + 20cm 水泥稳定碎石基层 + 36cm 低剂量水泥稳定碎石底基层,如图 5-2 所示。风速与热交换系数之间的关系表达式为 $B = 3.7v + 9.4$,变化曲线如图 5-3 所示;路面材料计算参数如表 5-1 所示。

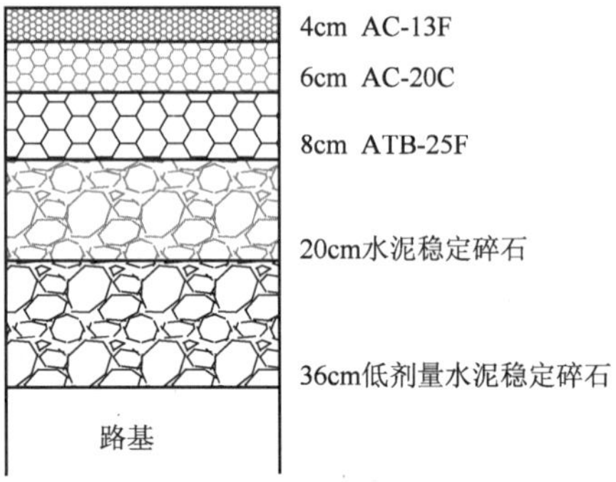

图 5-2 西宁南绕城公路的路面结构

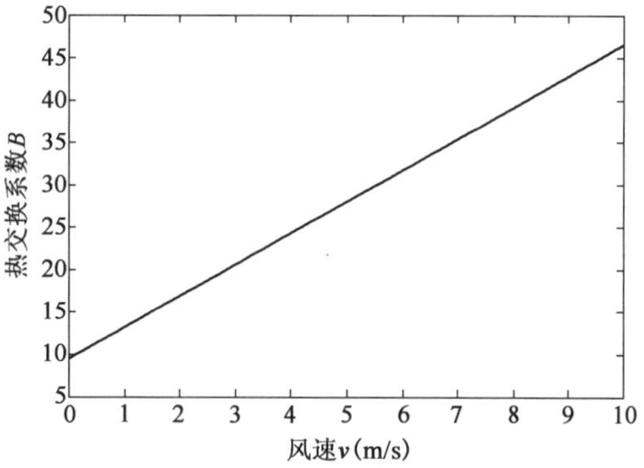

图 5-3 热交换系数与风速的变化关系

路面材料计算参数表 表 5-1

材料参数		沥青面层	水稳碎石基层	水稳碎石底基层	土基
导热系数	λ_i(kcal/m·h·℃)	1.0	1.2	1.1	1.2
	λ_i(J/m·h·℃)	4184	5021	4602	5021
密度 ρ(kg/m³)		2300	2200	2100	1800
比热容 C(J/kg·℃)		826.9	815.1	842.9	929.8

续上表

材料参数		沥青面层			水稳碎石基层			水稳碎石底基层			土基	
热交换系数	v(m/s)	0.0	1.0	2.0	3.0	4.0	5.0	6.0	7.0	8.0	9.0	10.0
	B(W/m^2 · K)	9.4	13.2	16.8	20.6	24.3	28.0	31.7	35.4	39.1	42.8	46.5
太阳辐射总量 Q_s(MJ/m^2)		月平均值 8.0 ~ 20.6，日极端值最大约 24.0										
太阳辐射吸收率 a_s(%)		0.9										
日照时间 c(h)		8 ~ 10										
路面发射率 ε(%)		0.81										
黑体辐射系数 σ(J/h · m^2 · K^4)		2.041092×10^{-4}										

(1)美国 Superpave 方法

根据美国 Superpave 法选择沥青胶结料等级的设计温度，采用的是路面温度而非空气温度，规定路面设计温度时：高温选取路面表层以下 20mm 处，低温选取路面表面，见式(5-14)。对于路面最低温度，SHRP 研究选取与最低气温相同，但结果较保守，宜采用加拿大研究的低温设计温度，见式(5-15)。

采用 Superpave 方法计算的路面设计温度见表 5-2。

基于 Superpave 法的路面设计温度　　表 5-2

Superpave 可靠度	路面设计温度(℃)								
	高温(0.02m 处)				低温(路面表面)				
	平均值	标准差	最高气温	最高路面温度	平均值	标准差	最低气温	SHRP	加拿大
								最低路面温度	
50%	29.0	2.7	29.0	50.2	−20.9	2.1	−20.9	−20.9	−17.0
85%			31.7	52.8			−23.0	−23.0	−18.9
99%			34.4	55.4			−25.1	−25.1	−20.8

(2)本章节解析方法

在考虑了对流换热和热辐射的条件下，采用本章节推导出的解析公式方法，调整部分相关环境参数，参考 Superpave 方法，取连续 7 天平均日最高气温 $T_a^{\max}=34.8$℃，对应最低气温为 $T_a^{\min}=15.4$℃，则可知 $T(0.02,t)_{\max}=51.5$℃。

对比本章节推导出的解析结果和表 5-2 中 Superpave 计算结果可知，当 Superpave 可靠度取 50% 时，两种方法的绝对误差为 1.3，相对误差限为 2.6%；当 Superpave 可靠度取 85% 时，两种方法的绝对误差为 1.3，相对误差限为 2.5%；当 Superpave 可靠度取 99% 时，两种方法的绝对误差为 3.9，相对误差限为 7.0%。通过计算可知，本项目路面日最高气温发生在当地时间 13 ~ 14 时(约北京时间 15 时)，且计算误差在可接受范围内，说明采用本章节推导出的解析方法是可适用的。

2)沥青路面温度场模型的有限元计算

有限元法是数值分析方法的一种，对于解析方法得出精确解的少数问题，数值解法可以解决含有非线性性质或求解区域的几何形状比较复杂无法得到精确解析解的问题。对比解析方法,采用有限元法对路面温度场分析时,还应同时结合应力场进一步分析。采用有限元法建立路面温度场模型时,由于在长度和宽度方向上边界条件一致,所以温度场模型不受长度和宽度的影响,其计算只与深度方向有关,但是考虑到与应力场的结合计算,故本项目采用三维有限元模型进行分析。

连续变温条件下沥青路面的温度场可以属于周期性变温条件的路面温度场,太阳辐射的周期性变化规律对路面结构温度场的影响可以近似地用周期性变化的边界条件描述。与解析方法对应,太阳辐射的日过程描述和气温函数变化采用相同的处理方法。对于连续变温条件下沥青路面的温度场,其边界形式与解析方法相同,考虑到实际统计气温变化不利于有限元和解析分析,对于气温函数按双正弦函数展开用以模拟实际气温函数,如图 5-4 和图 5-5 所示。

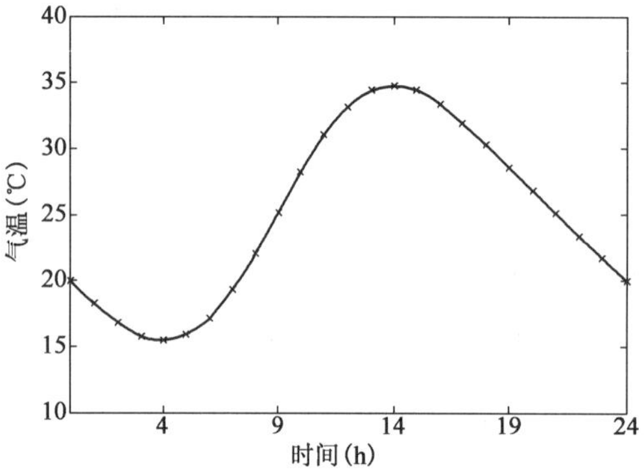

图 5-4 模拟高温温度函数

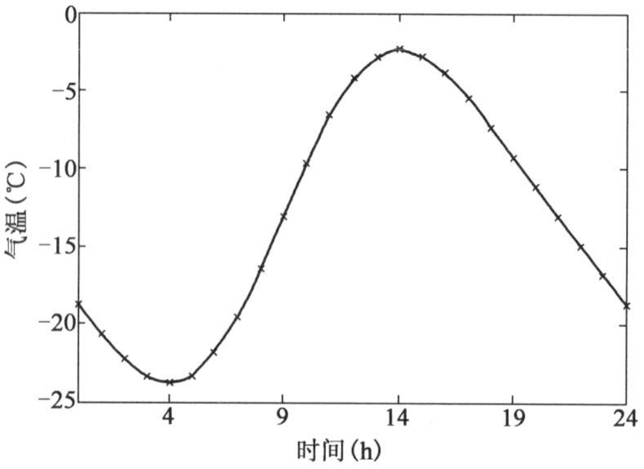

图 5-5 模拟低温温度函数

经实际验证,气温函数按双正弦函数展开可以较好地模拟日周期气温变化趋势,高低温季节代表性气温见表 5-3。

高低温季节代表性气温 表 5-3

时刻/气温	时刻	气温(℃)	时刻	气温(℃)	时刻	气温(℃)	时刻	气温(℃)
高温季节代表气温	1	18.3	7	19.2	13	34.4	19	28.5
	2	16.8	8	22.0	14	34.8	20	26.8
	3	15.8	9	25.1	15	34.4	21	25.1
	4	15.4	10	28.2	16	33.4	22	23.4
	5	15.8	11	31.0	17	31.9	23	21.7
	6	17.1	12	33.1	18	30.3	24	19.9
低温季节代表气温	1	-20.6	7	-19.6	13	-2.8	19	-9.2
	2	-22.2	8	-16.5	14	-2.3	20	-11.2
	3	-23.4	9	-13.1	15	-2.7	21	-13.1
	4	-23.8	10	-9.6	16	-3.9	22	-14.9
	5	-23.3	11	-6.5	17	-5.5	23	-16.9
	6	-21.9	12	-4.2	18	-7.3	24	-18.8

在有限元分析软件中,选择相互作用模块定义路面与周围大气的热交换过程,定义第一类边界条件为随时间变化的外界温度,第二类边界条件为随时间变化的热流,叠加而成代入有限元分析软件调用计算。太阳辐射和大气温度接触面如图 5-6 所示。

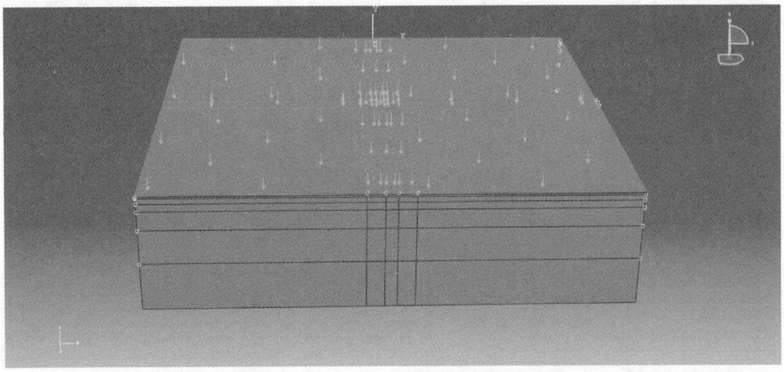

图 5-6 太阳辐射和大气温度接触面

依据数值计算分析所列路面结构及参数,建立有限元分析模型。完成网格划分的路面结构模型如图 5-7 所示。

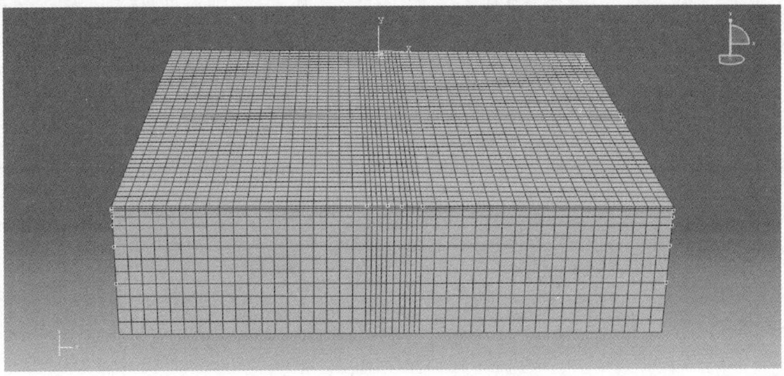

图 5-7 网格划分的路面结构模型

(1)极端月份下温度场分析

在有限元分析软件用户子程序中,对温度场在夏天和冬天的极端情况进行分析。其中,高温和低温温度场特点如下:

①高温温度场:夏天晴天,太阳辐射强烈,无风无对流换热,日照时间长。

②低温温度场:冬天阴天(不考虑雨天雨水冲刷路面等因素对温度场的影响),太阳辐射弱,有风有对流换热,日照时间短。

考虑季节性影响,在计算参数取值中,太阳辐射总量和日照时间夏天取大值,冬天取小值,能够较好地模拟实际极端情况。高温典型时刻的温度场见图 5-8,同理,低温典型时刻的温度场也可以得到类似温度分布图。高、低温温度场计算结果如图 5-9 和图 5-10 所示。

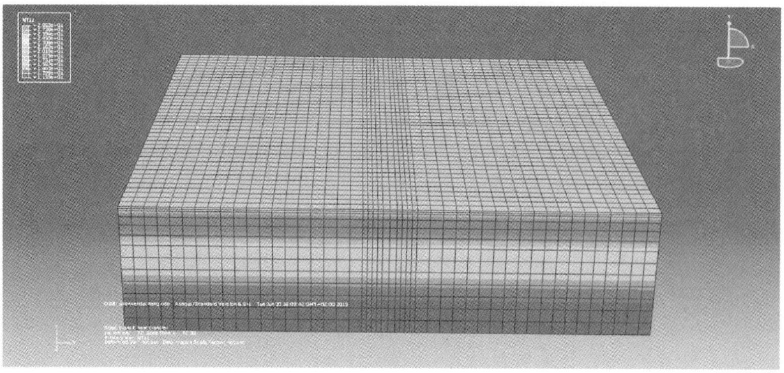

图 5-8　高温典型时刻的温度场

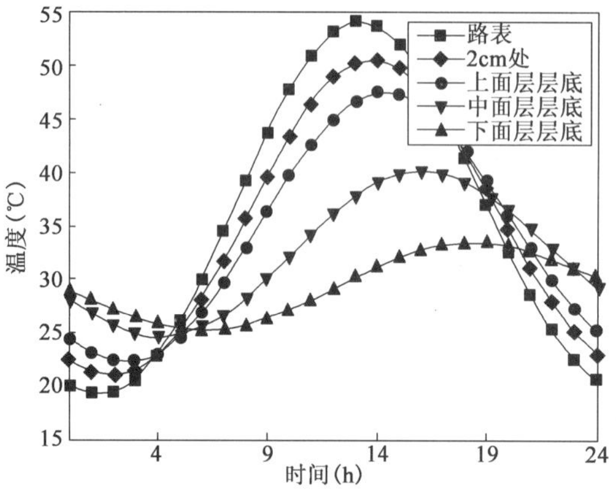

图 5-9　高温温度场

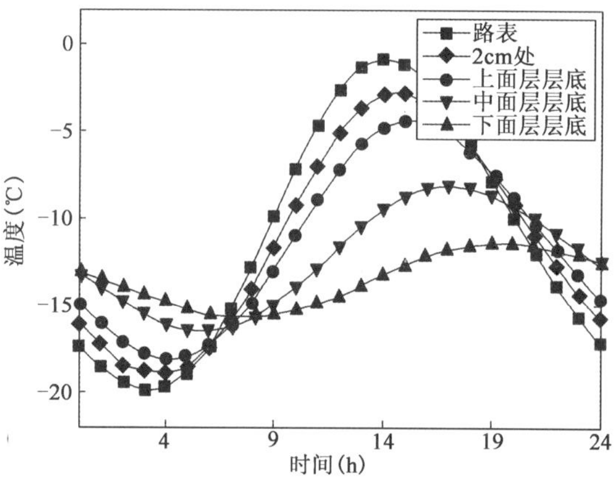

图 5-10　低温温度场

从图 5-9 和图 5-10 中路面结构高、低温温度场计算结果可知：

①基于有限元法的高温周期计算中，选取最热月份的极端最高气温 $T_a^{max}=34.8℃$，对应最低气温为 $T_a^{min}=15.4℃$，则路表的最高温度为 54.1℃，高温计算时路表下 2cm 处的温度为 $T(0.02,t)_{max}=50.5℃$。与表 5-2 中 Superpave 计算结果相比可知，当 Superpave 可靠度取 50% 时，两种方法的绝对误差为 0.3，相对误差限为 0.6%；当 Superpave 可靠度取 85% 时，绝对误差为 2.3，相对误差限为 4.4%；当 Superpave 可靠度取 99% 时，绝对误差为 4.9，相对误差限为 8.8%。通过计算结果可知，最高温发生在当地时间 13～14 时(约北京时间 15 时)，且计算误差在可接受范围内，说明采用有限元法计算出的高温温度场也是可适用的。

②基于有限元法的低温周期计算中，选取最冷月份的极端最低气温 $T_a^{min}=-23.8℃$，对应最高气温为 $T_a^{max}=2.3℃$，则路表的最低温度为 -19.9℃。与表 5-2 中 Superpave 计算结果相比可知，当 Superpave 可靠度取 50% 时，两种方法的绝对误差为 1.0，相对误差限为 5.0%；当 Superpave 可靠度取 85% 时，绝对误差为 3.1，相对误差限为 15.6%；当 Superpave 可靠度取 99% 时，绝对误差为 5.2，相对误差限为 26.1%。由计算结果也可知，SHRP 的低温温度场计算

偏保守,而加拿大的计算结果则与实际情况较为接近。通过计算结果可知,最低温发生在当地时间3~4时(约北京时间5时),且计算误差在可接受范围内,说明采用有限元法计算出的低温温度场可适用。

③通过解析方法、有限元法与Superpave法的对比可知,本章节采用有限元法计算路面温度场可以满足计算精度要求。以西宁地区夏季典型气候特征进行计算:从实际计算可知,路面温度场是随时间和深度变化的周期性变温条件下的温度场,路表直接承受太阳辐射和温度作用,其周期变温幅度也最大。考虑到实际问题的影响因素较多,因此根据自然环境条件假设,计算出路表的最高温度为54.1℃。

(2)路面不同层位的温度场分析

沥青路面不同层位的温度场,其变化趋势是不同的。路表由于直接接触大气,因此受大气环境作用影响最大,温度场的变化趋势明显;随着路面层位的下降,大气环境作用的影响逐渐降低。此外,由于热传导的作用,随着路面层位的下降,路面各个层位的最高温度的时间段依次延后。

①路面不同层位的高温温度场分析。

高温温度场的路表最高温度是54.1℃,发生于当地时间13~14时;最低温度为19.2℃,发生于当地时间1时。路表下2cm处的最高温度为50.5℃,发生于当地时间14时;最低温度为20.9℃,发生于当地时间2时。中面层最高温度为47.5℃,发生于当地时间14~15时;最低温度为22.2℃,发生于当地时间2~3时。下面层最高温度为40.2℃,发生于当地时间16时;最低温度24.5℃,发生于当地时间4时。

②路面不同层位的低温温度场分析。

低温温度场的路表最高温度为-0.8℃,发生于当地时间14时;最低温度为-19.9℃,发生于当地时间3时。路表下2cm处的最高温度为-2.8℃,发生于当地时间15时;最低温度为-18.9℃,发生于当地时间3~4时。中面层最高温度为-4.4℃,发生于当地时间15~16时;最低温度为-18.2℃,发生于当地时间4时;下面层最高温度为-8.2℃,发生于当地时间17时;最低温度为-16.6℃,发生于当地时间5~6时。

5.1.5 桥面铺装结构温度场

与路面铺装类似,桥面铺装也是本项目路面工程的重要部分,但由于桥体结构相对于路面结构要复杂得多,直接采用解析法研究桥面铺装温度场存在解析方程和边界条件过于复杂的情况,无法直接求解,因此实际应用中采用有限元法来计算比较便捷。

本项目桥面典型断面结构如图5-11和图5-12所示。

其中,典型断面结构图一的桥面结构为10cm厚沥青混凝土桥面铺装、防水层、8cm厚现浇C50混凝土桥面层;典型断面结构图二的桥面结构为10cm厚沥青混凝土桥面铺装、防水层。桥面铺装沥青混凝土层与路面结构上下面层采用相同的结构层材料及厚度,即4cm AC-13F细粒式沥青混凝土+6cm AC-20C中粒式沥青混凝土。桥面铺装典型结构如图5-13所示。

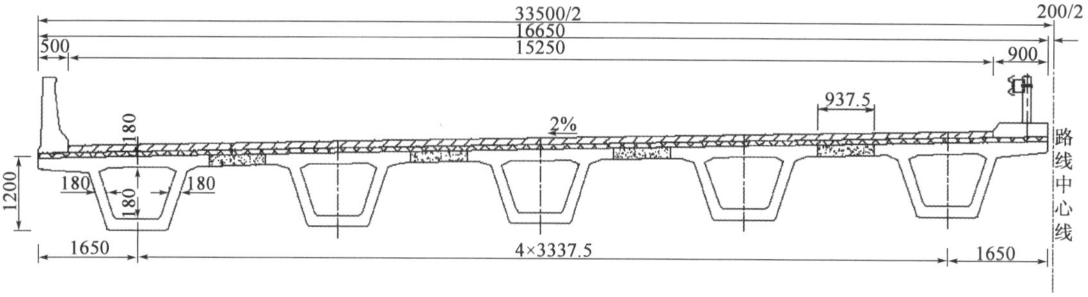

图 5-11　桥面典型断面结构图(一)(尺寸单位:cm)

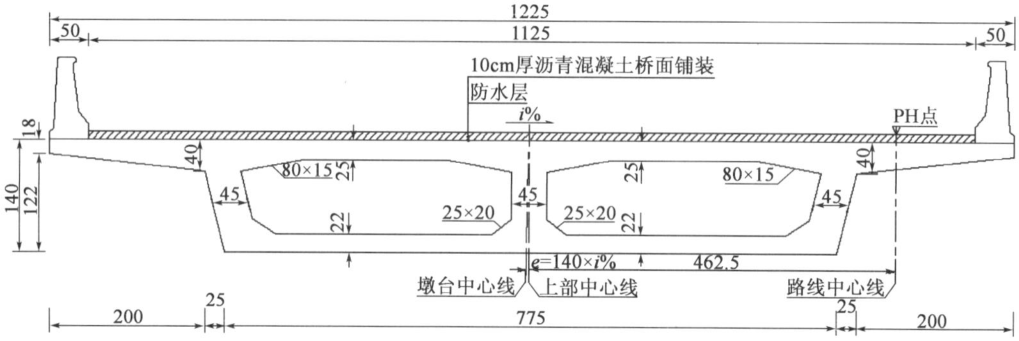

图 5-12　桥面典型断面结构图(二)(尺寸单位:cm)

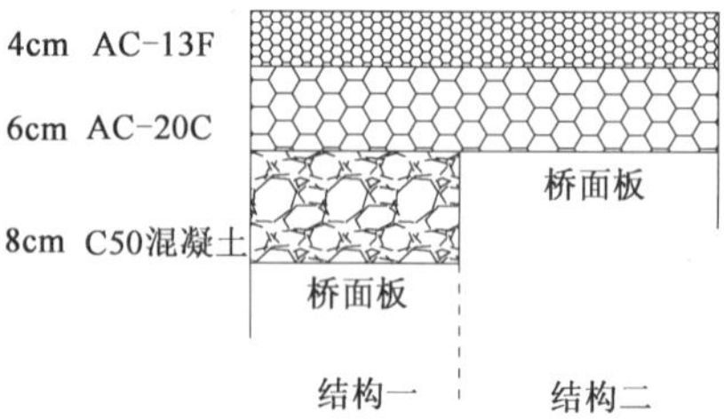

图 5-13　桥面铺装典型结构图

桥面模型与路面模型的不同之处在于,路面模型只有路表直接接触太阳辐射和大气温度,而桥面结构不仅桥面铺装直接接触太阳辐射和大气温度,桥面结构其他表面也直接接触大气。因此,桥面铺装结构不光桥面有热交换和热传递作用,其他结构部位也会与大气发生热交换和热传递作用。

水泥混凝土桥面现浇层的数值分析计算参数见表 5-4,其他数值分析计算材料参数及热交换系数关系同前文所述。

桥面铺装结构材料计算参数　　表 5-4

热特性参数	水泥混凝土桥面现浇层
导热系数 k(J/m·h·℃)	6200
密度 ρ(kg/m^3)	2350
比热容 C(J/kg·℃)	837.4

建立的有限元模型及温度场如图 5-14 和图 5-15 所示。

桥面结构温度场与时间的关系图如图 5-16 ~ 图 5-18 所示。

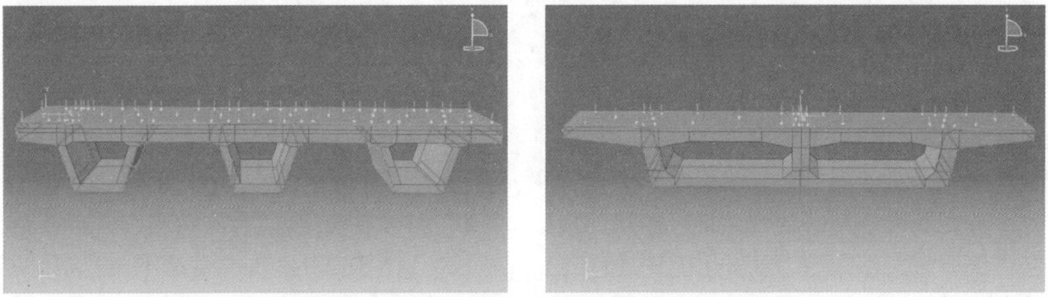

图 5-14 太阳辐射和大气温度接触面(左为结构一,右为结构二)

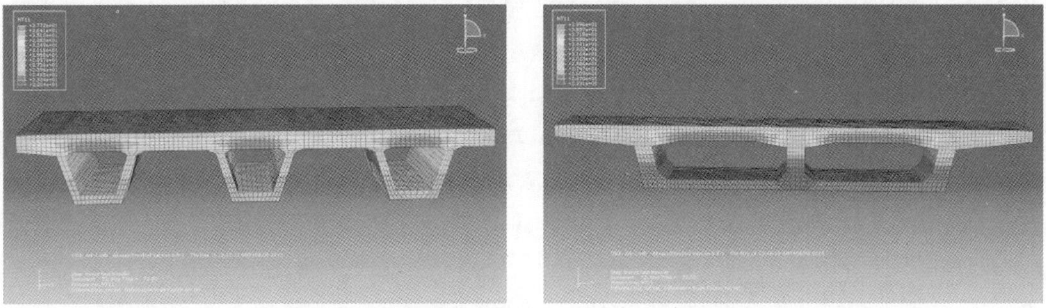

图 5-15 桥面结构温度场(左为结构一,右为结构二)

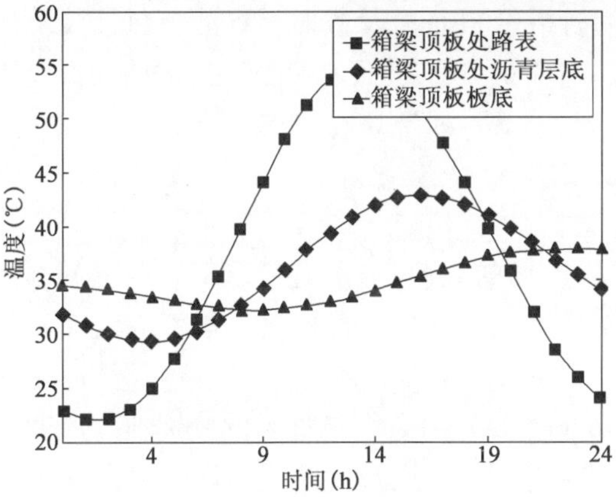

图 5-16 结构一的箱梁顶板处温度场

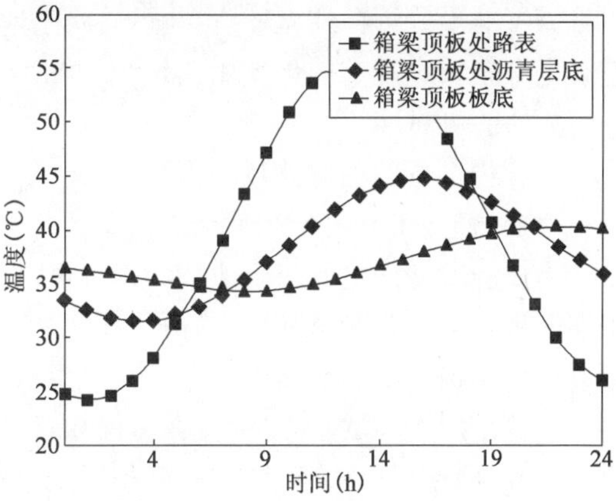

图 5-17 结构二的箱梁顶板处温度场

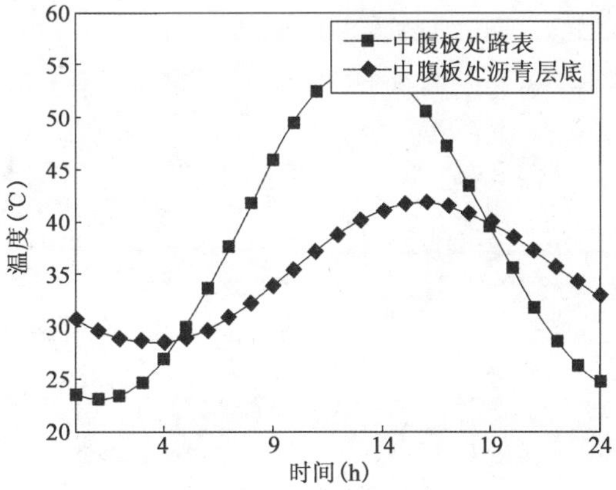

图 5-18 结构二的中腹板处温度场

从图5-16～图5-18中桥面结构温度场计算结果可知：

①以西宁地区夏季典型气候特征进行有限元计算，桥面铺装的温度场与路面温度场有很大的不同，这是由于边界条件不同，即所受外界环境影响的不同所造成的。路面温度场面层直接承受太阳辐射和温度热交换作用，而桥面温度场是桥面铺装表层的路面层承受太阳辐射，而其他与大气接触的部位均承受温度热交换作用，且箱梁结构的差异也造成温度场的差异。

②典型断面结构一的桥面铺装路表的温度最大值为54.7℃，典型断面结构二的桥面铺装路表的温度最大值为56.2℃。由于桥面结构更易受到环境因素的影响，因此，一般认为桥面铺装路面结构比一般路面结构对太阳辐射和温度影响程度大。而实际通过有限元计算得知一般路面路表高温温度场最高值54.1℃，比桥面典型断面结构一和二的路表高温温度场温度分别低0.6℃和2.1℃。由此可知，桥面铺装的高温稳定性要求比一般路面结构要高。由典型断面结构二可知，箱梁顶板处沥青层层底的温度要比中腹板处沥青层层底的最高温度高2.8℃。

③桥面在使用过程中，除了承受车辆行人等荷载，还要承受风荷载、更大的温度效应作用，说明桥面铺装沥青面层的沥青混合料要比公路沥青面层的沥青混合料有更好的高温稳定性，以及抵抗振动作用和抗疲劳的能力。

5.1.6 室内外路面温度场验证

为了准确分析在外界环境影响下，西宁地区沥青混合料路面及桥面沥青混合料铺装层的温度场分布状况及其变化规律，通过室内试验模拟和现场实测，验证本章节采用的路面温度场分析方法的可靠性。

1）室内沥青路面温度场模拟分析

（1）试验方案

为了能够准确把握西宁地区沥青混合料路面温度场的规律，分别对夏季高温期和冬季低温期两种工况下路面温度场进行了测试，其中夏季最高气温和冬季最低气温取值为前文有关温度场模型选型中的数据。

试验采用大马歇尔试件，并在试件0cm、4cm(6cm)、试件底部及试件外围分别埋入温度传感器，为准确模拟自然环境下路面结构温度传递的真实情况，使温度仅从试件上表面向下传递，而不从试件四周及底部传入，因此采用隔热纤维毡对试件进行包裹处理，并采用热沥青对包裹过程中存在的缝隙进行封缝处理，测试试件见图5-19。

图5-19　试验测试试件

温度测试仪器采用杭州路格科技有限公司生产的多通道温度自动记录仪，使用该仪器进行了温度场的观测。如图 5-20 所示，该仪器测量范围为 -40 ~ 100℃，共有 8 个通道，可同时记录 8 处温度，其精度为 0.5℃，记录间隔时间设置为 20s，在无人值守的状态下进行连续观测。

采用高低温恒温箱对试件表面温度进行控制，如图 5-21 所示，试验箱温度范围为 -45 ~ 100℃，温度均匀度为 ±2℃，温度波动度为 ±0.5℃。

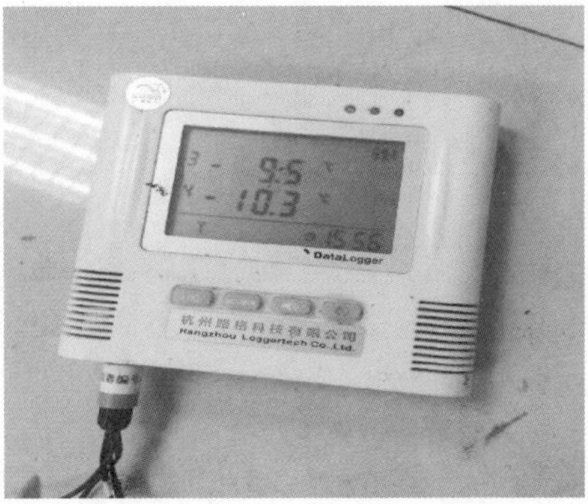

图 5-20 温度测试仪

图 5-21 高低温恒温箱

(2)隔温效果分析

为了检验隔热纤维毡包裹试件的效果是否达到预期试验要求，在试件外侧及底部均埋入温度传感器探头，将其测定的温度与中面层上表面温度进行比较，结果如图 5-22 和图 5-23 所示。

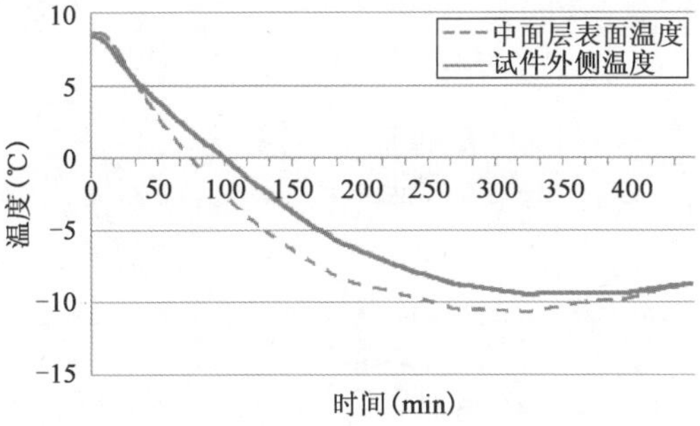

图 5-22 试件中面层温度与外侧温度对比

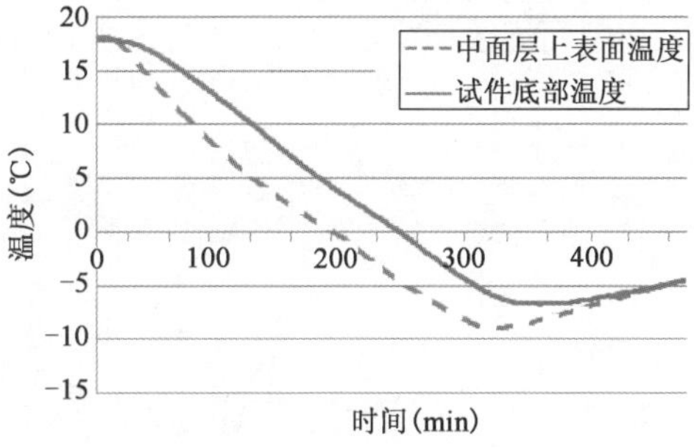

图 5-23 试件中面层温度及底部温度对比

从图 5-22、图 5-23 可以看出，在观测初始，中面层表面中心位置处与试件外侧或底部温度几乎相同；随着外界环境温度的降低，中面层受到上方温度的传递影响而使其温度开始逐渐降低，降至中心处的温度再向两侧扩散，因而中面层表面中心温度低于外侧温度和底部温度；若隔温效果不好，则试件外侧温度和底部温度应当直接受到外界环境温度的影响，其温度应比中面层表面中心温度低。试验结果表明，外侧温度和底部温度传感器探头所处位置并未受到从试件周围传入温度的影响。这说明试验采取的隔温措施是合理有效的，可保证试验结果的准确性。

（3）温度场观测结果与分析

①低温温度变化测试结果。

将试件放置在 -25℃的恒温环境下 3.5h，测试试件上面层表面和中面层表面的温度变化趋势，如图 5-24 所示。

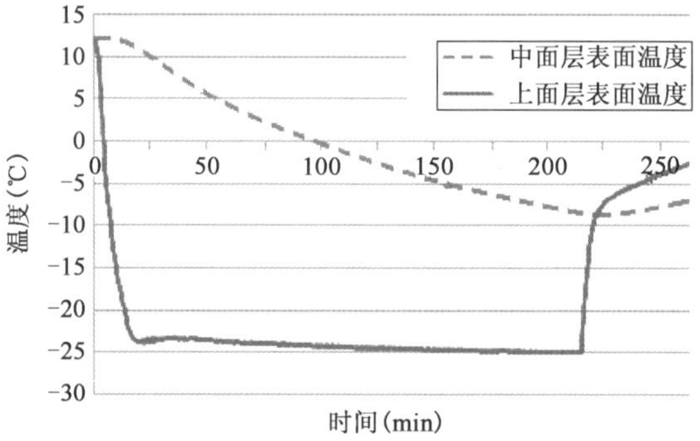

图 5-24　恒定低温温度测试结果

由图 5-24 可以看出，在试验时间段内，试件在恒温箱设定为 -25℃的状况下恒温 3.5h 后，中面层表面温度由于温度传导作用，平缓持续地下降；当恢复试件温度为初始稳定时，上面层表面温度急剧回升，当其与中面层温度基本接近后，由于上面层表面温度的升高，中面层表面温度开始缓慢回升。在试验时间段内，中面层表面温度最低降至 -9.5℃。

为了更好地模拟实际情况，在前半个小时内迅速将试件环境温度降至 -15℃，之后下降速度较为缓慢，将试件放在初始温度为 -20℃以下的恒温环境下 3h 后，每隔一个小时调节恒温箱温度上升 5℃，即在 -20℃、-15℃、-10℃及 -5℃下分别恒温一个小时，测试试件上面层表面和中面层表面的温度变化趋势，如图 5-25 所示。

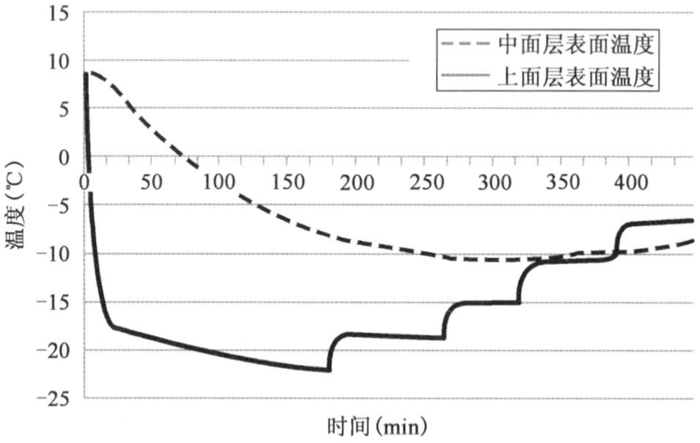

图 5-25　阶梯低温温度测试结果

由图 5-25 可以看出，在试验时间段内，上面层表面温度随着恒温箱内环境温度的阶梯变化而变化。中面层表面温度由于温度传导作用，平缓持续地下降；当上面层温度逐渐回升，其表面温度与中面层温度基本接近后，由于上面层表面温度的升高，中面层表面温度开始缓慢回升。在试验时间段内，中面层表面温度最低降至 -10.7℃。

②高温温度变化测试结果。

将试件放置在常温环境下的恒温箱中,设定恒温箱温度为35℃,打开恒温箱使其逐渐升温4h后关闭恒温箱,测试试件上面层表面和中面层表面的温度变化趋势,如图5-26所示。

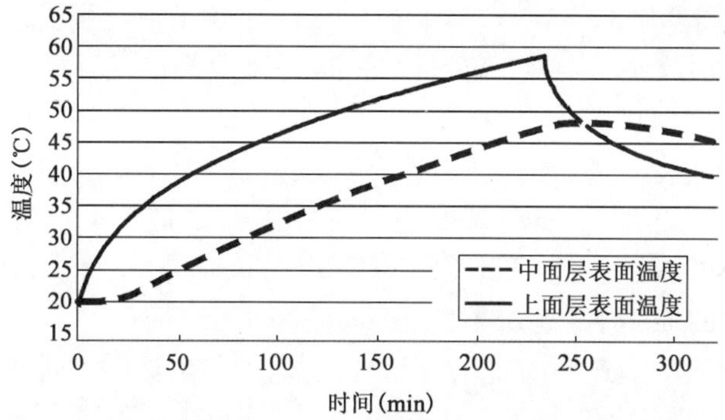

图5-26 逐渐高温温度测试结果

由图5-26可以看出,在试验时间段内,由于恒温箱温度逐渐升高,试件温度低于环境空气温度,上面层表面温度随着环境温度的升高而升高,同时上面层表面温度的升高带动了试件结构内温度的逐渐升高,即中面层表面温度也随之逐渐上升。当恒温箱关闭后,试件表面温度随环境温度的降低而明显降低,而试件内部中面层表面温度由于热传递效应,温度先继续升高一段时间后开始缓慢降低。在试验时段内,中面层温度最高达到48.5℃。

根据上述试验结果可知,中面层表面温度区间基本为-10.7~48.5℃,该范围在本研究推荐的温度场范围内,说明本研究分析采用的温度场满足要求。

(4)温度梯度分析

试验中温度传感器埋设高度分别为0cm、4cm、6cm以及试件底部,在同一外界温度作用下,不同深度处其温度传递速率不同,故不同深度处混合料的温度也就不同。由于温度变化速率越快,越容易产生温缩裂缝,即不同结构层温度梯度的变化情况可反映出不同结构层对高低温性能的要求。

①高温条件下梯度分析。

在上述试验高温温度条件下,不同时间段、不同深度处试件混合料的温度梯度曲线如图5-27所示。

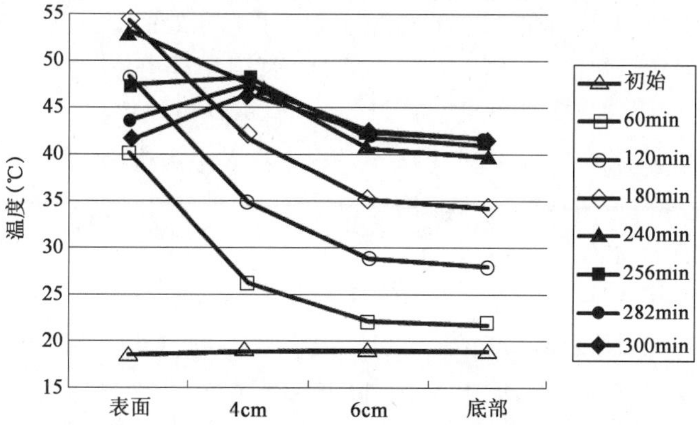

图5-27 高温条件下温度梯度曲线

由图 5-27 可以看出,试验测试的四个位置在试验初始时温度相同,随着试件所处环境温度的升高,0cm 即表面温度迅速升高,当环境温度降低时,表面温度随即降低,由于热传递效应,温度先继续升高一段时间后开始缓慢降低。

a. 60min 时,表面温度比 4cm 处高 13.9℃,120min 时比 4cm 处高 13.5℃,180min 时比 4cm 处高 12.65℃,240min 时比 4cm 处高 5.7℃,256min 时外界温度已开始降低,而 4cm 处温度达到最高值,其温度高出表面 0.75℃。

b. 60min 时,4cm 处温度比 6cm 处高 4.05℃,120min 时高 5.95℃,180min 时高 6.5℃,240min 时高 6.95℃,282min 时 6cm 处温度达到最高值,但仍低于 4cm 处 4.85℃。

c. 60min 时,6cm 处温度高于底部 0.45℃,120min 时高 0.85℃,180min 时高 0.95℃,240min 时高 0.85℃,282min 时高 0.85℃,300min 时高 0.65℃。

综上分析可知,温度升高速率随着试件深度的加深而减缓,表面层与 4cm 处温度梯度差距大于 4cm 与 6cm 之间的梯度差距。在整个试验过程中表面温度与 4cm 处温差最大为 14.4℃,4cm 处与 6cm 处温差最大为 7℃。

②低温条件下梯度分析。

为了简化低温条件下梯度分析,采用上述试验方法,将试件放置在 -25℃的恒温环境下 3.5h,测定不同时间段、不同深度处试件混合料的温度梯度曲线,如图 5-28 所示。

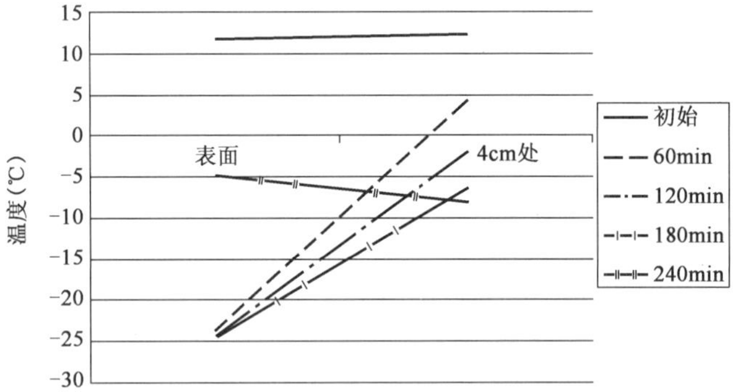

图 5-28　低温条件下温度梯度曲线

由图 5-28 可以看出,试验初始时表面与 4cm 处温度大致相同,随着恒温箱温度的降低,表面的温度迅速降低,温度渐渐向下传递,4cm 处温度开始降低。60min 时,表面温度比 4cm 处低 27.82℃,120min 时比 4cm 处低 22.1℃,180min 时比 4cm 处低 18.05℃,221min 时 4cm 处达到温度最低值,而表面温度已经开始回升,之后中面层由于热传导效应也逐渐开始回升,240min 时表面比 4cm 处温度高 3.25℃。可见,在恒温箱降温及保持低温恒定的过程中,表面温度与 4cm 处的温度差逐渐缩小,在整个试验过程中温差最大为 34.75℃。

因此,通过温度梯度分析可知,沥青路面上面层应具有良好的抗温缩裂缝能力,中上面层应具有良好的高温稳定性能。

2) 现场实测温度场验证分析

为进一步验证本项目温度场分析方法的可靠性,在本项目实体工程及区域已通车道路进行了沥青路面温度场的现场实测,如图 5-29 和图 5-30 所示,在项目临近的已通车道路——西湟一级公路和本项目依托工程完工路面分别采用钻孔埋设温度传感器和钻芯回填埋设温度传感器的方法采集区域项目及完工路面的温度场，埋设深度分别为0cm、2cm、4cm、10cm和18cm，即上面层表面、上面层2cm处、中面层表面、下面层表面和基层表面。

图5-29 现场温度传感器的埋设

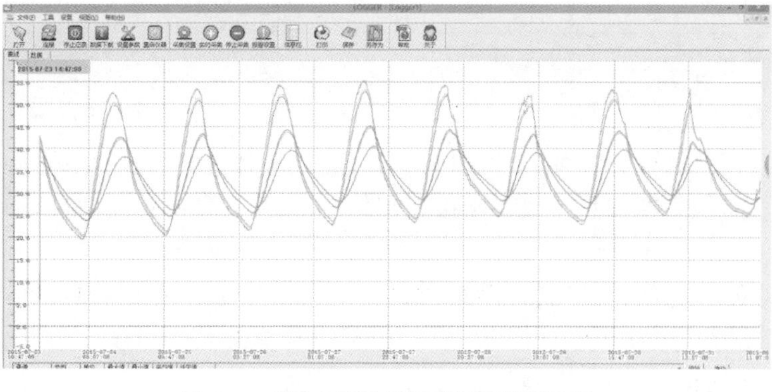

图5-30 现场实测沥青路面部分温度场情况

通过现场实测西宁地区环境对沥青混合料路面温度场的影响可知，不同结构层的实测温度呈现与本章节计算分析及室内温度场模拟相似的趋势，即在高温季节，随着层位的增加，结构层温度逐渐降低；在低温季节，随着层位的增加，温度逐渐升高。

由实测温度数据可知：本项目中上面层的实测温度差为2.1℃、中下面层的实测温度差为6.3℃；而本章节采用的温度场分析方法确定的中下面层计算温度差为2.6℃、中下面层计算温度差为5.7℃。因此,本章节计算方法确定的不同结构层温度差满足可靠度要求。

通过室内试验模拟及现场实测路面结构温度场分析可知,本章节所采用的沥青路面温度场分析理论和计算模型可靠度满足要求。因此,本章节所采用的沥青路面温度场分析理论和计算模型可为沥青路面材料选型、特别是沥青选型提供必要的依据。

5.2 基于温度场的沥青铺面力学响应

路面是道路的主要组成部分之一,是在路基顶面行车部分用各种坚硬材料铺设的层状结构,与路基共同承受行车荷载和自然因素的作用。在行车荷载的作用下,路面结构会产生拉、压、剪切等应力和变形,如果路面结构整体或某一部分的强度和抗变形能力不足,则会出现断裂、沉陷等损坏现象,严重影响道路的服务质量和正常使用。

为了预估和防止路面结构在使用年限内由于荷载作用而可能出现的损坏,必须分析在轮载作用下路面各结构层内所产生的应力、应变和位移量,以便同各种结构层材料的相应抗力作比较,判断某种损坏状态是否会出现。

为了更精确地分析沥青路面受力性能,为路面结构设计提供理论依据,建立基于温度场的沥青铺面的力学响应,可以更好地模拟真实的沥青路面路况,从而有针对性地优化路面结构,更好地适应环境需求,降低路面病害的发生。

5.2.1 有限元计算参数选取

(1)有限元荷载参数

参照现行规范以双轮组单轴载BZZ-100为标准轴载,标准轴载参数见表5-5。

标准轴载参数值 表5-5

标准轴载 P(kN)	100	单轮传压面当量圆直径 d(cm)	21.30
轮胎接地压强 p(MPa)	0.70	两轮中心距(cm)	1.5d

(2)有限元计算参数

沥青是温度极为敏感的黏、弹、塑性材料,当温度较低时呈现明显的弹性特征,而当温度不断升高时,其黏性特征不断增强。当不断接近软化点时,沥青材料的黏性特征就已经主导路面的力学性质。

国内现行规范对于沥青混合料并没有明确不同温度作用下的回弹模量参考,对于欧洲和美国规范的基于温度下动态模量的经验,结合模量试验,建立基于温度作用下的国内沥青混合料的有限元计算模量值,如表5-6和图5-31所示。

基层和土基材料的有限元计算模量参考值 表5-6

材料名称	有限元计算模量(MPa)	泊松比
水泥稳定碎石(5%)	1500	0.3
水泥稳定碎石(3.5%)	1400	0.3
土基	50	0.35

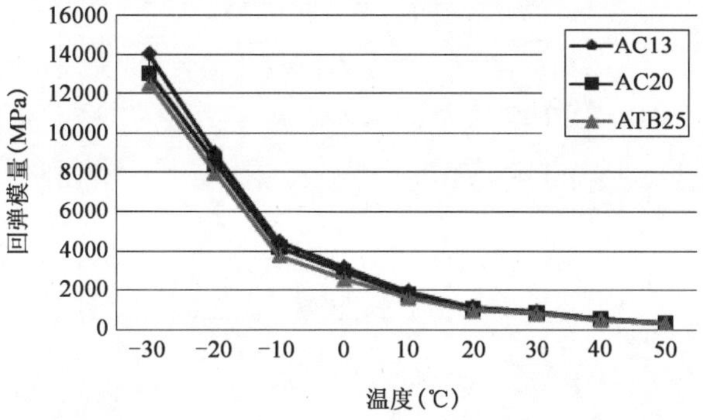

图 5-31 沥青混合料的回弹模量参考值

(3)有限元计算模型

对于不考虑沥青路面的累计车辙问题和地基的固结沉降问题,可以不定义材料的黏性和塑性本构部分。若仅考虑行车荷载的作用,沥青混合料可以定义为变温度场条件下的线弹性模型。

线弹性模型基于广义虎克定律,其本构方程为:

$$\sigma = D\varepsilon \tag{5-19}$$

式中:σ——应力分量向量;

ε——应变分量向量;

D——弹性模型的刚度矩阵。

其本构模型的应力—应变表达式为:

$$\begin{Bmatrix} \varepsilon_{11} \\ \varepsilon_{22} \\ \varepsilon_{33} \\ \gamma_{12} \\ \gamma_{13} \\ \gamma_{23} \end{Bmatrix} = \begin{bmatrix} \frac{1}{E_1} & -\frac{\mu_{12}}{E_2} & -\frac{\mu_{13}}{E_3} & 0 & 0 & 0 \\ -\frac{\mu_{12}}{E_1} & \frac{1}{E_2} & -\frac{\mu_{23}}{E_3} & 0 & 0 & 0 \\ -\frac{\mu_{12}}{E_3} & -\frac{\mu_{23}}{E_2} & \frac{1}{E_2} & 0 & 0 & 0 \\ 0 & 0 & 0 & \frac{1}{G_{12}} & 0 & 0 \\ 0 & 0 & 0 & 0 & \frac{1}{G_{13}} & 0 \\ 0 & 0 & 0 & 0 & 0 & \frac{1}{G_{23}} \end{bmatrix} = \begin{Bmatrix} \sigma_{11} \\ \sigma_{22} \\ \sigma_{33} \\ \sigma_{12} \\ \sigma_{13} \\ \sigma_{23} \end{Bmatrix} \tag{5-20}$$

标准轴载 BZZ-100 是双圆均布荷载,在有限元计算时,为了方便建模,减小不规则性状的奇异网格,提高计算效率,可以将双圆均布荷载按照荷载应力等效原则换算为矩形荷载,如图 5-32所示。将已经计算得到的温度场结果带入到应力计算模型中进行计算。

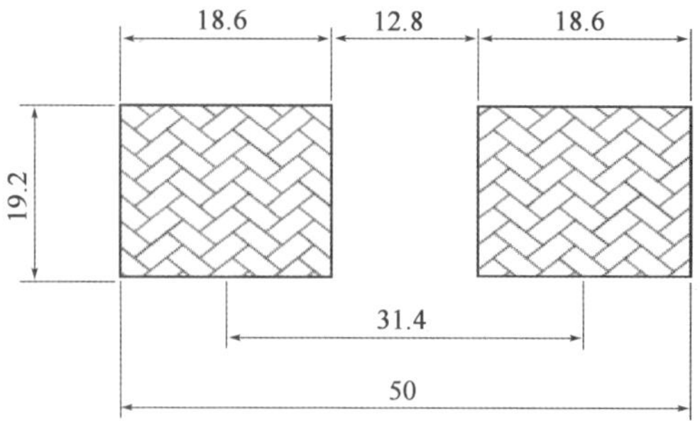

图 5-32 等效矩形荷载(尺寸单位:cm)

5.2.2 基于高温温度场的沥青铺面力学分析

在有限元分析软件中,选择荷载模块的预定义场带入温度场 odb 文件,根据温度场确定分析步的起始步和结束步,代入有限元分析软件调用计算。

在温度场作用下,沥青路面结构的计算模量处在动态变化的范围内,凌晨路表温度较低,上面层的计算模量较高,正午路表温度升高,上面层的计算模量将降低很多。虽然对于同一温度下的路面结构的计算模量依次降低,但是路面不同层位的实际温度变化交替,因此实际路面结构的计算模量发生变化,下层路面结构的计算模量有时会大于上层路面结构,这更符合实际路面情况,有限元计算的部分过程如图 5-33 ~ 图 5-36 所示。

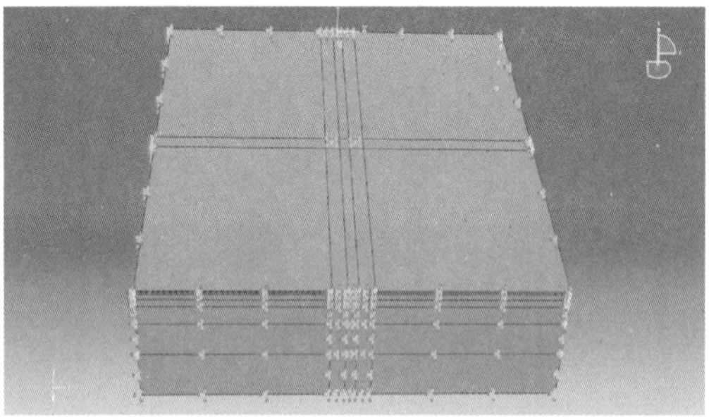

图 5-33 BZZ-100 荷载作用接触面

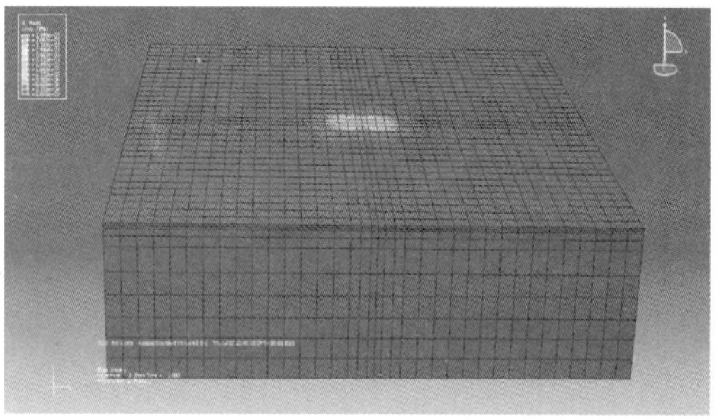

图 5-34 高温温度场作用的荷载应力

图 5-35 行车横向的荷载作用应力剖面

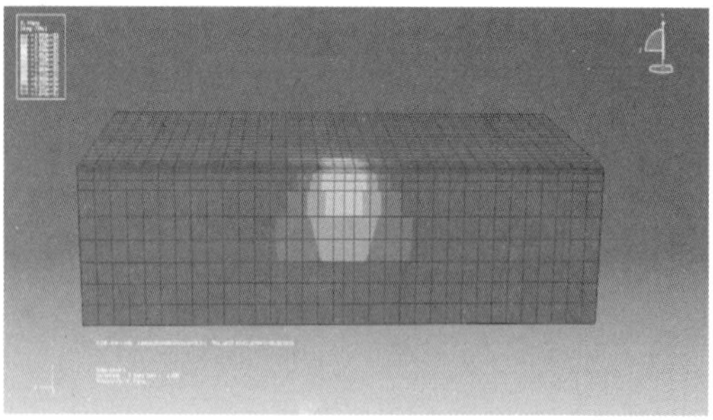

图 5-36 行车纵向的荷载作用应力剖面

(1)高温温度场下路面压应力分析

由计算可知,标准轴载在不同时间段的温度场作用下,对路面结构产生的压应力是动态变化的,其计算结果如图 5-37 所示。

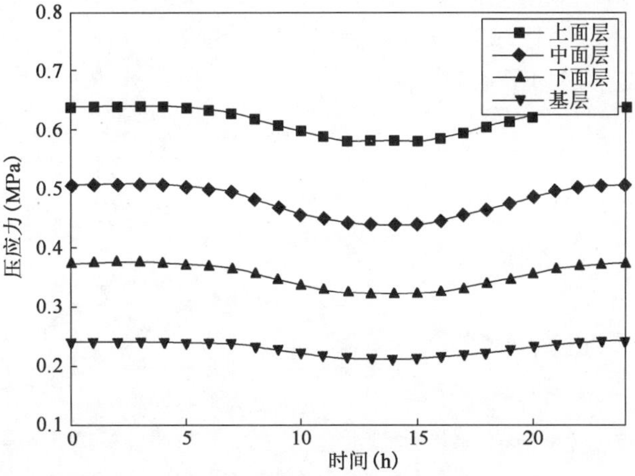

图 5-37 高温温度场下路面压应力变化曲线

凌晨和深夜由于温度较低,沥青混合料的计算模量较高,则压应力较大;正午温度升高,沥青混合料的计算模量降低,则压应力减小。

从图 5-37 可以得知,上面层的最大压应力发生在本项目区域当地时间 1 ~ 2 时,压应力为 0.64MPa,最小的压应力发生在本项目区域当地时间 15 时,压应力为 0.58MPa,正午由于计算模量的降低,上面层层顶(路表)的压应力降低了 9.4%。中面层的最大压应力发生在本项目区域当地时间 2 时,压应力为 0.51MPa,最小的压应力发生在本项目区域当地时间 13 ~ 14 时,压应力为 0.44MPa,中面层的压应力降低了 13.7%。下面层的最大压应力发生在本项目区域当地时间 2 时,压应力为 0.37MPa,最小压应力发生在本项目区域当地时间 14 时,压应力为 0.32MPa,下面层的压应力降低了 13.5%。基层顶面的最大压应力发生在本项目区域当地时间 23 ~ 次日 1 时,压应力为 0.24MPa,最小压应力发生在本项目区域当地时间 14 时,压应力为 0.21MPa,基层顶面的压应力降低了 12.5%。

因此,通过计算可知,上面层承受了最大的压应力,随着层位的降低,路面结构层承受的压应力依次降低。

(2)高温温度场下路面竖向位移(变形)分析

标准轴载在不同时间段的温度场作用下,沥青路面结构层产生的竖向位移也是不断变化的,其计算结果如图 5-38 所示。

凌晨和深夜由于温度较低,沥青混合料的计算模量较高,虽然压应力较大,但是竖向变形较小;正午温度升高,沥青混合料的计算模量降低,压应力减小,但是竖向变形明显增大。

从图 5-38 可以得知,上面层的最小竖向变形发生在本项目区域当地时间 2 时,变形量为 0.21mm,最大竖向变形发生在本项目区域当地时间 14 时,变形量为 0.32mm,正午由于计算模量的降低,上面层层顶(路表)的竖向变形增加了 52.4%。中面层的最小竖向变形发生在本项目区域当地时间 2 时,变形量为 0.17mm,最大竖向变形发生在本项目区域当地时间 14 时,变形量为 0.24mm,正午由于计算模量的降低,中面层的竖向变形增加了 41.2%。下面层的最小竖向变形发生在本项目区域当地时间 2 时,变形量为 0.13mm,最大竖向变形发生在本项目区域当地时间 14 时，变形量为 0.17mm，正午由于计算模量的降低，下面层的竖向变形增加了 30.8%。基层顶面的最小竖向变形发生在本项目区域当地时间 2～3 时，变形量为 0.109mm，最大竖向变形发生在本项目区域当地时间 15 时，变形量为 0.114mm，正午由于计算模量的降低，基层顶面的竖向变形增加了 4.6%。

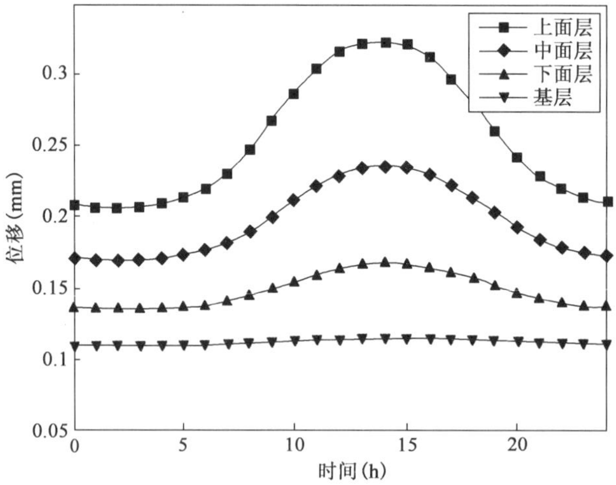

图 5-38　高温温度场下路面竖向变形变化曲线

因此，通过计算模量的变化可知，相比于压应力的变化，沥青结构层的竖向变形变化较大，竖向变形比压应力对于温度的反应更加敏感，且上面层承受最大的竖向变形量。

(3)高温温度场下复合应力分析

基于 Von Mises 准则的复合应力是基于剪切应变能的一种等效应力，其表示为当单元体的形状改变能密度达到一定程度，材料开始屈服。在行车荷载作用下，沥青路面的复合力学效应可以用 Tresca 应力或者 Mises 应力来综合描述，其计算结果如图 5-39 所示。

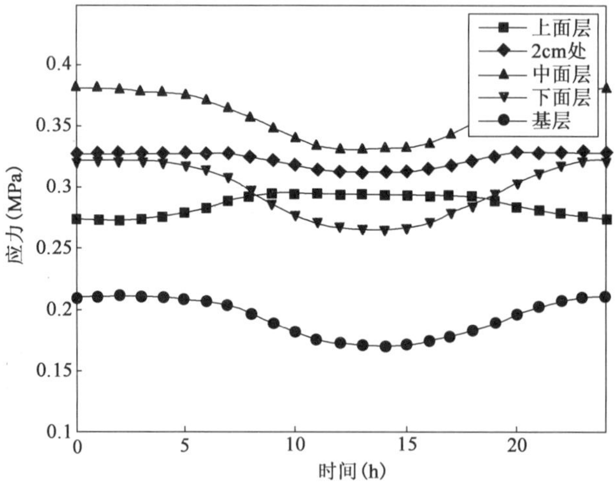

图 5-39　高温温度场下路面轮印处 Mises 应力变化曲线

从图 5-39 可以得知，对于高温温度场下的层间连续的沥青路面结构轮印处的 Mises 应力，最大值在中面层层顶,即上面层层底。基层层顶的 Mises 应力最小。在凌晨和深夜,上面层层顶(路表)的 Mises 应力值小于下面层。在正午,随着上面层温度的升高,上面层层顶的 Mises 应力值增加,下面层的 Mises 应力值减小,上面层层顶的 Mises 应力值超过下面层。

上面层的 Mises 应力值最大值发生在本项目区域当地时间 9 时,应力值为 0.30MPa,Mises 应力值最小值发生在本项目区域当地时间 1~2 时,应力值为 0.27MPa。路表 2cm 处的 Mises 应力值最大值发生在本项目区域当地时间 10 时和 21 时,应力值为 0.33MPa,Mises 应力值最小值发生在本项目区域当地时间 12 时和 15 时,应力值为 0.31MPa。中面层的 Mises 应力值最大值发生在本项目区域当地时间 1 时,应力值为 0.38MPa,Mises 应力值最小值发生在本项目区域当地时间 12 时,应力值为 0.33MPa。下面层的 Mises 应力值最大值发生在本项目区域当地时间 1~2 时,应力值为 0.32MPa,Mises 应力值最小值发生在本项目区域当地时间 14 时,应力值为 0.26MPa。基层的 Mises 应力值最大值发生在本项目区域当地时间 2 时,应力值为 0.21MPa,Mises 应力值最小值发生在本项目区域当地时间 14 时,应力值为 0.17MPa。

从 Mises 应力变化趋势也可以看出,上面层的 Mises 应力在凌晨和深夜较小,正午增大。路表 2cm 处的 Mises 应力规律与上面层发生变化,Mises 应力在凌晨和深夜较大,正午减小,但变化的幅度较小。总体上,路表 2cm 处的 Mises 应力值日变化很均衡。路面结构往下的中面层、下面层和基层等路面结构的 Mises 应力在凌晨和深夜较大,正午减小,变化趋势明显,如图 5-40所示。

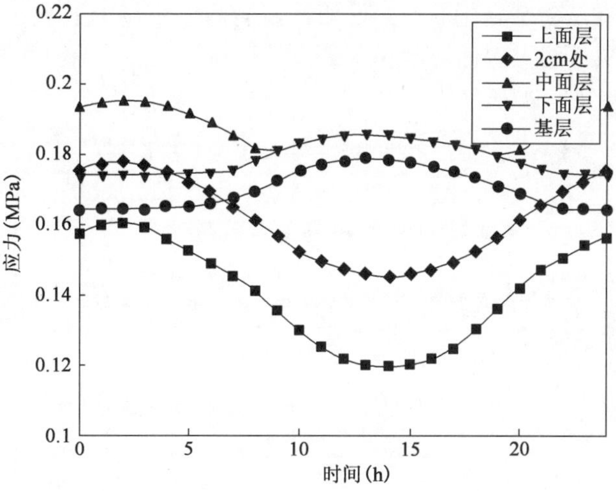

图 5-40 高温温度场下路面双轮中心处 Mises 应力变化曲线

从图 5-40 可以得知,对于高温温度场下的层间连续的沥青路面结构双轮中心处的 Mises 应力,最大值在中面层层顶,即上面层层底。在中午至下午时段,中面层层顶和下面层层顶的 Mises 应力很接近。上面层层顶(路表)的 Mises 应力值小于下面层。在正午,随着上面层温度的升高,上面层层顶的 Mises 应力值增加,下面层的 Mises 应力值减小。上面层层顶的 Mises 应力值最小。

上面层的 Mises 应力值最大值发生在本项目区域当地时间 2 时,应力值为 0.16MPa,Mises 应力值最小值发生在本项目区域当地时间 14 时,应力值为 0.12MPa。路表 2cm 处的 Mises 应力值最大值发生在本项目区域当地时间 2 时,应力值为 0.18MPa,Mises 应力值最小值发生在本项目区域当地时间 14 时,应力值为 0.15MPa。中面层的 Mises 应力值最大值发生在本项目区域当地时间 2 时,应力值为 0.20 MPa,Mises 应力值最小值发生在本项目区域当地时间 18 时,应力值为 0.18MPa。下面层的 Mises 应力值最大值发生在本项目区域当地时间 13 时,应力值为 0.19MPa,Mises 应力值最小值发生在本项目区域当地时间 2 ~ 3 时,应力值为 0.17MPa。基层的 Mises 应力值最大值发生在本项目区域当地时间 13 时,应力值为 0.18MPa,Mises 应力值最小值发生在本项目区域当地时间 2 时,应力值为 0.16MPa。

从 Mises 应力变化趋势还可以看出,上面层的 Mises 应力在凌晨和深夜较大,正午减小。下面层和基层的 Mises 应力规律与上承层发生变化,Mises 应力在凌晨和深夜较小,正午增大。从 Mises 应力图也可得知,中面层和下面层承受了主要的 Mises 应力。由于中面层和下面层承受的压应力小于上面层,但是中面层和下面层的复合应力却大于上面层,因此可以判断中面层和下面层主要承受了拉应力和剪应力。这一结论也与实际经验中沥青路面结构层主要的拉应力和剪应力发生在中下面层相符。

5.2.3 基于低温温度场的沥青铺面力学分析

(1)低温温度场下路面压应力分析

由计算可知,与高温温度场作用一样,标准轴载在不同时间段的低温温度场作用下,对路面结构产生的压应力也是动态变化的。但是相比于高温温度场的变化趋势,低温温度场下的压应力的变化趋势要更平缓。上面层承受了最大的压应力,随着层位的降低,路面结构层承受的压应力依次降低,如图 5-41 所示。

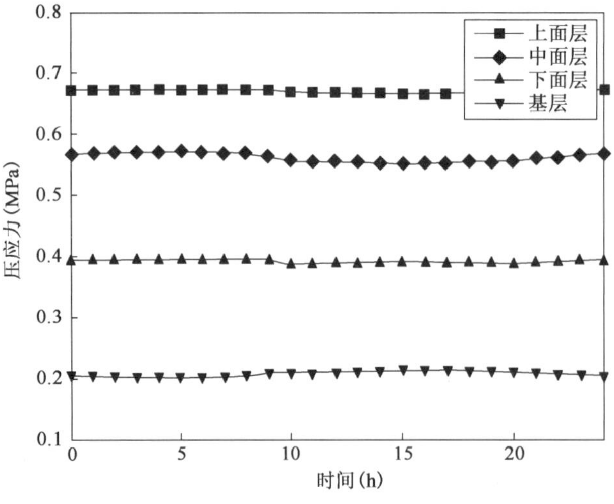

图 5-41　低温温度场下路面压应力变化曲线

由图 5-41 可知,上面层的最大压应力发生在本项目区域当地时间 3 ~ 4 时,压应力为 0.673MPa,最小的压应力发生在本项目区域当地时间 16 时,压应力为 0.666MPa,正午由于计算模量的降低,上面层层顶(路表)的压应力降低了 1.0% 。

中面层的最大压应力发生在本项目区域当地时间 4 时,压应力为 0.571MPa,最小的压应力发生在本项目区域当地时间 16 时,压应力为 0.552MPa,中面层的压应力降低了 3.3%。下面层的最大压应力发生在本项目区域当地时间 5 ~6 时,压应力为 0.396MPa,最小压应力发生在本项目区域当地时间 11 时,压应力为 0.388MPa,下面层的压应力降低了 2.0%。基层顶面的最大压应力发生在本项目区域当地时间 16 时,压应力为 0.213MPa,最小压应力发生在本项目区域当地时间 4 时,压应力为 0.201MPa,基层顶面的压应力降低了 5.6%。

由计算还可知,低温温度场下的沥青路面的压应力大于高温温度场作用,过大的压应力会造成沥青混合料表面的断裂。

(2)低温温度场下路面竖向位移(变形)分析

标准轴载在不同时间段的温度场作用下,沥青路面结构层产生的竖向位移也是不断变化的。凌晨和深夜由于温度较低,沥青混合料的计算模量较高,虽然压应力较大,但是竖向变形较小,正午温度升高,沥青混合料的计算模量降低,压应力减小,但是竖向变形明显增大。低温温度场下路面的竖向变形与高温温度场类似,但是变形幅度要比高温温度场低。如图 5-42 所示,上面层承受最大的竖向变形量,其最大变形量是高温温度场下的 37.7%。

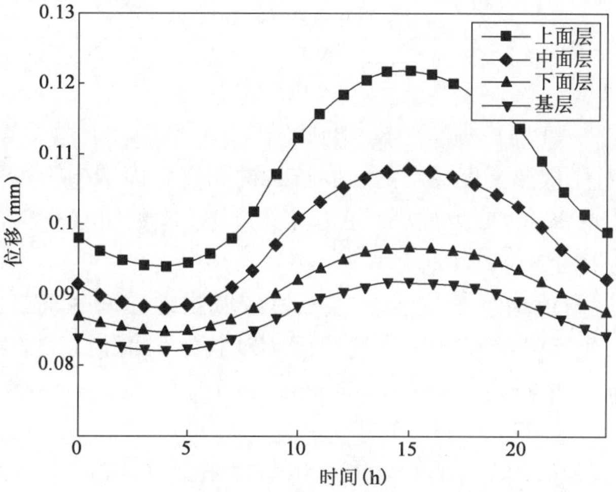

图 5-42　低温温度场下路面竖向变形变化曲线

由图 5-42 可知,上面层的最小竖向变形发生在本项目区域当地时间 4 时,变形量为 0.094mm,最大竖向变形发生在本项目区域当地时间 16 时,变形量为 0.122mm,正午由于计算模量的降低,上面层层顶(路表)的竖向变形增加了 29.8%。

中面层的最小竖向变形发生在本项目区域当地时间 4 时,变形量为 0.088mm,最大竖向变形发生在本项目区域当地时间 15 时,变形量为 0.108mm,正午由于计算模量的降低,中面层的竖向变形增加了 41.2%。下面层的最小竖向变形发生在本项目区域当地时间 4 时,变形量为 0.085mm,最大竖向变形发生在本项目区域当地时间 15 时,变形量为 0.097mm,正午由于计算模量的降低,下面层的竖向变形增加了 14.1%。基层顶面的最小竖向变形发生在本项目区域当地时间 4 时,变形量为 0.082mm,最大竖向变形发生在本项目区域当地时间 15 时,变形量为 0.092mm,正午由于计算模量的降低,基层顶面的竖向变形增加了 12.2%。

由计算也可知,影响沥青路面结构压应力下竖向变形的主要因素是夏天高温环境下的沥青混合料材料升高,计算模量降低,从而产生过大的竖向变形。

(3)低温温度场下复合应力分析

低温温度场下的复合应力分析如图5-43所示。

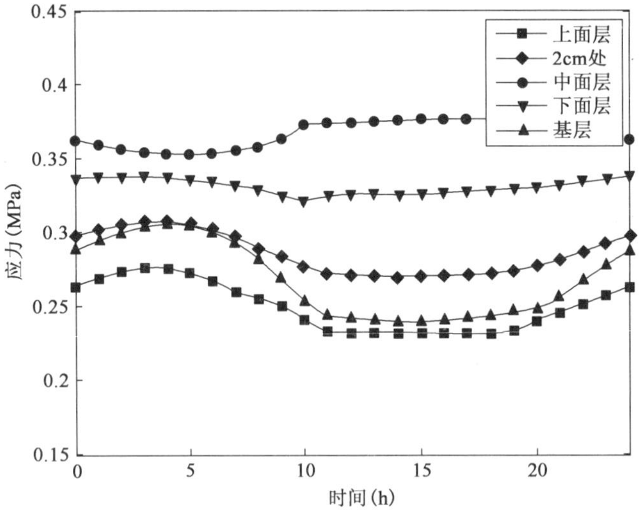

图5-43　低温温度场下路面轮印处Mises应力变化曲线

由图5-43可知,对于低温温度场下的层间连续的沥青路面结构轮印处的Mises应力,最大值在中面层层顶,路表的Mises应力最小。在凌晨和深夜,上面层、路表2cm处、下面层和基层的Mises应力较大,正午的Mises应力较小。

上面层的Mises应力值最大值发生在本项目区域当地时间3时,应力值为0.277MPa,Mises应力值最小值发生在本项目区域当地时间18时,应力值为0.232MPa。路表2cm处的Mises应力值最大值发生在本项目区域当地时间3~4时,应力值为0.307MPa,Mises应力值最小值发生在本项目区域当地时间14~15时,应力值为0.271MPa。中面层的Mises应力值最大值发生在本项目区域当地时间17时,应力值为0.377MPa,Mises应力值最小值发生在本项目区域当地时间5时,应力值为0.353MPa。下面层的Mises应力值最大值发生在本项目区域当地时间2时,应力值为0.338MPa,Mises应力值最小值发生在本项目区域当地时间10时,应力值为0.322MPa。基层的Mises应力值最大值发生在本项目区域当地时间4时,应力值为0.306MPa,Mises应力值最小值发生在本项目区域当地时间14~15时,应力值为0.240MPa。

对于低温温度场下的层间连续的沥青路面结构双轮中心处的Mises应力,如图5-44所示。

由图5-44可知,最大值在上面层层顶,即路表。在中午至下午时段,沥青面层的Mises应力很接近。全天范围内,基层的Mises应力变化幅度较小。在凌晨和深夜,路面结构层的Mises应力较大,正午的Mises应力较小。

上面层的Mises应力值最大值发生在本项目区域当地时间4时,应力值为0.380MPa,Mises应力值最小值发生在本项目区域当地时间14时,应力值为0.252MPa。路表2cm处的Mises应力值最大值发生在本项目区域当地时间4时,应力值为0.359MPa,Mises应力值最小值发生在本项目区域当地时间15时,应力值为0.252MPa。中面层的Mises应力值最大值发生在本项目区域当地时间4时,应力值为0.338 MPa,Mises应力值最小值发生在本项目区域当地时间 15 时,应力值为 0.251MPa。下面层的 Mises 应力值最大值发生在本项目区域当地时间 5 时,应力值为 0.246MPa,Mises 应力值最小值发生在本项目区域当地时间 16 时,应力值为 0.205MPa。基层的 Mises 应力值最大值发生在本项目区域当地时间 5 时,应力值为 0.246MPa,Mises 应力值最小值发生在本项目区域当地时间 16 时,应力值为 0.205MPa。

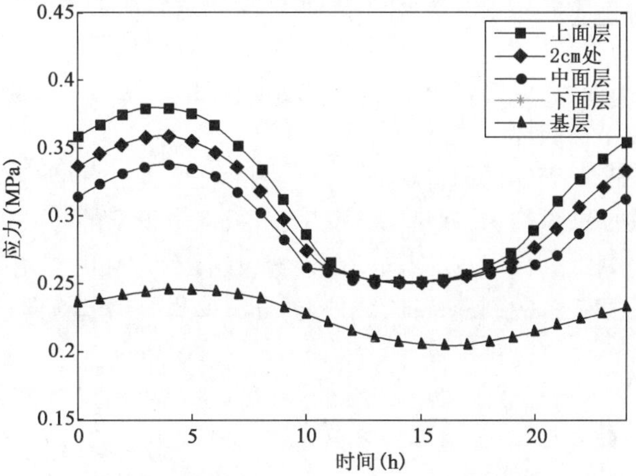

图 5-44 低温温度场下路面双轮中心处 Mises 应力变化曲线

从 Mises 应力图也可得知,中面层和下面层承受了主要的 Mises 应力。由于中面层和下面层承受的压应力小于上面层,但是中面层和下面层的复合应力却大于上面层,因此可以判断中面层和下面层承受了主要了拉应力和剪应力。

这一结论也与实际经验中沥青路面结构层主要的拉应力和剪应力发生在中下面层相符。但是对于低温温度场下双轮中心处,上面层承受了主要的复合应力,尤其是凌晨和深夜的应力峰值较大。因此,对于低温温度场作用,还需重点考虑路表的低温复合应力。

5.3 沥青胶结料选型研究

5.3.1 西宁地区常用沥青类型及典型病害

1)西宁地区常用沥青类型

西宁地区已有高等级道路沥青路面至今均采用基质沥青,且多用 110 号基质沥青、较少使用 90 号基质沥青;另外,西宁地区已有高等级道路不同沥青面层基本采用同种基质沥青。为了提高沥青路面的使用品质和使用寿命,如何针对区域气候特征、路面结构特性及交通量特征等客观因素,进行沥青路面不同结构层的沥青选型显得尤为重要。本节主要结合西宁地区的客观条件,针对西宁南绕城高速公路沥青路面不同结构层的沥青选型进行相关研究。

2)西宁地区沥青路面典型病害分析

根据西宁地区道路的路面使用状况调查情况,并结合青海省交通科学研究院已有研究结论可知,西宁地区沥青路面病害主要有横向裂缝、纵向裂缝、坑槽、车辙、沉陷、波浪、修补损坏等病害。通过对西宁地区沥青路面病害的调查,针对典型病害类型及其表现出的特性,对其发生的原因总结分析如下：

(1)横向裂缝

横向裂缝包括温缩裂缝和半刚性基层沥青路面的反射裂缝。温缩裂缝一般有沥青混合料的低温开裂和温度疲劳开裂两种形式，由于温缩裂缝产生的沥青路面的开裂是属于目前尚无法避免和根治的裂缝，从某种意义上来说，它不能算是沥青路面的早期损坏，是一种正常的力学现象。半刚性基层沥青路面的反射性裂缝是其难以克服的缺陷，具有较高强度的半刚性基层可能会导致较大的干缩，造成温缩裂缝的产生，从而导致面层产生反射裂缝，同时加剧了水损坏，进一步导致路面结构破坏。

通过调查分析可知，西宁地区沥青路面的横向裂缝主要是由于沥青混合料在温度下降时发生收缩变形，路面表面被拉裂，并逐步向下发展，形成上宽下窄的横向裂缝，部分横向裂缝由于半刚性基层材料失水收缩而形成规则的横向裂缝，在行车荷载的作用下裂缝反射至路表面而行车，具有典型的下宽上窄的裂缝特征，此外，差异沉降也是引起横向裂缝的一个主要原因。

(2)纵向裂缝

纵向裂缝的方向基本上平行于道路中心线，一般发生在距离路边缘 3 ~ 5m 的车道内。纵向裂缝有两种形状：一种是直线形，另一种是纵向弧形且两端向路堤边缘延伸，地基的不均匀沉降和过大荷载是形成纵向裂缝的主要原因。很多路面纵向裂缝和网裂同时发生，分为两种情况：自上而下的表面裂缝和自下而上的沥青底层疲劳裂缝。自上而下的表面裂缝是由于沥青上面层和中面层或者中面层与下面层之间存在层间污染情况，导致上面层或中面层底部承受过大的拉应力而破坏，仅限于表面层或者表面层和中面层。

通过调查分析可知，西宁地区沥青路面的纵向裂缝多发生在行车道部位，多为纵向条带状，其形成主要原因是由于地基承载能力的差别出现不均匀沉降，造成路面纵向开裂。此外，由于西宁地区沥青路面路基多为软基，虽然经过工程处理，但是由于路表、边坡等渗水，会使局部路基受水浸泡后承载力降低，在车辆荷载的作用下，路基滑动产生裂缝。

(3)坑槽

坑槽病害主要为水在大量高速行车的作用下，反复产生的动水压力逐渐使沥青从集料表面剥离，局部沥青混凝土变松散，碎石被车轮甩出，路面产生坑槽。此外，水进入路面结构后，滞留在沥青层和基层的界面上，在大量高速行车的作用下，自由水产生很大的压力并冲刷基层混合料表面的细料，形成灰白色浆，并通过各种形状不一和宽窄不一的裂缝到路面，形成唧浆。同时，沥青层和基层的界面条件发生变化，可能很快转化为滑动的界面条件，沥青层底部承受很大的拉应力，很容易产生疲劳破坏，产生表面网裂；唧浆和网裂进一步发展，形成坑槽。

(4)车辙

车辙病害是西宁地区尤为严重的典型病害，一方面，由于西宁地区交通量的增大和重载交通的增加，在高温条件下车轮碾压的反复作用，荷载应力超过沥青混合料的稳定度极限，使流动变形不断累积形成车辙，另一方面，由于荷载作用超过路面各层的强度，发生在沥青面层以下包括路基在内的各结构层的永久变形，叫作结构性车辙。这种车辙的宽度较大，两侧没有隆起现象，横断面呈 V 字形。

通过调查分析可知，造成西宁地区沥青路面车辙病害的原因主要有：①交通量的增大和重载交通的增加；②极端高温天气增多；③沥青标号偏高(以 110 号为主)；④沥青混合料级配设计不满足区域要求,主要以细粒式密密级配 AC-13 偏细型材料为主。

(5)沉陷

由于西宁地区特殊地质主要有湿陷性黄土和盐渍土等,地基存在不同程度的不均匀沉降,造成西宁地区道路出现了一些路面局部沉陷病害。沉陷是指路面的局部凹陷。由于地基未充分固结造成的继续沉降或地基压实不足造成的不均匀沉降往往引起路面的大面积沉陷,这种沉陷的发生都伴有贯穿整个路面的结构性破坏,所以修补过后还会继续发展,造成补丁破坏。

(6)波浪

西宁地区部分道路由于路基的不均匀沉降,造成已铺筑路面出现波浪病害,此外,由于基层局部含水率过大,水分滞留于基层,影响面层和基层之间的结合,在行车水平力的作用下,使路面产生推移而导致局部不规则隆起的变形。

在交叉路口,因车速变化频繁,经常刹车与启动,致使路面承受很大的水平剪力。当沥青混合料高温稳定性较差时,就会在高温和水平剪力作用下产生波浪型的推挤变形。

(7)修补损坏

西宁地区部分路段存在一些路面病害养护维修后再次出现病害的情况,其产生的主要原因是路面结构中存在软弱层或不稳定结构层,在养护维修时未能对病害进行彻底的治理,此外,沥青与沥青混合料质量差,延度低、抗裂性差,也会造成路面病害维修后再次出现表面类损坏。

通过对西宁地区沥青路面使用情况的调查,发现沥青路面病害主要以车辙病害和裂缝类病害为主,横向裂缝在调查的各个路段具有不同程度分布,部分路段分布有较长的纵向裂缝,大多数路面都存在程度不一的车辙病害。

另外,在调查中发现,路面早期病害往往是多种病害同时发生,一种病害的发展往往会导致其他病害的发生,比如早期水损坏会使路面局部产生坑槽,如果维修不及时,伴随着较多降水渗透到基层,会引起唧浆,接着沥青面层就会产生网状裂缝和疲劳破坏。反过来,网状裂缝或者其他形式的纵向或横向裂缝会加大水对基层的渗透,引起更严重的水病害,这样就形成一个恶性循环,其间还要伴随着车辙的不断加大,直到路面结构彻底破坏。

5.3.2 基质沥青选型

1)基于 JTG F40—2004 规范的基质沥青选型

西宁项目区域内年平均气温 5.7℃,最冷为每年 1 月份,平均气温 -19.5℃,极端最低气温为 -26.6℃;最热为每年 8 月份,平均气温 26.1℃,极端最高气温为 38.2℃;降雨量 357.1mm。根据我国《公路沥青路面施工技术规范》(JTG F40—2004)选择沥青胶结料的标号,如表 5-7 和表 5-8 所示。

JTG F40—2004 规范推荐的气候分区指标 表 5-7

气候区名		温度(℃)		雨量(mm)
2-2-2	夏热冬寒湿润	20~30	-37.0~-21.5	500~1000
2-2-3	夏热冬寒半干	20~30	-37.0~-21.5	250~500
2-2-4	夏热冬寒干旱	20~30	-37.0~-21.5	<250

JTG F40—2004 规范推荐的沥青标号 表 5-8

指标	沥青标号													
	110 号			90 号					70 号					50 号
针入度 (25℃,5s,100g) (0.1mm)	100 ~ 120			80 ~ 100					60 ~ 80					40 ~ 60
适应的气候分区	2-1	2-2	3-2	1-1	1-2	1-3	2-2	2-3	1-3	1-4	2-2	2-3	2-4	1-4

由表 5-7 和表 5-8 可知,本项目区域气候分区为 2-2-3,参考国内现有规范的建议及区域已有工程应用经验,同时考虑项目区域的交通量特征(从预测交通量看,重车比例达到了 38%,说明本项目重载车辆多),区域可选用 90 号或 70 号基质沥青。

2)基于温度场模型的基质沥青选型

基于前期研究的温度场模型有限元分析结果,根据 AASHTO 规范 M320-03 所推荐的沥青 PG 等级(表 5-9),建议本项目各结构层可采用的基质沥青如表 5-10 所示。

AASHTO 规范 M320-03 推荐的沥青 PG 等级 表 5-9

性能等级	PG46			PG52							PG58				
	-34	-40	-46	-10	-16	-22	-28	-34	-40	-46	-16	-22	-28	-34	-40
7d 最高路面设计温度(℃)	<46			<52							<58				
最低路面设计温度(℃)	> -34	> -40	> -46	> -10	> -16	> -22	> -28	> -34	> -40	> -46	> -16	> -22	> -28	> -34	> -40

基于温度场模型的沥青选型 表 5-10

气候特征	最热月份	最冷月份	气候特征	最热月份	最冷月份	—
连续 7d 平均日最高气温(℃)	34.8	-2.3	对应最低气温(℃)	15.4	-23.8	—
路面结构层	对应最高温度(℃)		路面结构层	对应最低温度(℃)		胶结料等级 PG
上面层(路表)	54.5	17.8	上面层(路表)	17.6	-21.9	PG58 -22
上面层(20mm 处)	51.5	14.6	上面层(20mm 处)	19.7	-19.6	PG52-22
中面层	48.9	11.7	中面层	21.7	-17.5	PG52-22
下面层	43.2	5.6	下面层	26.2	-12.6	PG46-34 或 PG52-16

根据温度场模型的有限元分析,推荐中面层沥青采用 PG52-22。同理,按照 Superpave 方法选取高温性能,则上面层沥青宜选取 PG52,考虑到最热月份路面最高温度 >52℃,因此宜选取 PG58,以保证高温使用性能;同时考虑到最冷月份最低气温 < -22℃,因此参照 SHRP 研究保守选取 PG28,以保证低温使用性能,即上面层沥青选型为 PG58-28,这与采用 Superpave 方法得到的结果一致。

另外,参照 Superpave 方法可知,下面层沥青选型 PG46-34、PG52-16 均能满足要求,故可以从经济角度考虑，最终确定选型。考虑到中面层沥青采用 PG52-22，若中、下面层使用同一沥青等级可以降低成本，且下面层使用 PG52-22 亦满足要求。

因此，对于沥青 PG 分级，上面层可选择 PG58-22，中下面层可选择 PG52-22。

3）基质沥青 PG 等级验证及优化

根据上述研究结论，前期室内试验选择克拉玛依 70 号、90 号，西石化 70 号基质沥青三种沥青，通过弯曲梁流变 BBR 试验和动态剪切流变 DSR 试验进行沥青品质和质量评价。

（1）弯曲梁流变 BBR 试验

考虑到 SHRP 试验中，蠕变劲度是在最低路面设计温度 2h 加载后的劲度，弯曲梁流变 BBR 试验温度提高 10℃，在 60s 加载后可以获得相同的劲度，能够很好地模拟沥青的性状。针对本项目采用 -12℃为试验低温温度，同时考虑到安全系数和保证率，以提高沥青低温一个等级 -18℃为对比研究，试验结果如表 5-11 所示。

弯曲梁流变 BBR 试验结果 表 5-11

沥青品种	-12℃		-18℃	
	S 值	*M* 值	*S* 值	*M* 值
克拉玛依 70 号	47.7	0.514	180	0.414
克拉玛依 90 号	无数据，试件挠度大		117	0.484
西石化 70 号	80.3	0.453	256	0.347

根据 SHRP 要求，沥青结合料的蠕变劲度 *S* 不大于 300MPa，蠕变速率 *M* 不小于 0.3，采用 *M* 值来控制低温下胶结料劲度随时间变化的速率，在相同的条件下，要求 *S* 值尽可能小，*M* 值尽可能大，这样的沥青结合料具有良好的低温抗裂性能。

因此，从低温性能考虑可得到以下结论：①70 号和 90 号基质沥青均能满足 PG-22 分级要求；②90 号基质沥青性能优于 70 号基质沥青；③对于 70 号基质沥青，克拉玛依性能优于西石化。

（2）动态剪切流变 DSR 试验

针对本项目采用 58℃为试验高温温度，同时考虑到安全系数和保证率，以提高沥青高温一个等级 64℃为对比研究，试验结果如表 5-12 所示。

动态剪切流变 DSR 试验结果 表 5-12

沥青品种	温度（℃）	G^* 值	δ 值	高温劲度系数	中等温度劲度系数
克拉玛依 70 号	58	3.93	83.17°	3.9581	3.9021
	64	1.865	84.92°	1.8724	1.8577
克拉玛依 90 号	58	2.712	84.05°	2.7267	2.6974
	64	1.309	85.71°	1.3127	1.3053
西石化 70 号	58	2.869	87.69°	2.8749	2.8631
	64	1.249	87.69°	1.2500	1.2480

Superpave 规范定义和设置了一个车辙因子，$G^*/\sin\delta$ 代表总胶结料劲度的高温黏性部分，原样 $G^*/\sin\delta$ 至少须 1.00kPa，在旋转薄膜烘箱中老化后最小值为 2.20kPa，否则胶结料会太

软,不能抵抗永久变形。从抗车辙角度讲,较高的 G^* 和较低的 δ 值是理想的。

因此,从高温性能考虑可得到以下结论:①70 号和 90 号基质沥青均能满足 PG58 分级要求;②70 号基质沥青性能优于 90 号基质沥青;③对于 70 号基质沥青,克拉玛依性能优于西石化。

综上所述,本项目沥青路面为了达到良好的路用性能,基质沥青标号选择如下:①上面层在兼顾高低温性能的情况下,应优选 90 号基质沥青;②中下面层重点考虑高温性能,应优选 70 号基质沥青。

4)基于动稳定度的基质沥青选型优化

考虑项目区域的主要病害类型,本章节主要针对材料本身的高温稳定性进行分析讨论。目前国内外通过车辙试验评价混合料高温性能的指标主要有动稳定度和相对变形指标(或者变形指标)两大类。鉴于我国现行规范以动稳定度指标进行高温性能的评价,为了便于实体工程应用,本章节主要以动稳定度指标作为高温性能的评价指标。

根据我国现行规范《公路沥青路面施工技术规范》(JTG F40—2004)及本项目设计文件的要求,参照我国已有工程的成熟经验,并考虑项目所用原材料及施工质量控制水平等因素,建议本项目下、中、上面层混合料动稳定度设计标准应分别不小于 2000 次/mm、3500 次/mm 和 4500 次/mm。

沥青混合料的动稳定度除与沥青标号及是否改性、沥青技术性质、矿料的技术性质及洁净程度等相关外,还与施工质量控制、路面结构组合、气温、荷载及车速等因素关系密切。其中,原材料的技术性质与混合料的路用性能,尤其是抗车辙性能密切相关。

(1)项目所用原材料

通过前期研究及调查分析比选,参照已有工程经验,项目选用韩国双龙 70 号基质沥青和 90 号基质沥青作为本工程选用的基质沥青。实测 70 号和 90 号基质沥青的软化点分别为 48.7℃和 46.2℃,可见,项目所用基质沥青无论 70 号还是 90 号,软化点均小于温度场模拟分析计算出的路面结构中、上面层设计温度(即 48.9℃和 51.5℃)。

本项目中上面层 0 ~ 2.36mm 粒径范围内细集料中小于 0.075mm 的通过率为 11.6%,下面层 0 ~ 2.36mm 粒径范围内细集料中小于 0.075mm 的通过率接近 10%。已有研究表明,沥青混合料的抗车辙性能与集料的黏附性和洁净程度密切相关,当细集料中小于 0.075mm 的通过率达到 10% 以上时,粉尘含量过多,致使沥青用量偏大,施工不易压实,路面残留空隙率大,容易致使压密型车辙的产生。而且,沥青混合料的抗车辙性能在所用沥青软化点温度附近大约 ±3℃的范围内是最敏感的,即混合料的抗车辙性能最差。

因此,对于本项目所用矿质原材料,若直接采用基质沥青将难以保证沥青混合料良好的抗车辙性能。

(2)动稳定度试验分析

①下面层 ATB-25 沥青混合料。

针对本项目下面层 ATB-25 沥青混合料,结合项目所用原材料情况,选择合成矿料级配见表 5-13,以优选的 70 号韩国双龙基质沥青确定混合料最佳油石比,然后进行混合料车辙试验,试验结果见表 5-14。

下面层 ATB-25 沥青混合料矿料级配　表 5-13

筛孔尺寸(mm)	31.5	26.5	19	16	13.2	9.5	4.75	2.36	1.18	0.6	0.3	0.15	0.075
通过率(%)	100	95.8	69.9	61.8	52.1	42.2	32.5	24.9	16.3	13.5	9.9	6.3	4.9

下面层 ATB-25 沥青混合料车辙试验结果　表 5-14

基质沥青种类	45min 变形量	60min 变形量	动稳定度(次/mm)	
70 号双龙沥青	1.892	2.080	3351.1	3485.9
	1.827	2.001	3620.7	

由前文分析可知,本项目下面层沥青混合料动稳定度设计标准应不小于 2000 次/mm,故本项目下面层沥青混合料采用韩国双龙 70 号基质沥青可满足使用性能要求。

②中面层 AC-20 沥青混合料。

针对本项目中面层 AC-20 沥青混合料,结合项目所用原材料情况,选择合成矿料级配见表 5-15,以韩国双龙 90 号基质沥青确定混合料最佳油石比,然后针对拟采用的韩国双龙 70 号和 90 号基质沥青分别进行 AC-20 沥青混合料车辙试验,试验结果见表 5-16。

中面层 AC-20 沥青混合料矿料级配　表 5-15

筛孔尺寸(mm)	26.5	19	16	13.2	9.5	4.75	2.36	1.18	0.6	0.3	0.15	0.075
通过率(%)	100	95.3	86.3	74.8	57.7	38.3	28.0	17.5	15.1	12.0	8.6	5.6

中面层 AC-20 混合料车辙试验结果　表 5-16

基质沥青种类	45min 变形量	60min 变形量	动稳定度(次/mm)	
70 号双龙沥青	2.782	3.042	2413.8	2229.7
	3.063	3.371	2045.5	
90 号双龙沥青	3.326	3.696	1702.7	1705
	3.057	3.426	1707.3	

由前文分析可知,中面层沥青混合料动稳定度设计标准应不小于 3500 次/mm,因此,对于本项目中面层沥青混合料,无论采用韩国双龙 70 号基质沥青还是 90 号基质沥青均不能满足要求。故为了提升混合料的高温性能、同时保障混合料的低温性能,结合已有研究分析结论,中面层混合料应采用改性沥青。

③上面层 AC-13 沥青混合料。

结合已有研究结论及工程经验可知,本项目上面层 AC-13 沥青混合料设计动稳定度标准要达到不小于 4500 次/mm 的要求,也应采用改性沥青。

5.3.3 改性剂的选择

(1)改性剂的分类

改性剂是指在沥青或者沥青结合料中加入天然的或者人工的有机或无机材料,可熔融、分散在沥青中,改善或提高沥青路面性能(与沥青发生反应或者覆盖在集料表面上)的材料。沥青改性剂的种类较多,通过多年的研究和应用,改性剂在品质和数量上不断发生变化。迄今为止,用于道路的改性剂主要分为以下三类:

①橡胶类:即聚合物弹性体,可以分为天然橡胶、再生橡胶、合成橡胶三种。在道路工程中应用于改性沥青的,以合成橡胶为主,主要有丁苯橡胶(SBR)、氯丁橡胶(CR)、乙丙橡胶(EPOM)、聚苯乙烯—异戊二烯(SIR)、丙烯酸丁二烯共聚物(ABR)等。

②树脂类:又可分为热塑性树脂和热固性树脂。热塑性树脂主要有聚苯乙烯、聚乙烯(PE)、乙烯—醋酸乙烯共聚物(EVA)等。在道路工程中应用于改性沥青的,主要是 PE 和 EVA,热固性树脂应用不多。

③热塑性橡胶类:主要有苯乙烯—异戊二烯—苯乙烯嵌段共聚物(SIS)、苯乙烯—丁二烯—苯乙烯嵌段共聚物(SBS)等。在道路工程中应用于改性沥青的,以 SBS 最为普遍。

(2)改性剂性能比较

壳牌公司对 SBS、SIS、EVA 和 PE 四种改性剂的改性效果进行了性能的比较分析,这四种改性剂的改性功效见表 5-17。由表 5-17 可以看出,在不同聚合物改性沥青中,SBS 改性沥青的改性效果最好。

四种不同改性剂的功效　　表 5-17

改性剂品种	抗车辙变形	抗温缩裂缝	抗温度疲劳裂缝	抗荷载疲劳裂缝	裂缝自愈合性能	抗磨耗性能	抗老化性能
SBS	+	+	+	+	+	+	+
SIS	+	+	+	+	+	+	+
EVA	+	-	-	+	?	+	0
PE	+	-	-	-	-	-	0

注:表中 + 表示提高,- 表示降低,0 表示没有影响,? 表示尚不清楚。

另外,已有研究针对目前道路改性沥青常用的 SBS、SBR、EVA 和 PE 这四种改性剂,按照相同掺量对基质沥青进行改性后的性能进行了测试。结果表明:①高温稳定性:SBS 使软化点提高最多,即 SBS > SBR > EVA > PE;②低温抗裂性:SBS 使 5℃ 延度大幅度增大,SBR 增加幅度比 SBS 小,而 PE 使延度降低,EVA 使延度略有增大;③弹性恢复:SBS 改性沥青的弹性恢复性能最好,SBR 比 SBS 改性沥青的弹性恢复性能差,PE 几乎没有弹性,EVA 有一定的弹性;④60℃ 黏度:SBS 增加最大,其次是 PE、EVA、SBR;⑤综合性指标 PI:SBS 使 PI 增大最显著,其次是 EVA、PE、SBR。

进行上述的性能对比后可知,SBS 的耐高温、低温性能、弹性恢复性能等非常明显,对温度敏感性下降所起的作用,是 PE 和 EVA 无法比拟的。研究结果表明,SBS 改性沥青具有以下优良性能:①改善沥青混合料抵抗高温永久变形的能力(提高刚度);②提高沥青混合料抵抗低温变形的能力(改善韧性);③改善密级配路面抵抗疲劳裂纹的能力;④改善路面的抗水损害能力;⑤可改善沥青混合料的抗老化性能,SBS 改性沥青的抗老化性能良好,薄膜烘箱加热后的针入度保留 90% 以上,软化点只增加 1.5,尤其 5 延度损失极小;⑥改善抗剥离能力。从近年来国内外改性沥青的使用情况看来,SBS 所占比例不断上升,已成为目前世界上使用最为普遍的道路沥青改性剂,也是我国今后道路沥青改性剂的发展方向。另外,同济大学刘黎萍、孙立军等通过对比 SBS、SBR 改性沥青抗紫外线老化性能研究可知，SBR 改性沥青原样及经薄膜烘箱老化后的低温延展性能虽明显优于 SBS 改性沥青，但通过一定时间的紫外线照射后，SBS 改性沥青的低温延度明显优于 SBR 改性沥青，即 SBS 改性沥青的抗紫外线老化性能比 SBR 改性沥青要好，且选用 SBS 改性沥青要比同种基质沥青具有更优的抗紫外线老化性能。

因此，综合考虑，本项目选用 SBS 改性剂进行改性沥青的相关研究。

(3)SBS 改性剂的技术性质

SBS 外观呈白色，质轻多孔，是由苯乙烯(硬段 S)和丁二烯(软段 B)组成的苯乙烯—丁二烯—苯乙烯嵌段聚合物，软段作为连续相，使 SBS 呈高弹性态，硬段分布于丁二烯之间作为分散相起固定和补强作用，SBS 兼具橡胶的弹性和树脂的热塑性。在聚集状态下，聚丁二烯链段形成连续橡胶相，而聚苯乙烯链段分散在连续橡胶相中形成塑料微相区，因为这两种链段间以未硫化的化学键相连，故在一定温度范围内聚苯乙烯微相区对聚丁二烯链段起交联作用。当温度高于聚苯乙烯 T_g(100℃)时，S 段解开，交联键打开，SBS 表现为塑性；当温度低于聚苯乙烯 T_g 时，物理交联键又重新生成，表现出硫化胶综合性能，不再起硫化点的约束作用。即在低于聚苯乙烯组分的玻璃化转变温度时是强韧的高弹性材料，而在较高温度下，又成为接近线形聚合物的流体状态。

根据苯乙烯和丁二烯所含比例的不同和分子结构的差异，SBS 分为线形结构和星形结构两种，两种结构的结构式如下：

线形 SBS 的结构式为：

$$\underset{\displaystyle C_6H_5}{(CH_2\text{—}\overset{}{C}H)_n}(CH_2\text{—}CH{=}CH\text{—}CH_2)_m\underset{\displaystyle C_6H_5}{(CH_2\text{—}CH)_n}$$

星形 SBS 的结构式为：

$$[\underset{\displaystyle C_6H_5}{(CH_2\text{—}CH)_n}(CH_2\text{—}CH{=}CH\text{—}CH_2)_n]_4Si$$

SBS 改性剂的两种结构的示意图如图 5-45 所示。

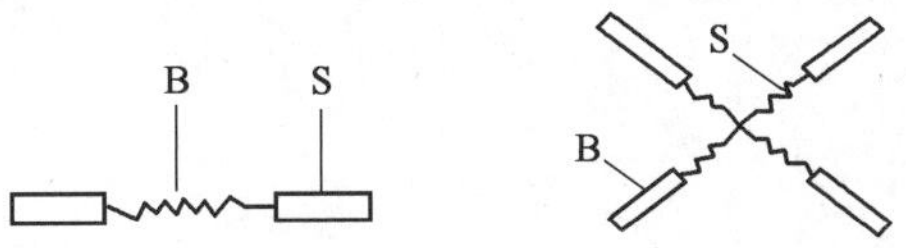

图 5-45 SBS 改性剂的结构示意图(左为线性、右为星型)

由于 SBS 自身的结构，当 SBS 均匀地分散在沥青中，可以提高路面的高温抗推移和抗车辙能力；降低沥青脆点，使沥青在低温时具有柔韧性，减少路面裂缝。同时 SBS 使沥青与石料的黏结力提高，使混合料的性能改善，有效地延长路面的使用寿命。它具有抗拉强度高、低温变形性能好等优点，可以提高沥青的高温稳定性和低温抗裂性。

我国目前用四位数字对 SBS 改性剂进行命名,第一位数字表示 SBS 改性剂的结构类型,若是1 表示线形、若是4 表示星形;第二位数字表示 S 对 B 的比例,3 为 30∶70、4 为 40∶60;第三位表示是否充油,0 为非充油、1 为充油;第四位表示相对分子质量的大小,1 为不大于10 万、2 为 14 万~16 万、3 为 23 万~28 万。

每种结构的 SBS 改性剂,不同厂家有着不同的牌号,考虑到 SBS 结构和品牌工程应用的成熟性及广泛性,同时根据目前市场 SBS 改性剂的使用情况及厂家供应情况,本项目在进行 SBS 改性沥青选型优化研究时,选用燕山石化生产的星形结构的 SBS 和岳阳石化生产的线形结构的 SBS 两种改性剂,分别以 YS-S 和 YY-L 表示,两种改性剂的技术性质参数见表 5-18。

SBS 改性剂的技术性质参数 表 5-18

名　　称	燕化 4303	岳化 1301-1(791H)	指 标 要 求	
报告中代码	YS-S	YH-L	优等	合格
结构	星型	线性		
外观	白色	白色	白色	白色或浅色
嵌段比(S/B)	30/70	30/70	—	—
挥发分(%)	0.31	0.70	≤0.50	≤1.00
300% 定伸应力(MPa)	3.0	2.2	≥2.0	≥2.0
拉伸强度(MPa)	12	16.0	—	—
扯断伸长率(%)	625	700	≥550	≥550
硬度(邵氏 A 值)	80	68	—	—
熔体流动速率(g/10min)	0.1~0.5	0.01~0.50	—	—
灰分(%)	0.02	0.20	≤0.25	≤0.25

5.3.4 SBS 改性沥青机理

SBS 改性沥青是主要由基质沥青和 SBS 改性剂组成的复合材料,其优良的性能取决于主要原材料的性质、相互作用程度和改性工艺方法。

大量研究表明,SBS 改性剂与基质沥青之间并没有发生剧烈的化学反应,SBS 微粒只是均匀地分散在基质沥青中,仅仅是物理意义上的共存共融。SBS 和沥青在高温下混合后,SBS 吸收沥青中轻质组分发生溶胀,SBS 体积增大,沥青组分改变,从而改变了沥青的胶体结构,SBS 与基质沥青的混合过程如图 5-46 所示。

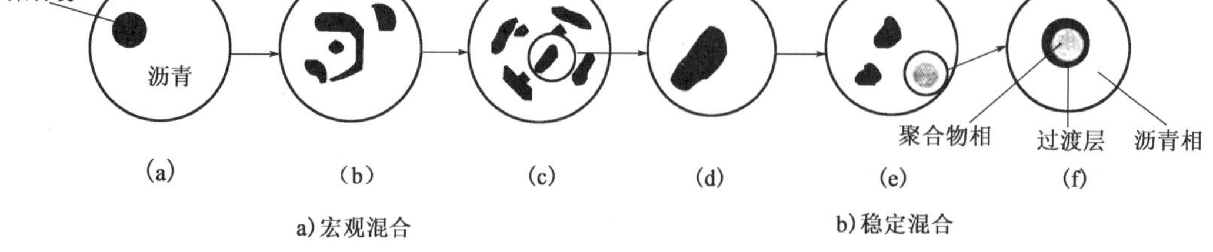

图 5-46　基质沥青与 SBS 混合过程示意图

SBS 改性剂加入到基质沥青中后，降低基质沥青的玻璃化温度 T_g，降低了与玻璃化温度相对应的模量 E_g，提高了沥青的低温变形能力；使得基质沥青抗流动变形能力增强，沥青高弹温度域显著增大，高弹态的沥青模量显著增加；SBS 的加入使得沥青黏流态的黏度增大。

对于相容的改性沥青体系，大分子聚合物的加入主要有以下作用：①体系中发生的吸附和溶胀作用使沥青的组分构成发生一定变化；②大分子的聚合物使沥青中的大分子组分相对增加，使得沥青的针入度在改性后普遍大大降低，高温黏度增大，感温性和高温性能改善；③在低温下，改性沥青的性能变得复杂，沥青流动性能降低，变得硬脆，聚合物相分散于连续相的沥青中，形成“分散相软、连续相硬”的共混体系，该体系在荷载作用下通过银纹作用使体系具有很好的抗裂性能。

沥青与 SBS 两相处在“硬包软”的状态，当受到外力作用时，SBS 改性剂成为应力集中点，SBS 较大的形变量吸收消耗大量的能量。在应力的作用下，SBS 改性沥青是一种类似加劲混凝土的“裂而不开”的状态，是一个银纹化作用过程：一是 SBS 胶粒在沥青中形成应力集中，诱发大量银纹，消耗掉大量的能量，因而降低了沥青玻璃化温度对应的低温模量；二是 SBS 胶粒在沥青中起到控制银纹继续发展的作用，使得银纹不至于发展成裂纹，提高了沥青的弹性恢复能力。

SBS 与基质沥青在高温状态下混合，端基软化并产生一定的流动，中基吸收沥青中的油分形成海绵状，体积增大许多倍。在高温下，首先 SBS 改性剂分子链段变得舒展，自由体积增大，同时基质沥青中轻组分如软沥青质等进入改性剂网络后使得改性剂分子链间距增大，其中软沥青质一方面起增塑作用使改性剂的力学性质发生改变，另一方面改性剂吸附基质沥青中的轻组分产生溶胀，在两相界面上高分子的舒展程度进一步增大，根据相似相容原理，在其基面上改性剂浸润、吸附部分组分相似的沥青组分形成一定厚度的表面吸附膜，使 SBS 改性剂与基质沥青的界面性质逐渐过渡，形成良好的过渡结合，即 SBS 与基质沥青产生良好相容作用。根据 SBS 改性剂类型和剂量的多少，溶胀效果可能不尽相同，有的甚至形成连续的 SBS 空间网络结构，使沥青小分子组分减少，极性组分含量相对增多，从而沥青分子间的相互作用增强，内聚力得到提高。

一般改性剂颗粒越细小，在沥青中的分布越均匀，越有利于沥青中一些组分向改性剂高分子网络中渗透，越有利于沥青与改性剂之间发生浸润与吸附作用，对改性剂粒子的溶胀作用越好。温度升高时，会加速改性剂高分子链段的振动和松弛，加速沥青分子向改性剂网络中渗透，促进沥青对改性剂的溶胀作用。

改性剂高分子链段不像普通溶液的溶质完全溶解于溶剂中，而是改性剂吸收部分饱和分（主要产生物理吸附作用）和芳香分（有物理吸附作用和选择性吸附作用，也可能产生部分化学吸附作用），在基质沥青中形成一种动态的平衡体系，生成新的胶体结构。改性剂与基质沥青之间主要发生溶胀和增塑作用，在条件合适的情况下，也有可能发生一定程度的交联或接枝作用。其作用原理可有自由体积理论、热力学理论等进行阐释。

自由体积理论认为，任何液体或固体，其体积均由分子的占有体积和未被占有的“孔穴”自由体积组成。SBS 改性沥青的制备温度远高于玻璃化温度，其高弹态体积随温度升高会产生膨胀，这是由占有体积和自由体积的膨胀引起的。由于 SBS 的体积膨胀，其自由体积为容纳沥青小分子提供了便利条件，同时 SBS 自身的链段运动变得更加活跃。热力学理论认为，在平衡相转变过程中其自由能的变化是连续的,实际上 SBS 与基质沥青作用过程中 SBS 表面未必处于热力学平衡状态,但其自由能变化仍是连续的。

SBS 与基质沥青的溶胀作用实际上包含如下几个方面:

(1)扩散渗透作用:液态的沥青因胶体布朗运动在体系中产生扩散和渗透作用,使得沥青分子与 SBS 在界面上发生相互碰撞,温度越高,运动越剧烈,其中如饱和分等小分子的布朗运动最剧烈,越是有利于沥青与 SBS 之间的相互作用。同时 SBS 为非极性高聚物,而沥青中饱和分、芳香分没有极性或极性较低,根据相似相容原理,沥青中的饱和分等在做布朗运动的同时,容易与 SBS 发生相容作用,产生溶胀。

(2)浸润吸附作用:沥青分子与 SBS 链段之间表面自由能的差异性,促使两者产生浸润和吸附作用,根据能量最小原理,两者作用后视图使体系的自由能处于最低状态。通过对小分子、低聚物到高聚物同系物的表面张力的测定,发现其表面张力与分子量 M_n 之间存在如下关系:

$$\gamma = \gamma_{\infty} - \frac{K_e}{M_n^{2/3}} \tag{5-21}$$

式中:M_n——分子量趋于无穷大时的表面张力;

K_e——常数。

SBS 的分子量基本上大于 10 万,而沥青中胶质、沥青质的分子量最大为 1 万左右,饱和分分子量一般才几百。由此可见,SBS 的表面张力远高于基质沥青。同时温度升高,他们的表面张力均要下降,而 SBS 下降幅度远低于基质沥青,这样二者之间的表面张力差将进一步加大,使得 SBS 更容易吸附沥青小分子以降低自身的自用能,促使浸润吸附作用发生。

(3)化学吸附与键合作用:从 SBS 的组成可见,其中含有非常多的 C = C 双键,这些不饱和键在高温下非常活跃,与沥青中"活跃分子"如哑砜、酚类络合物、酮等含氧基团物质产生化学交联作用,尽管这种作用在 SBS 改性沥青制备过程中发生几率很小,但对改性沥青性质的影响至关重要,因为前两种作用是物理过程,当温度下降后可能产生逆向作用,被 SBS 吸附的沥青组分可能重新回到基质沥青胶体中,对小分子物质起不到稳定的效果,从而影响改性沥青性质的稳定性。因此,在体系中添加交联剂或其他助剂,可促进 SBS 与基质沥青的交联、键合作用,以增强 SBS 改性沥青的稳定效果。

5.3.5 改性沥青的基质沥青选型

SBS 改性沥青是基质沥青中掺入 SBS 后,通过一定工艺加工而成的复合材料。因此,基质沥青的性质必然会影响 SBS 改性沥青性质。基质沥青的标号不仅会影响到改性沥青的相容性,而且会影响改性沥青的性质。如果标号太低,由于使 SBS 改性剂溶胀时所需轻质油分较少,会限制低温性能的改善,随着基质沥青针入度的减小,剪切搅拌时间增长,沥青与 SBS 相容性降低,SBS 溶胀率减小,网状结构形成所需 SBS 增加,温度敏感性增大。

鉴此,建议实际工程中基质沥青选用大标号低黏度的沥青,SBS 加入基质沥青中后能充分溶胀,发挥高分子聚合物的功效,达到改善沥青高温抗变形能力的目的,同时低黏度沥青低温柔性好的特点也可得到保持或加强。另外,高标号低黏度的基质沥青改性后修筑的沥青路面,低温柔性好,不易产生温度裂缝,即使产生也会在较高的温度下弥合,从而达到同时改善高、低温性能的改性效果。但是如果沥青标号过大,改性沥青达到高温指标要求所需的SBS剂量增加,高温性能难以满足。因此基质沥青标号的选择要结合沥青路面使用温度范围而定。

我国现行规范中以25℃针入度为划分标准,将SBS改性沥青划分为I-A、I-B、I-C、I-D四类,如表5-19所示。

SBS改性沥青等级划分 表5-19

指　　标	单位	I-A	I-B	I-C	I-D
针入度(25℃,100g,5s)	0.1mm	>100	80~100	60~80	30~60

在实际工程中,应根据工程要求的改性沥青等级选择合适的基质沥青,一般来说,基质沥青掺入SBS改性后,其25℃针入度下降20~30,所以,加工I-D级SBS改性沥青一般选用70号沥青,加工I-C级SBS改性沥青选用90号沥青,I-B级可选用110号沥青。

依据我国现行规范,在SBS改性沥青标号的选择上,我国大部分地区高速公路宜选择I-D级,西北和东北地区可选择I-C级,I-B级适用于非常寒冷的地区,I-A级除特殊情况外很少使用。因此,本项目SBS改性沥青标号选择I-C级,为便于施工质量和经济成本控制,改性沥青的基质沥青选择与下面层同厂家的韩国双龙90号道路A级基质沥青。

5.3.6 SBS改性剂优化选型

结合上述分析,本项目采用目前市场运用比较多的燕化星型4303和岳化线性791H两种SBS改性剂,在室内进行韩国双龙90号道路A级基质沥青的SBS改性。通过测试不同改性剂、不同掺量制备的SBS改性沥青的针入度、软化点、延度、BBR和DSR等改性沥青的技术性质指标,以及改性沥青混合料的路用性能指标及经济性能,进行本项目SBS改性沥青的优化选择。

1)基于改性沥青技术指标的SBS选型

采用改良的室内制备工艺,分别采用YY-L和YS-S两种改性剂,制备不同掺量的SBS改性沥青,进行常规指标(25℃针入度、软化点和5℃延度)试验、BBR试验和DSR试验,结果如下。

(1)YY-L不同掺量对改性沥青技术指标的影响

YY-L不同掺量的SBS改性沥青,常规指标试验结果见表5-20。

YY-L不同掺量改性沥青的常规指标试验结果 表5-20

试验指标	YY-L-3.0	YY-L-3.5	YY-L-4.0	YY-L-4.5
25℃针入度(0.1mm)	68.2	65.7	63	61.5
软化点(℃)	56.3	62.2	65.3	78
5℃延度(cm)	35.4	41.6	46	63.4

制定YY-L改性沥青常规指标随不同掺量的变化情况,见图5-47~图5-49。

根据我国现行规范(JTG F40—2004)对SBS改性沥青技术要求的规定,由表5-20和图5-47~图5-49可知,对于本项目采用的韩国双龙90号基质沥青,采用岳阳石化线性SBS改性剂,SBS掺量为3%时,软化点和5℃延度均靠近规范下限值(软化点≥55℃,5℃延度≥30cm);SBS掺量为4.5%时,25℃针入度靠近规范下限值60~80(0.1mm)。

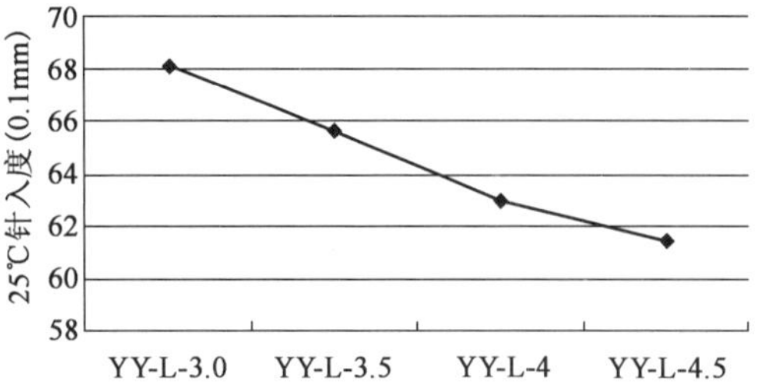

图 5-47 不同掺量 YY-L 改性沥青的针入度变化

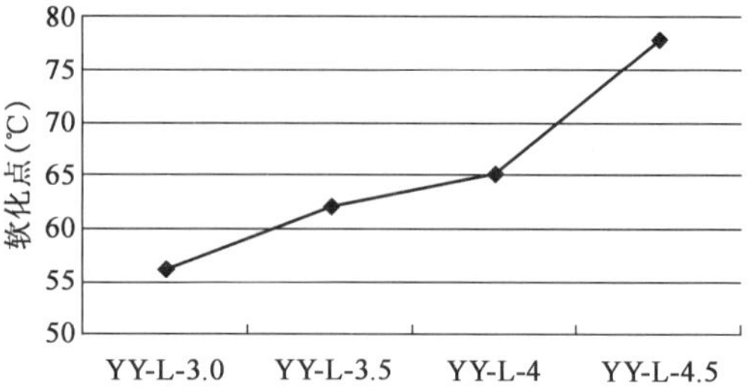

图 5-48 不同掺量 YY-L 改性沥青的软化点变化

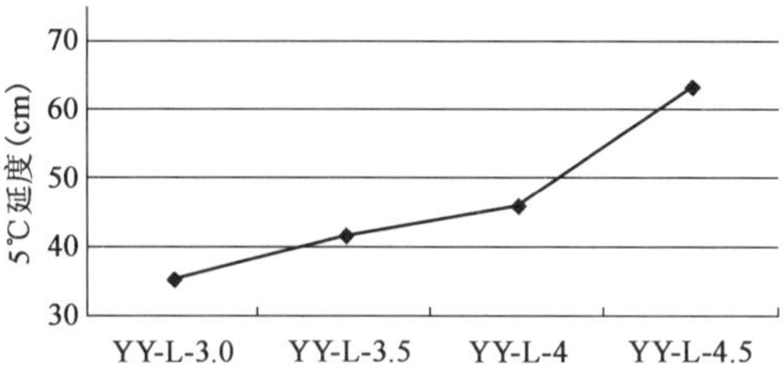

图 5-49 不同掺量 YY-L 改性沥青的 5℃延度变化

为验证 YY-L 不同掺量对改性沥青 PG 等级的影响,采用 DSR 和 BBR 试验测试,试验结果如表 5-21 和表 5-22 所示。

不同掺量 YY-L 改性沥青的 DSR 试验结果 表 5-21

类型	温度(℃)	G^*(Pa)	δ(°)	$G^*/\sin\delta$(kPa)	PG 等级
YY-L-3.0	64	2301	74.92	2.383	PG70
	70	1270	74.23	1.320	
YY-L-3.5	64	2520	75.15	2.607	PG70
	70	1387	74.71	1.437	
YY-L-4.0	64	2807	70.46	2.979	PG76
	70	1578	68.70	1.694	
	76	979.9	65.36	1.078	
YY-L-4.5	70	1594	65.31	1.754	PG76
	76	1017	61.05	1.163	

不同掺量 YY-L 改性沥青的 BBR 试验结果 表 5-22

类型	温度(℃)	蠕变劲度 S	蠕变速率 M	PG 等级
YY-L-3.0	-18	203	0.349	PG-28
YY-L-3.5	-18	239	0.344	PG-28
YY-L-4.0	-18	226	0.325	PG-28
YY-L-4.5	-18	242	0.293	—

结合前文分析,由表 5-21 和表 5-22 可知,对于项目用韩国双龙 90 号基质沥青,采用岳阳石化线性 SBS 改性剂,改性剂掺量 3.0%~4.5% 的范围内,除改性剂掺量为 4.5% 外,其余掺

量改性沥青的 PG 等级均满足本项目 PG58-28 等级要求，亦满足 PG52-22 等级要求。

（2）YS-S 不同掺量对改性沥青技术指标的影响

YS-S 不同掺量的 SBS 改性沥青，常规指标试验结果见表 5-23。

YY-L 不同掺量改性沥青的常规指标试验结果　　表 5-23

指标	YS-S-3.0	YS-S-3.5	YS-S-4.0
25℃针入度（0.1mm）	64.5	62	57.3
软化点（℃）	62.5	73.2	82
5℃延度（cm）	40.9	43.5	56.2

制定 YS-S 改性沥青常规指标随不同掺量的变化情况，见图 5-50～图 5-52。

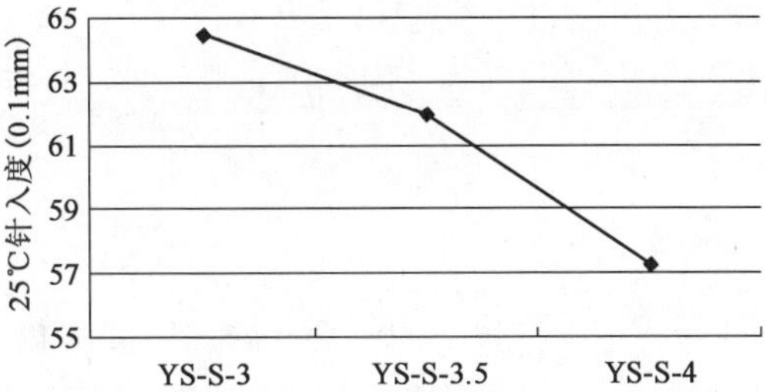

图 5-50　不同掺量 YS-S 改性沥青的 25℃针入度变化

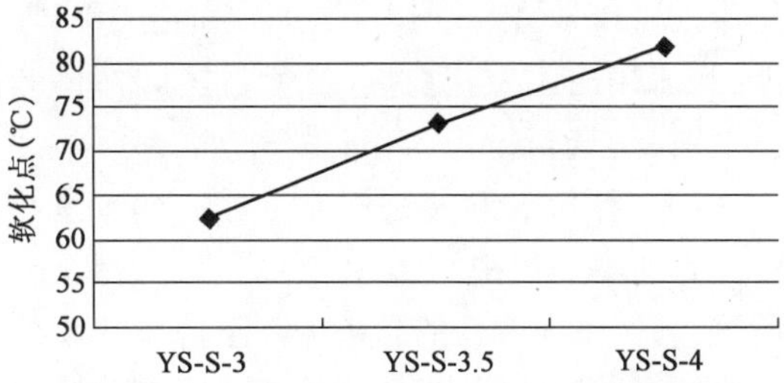

图 5-51　不同掺量 YS-S 改性沥青的软化点变化

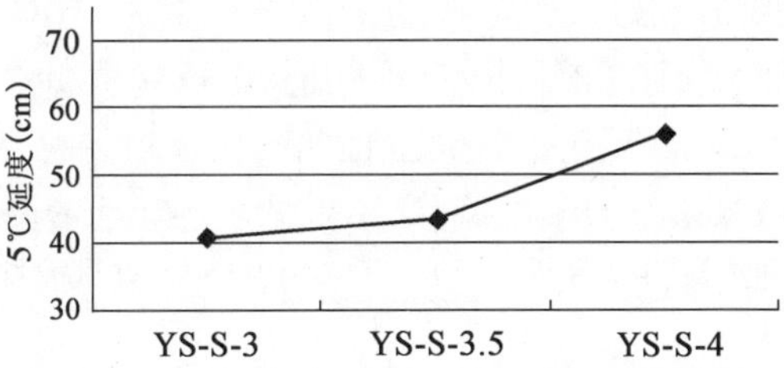

图 5-52　不同掺量 YS-S 改性沥青的 5℃延度变化

根据我国现行规范 JTG F40—2004 对 SBS 改性沥青技术要求的规定，由表 5-23 和图 5-50～图 5-52 可知，对于本项目采用的韩国双龙 90 号基质沥青，采用燕山石化星形 SBS 改性剂，SBS 掺量为 4.0% 时，25℃针入度超出规范下限值 60～80（0.1mm）。

为验证 YS-S 不同掺量对改性沥青 PG 等级的影响，采用 DSR 和 BBR 试验测试，试验结果如表 5-24 和表 5-25 所示。

不同掺量 YS-S 改性沥青的 DSR 试验结果　　表 5-24

类　型	温度（℃）	G^*（Pa）	δ（°）	$G^*/\sin\delta$（kPa）	PG 等级
YS-S-3.0	64	2375	77.08	2.437	PG70
	70	1225	78.37	1.251	
YS-S-3.5	64	2743	73.40	2.862	PG70
	70	1461	73.88	1.521	
YS-S-4.0	70	1480	70.53	1.570	PG70

不同掺量 YS-S 改性沥青的 BBR 试验结果　　表 5-25

类　型	温度(℃)	蠕变劲度 S	蠕变速率 M	PG 等级
YS-S-3.0	-18	204	0.366	PG-28
YS-S-3.5	-18	202	0.340	PG-28
YS-S-4.0	-18	207	0.315	PG-28

由表5-24 和表5-25 可知,对于项目用韩国双龙90 号基质沥青,采用燕山石化星形 SBS 改性剂,改性剂掺量 3.0% ~4.0% 的范围内,改性沥青的 PG 等级均满足本项目要求的 PG58-28 等级要求,亦满足 PG52-22 等级要求。

(3)本项目初选 SBS 类型及掺量

综合分析不同类型、不同掺量的 SBS 对改性沥青技术性能及 PG 等级的影响,对于本项目所用的韩国双龙 90 号基质沥青,初选 SBS 改性剂类型为岳阳石化线形和燕山石化星形两种类型,且采用岳阳石化线形 SBS 改性剂时,初选掺量为 3.5% 和 4.0%;采用燕山石化星形 SBS 改性剂时,初选掺量为 3.0% 和 3.5%。

2)基于混合料路用性能指标的 SBS 选型

针对本项目中面层 AC-20 沥青混合料,结合项目所用原材料情况,初选合成矿料级配见前文所述,采用室内改良的制备工艺制备 SBS 改性沥青,按照我国现行规范的要求开展车辙试验和低温小梁弯曲试验,分析初选的 SBS 类型及掺量对混合料高、低温性能的影响,试验结果如下。

(1)SBS 类型及掺量对混合料高温性能的影响

对于初选的岳阳石化线形 SBS 改性剂按内掺沥青 3.5%、4.0%,燕山石化星形 SBS 改性剂按内掺沥青 3.0%、3.5%,分别与项目用韩国双龙 90 号基质沥青,按照改良的室内制备工艺进行 SBS 改性,针对 YY-L-4.0 确定混合料最佳油石比,以此油石比成型 AC-20 沥青混合料车辙板,进行不同 SBS 类型及掺量的车辙试验,结果见表 5-26 和图 5-53。

不同掺量的 SBS 改性沥青 AC-20 混合料车辙试验结果　　表 5-26

类　型	45min 变形量(mm)	60min 变形量(mm)	动稳定度(次/mm)
YY-L-0	3.057	3.426	1707.3
YY-L-3.5	1.459	1.594	4684.0
YY-L-4.0	1.235	1.348	5575.2
YS-S-3.0	1.181	1.276	6631.6
YS-S-3.5	0.955	1.035	7825.1

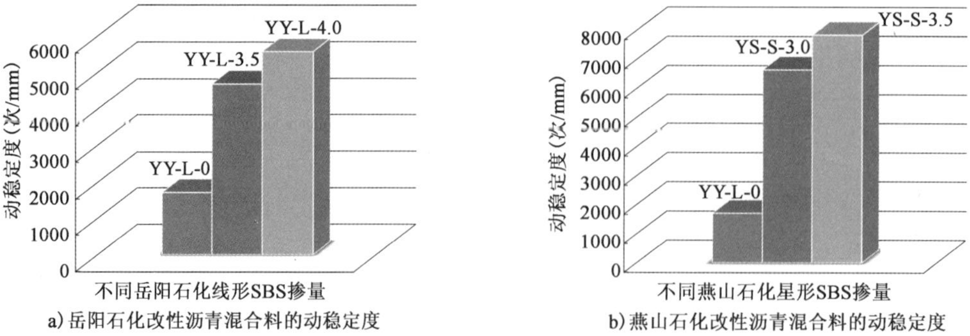

图 5-53　不同 SBS 类型及掺量对混合料高温性能的影响

由表5-26和图5-53可以看出：

①韩国双龙90号基质沥青经过SBS改性后，混合料的动稳定度明显增大，说明SBS改性沥青能显著提高沥青结合料在高温下的抗车辙能力。

②初选的两种厂家、两种类型的SBS改性沥青混合料，随着SBS掺量的增加，沥青结合料的动稳定度明显增大。

③燕山石化的星形SBS改性沥青混合料的动稳定度明显大于同掺量的岳阳石化的线形SBS改性沥青混合料。如：YS-S-3.5混合料的动稳定度(7825.1次/mm)明显大于同掺量的YY-L-3.5(4684.0次/mm)，亦大于高掺量的YY-L-4.0(5575.2次/mm)。

另外，结合前文分析结论，YY-L-3.5、YY-L-4.0、YS-S－3.0及YS-S－3.5改性沥青混合料的动稳定度，均满足本项目中、上面层的动稳定度技术要求。但是YS-S对于混合料动稳定度的提升程度远大于YL-L，且要达到同等水平的高温性能改善效果，YS-S改性剂掺量明显少于YL-L。

(2)SBS类型及掺量对混合料低温性能的影响

对于初选的岳阳石化线形SBS改性剂按内掺沥青3.5%、4.0%，燕山石化星形SBS改性剂按内掺沥青3.0%、3.5%，分别与项目用韩国双龙90号基质沥青，按照改良的室内制备工艺进行SBS改性，针对YY-L-4.0确定混合料最佳油石比，以此油石比成型AC-20沥青混合料车辙板试件，进行初选SBS类型及掺量的混合料低温小梁弯曲试验，结果如表5-27和图5-54所示。

不同掺量的SBS改性沥青AC-20混合料低温弯曲试验结果 表5-27

类　型	抗弯拉强度(MPa)	破坏应变(με)	弯曲劲度模量(MPa)
YY-L-3.5	12.757	2017.071	6324.334
YY-L-4.0	13.275	2862.960	4636.841
YS-S-3.0	16.960	2533.992	6693.114
YS-S-3.5	17.853	2952.266	6047.375

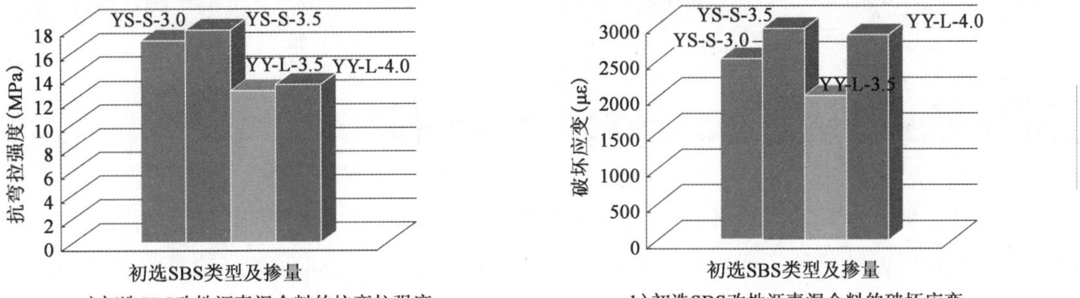

a)初选SBS改性沥青混合料的抗弯拉强度　b)初选SBS改性沥青混合料的破坏应变

图5-54　不同SBS类型及掺量对混合料低温性能的影响

由表5-27和图5-54可以看出：

①对于本项目初选的两种类型的SBS，随着SBS掺量的增加，改性沥青混合料的抗弯拉强度均增大，且同等掺量的SBS，燕山石化星形改性沥青混合料的抗弯拉强度明显大于岳阳石化线形改性沥青混合料。

②对于本项目初选的两种类型的SBS,随着SBS掺量的增加,改性沥青混合料的破坏应变均增大,且同等掺量的SBS,燕山石化星形改性沥青混合料的破坏应变明显大于岳阳石化线形改性沥青混合料。

因此,对于本项目所用韩国双龙90号基质沥青,YS-S对于混合料低温性能的改善程度明显大于YL-L,且要达到同等水平的低温性能改善效果,YS-S改性剂掺量明显少于YL-L。

3)基于经济性的SBS选型

综合SBS改性沥青及其混合料技术性能指标试验结果,为保证本项目沥青路面通车后具有良好的路用性能,减少甚至避免大面积车辙病害产生的可能性,同时考虑施工变异性,对于燕山石化星形SBS改性剂,建议掺量以内掺沥青3.5%控制;对于岳阳石化线形SBS改性剂,掺量应以内掺沥青4.0%控制。

对于本项目而言,中面层所需韩国双龙90号基质沥青初步估算约9941.42t,针对初选的岳阳石化和燕山石化两种类型的SBS改性剂,进行经济性比较,如表5-28所示。

本项目初选SBS类型及掺量的经济性比较 表5-28

SBS类型	建议SBS控制掺量(%)	估算质量(t)	单价(元/t)	总价(万元)
岳阳石化线形	4.0	414.2	13000	538.49
燕山石化星形	3.5	360.6	14000	504.80

由表5-28可以看出,在保证路用性能的前提下,本项目采用燕山石化星形SBS改性剂,比采用岳阳石化线形SBS改性剂可减少材料成本约33.7万元。

4)综合比选

针对本项目拟用的韩国双龙90号基质沥青,通过分析目前市场上常用的岳阳石化线形和燕山石化星形两种类型、不同掺量的SBS改性剂对改性沥青技术性质、改性沥青PG等级、改性沥青混合料高温性能,改性沥青混合料低温性能等的影响,同时,结合本项目应用情况,针对不同类型SBS改性剂初选的掺量进行经济性比选,建议本项目中上面层所用SBS改性剂应优选燕山石化生产的星形4303,且中面层SBS改性剂掺量应以内掺沥青3.5%控制,SBS改性沥青的软化点应以不小于70℃控制。

5.4 沥青面层混合料材料组成设计

沥青混合料的材料组成设计包含矿料级配设计和最佳油石比设计两方面的内容。沥青混合料设计的总目标就是确定矿料级配及混合料的最佳沥青用量,以满足路用性能的要求。通过优化矿料级配、最佳油石比可以改善沥青混合料的路用性能。为了保证本项目路面工程路用性能优良,针对西宁地区的客观条件,本章节开展沥青混合料矿料级配、最佳油石比的优化设计研究,并基于沥青混合料的优化配合比进行路用性能评价。

5.4.1 矿料级配设计方法及关键设计参数

沥青混合料矿料级配是把各种不同粒径的集料按照一定的比例搭配起来,以达到较高的密实度或强度。一个良好的矿质集料级配,应该是在热稳定性容许的条件下矿料与沥青之间的作用良好,使沥青混合料最大限度地发挥其强度效应,从而获得良好使用品质。由于矿料级配对于沥青混合料性能有很大的影响,因而对级配设计方法的分析研究就十分必要。

目前,国内外常用的矿料级配设计方法及各自的优缺点如下:

(1)基于现行规范推荐法:采取现行规范推荐的级配设计虽然简单,但很大程度上依赖于工程实践经验,存在较大的主观性,因此还不能称其为完善的矿质混合料级配设计方法。

(2)Superpave 设计法:该法是通过控制点和禁区来控制级配设计,给设计者以更大的设计灵活性。但在实践应用中由于采用的石料和试验、施工条件等不同,往往出现通过"限制区"的级配性能可能好于避免了"限制区"的级配性能。

(3)传统体积法:传统的体积设计方法对分析、理解矿料密实状态的形成具有定性的指导作用,但是从定量的级配设计分析角度来看,该方法还有待进一步完善。

(4)贝雷法:贝雷法提出的三个级配控制参数的合理性及有效性值得思考,就我国目前的应用现状来看,贝雷法仅可作为矿料级配特征的评价手段,并不太适合于矿料级配的设计。

(5)三控制点双曲线模型法:采用指数函数、幂函数、对数函数三种模型构建级配曲线,使用方便,且这三种曲线模型基本可以涵盖实际生产中矿料的级配变化范围,有利于实际工程中选择级配。进行级配选择时,在初定粗集料含量的条件下,可分别构建这三种模型的粗集料级配曲线,然后根据试验评价分析和级配比选。

通过上述国内外矿料级配设计方法的对比分析,结合本项目的客观特征,推荐三控制点双曲线模型法作为本项目沥青混合料矿料级配设计的方法。此外,由于粗集料间断级配混合料具有良好的高温性能和低温性能,结合项目区域的特点,选择粗集料间断级配为本项目的主要级配类型。因此,本项目选择三控制点双曲线模型为原理的粗集料间断级配的设计方法进行矿料级配的设计,并用 Superpave 级配设计参数及贝雷法级配检验参数进行评价。

根据本项目选定的矿料级配设计方法,可确定本项目矿料级配设计的关键参数为:级配的公称最大粒径及其通过率,级配的最小粒径(0.075mm)及其通过率,间断点 4.75mm 筛孔及其通过率,Superpave 级配设计参数及贝雷法级配检验参数。

5.4.2 沥青面层矿料级配优化设计

高等级公路的沥青面层通常分为三层,即上面层、中面层和下面层,不同结构层的功能作用是互不相同的,均有着各自的主要作用。为了达到良好的路用性能,沥青面层需满足裂缝少、车辙或坑槽轻、平整、抗滑性能好且经久耐用等要求。沥青面层要达到这些使用要求,除与沥青面层各结构层的厚度相关外,还与所用沥青类型、沥青混合料种类及性质等密切相关。因此,应该根据各种沥青混合料的特性和面层各层所应起到的主要作用来选定各层的材料组合。

1)原材料技术性质

(1)沥青

根据前文沥青选型研究分析,本项目上面层 AC-13 和中面层 AC-20 沥青混合料采用 SBS 改性 90 号基质沥青(SBS 内掺沥青 3.7%),基质沥青选择韩国双龙 A 级 90 号道路石油沥青;下面层 ATB-25 沥青混合料直接采用 70 号基质沥青,基质沥青选择韩国双龙 A 级 70 号道路石油沥青。SBS 改性沥青、韩国双龙 A 级 90 号和 70 号基质沥青的技术指标性质分别见表 5-29 ~ 表 5-31。

项目现场生产 **SBS** 改性沥青的技术指标　　表 5-29

试验项目		单位	施工技术要求	试验结果	试验依据
针入度(25℃,100g,5s)		0.1mm	60～80	66	T 0604
软化点($T_{R\&B}$)		℃	≥70	78	T 0606
延度(5℃,5cm/min)		cm	≥30	37	T 0605
135℃运动黏度		Pa·s	≤3	1.49	T 0620
密度(15℃)		g/cm^3	实测记录	1.036	T 0603
储存稳定性离析(48h 软化点差)		℃	≤2.5	1.5	T 0661
弹性恢复(25℃)		%	≥75	95	T 0662
与集料黏附性		级	≥4	5	T 0616
RTFOT(163℃,75min)	质量变化	%	≤±1.0	0.07	T 0609
	针入度比(25℃)	%	≥65	78	T 0604

韩国双龙 **A** 级 **90** 号基质沥青的技术指标　　表 5-30

试验项目		单位	施工技术要求	试验结果	试验依据
针入度(25℃,100g,5s)		0.1mm	80～100	86	T 0604
针入度指数(PI)		—	-1.5～1.0	0.53	T 0604
软化点($T_{R\&B}$)		℃	≥44	44.5	T 0606
延度(10℃,5cm/min)		cm	≥30	80.0	T 0605
60℃运动黏度		Pa·s	≥140	244	T 0620
密度(15℃)		g/cm^3	实测记录	1.023	T 0603
含蜡量(蒸馏法)		%	≤2.2	1.82	T 0615
闪点		℃	≥245	253	T 0611
溶解度		%	≥99.5	99.6	T 0607
RTFOT(163℃,75min)	质量变化	%	≤±0.8	-0.44	T 0609
	针入度比(25℃)	%	≥57	67.9	T 0604
	延度(10℃)	cm	≥8	39.2	T 0605

韩国双龙 **A** 级 **70** 号基质沥青的技术指标　　表 5-31

试验项目		单位	施工技术要求	试验结果	试验依据
针入度(25℃,100g,5s)		0.1mm	60～80	68.2	T 0604
针入度指数(PI)		—	-1.5～1.0	-1.3	T 0604
软化点($T_{R\&B}$)		℃	≥45	45.6	T 0606
延度(10℃,5cm/min)		cm	≥30	51.9	T 0605
60℃运动黏度		Pa·s	≥160	171	T 0620
密度(15℃)		g/cm^3	实测记录	1.036	T 0603
含蜡量(蒸馏法)		%	≤2.2	2.13	T 0615
闪点		℃	≥260	320	T 0611
溶解度		%	≥99.5	99.8	T 0607
RTFOT(163℃,75min)	质量变化	%	≤±0.8	0.09	T 0609
	针入度比(25℃)	%	≥61	79	T 0604
	延度(10℃)	cm	≥6	33	T 0605

由表5-29～表5-31可以看出，项目韩国双龙A级90号、70号基质沥青以及现场生产的SBS改性沥青的各项技术指标均满足我国现行规范《公路沥青路面施工技术规范》（JTG F40—2004）及设计文件的要求。

（2）集料

通过项目的前期调研分析，最终选定本项目上面层AC-13沥青混合料所采用的粗集料为阿岱石料厂生产的浑绿岩成品料，共有三种规格的碎石，分别为：1号料（9.5～16mm）、2号料（4.75～9.5mm）、3号料（2.36～4.75mm）；细集料采用洪水泉石料厂生产的机制砂（0～2.36mm）；矿粉采用洪水泉石料厂自产石灰岩磨细的矿粉。

中面层AC-20沥青混合料所采用的集料为洪水泉石料厂自产的五种规格的石灰岩碎石，即0～2.36mm机制砂、2.36～4.75mm碎石、4.75～9.5mm碎石、9.5～19mm碎石和19～26.5mm碎石；矿粉采用洪水泉石料厂自产石灰岩磨细的矿粉。

下面层ATB-25沥青混合料所采用的集料为湟中县嘉恒镁业石料厂生产的石灰岩，矿料规格分为五档，即：0～2.36mm机制砂、2.36～4.75mm碎石、4.75～9.5mm碎石、9.5～19mm碎石和19～31.5mm碎石；矿粉采用平安恒鑫石粉加工厂生产的矿粉。

各面层各档集料技术指标的测试结果见表5-32～表5-35。

各面层集料的筛分情况　表5-32

面层层位	矿料规格（mm）	通过以下筛孔（mm）的质量百分率（%）											
		26.5	19	16	13.2	9.5	4.75	2.36	1.18	0.6	0.3	0.15	0.075
上面层	9.5～16	100	100	100	86.9	9.6	0.2	0.2	0.2	0.2	0.2	0.2	0.4
	4.75～9.5	100	100	100	100	81.6	0.1	0.1	0.1	0.1	0.1	0.1	0.6
	2.36～4.75	100	100	100	100	100	80.0	0.1	0.1	0.1	0.1	0.1	0.6
	0～2.36	100	100	100	100	100	100	92.9	58.8	40.8	24.8	18.7	13.6
	矿粉	100	100	100	100	100	100	100	100	100	100	98.0	86.3
中面层	19～26.5	100	8.8	0.8	0.3	0.3	0.3	0.3	0.3	0.3	0.3	0.3	0.3
	9.5～19	100	92.0	67.4	35.5	2.3	0.5	0.5	0.5	0.5	0.5	0.5	0.5
	4.75～9.5	100	100	100	100	76.9	0.7	0.4	0.4	0.4	0.4	0.4	0.4
	2.36～4.75	100	100	100	100	100	75.0	6.5	3.8	0.4	0.3	0.3	0.3
	0～2.36	100	100	100	100	100	100	84.1	49.8	41.8	31.7	20.8	11.6
	矿粉	100	100	100	100	100	100	100	100	100	98.7	92.7	82.5
下面层	19～31.5	87.0	9.0	1.4	0.2	0.2	0.2	0.2	0.2	0.2	0.2	0.2	0.2
	9.5～19	100	96.4	75.0	39.9	0.4	0.4	0.4	0.4	0.4	0.4	0.4	0.4
	4.75～9.5	100	100	100	100	93.6	1.4	0.4	0.4	0.4	0.4	0.4	0.4
	2.36～4.75	100	100	100	100	100	85.4	2.7	0.2	0.2	0.2	0.2	0.2
	0～2.36	100	100	100	100	100	100	79.6	49.3	39.7	27.1	14.5	9.7
	矿粉	100	100	100	100	100	100	100	100	100	100	99.1	96.7

各面层粗集料的技术指标

表 5-33

指标项目		上面层 AC-13(mm)			中面层 AC-20(mm)				下面层 ATB-25(mm)				技术要求
		9.5~16	4.75~9.5	2.36~4.75	19~26.5	9.5~19	4.75~9.5	2.36~4.75	19~31.5	9.5~19	4.75~9.5	2.36~4.75	
石料压碎值(%)		9.1	—	—	—	21.5	—	—	—	19.8	—	—	≤24
洛杉矶磨耗损失(%)		—	—	14.3	—	23.6	—	—	—	21.8	—	—	≤28
表观相对密度		2.991	2.988	2.981	2.707	2.719	2.740	2.711	2.736	2.739	2.750	2.746	≥2.5
毛体积相对密度		2.944	2.924	2.906	2.667	2.650	2.648	2.643	2.712	2.702	2.710	2.694	—
表干相对密度		2.960	2.946	2.932	2.682	2.675	2.681	2.668	2.721	2.716	2.725	2.713	—
吸水率(%)		0.54	0.73	0.86	0.55	0.97	1.26	0.95	0.32	0.50	0.54	0.71	≤3.0
针片状含量(%)	粒径大于9.5mm	6.7	—	4.4	4.8	—	—	11.1	11.5	10.3	—	≤15	≤8
	粒径小于9.5mm	—	7.2	—	—	5.0	—	0.8	0.7	0.8	0.9	≤20	≤12
水洗法<0.075mm颗粒含量(%)		0.4	0.6	0.6	0.3	0.5	0.4	0.3	19~31.5	9.5~19	4.75~9.5	2.36~4.75	≤1

各面层细集料的技术指标

表 5-34

指标项目	单位	上面层 AC-13	中面层 AC-20	下面层 ATB-25	技术要求	试验方法
表观相对密度	—	2.707	2.701	2.732	≥2.50	T 0328
砂当量	%	74	75	73	≥70	T 0334
棱角性(流动时间)	s	36.8	37.1	37.4	≥30	T 0345

各面层矿粉的技术指标　　表5-35

指标项目		上面层	中面层	下面层	技术要求	试验方法
表观密度(g/cm^3)		2.710	2.710	2.710	≥2.50	T 0352
粒度范围	<0.6mm(%)	100	100	100	100	T 0351
	<0.15mm(%)	92.7	92.7	99.1	90~100	
	<0.075mm(%)	82.5	82.5	96.7	75~100	
外观		无团粒结块	无团粒结块	无团粒结块	无团粒结块	—
亲水系数		0.6	0.6	0.6	<0.8	T 0353
塑性系数(%)		2.7	2.7	2.8	<4	T 0354
加热安定性		良好	良好	良好	加热前后无明显变化	T 0355

由表5-32~表5-35可以看出,上面层AC-13所选用的集料,除各档原材料筛分指标外,其余各项技术指标均满足我国现行规范《公路沥青路面施工技术规范》(JTG F40—2004)及设计文件的要求;虽然上面层所用单档集料的筛分指标不满足要求,但我国现行规范明确规定,当矿料合成级配满足技术要求时,筛分结果不满足要求的单档集料是允许使用的,经矿料合成不同初拟级配检验,合成级配均满足相关要求,故本项目上面层AC-13所采用的集料可投入生产。此外,本项目中面层AC-20和下面层ATB-25所选用的集料各项技术指标均满足我国现行规范《公路沥青路面施工技术规范》(JTG F40—2004)及设计文件的要求。

2)矿料级配均衡优选方法

为了便于实际推广应用,根据前文分析,结合本项目区域的主要路面病害类型,AC-13上面层和AC-20中面层矿料级配的关键设计指标为温度稳定性能和水稳定性能;而对于本项目ATB-25下面层矿料级配的优选,以高温稳定性即抗车辙性能作为关键设计指标。因此,根据本项目所用矿料的技术特征,沥青各面层矿料级配优化设计采用均衡优选法,具体步骤如下:

①根据结构层层位功能分析及原材料选择原则,确定各面层的主要路用性能,即上面层的主要路用性能为高温稳定性、低温稳定性和水稳定性能,中面层的主要路用性能为高温稳定性和水稳定性能,下面层的主要路用性能为高温稳定性。

②根据层位功能构建矿料级配,本项目采用幂函数模型曲线构建各面层混合料的粗、细集料矿料级配。

③通过Superpave设计参数检验、贝雷法设计参数检验,并采用现行规范要求的马歇尔试验设计指标进行评价,即采用密度、矿料间隙率VMA、剩余空隙率VV、沥青饱和度VFA、马歇尔稳定度、流值等设计指标按照现行规范的方法进行评价。

④通过层位的主要路用性能指标进行性能评价,即上面层采用低温抗裂性能(低温小梁弯曲破坏试验)和水稳定性能(冻融劈裂试验)进行评价,中面层采用高温稳定性能和水稳定性能进行评价,下面层采用高温稳定性能进行评价。

⑤综合分析以上因素,通过均衡各项指标来评价优选矿料级配。

3)基于双曲线模型的矿料级配设计

为了满足本项目各面层沥青混合料性能的均衡性,考虑本项目所用矿料的技术特征,同时根据矿料级配设计方法选型的研究分析，本项目粗集料和细集料均采用幂函数模型曲线构建各面层沥青混合料的矿料级配。

根据前文分析，上面层 AC-13、中面层 AC-20、下面层 ATB-25 混合料的公称最大粒径分别为 13.2mm、19mm、26.5mm，即 AC-13 矿料级配的控制点为 13.2mm 和 0.075mm，AC-20 矿料级配的控制点为 19mm 和 0.075mm，ATB-25 矿料级配的控制点为 26.5mm 和 0.075mm。结合我国现行规范《公路沥青路面施工技术规范》(JTG F40—2004)对各面层沥青混合料矿料级配范围的建议及已有研究结论，当 4.75mm 筛孔通过率在 40% 左右时，AC-13 混合料性能较佳，且施工难易程度适中；当 4.75mm 筛孔通过率在 35% 左右时，AC-20 混合料性能较佳，且施工难易程度适中；当 4.75mm 筛孔通过率在 30% 左右时，ATB-25 混合料矿料级配将会处于较为理想的骨架密实状态。

因此，为实现路用性能及施工和易性的均衡性，对本项目各面层沥青混合料矿料级配的优选，上面层 AC-13 构建间断点 4.75mm 筛孔通过率 38%、40% 和 45% 的幂函数曲线方程，中面层 AC-20 构建间断点 4.75mm 筛孔通过率分别为 30%、35% 和 40% 的幂函数曲线方程，下面层 ATB-25 构建间断点 4.75mm 筛孔通过率为 30% 的幂函数曲线方程；然后按照双曲线模型构建矿料级配的方法，分别求解方程组可得到基于幂函数模型的各面层矿料级配的粗、细集料级配曲线方程。

将间断点 4.75mm 筛孔通过率为 38% 的幂函数模型简写为“幂-38”，“幂-40”、“幂-45”等命名同理，不再重复叙述。

(1)基于幂-38 函数模型的 AC-13 矿料级配曲线方程

①粗集料：$y = 9.1061x^{0.9169}$

②细集料：$y = 18.3864x^{0.4659}$

(2)基于幂-40 函数模型的 AC-13 矿料级配曲线方程

①粗集料：$y = 10.3650x^{0.8667}$

②细集料：$y = 18.9848x^{0.4783}$

(3)基于幂-45 函数模型的 AC-13 矿料级配曲线方程

①粗集料：$y = 13.9541x^{0.7515}$

②细集料：$y = 20.4337x^{0.5067}$

(4)基于幂-30 函数模型的 AC-20 矿料级配曲线方程

①粗集料：$y = 8.2123x^{0.8315}$

②细集料：$y = 16.39x^{0.388}$

(5)基于幂-35 函数模型的 AC-20 矿料级配曲线方程

①粗集料：$y = 11.393x^{0.7206}$

②细集料：$y = 18.046x^{0.4251}$

(6)基于幂-40 函数模型的 AC-20 矿料级配曲线方程

①粗集料：$y = 15.13x^{0.624}$

②细集料：$y = 19.616x^{0.4573}$

(7)基于幂函数模型的 ATB-25 矿料级配曲线方程

①粗集料：$y = 10.453x^{0.6766}$

②细集料：$y = 15.3055x^{0.4319}$

(8)粗集料基于指数函数、细集料基于幂函数的 ATB-25 矿料级配曲线方程

①粗集料：$y = 23.2691e^{0.0535x}$

②细集料：$y = 15.3055x^{0.4319}$

以上式中：y——各粒径的通过率(%)；

x——各粒径的筛孔(mm)。

综上所述，基于以上幂函数模型的级配曲线方程，分别计算不同矿料粒径所对应的各筛孔的通过率，不同幂函数所构成的沥青各面层矿料级配见表5-36。

基于幂函数模型的沥青各面层矿料级配结果 表5-36

通过率(%)		筛孔(mm)											
		26.5	19	16	13.2	9.5	4.75	2.36	1.18	0.6	0.3	0.15	0.075
上面层	幂-38	100	100	100	97.0	71.7	38.0	27.4	19.9	14.5	10.5	7.6	5.5
	幂-40	100	100	100	97.0	72.9	40.0	28.6	20.5	14.9	10.7	7.7	5.5
	幂-45	100	100	100	97.0	75.8	45.0	31.6	22.2	15.8	11.1	7.8	5.5
中面层	幂-30	100	100	82.4	70.2	53.4	30.0	22.9	17.5	13.4	10.3	7.9	6.0
	幂-35	100	100	84.0	73.1	57.7	35.0	26.0	19.4	14.5	10.8	8.1	6.0
	幂-40	100	95.0	85.4	75.7	61.7	40.0	29.0	21.2	15.5	11.3	8.2	6.0
下面层	幂函数	96.0	76.6	68.2	59.9	47.9	30.0	22.2	16.4	12.3	9.1	6.7	5.0
	指数函数	96.0	64.3	54.8	47.1	38.7	30	22.2	16.4	12.3	9.1	6.7	5.0

结合我国现行规范《公路沥青路面施工技术规范》(JTG F40—2004)，采用自行编制的 Excel 规划求解程序，根据项目用原材料情况进行基于上述幂函数模型构建的各面层沥青混合料矿料级配的合成求解，基于双曲线模型的各面层合成矿料级配见表5-37。

基于双曲线模型的沥青面层合成矿料级配结果 表5-37

通过率(%)		筛孔(mm)											
		26.5	19	16	13.2	9.5	4.75	2.36	1.18	0.6	0.3	0.15	0.075
上面层	幂-38	100	100	100	96.9	71.9	38.5	26.3	17.8	13.3	9.3	7.7	6.4
	幂-40	100	100	100	96.7	71.5	40.7	29.0	19.1	13.9	9.3	7.5	6.0
	幂-45	100	100	100	97.5	76.8	45.3	31.8	20.9	15.1	10.0	8.0	6.4
中面层	幂-30	100	93.6	83.7	71.2	52.1	30.4	23.5	15.4	13.6	11.1	8.4	5.9
	幂-35	100	93.9	85.1	74.0	56.6	35.3	26.7	17.0	14.7	11.9	8.6	5.8
	幂-40	100	94.1	86.2	76.4	60.8	40.3	29.8	18.5	15.9	12.5	8.8	5.7
下面层	幂函数	96.6	75.5	68.0	58.6	48.3	30	22.7	15.1	12.7	9.6	6.5	5.2
	指数函数	94.9	63.7	55.7	47.2	38.4	30	22.7	15.1	12.7	9.6	6.5	5.2

考虑到本项目工程的原材料情况及施工变异水平，且为分析关键筛孔通过率变化对混合料性能的影响，本项目以上述基于双曲线模型构建的各面层矿料合成级配为基准，通过微调其他筛孔的通过率，最终合成备选的设计级配。设计级配相应的各档矿料用量情况及级配曲线如表5-38和图5-55～图5-57所示。

项目备选的各面层矿料设计级配各档矿料用量(%) 表 5-38

级配类型		各档矿料(mm)							矿粉
		19~31.5	19~26.5	9.5~19	9.5~16	4.75~9.5	2.36~4.75	0~2.36	
上面层	设计级配1	—	—	—	24	35	13	25	3
	设计级配2	—	—	—	25	32	12	29	2
	设计级配3	—	—	—	19	33	14	32	2
中面层	设计级配1	—	3.6	39.1	—	26.2	4.5	23.2	3.4
	设计级配2	—	3.6	34.8	—	25.2	6.0	27.9	2.6
	设计级配3	—	3.8	30.6	—	23.7	7.6	32.4	1.8
	设计级配4	—	3.5	29.9	—	34.3	10.0	18.2	4.0
	设计级配5	—	6.0	36.0	—	14.0	14.0	28.0	2.0
下面层	设计级配1	33.9	—	24.6	—	11.7	0	27.7	2.0
	设计级配2	30.0	—	24.5	—	17.0	3.0	23.5	2.0
	设计级配3	32.5	—	24.5	—	13.1	2.6	24.7	2.6
	设计级配4	31.5	—	30.0	—	12.0	3.5	20.5	2.5
	设计级配5	34.0	—	32.5	—	10.0	2.5	19.0	2.0

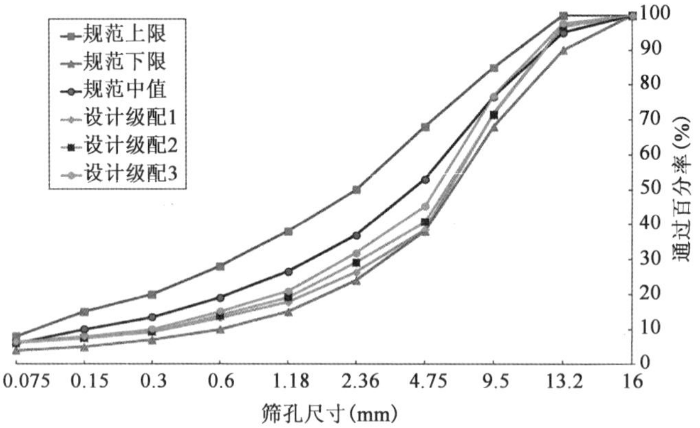

图 5-55 上面层 AC-13 矿料设计级配曲线

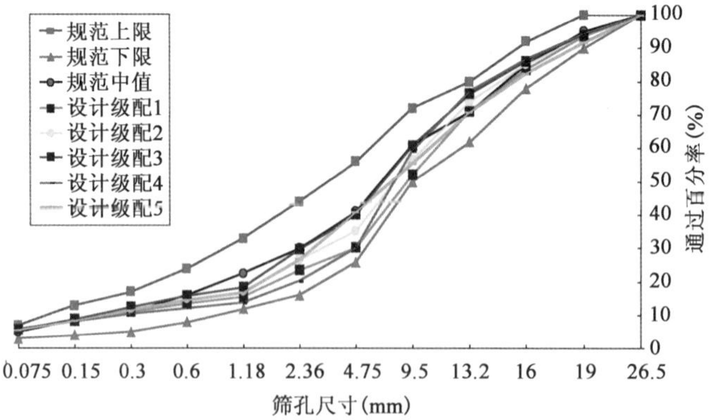

图 5-56 中面层 AC-20 矿料设计级配曲线

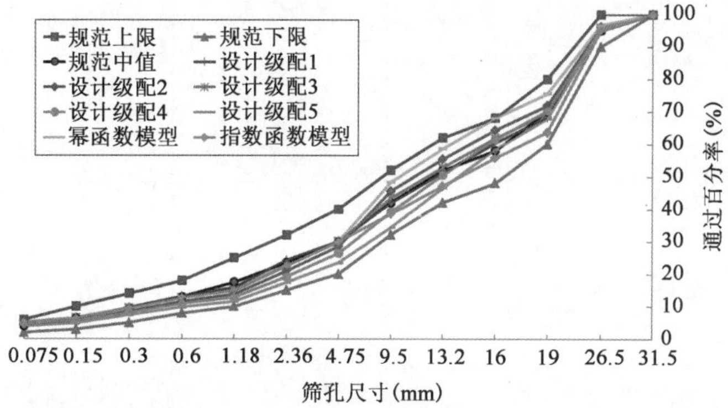

图 5-57 下面层 ATB-25 矿料设计级配曲线

其中,对于上面层 AC-13 矿料,设计级配 1、设计级配 2、设计级配 3 分别为基于幂函数模型"幂-38"、"幂-40"、"幂-45"构建的矿料合成级配。

对于中面层 AC-20 矿料,设计级配 1、设计级配 2、设计级配 3 分别为基于幂函数模型"幂-30"、"幂-35"、"幂-40"构建的矿料合成级配,设计级配 4 为在设计级配 1 的基础上调整的"大S形"级配,设计级配 5 为在设计级配 3 的基础上调整 13.2mm 及 2.36mm 等筛孔通过率而得到的较平缓型级配。

对于下面层 ATB-25 矿料,设计级配 1 为现行规范推荐的级配范围中值合成级配,设计级配 3 为基于幂函数模型和指数函数模型构建的矿料级配中值合成级配,设计级配 2 和设计级配 4 分别为综合考虑双曲线模型的矿料级配范围及现行规范推荐的级配范围而合成的偏细型和偏粗型矿料级配,设计级配 5 为现行规范推荐的级配范围内较设计级配 4 更粗型的矿料级配。

5.4.3 沥青面层矿料级配评价优选

针对本项目初步设计的沥青各面层矿料级配,首先采用 Superpave 设计方法对控制点和限制区进行检验;其次采用贝雷法提出的 CA、FAC 和 FAF 三个参数进行评价;然后采用马歇尔矿料级配设计方法进行试验评价;最后采用混合料路用性能指标进行评价。综合上述评价手段,进行本项目沥青面层矿料级配的均衡优选。

1) Superpave 设计参数检验

对于公称最大粒径为 13.2mm 的上面层 AC-13 沥青混合料,Superpave 设计方法提出的控制点筛孔主要有 16mm、13.2mm、9.5mm、2.36mm 和 0.075mm 五个,限制区筛孔主要有 2.36mm、1.18mm、0.6mm 和 0.3mm 四个。对于公称最大粒径为 19mm 的中面层 AC-20 沥青混合料,Superpave 设计方法提出的控制点筛孔主要有 26.5mm、19mm、13.2mm、2.36mm 和 0.075mm五个,限制区筛孔主要有 2.36mm、1.18mm、0.6mm 和 0.3mm 四个。对于公称最大粒径为 26.5mm 的下面层 ATB-25 混合料,Superpave 设计方法提出的控制点筛孔主要有 31.5mm、26.5mm、19mm、2.36mm 和 0.075mm 五个,限制区筛孔主要有 4.75mm、2.36mm、1.18mm、0.6mm 和 0.3mm 五个。对于本项目各面层沥青混合料备选的矿料设计级配,采用 Superpave 控制参数检验,结果见表 5-39。

各面层矿料设计级配的 Superpave 控制参数检验(mm) 表 5-39

Superpave 控制参数	公称最大粒径							上面层 AC-13 矿料设计级配(%)			中面层 AC-20 矿料设计级配(%)					下面层 ATB-25 矿料设计级配(%)				
	筛孔尺寸(mm)	最小(%)			最大(%)			级配 1	级配 2	级配 3	级配 1	级配 2	级配 3	级配 4	级配 5	级配 1	级配 2	级配 3	级配 4	级配 5
控制点	31.5			100			100									100	100	100	100	100
	26.5		100	90		100	100				100	100	100	100	100	95.6	96.1	95.8	95.9	95.6
	19		90	—		100	90				93.6	93.9	94.1	94.4	91.7	68.2	71.8	69.9	70.2	67.9
	16	100	100		100	100		100	100	100										
	13.2	90	—		100	90.0		96.9	96.7	97.5	71.2	74.0	76.4	77.2	70.8					
	9.5	—			90			71.9	71.5	76.8										
	2.36	28	23	19	58	49	45	26.3	29.0	31.8	23.5	26.7	29.8	20.3	26.7	24.3	21.0	24.9	19.1	17.4
	0.075	2	2	1	10	8	7	6.4	6.0	6.4	5.9	5.8	5.7	6.0	5.5	4.8	4.4	4.9	4.6	4.0
限制区	4.75			—			39.5									30.1	28.5	32.5	26.4	23.5
	2.36	—	—	26.8	37.6	34.6	30.8	26.3	29.0	31.8	23.5	26.7	29.8	20.3	26.7	24.3	21.0	24.9	19.1	17.4
	1.18	25.6	22.3	18.1	31.6	28.3	24.1	17.8	19.1	20.9	15.4	17.0	18.5	13.8	16.7	15.9	13.8	16.3	12.8	11.6
	0.6	19.1	16.7	13.6	21.1	20.7	17.6	13.3	13.9	15.1	13.6	14.7	15.9	12.3	14.4	13.2	11.6	13.5	10.9	9.8
	0.3		—	—	15.5	13.7	11.4	9.3	9.3	10.0	11.1	11.9	12.5	10.4	11.5	9.7	8.6	9.9	8.3	7.4

沥青各面层矿料设计级配的贝雷法参数计算统计 表 5-40

贝雷法参数	上面层 AC-13 矿料设计级配			中面层 AC-20 矿料设计级配					下面层 ATB-25 矿料设计级配				
	级配 1	级配 2	级配 3	级配 1	级配 2	级配 3	级配 4	级配 5	级配 1	级配 2	级配 3	级配 4	级配 5
$P_{D/2}$(%)	26.3	29.0	31.8	52.1	56.6	60.8	59.3	55.6	51.3	55.3	52.8	50.5	46.5
P_{PCS}(%)	38.5	40.7	45.3	30.4	35.3	40.3	30.2	40.8	30.1	28.5	29.9	26.4	23.5
P_{SCS}(%)	13.3	13.9	15.1	15.4	17.0	18.5	13.8	16.7	15.9	13.8	15.0	12.8	11.6
P_{TCS}(%)	7.7	7.5	8.0	8.4	8.6	8.8	8.1	8.3	9.7	8.6	9.5	8.3	7.4
CA	0.20	0.20	0.25	0.45	0.49	0.52	0.71	0.33	0.44	0.60	0.49	0.49	0.43
FAC	0.51	0.48	0.47	0.51	0.48	0.46	0.46	0.41	0.53	0.48	0.50	0.48	0.49
FAF	0.58	0.54	0.53	0.55	0.51	0.48	0.59	0.50	0.61	0.62	0.63	0.65	0.64

从表5-39可以看出,项目备选的各面层沥青混合料矿料设计级配,除上面层的设计级配1和中面层的设计级配4的2.36mm筛孔的通过率不满足Superpave级配设计方法中关于该筛孔控制点的要求外,其余设计级配均满足Superpave级配设计方法中关于控制点和限制区的要求。因此,由Superpave设计参数检验可知,上面层的设计级配2和设计级配3较优于设计级配1,中面层的其他设计级配均较优于设计级配4。

2)贝雷法设计参数评价

贝雷法进行矿料级配评价参数CA的计算变量为公称最大粒径D一半的通过率,即半筛孔的通过率$P_{D/2}$、第一控制筛孔的通过率P_{PCS};评价参数FAC的计算变量为第一控制筛孔的通过率P_{PCS}和第二控制筛孔的通过率P_{SCS};评价参数FAF的计算变量为第二控制筛孔的通过率P_{SCS}和第三控制筛孔的通过率P_{TCS}。

对于本项目各面层混合料备选的矿料设计级配,上、中、下面层的$P_{D/2}$分别对应接近筛孔4.75mm、9.5mm、13.2mm的通过率,P_{PCS}分别对应接近筛孔2.36mm、4.75mm、4.75mm的通过率,P_{SCS}分别对应接近筛孔0.6mm、1.18mm、1.18mm的通过率,P_{TCS}分别对应接近筛孔0.15mm、0.15mm、0.3mm的通过率,采用贝雷法参数进行评价的计算结果见表5-40。

从本项目面层各层位功能考虑,要获得较好的高温性能则CA应较小,要获得较好的低温性能、水稳定性能和密实性则FAC应较小,且为了满足矿料间隙率要求,FAF应较小。综合贝雷法设计参数对沥青混合料性能的影响,由表5-40可知,本项目上面层备选的设计级配2较优于设计级配1和3,中面层备选的设计级配2较优于其他设计级配,下面层备选的设计级配3较优于其他设计级配。

3)马歇尔试验体积指标评价

按照我国现行规范《公路工程沥青及沥青混合料试验规程》(JTG E20—2011)中的马歇尔标准击实试验方法,成型直径101.6mm、高度63.5mm的圆柱体试件,每组试件数量为5个。其中马歇尔试件成型温度控制为:矿料加热温度180~185℃(上面层)、170~180℃(中下面层),沥青加热温度165~170℃(上面层)、160~165℃(中下面层),沥青混合料拌和温度170~175℃(上面层)、155~160℃(中下面层),试件击实成型温度160~165℃(上面层)、150~155℃(中下面层)。上、中、下面层预估的油石比分别为5.0%、4.2%、3.8%,对各面层沥青混合料双面各击实75次成型马歇尔试件,采用现行规范JTG E20—2011中的表干法测试试件的毛体积相对密度,采用真空法实测理论最大相对密度,马歇尔试验结果见表5-41。

沥青各面层矿料设计级配的马歇尔试验结果　　表5-41

级配类型		毛体积相对密度	理论最大相对密度	空隙率VV(%)	矿料间隙率VMA(%)	饱和度VFA(%)	稳定度MS(kN)	流值FL(mm)
上面层	级配1	2.539	2.663	4.7	14.3	67.5	10.85	2.17
	级配2	2.546	2.652	4.0	14.2	71.8	10.53	2.26
	级配3	2.551	2.646	3.6	14.7	75.6	9.67	2.83
中面层	级配1	2.398	2.524	5.0	13.5	63.2	11.54	2.67
	级配2	2.415	2.520	4.2	13.0	68.0	12.72	2.56
	级配3	2.435	2.528	3.7	12.3	70.2	12.18	2.60
	级配4	2.398	2.532	5.3	13.5	60.7	11.75	2.64

续上表

级配类型		毛体积相对密度	理论最大相对密度	空隙率 VV (%)	矿料间隙率 VMA(%)	饱和度 VFA (%)	稳定度 MS (kN)	流值 FL (mm)
中面层	级配 5	2.442	2.532	3.6	12.0	70.4	12.14	2.62
下面层	级配 1	2.439	2.573	5.22	13.47	61.22	9.0	3.2
	级配 2	2.408	2.568	6.25	14.51	57.06	8.6	3.5
	级配 3	2.440	2.563	4.79	13.38	64.20	11.0	3.1
	级配 4	2.419	2.572	5.93	14.05	57.80	9.31	3.7
	级配 5	2.411	2.580	6.55	14.35	54.37	6.7	4.3

根据我国《公路沥青路面施工技术规范》(JTG F40—2004)的规定,并结合设计文件要求,本项目各面层沥青混合料的马歇尔试验配合比设计要求见表 5-42。

各面层沥青混合料马歇尔试验配合比设计要求 表 5-42

面层层位	空隙率(%)	稳定度(kN)	流值(mm)	沥青饱和度(%)	矿料间隙率(%)
上面层	3~5	≥8	2~4	65~75	14(设计空隙率 4%)
中面层	3~5	≥8	2~4	65~75	13(设计空隙率 4%)
下面层	3~6	≥7.5	1.5~4	55~70	12(设计空隙率 4%)

根据表 5-41 和表 5-42,结合前文分析及本项目实际情况,依据我国现行规范马歇尔试验矿料级配选择方法,分别初步选择各自相应的设计级配 2、设计级配 2、设计级配 3 作为本项目上面层 AC-13、中面层 AC-20、下面层 ATB-25 沥青混合料的矿料目标级配。

4)基于路用性能的 AC-20 矿料级配优选

从本项目面层各层位功能考虑,上面层 AC-13 沥青混合料矿料级配的关键设计指标为低温抗裂性能和水稳定性能,中面层 AC-20 沥青混合料矿料级配的关键设计指标为高温稳定性能和水稳定性能,下面层 ATB-25 沥青混合料矿料级配的关键设计指标为高温稳定性能。因此,采用低温抗裂性能(低温小梁弯曲破坏试验)和水稳定性能(冻融劈裂试验)进行上面层 AC-13 路用性能评价,采用高温稳定性能(车辙试验)和水稳定性能(浸水马歇尔试验、冻融劈裂试验)进行中面层 AC-20 路用性能评价,采用高温稳定性能(车辙试验)进行下面层 ATB-25 路用性能评价。

(1)低温小梁弯曲破坏试验(上面层 AC-13)

将上面层 AC-13 沥青混合料初选的三种设计级配在 5.0% 的油石比条件下,采用 SANS 万能试验机进行沥青混合料的小梁(250mm × 30mm × 35mm)低温弯曲破坏试验,控制试验温度为 -10℃,加载速率为 50mm/min,试验结果见表 5-43。

上面层矿料设计级配的低温弯曲破坏试验结果 表 5-43

面层层位	级配类型	油石比 (%)	破坏荷载 (N)	破坏挠度 (mm)	弯拉强度 (MPa)	弯拉应变 (με)	弯曲劲度模量 (Pa)
上面层	设计级配 1	5.0	1352.226	0.5376	10.6647	2838.53	3575.11
	设计级配 2		1376.657	0.5597	11.1084	2921.63	3802.11
	设计级配 3		1375.131	0.6101	10.9072	3212.18	3395.57

由表5-43可以看出，上面层AC-13沥青混合料初选的三种设计级配在5.0%油石比条件下，其低温弯曲试验破坏应变均大于2800με，满足现行规范及本项目设计文件的要求，且各设计级配沥青混合料的弯拉应变排序依次为：设计级配3 > 设计级配2 > 设计级配1，各设计级配沥青混合料的弯拉强度排序依次为：设计级配2 > 设计级配3 > 设计级配1。

结合上面层AC-13矿料设计级配曲线（图5-55）可知，设计级配3的细集料含量最大，故其低温抗变形能力最强；设计级配1的细集料含量最少，但是由于其矿料级配按照双曲线模型设计，矿料逐级填充较密实，弯拉应变也满足现行规范及本项目设计文件的要求；设计级配2的细集料含量居中，且与设计级配1细集料含量基本相当，因此设计级配2的弯拉应变虽高于设计级配1，但高出程度较小。另外，由于各设计级配走向不同，在设计级配2预估油石比条件下，上面层AC-13三种设计级配沥青混合料的密实程度不同，因此影响各设计级配沥青混合料的低温抗裂性能。

（2）冻融劈裂试验（上面层AC-13、中面层AC-20）

将上面层AC-13、中面层AC-20各自初选的三种设计级配和五种设计级配分别在5.0%和4.2%的油石比条件下，按照现行规范的相关要求进行冻融劈裂试验，试验结果见表5-44。

上、中面层矿料设计级配的冻融劈裂试验结果　　表5-44

面层层位	级配类型	油石比（%）	R_{T1}（MPa）	R_{T2}（MPa）	TSR（%）
上面层	设计级配1	5.0%	1.026	0.853	83.1
	设计级配2		1.083	0.905	83.6
	设计级配3		1.097	0.925	84.3
中面层	设计级配1	4.2%	0.817	0.604	73.94
	设计级配2		0.848	0.639	75.35
	设计级配3		0.856	0.658	76.88
	设计级配4		0.807	0.587	72.76
	设计级配5		0.851	0.649	76.16

由表5-44可知，在相同的油石比条件下，从设计级配1到设计级配3，上面层和中面层的冻融劈裂强度比均逐渐增大，并且上面层初选的三种设计级配沥青混合料的冻融劈裂强度比均大于80%，满足现行规范及本项目设计文件的要求；但中面层初选的设计级配4比设计级配1的冻融劈裂强度比要小，设计级配5比设计级配3的冻融劈裂强度比要小。

这是由于从设计级配1到设计级配3，上面层和中面层的混合料设计级配逐渐变细；中面层的设计级配4比设计级配1偏粗，设计级配5比设计级配3偏粗。在相同油石比条件下，矿料级配的变化将引起沥青混合料沥青膜厚度及空隙率的变化，从而使得沥青混合料表现出不同的抗水损坏的能力。矿料级配越细，沥青混合料的空隙率越小，沥青膜越厚，水越难以深入沥青膜与矿料的界面，从而在冻融循环中进入试件中的水分相对较少，试件受到的水损害较小，对沥青混合料的水稳定性越有利。但是沥青膜太厚，沥青混合料中的自由沥青太多，沥青混合料很容易产生高温稳定性的不足。因此，在沥青混合料矿料级配设计中，为提高路面抗水损害能力，应在满足沥青混合料高温稳定性要求的前提下，尽量增加沥青膜的厚度，即沥青混合料矿料级配设计应均衡高温稳定性（级配偏粗）、低温抗裂性能（级配偏细）和水稳定性。

(3)车辙试验(中面层 AC-20、下面层 ATB-25)

将中面层 AC-20、下面层 ATB-25 各自初选的五种设计级配分别在 4.2% 和 3.8% 的油石比条件下,采用长 30cm×宽 30cm×高 10cm 的板块试模成型试件,按照我国现行规范的相关要求进行车辙试验,试验结果见表 5-45。

中、下面层矿料设计级配的车辙试验结果　表 5-45

面层层位	级配类型	油石比(%)	45min 变形量(mm)	60min 变形量(mm)	动稳定度(次/mm)
中面层	设计级配 1	4.2%	1.755	1.940	3405.4
	设计级配 2		2.129	2.328	3165.8
	设计级配 3		3.234	3.475	2669.5
	设计级配 4		2.663	2.832	3727.8
	设计级配 5		3.182	3.403	2850.7
下面层	设计级配 1	3.8%	1.852	2.031	3519.6
	设计级配 2		1.846	2.005	3962.3
	设计级配 3		1.758	1.925	3772.5
	设计级配 4		1.956	2.113	4012.7
	设计级配 5		2.128	2.315	3369.0

由表 5-45 可见,对于中面层 AC-20 矿料,从设计级配 1 到设计级配 3,动稳定度有减小的趋势,这是由于从设计级配 1 到设计级配 3,粗集料含量从 69.6% 减小到 59.7%,混合料级配"由粗变细";设计级配 5 的动稳定度虽高于设计级配 3,但增大程度较小,这是由于设计级配 3 与设计级配 5 的粗集料含量相当(分别为 59.7% 和 59.2%),但设计级配 5 比设计级配 3 略偏粗;设计级配 4 粗集料含量与设计级配 1 相同,但其动稳定度在五种设计级配中最大,这是由于设计级配 4 为"大 S"形级配,尽管粗集料用量与设计级配 1 相同,但粗集料中含有更多的 4.75~9.5mm 档集料,细集料中含有较少的 0~2.36mm 档集料。

对于下面层 ATB-25 矿料而言,其动稳定度大小顺序为:设计级配 5 > 设计级配 4 > 设计级配 2 > 设计级配 3 > 设计级配 1,这是由于混合料矿料级配对混合料动稳定度的影响比较显著,粗集料含量越多,粗集料颗粒材料表面的摩擦阻力越强,矿质集料骨架的强度越大,表现为高温稳定性越好,即动稳定度越大。但从变形量可以看出,设计级配 3 的变形量最小,设计级配 5 的变形量最大,这是由于较多含量的粗集料,同等油石比下空隙率较大,车辙试验开始对其有进一步压密的过程;而当粗细集料搭配比较合理,即粗集料形成骨架,细集料填充空隙时,变形量相对较小。

由前文分析可知,相对变形更直接反映了荷载作用下试件的变形情况(即车辙深度),因此,从本项目中、下面层混合料层位功能角度考虑,且兼顾施工变异性,基于动稳定度指标的中面层 AC-20 混合料矿料级配应优选设计级配 2,基于动稳定度指标的下面层 ATB-25 混合料矿料级配应优选设计级配 3。

(4)浸水马歇尔试验(中面层 AC-20)

在 4.2% 的油石比条件下,将中面层 AC-20 沥青混合料初选的五种设计级配按照现行规范的相关要求进行浸水马歇尔试验,试验结果见表5-46。

中面层矿料设计级配的浸水马歇尔试验结果　　表5-46

面层层位	级配类型	油石比(%)	MS(kN)	MS_1(kN)	MS_0(%)
中面层	设计级配1	4.2%	11.54	9.36	81.11
	设计级配2		12.72	10.62	83.49
	设计级配3		12.18	10.30	84.56
	设计级配4		11.75	9.44	80.34
	设计级配5		12.14	10.15	83.61

由表5-46可以看出,在4.2%的油石比条件下,中面层AC-20沥青混合料初选的五种设计级配,其残留稳定度均大于80%,满足现行规范的要求,但是五种设计级配的浸水马歇尔残留稳定度在相同油石比下差异性较小。结合已有研究结论可知,浸水马歇尔试验对沥青混合料水稳定性的区别能力不强,其残留稳定度未能充分地反映出水分对沥青混合料的侵蚀作用,其较高的残留稳定度也与实际工程中路面的损坏程度不相符。产生这种现象的原因在于,在马歇尔试验加载和受力模式下,沥青混合料内部的水分处于静止状态,不能模拟在车轮挤压下水分对沥青混合料产生的反复冲刷作用,而水压的作用是沥青混合料出现水损害的一个重要原因。因此,浸水马歇尔试验残留稳定度仅仅是一个经验性指标,在矿料级配组成设计中,只要合理搭配不同粒径的集料,控制混合料的空隙率,均可获得良好的浸水马歇尔残留稳定度。

5)综合比选

对于本项目各面层沥青混合料矿料级配,综合Superpave设计参数检验、贝雷法设计参数检验、马歇尔矿料级配设计试验评价,及基于路用性能(低温抗裂性能、高温稳定性能和水稳定性能)的矿料级配评价,综合进行矿料级配的评价优选,均衡马歇尔体积指标和该项目各面层层位功能,应优选各自相应的设计级配1、设计级配2、设计级配3作为本项目上面层AC-13、中面层AC-20、下面层ATB-25混合料矿料的目标级配。

5.4.4 最佳油石比优化设计方法

目前国内外沥青混合料最佳油石比的设计方法,主要分为体积设计方法(如马歇尔试验设计方法)和力学设计方法(如GTM设计方法)两大类,其各自的优缺点如下:

(1)马歇尔试验设计方法:该法是一种基于混合料体积参数、确定最佳油石比的配合比试验方法,但最佳油石比的确定过程与沥青混合料的路用性能关系不够明显。

(2)Superpave设计方法:该法也是一种典型的体积设计法,以沥青混合料的体积指标作为确定最佳油石比的参数,但最佳油石比确定过程中对沥青混合料性能检验仅仅进行水敏感性试验,因而不足以完全反映沥青混合料的路用性能。

(3)GTM设计方法:该法是以防止沥青混合料最终塑性变形过大作为沥青混合料设计的目标,实质上是一种预防沥青混凝土路面产生车辙破坏的沥青混合料设计方法。由于该方法对于混合料的抗疲劳性能、抗裂性能以及水稳定性能考虑不周,且对于混合料的体积指标要求不够明确,加之该方法设备昂贵、操作技术要求较高、维修困难,不适合我国的现有国情。

(4)力学指标设计方法:该法综合考虑沥青混合料的抗疲劳性能和变形性能的要求,以混合料路用性能为设计指标，同时考虑混合料的体积指标，综合确定沥青混合料的最佳油石比。

根据我国目前的技术水平，考虑本项目实施的可能性，将现有沥青混合料基于材料性能的设计方法转变为基于路用性能的设计方法，仍离不开沥青混合料体积性能的分析和设计。因此，结合我国现有的国情，并根据国内外已有常用的最佳油石比设计方法的对比分析，对于选定的原材料及混合料矿料级配，本项目推荐沥青混合料最佳油石比优化设计的方法为基于马歇尔试验的力学指标优化设计方法：首先采用我国现行规范的马歇尔试验成型试件，即采用马歇尔体积指标初定最佳油石比；其次采用按照我国现行规范开展力学指标试验；最后综合马歇尔体积指标试验和力学指标试验而确定沥青混合料的最佳油石比。具体步骤如下：

①采用马歇尔击实仪成型试件，测定不同油石比下的沥青混合料试件毛体积密度、空隙率等体积指标，初定最佳油石比。

②按照我国现行规范规定的试验方法进行抗压强度和劈裂强度试验，得到不同油石比下的 R、r 值。

③绘制 $R \times r$ 与油石比关系曲线图，确定最佳油石比范围。

④综合考虑空隙率、矿料间隙率，优化确定最佳油石比。

5.4.5 沥青面层最佳油石比优化设计

(1)马歇尔试验设计法

按照我国现行规范规定的马歇尔标准击实试验方法，在不同油石比条件下对沥青各面层混合料进行马歇尔试验，试验结果见表5-47。此外，分别绘制毛体积相对密度、空隙率、矿料间隙率、饱和度、稳定度、流值与沥青用量的关系图，见图5-58～图5-60。

各面层混合料不同油石比下的马歇尔试验结果　　表5-47

面层层位	油石比	毛体积相对密度	理论最大相对密度	空隙率 VV(%)	矿料间隙率 VMA(%)	饱和度 VFA(%)	稳定度 MS(kN)	流值 FL(mm)
上面层	4.0%	2.491	2.685	7.2	15.2	52.6	9.67	2.16
	4.5%	2.519	2.673	5.8	14.7	60.8	10.13	2.23
	5.0%	2.546	2.652	4.0	14.2	71.8	10.53	2.26
	5.5%	2.540	2.633	3.5	14.8	76.1	10.35	2.32
	6.0%	2.532	2.615	3.2	15.5	79.5	10.21	2.40
中面层	3.8%	2.399	2.538	5.5	13.8	60.9	11.52	2.18
	4.1%	2.414	2.530	4.6	13.5	66.8	12.75	2.35
	4.4%	2.425	2.525	4.0	13.3	71.5	13.86	2.58
	4.7%	2.432	2.517	3.4	13.3	75.8	12.58	2.87
	5.0%	2.434	2.506	2.9	13.5	79.7	11.76	3.18
下面层	3.0%	2.414	2.589	6.8	13.6	50.5	10.46	3.13
	3.4%	2.430	2.575	5.6	13.4	58.1	10.74	3.24
	3.8%	2.441	2.563	4.8	13.3	64.4	10.84	3.49
	4.2%	2.455	2.552	3.8	13.2	71.3	10.65	3.71
	4.6%	2.462	2.542	2.9	13.3	77.2	10.39	4.07

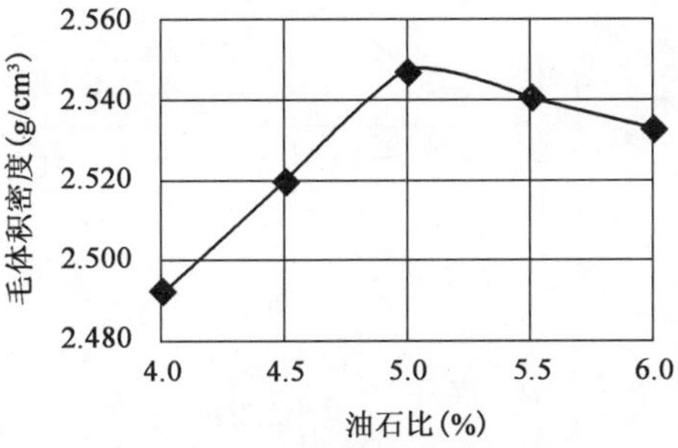

a)毛体积密度

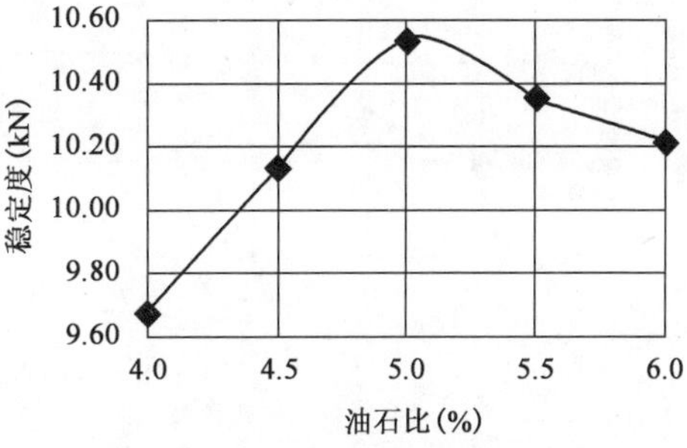

b)稳定度

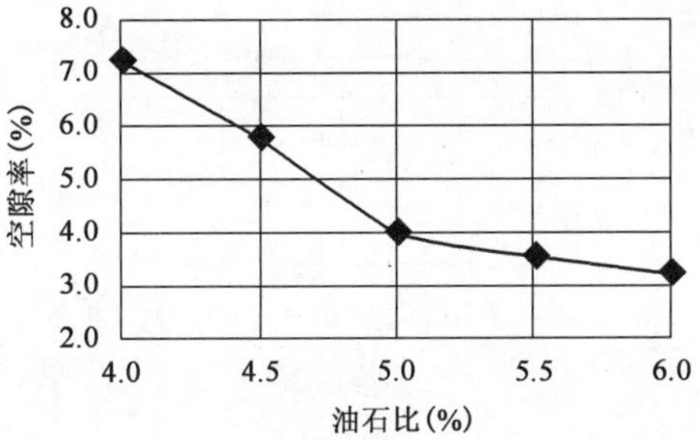

c)空隙率

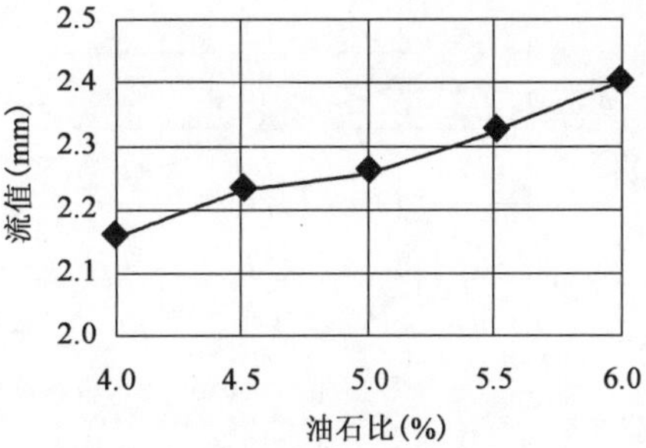

d)流值

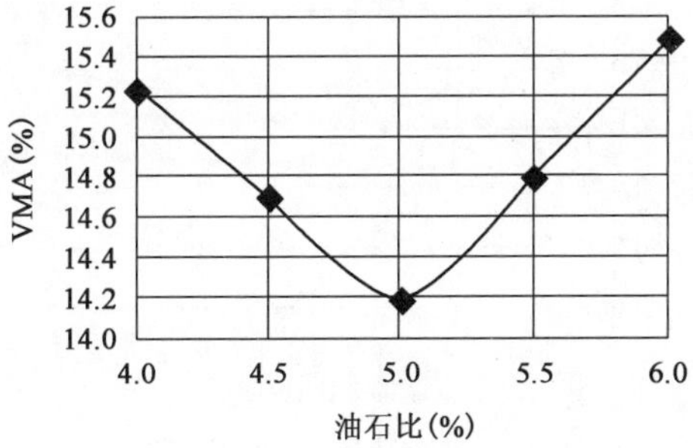

e)矿料间隙率VMA

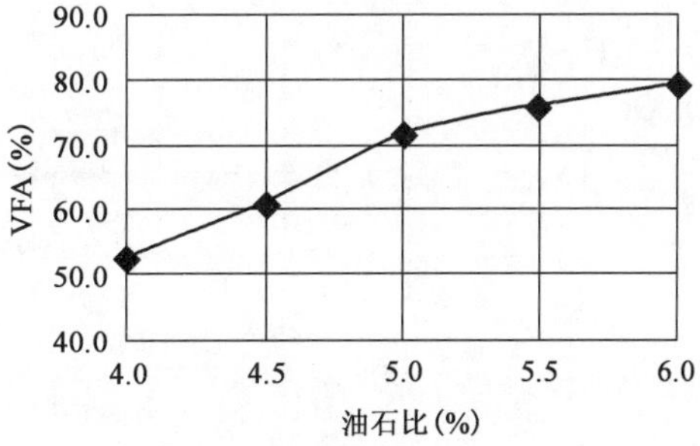

f)饱和度VFA

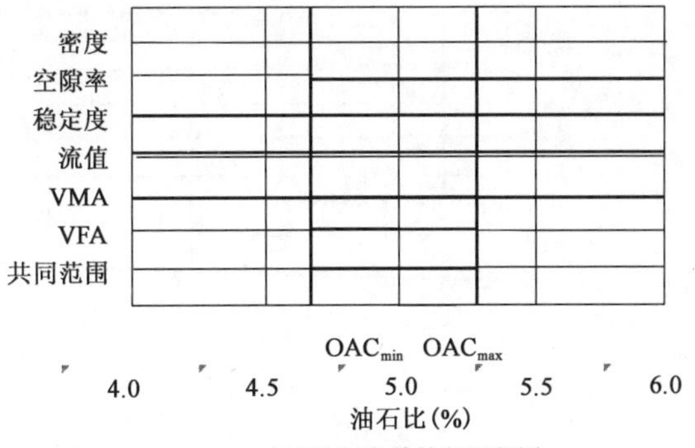

g)马歇尔参数的共同范围

图5-58 上面层AC-13混合料不同油石比下的马歇尔参数试验结果

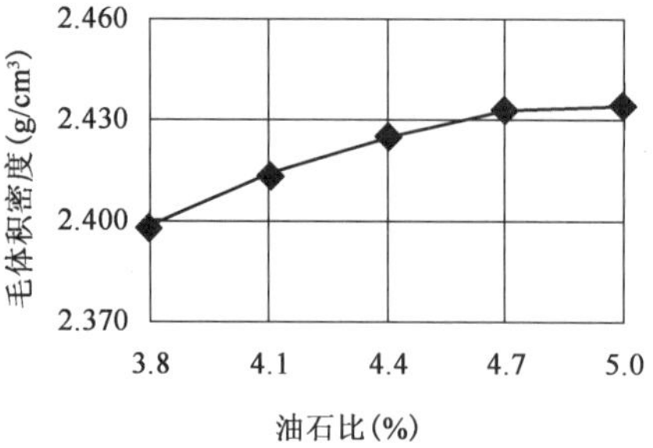

a)毛体积密度

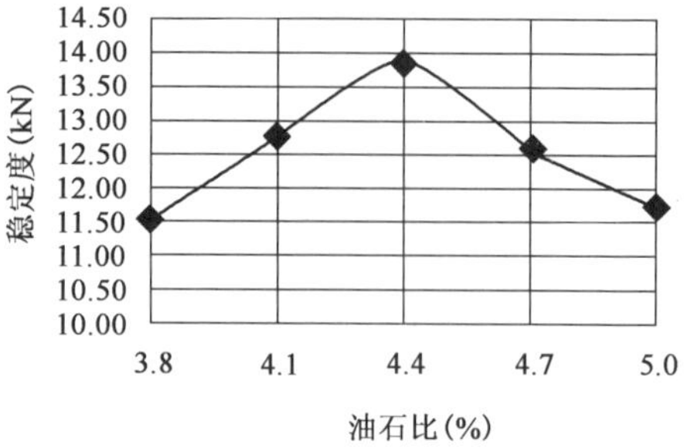

b)稳定度

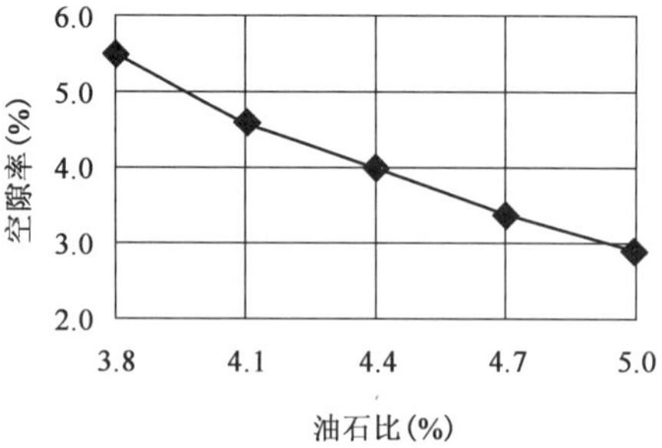

c)空隙率

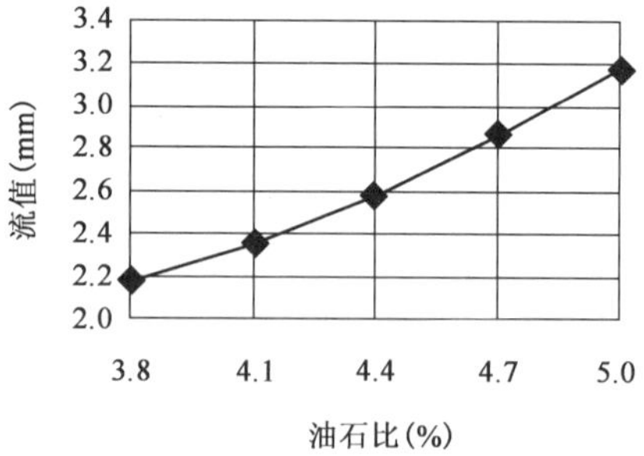

d)流值

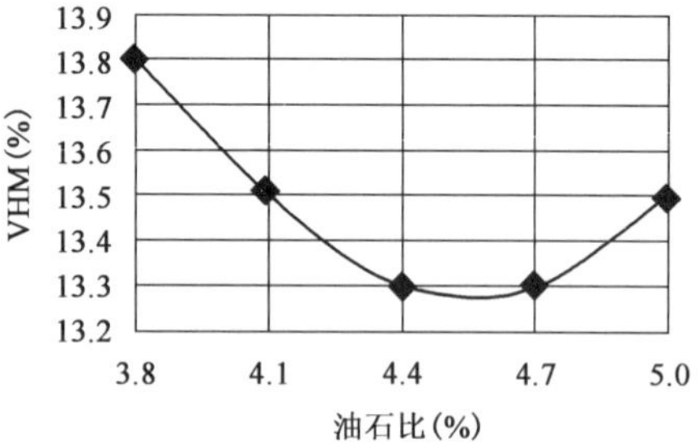

e)矿料间隙率VMA

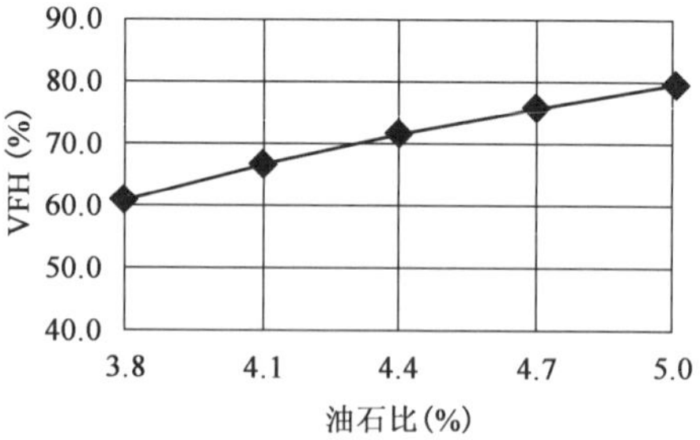

f)饱和度VFA

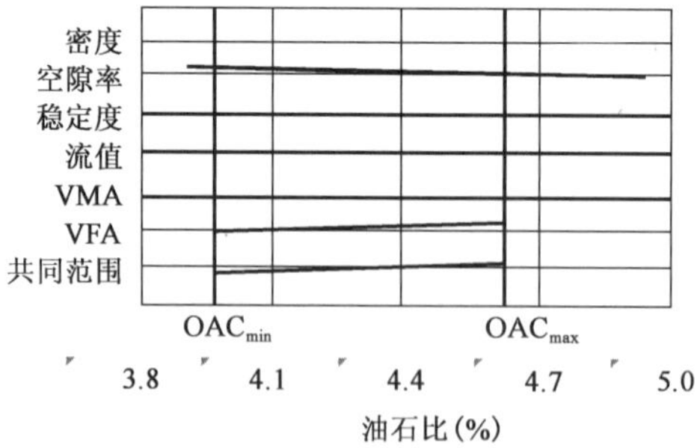

g)马歇尔参数的共同范围

图5-59　中面层AC-20混合料不同油石比下的马歇尔参数试验结果

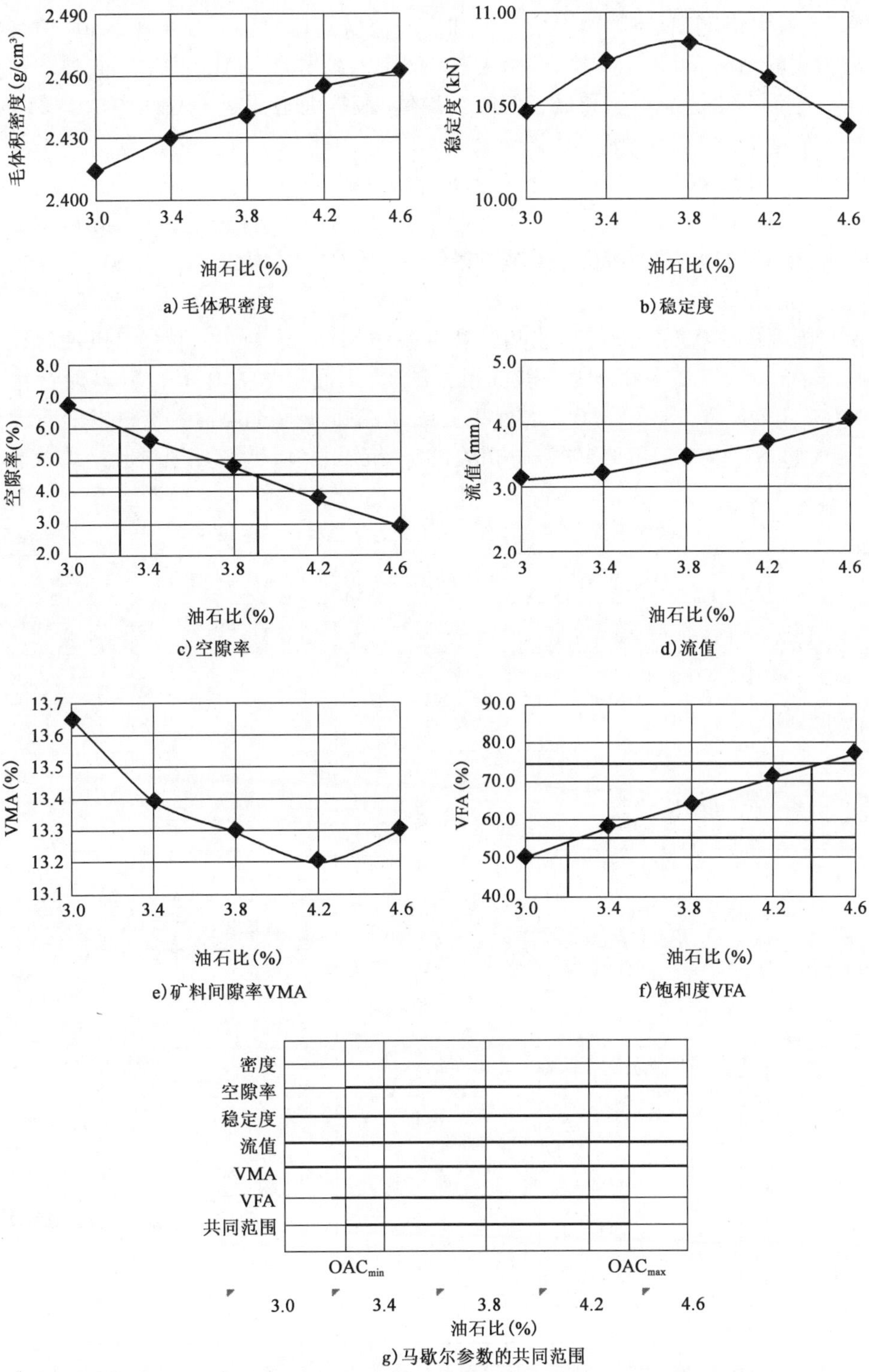

图5-60　下面层ATB-25混合料不同油石比下的马歇尔参数试验结果

根据我国现行规范《公路沥青路面施工技术规范》(JTG F40—2004),OAC_1 取毛体积最大相对密度、最大稳定度、空隙率中值及饱和度中值所对应的油石比的平均值,但当密度或稳定度未出现峰值时,可采用空隙率中值对应的油石比作为 OAC_1;OAC_2 取马歇尔参数共同范围所对应油石比的最小值和最大值的平均值,最佳沥青用量 OAC 取 OAC_1 和 OAC_2 的平均值。

由图 5-58 ~ 图 5-60 可知,上、中、下面层混合料 OAC_1 分别取空隙率中值所对应的油石比 5.0%、4.4%、3.9%,OAC_2 分别取马歇尔参数共同范围所对应油石比的最小值和最大值的平均值 5.0%、4.3%、3.8%,故上、中、下面层混合料的最佳油石比 OAC 依次为 5.0%、4.35%、3.85%。

(2)力学指标设计法

按照我国现行规范规定的静压法和劈裂试验法,上面层 AC-13 混合料以油石比分别为 4.0%、4.5%、5.0%、5.5% 和 6.0% 进行相关试验,中面层 AC-20 混合料以油石比分别为 3.8%、4.1%、4.4%、4.7% 和 5.0% 进行相关试验,下面层 ATB-25 混合料以油石比分别为 3.0%、3.4%、3.8%、4.2% 和 4.6% 进行相关试验,抗压强度、劈裂强度试验结果及黏聚力计算结果见表 5-48。

各面层混合料不同油石比下的力学指标法试验结果　　表 5-48

面层层位	油石比(%)	劈裂强度(MPa)	抗压强度(MPa)	黏聚力(MPa)
上面层	4.0	1.785	5.378	3.098
	4.5	1.858	5.635	3.236
	5.0	1.876	5.693	3.268
	5.5	1.832	5.603	3.204
	6.0	1.791	5.432	3.119
中面层	3.8	1.865	6.178	3.394
	4.1	2.098	6.308	3.638
	4.4	2.152	6.319	3.688
	4.7	2.032	6.293	3.576
	5.0	1.873	6.232	3.417
下面层	3.0	1.634	5.497	2.997
	3.4	1.938	5.935	3.391
	3.8	1.975	6.262	3.517
	4.2	1.968	5.837	3.361
	4.6	1.928	5.372	3.218

根据表 5-48 中试验结果,分别绘制不同油石比下各面层混合料的黏聚力曲线,如图 5-61 所示。

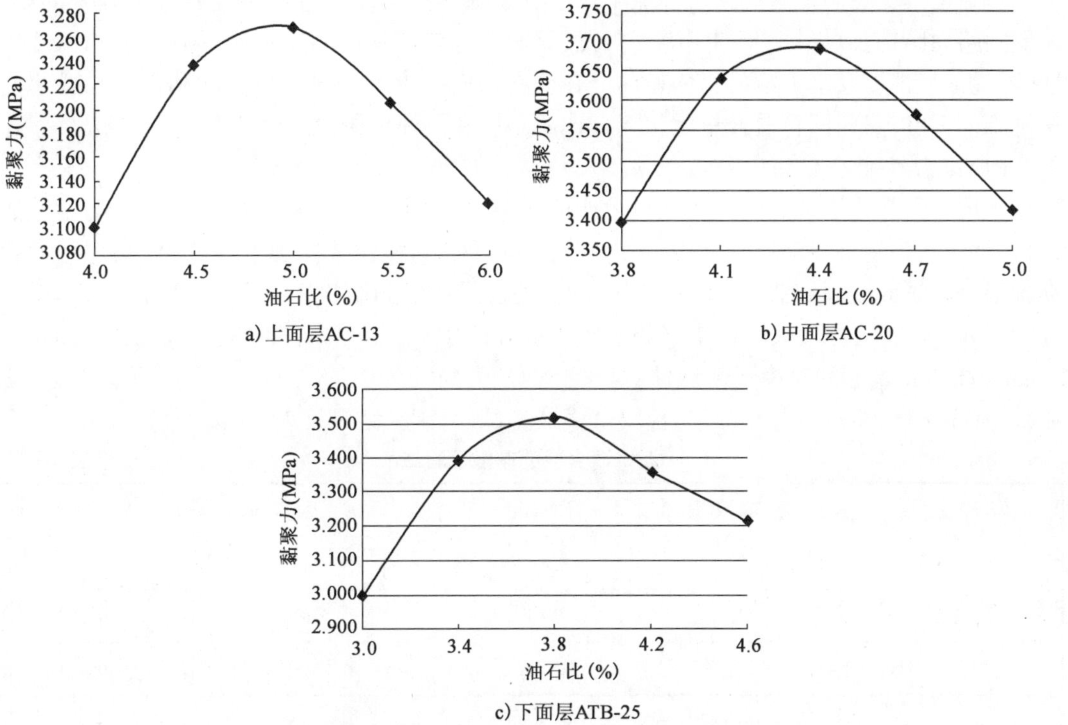

a) 上面层AC-13　　b) 中面层AC-20　　c) 下面层ATB-25

图 5-61　不同油石比下各面层混合料的黏聚力曲线

根据相关研究可知，宜采取混合料的黏聚力最大时的油石比作为最佳油石比，结合表5-48和图5-61，确定本项目上面层AC-13、中面层AC-20和下面层ATB-25混合料的最佳油石比分别为4.9%、4.3%、3.8%。

(3)沥青各面层混合料最佳油石比的评价优选

本项目上面层AC-13沥青混合料的关键路用性能为高温稳定性、低温抗裂性和水稳定性能；中面层AC-20沥青混合料的主要路用性能为高温稳定性和水稳定性，且兼顾抗疲劳性能；下面层ATB-25沥青稳定碎石混合料的层位功能以抗车辙性能及抗疲劳性能为主。

为保证本项目上、中面层沥青混合料的水稳定性能，需确保马歇尔试验各项体积指标较优，尤其是空隙率较低；为保证本项目上、中面层沥青混合料的高温稳定性能，需保证沥青混合料具有变形能力更强；为保证本项目上面层AC-13混合料的低温抗裂性能，需保证沥青混合料足够的沥青用量。由马歇尔试验设计法确定最佳油石比的沥青混合料具有各项体积指标优良的特性，由力学指标法确定最佳油石比的沥青混合料具有抗车辙性能及抗疲劳性能最佳的特性。

因此，为均衡本项目各面层混合料的路用性能，综合马歇尔试验法及力学指标法，确定本项目上面层AC-13、中面层AC-20、下面层ATB-25混合料的最佳油石比依次为4.9%、4.3%、3.8%。

5.4.6　沥青混合料优化配合比的路用性能评价

沥青混合料的路用性能一般来说包括高温性能、低温性能、水稳定性能以及抗滑、降噪等，这些性能从不同角度反映了实际使用对沥青混合料的要求，由于使用条件的不同，材料性能水平的要求也不尽相同。这些路用性能不仅受到交通荷载大小、温度、湿度等环境因素的影响，还受到路面结构及材料性能的影响。因此，路面沥青混合料的路用性能具有显著的荷载依赖性、环境依赖性以及结构与材料依赖性。在前文路面沥青混合料矿料级配和最佳油石比优化的基础上，开展路面沥青混合料优化配合比的路用性能评价研究。

(1)高温性能评价

本项目结合我国现有国情及项目生产的需要，采用车辙试验进行沥青混合料高温性能的评价，评价指标主要以动稳定度为主，以相对变形为辅。按照我国现行规范《公路工程沥青及沥青混合料试验规程》(JTG E20—2011)的相关规定，采用60℃条件下的车辙试验，车辙板厚度为10cm，对于公称最大粒径小于和等于19mm的中、上面层沥青混合料，采用长30cm×宽30cm×高5cm的板块试模成型试件；对于公称最大粒径为26.5mm的下面层沥青混合料，采用长30cm×宽30cm×高10cm的板块试模成型试件，试验结果见表5-49。

沥青混合料的车辙试验结果 表5-49

面层层位	矿料级配	油石比(%)	动稳定度(次/mm)	相对变形(%)
上面层AC-13	级配2	4.9	5833	0.108
中面层AC-20	级配2	4.3	6176	0.102
下面层ATB-25	级配3	3.8	3486	0.181

结合前文分析，本项目上、中、下面层沥青混合料的动稳定度设计标准应分别不小于4500次/mm、3500次/mm和2000次/mm。由表5-49的试验结果可知，采用本项目各面层沥青混合料优选的矿料级配和油石比，均满足本项目对应层位高温性能的要求。

(2)低温性能评价

针对我国现有的国情和技术水平，低温小梁弯曲破坏试验是我国目前通常使用的评价沥青混合料低温性能的试验手段，本项目采用低温小梁弯曲破坏试验的极限弯拉应变指标来评价沥青混合料的低温性能。按照我国现行规范，采用SANS万能试验机进行沥青混合料的小梁(250mm×30mm×35mm)低温弯曲试验，控制试验温度为-10℃，加载速率为50mm/min，试验结果见表5-50。

沥青混合料的低温小梁弯曲试验结果 表5-50

面层层位	矿料级配	油石比(%)	破坏荷载(N)	破坏挠度(mm)	弯拉强度(MPa)	弯拉应变(με)	弯曲劲度模量(Pa)
上面层AC-13	级配2	4.9	1365.302	0.5537	10.900	2915.230	3739.070
中面层AC-20	级配2	4.3	1225.218	0.5390	9.718	2835.730	3427.030
下面层ATB-25	级配3	3.8	1001.262	0.4230	8.068	2230.094	3633.119

依据我国现行规范及本项目设计文件的要求，本项目上、中、下面层沥青混合料的低温弯曲破坏应变设计标准应分别不小于2800με、2300με和2000με。由表5-50的试验结果可知，采用本项目各面层沥青混合料优选的矿料级配和油石比，均满足本项目对应层位低温性能的要求。

(3)水稳定性能评价

关于沥青混合料水稳定性能的评价主要包括沥青与矿料的黏附性评价和沥青混合料浸水后的力学指标衰减评价两个方面。考虑工程应用的普遍适应性,本项目采用我国现行规范《公路工程沥青及沥青混合料试验规程》(JTG E20—2011)中的浸水马歇尔试验及冻融劈裂试验进行沥青混合料水稳定性能的评价,评价指标分别为残留稳定度指标和冻融劈裂的强度比指标,试验结果见表5-51。

沥青混合料的浸水马歇尔及冻融劈裂试验结果　　表5-51

面层层位	矿料级配	油石比(%)	浸水马歇尔试验			冻融劈裂试验		
			MS(kN)	MS_1(kN)	MS_0(%)	R_{T1}(MPa)	R_{T2}(MPa)	TSR(%)
上面层	级配2	4.9	10.57	9.53	90.16	1.079	0.913	90.16
中面层	级配2	4.3	13.57	12.36	91.08	1.385	1.179	85.13
下面层	级配3	3.8	10.20	8.85	86.77	0.811	0.676	83.36

依据我国现行规范及本项目设计文件的要求,本项目上、中、下面层沥青混合料的浸水马歇尔试验残留稳定度的设计标准应分别不小于85%、85%和80%,冻融劈裂试验劈裂强度比的设计标准应分别不小于80%、80%、75%。由表5-51中的试验结果可知,采用本项目各面层沥青混合料优选的矿料级配和油石比,均满足本项目对应层位水稳定性能的要求。

(4)疲劳性能评价

在目前众多室内小型试件疲劳试验方法中,以SHRP研究计划提出的四点小梁弯曲疲劳试验、中点加载小梁弯曲疲劳试验和间接拉伸疲劳试验应用最为广泛。针对我国现有的国情和技术水平,对于沥青混合料疲劳性能的评价,采用《公路工程沥青及沥青混合料试验规程》(JTG E20—2011)中的沥青混合料间接拉伸疲劳试验即劈裂试验方法,评价指标采用劈裂强度。

由上节中的最佳油石比优化设计的力学指标法试验结果表明,本项目上、中、下面层沥青混合料在各自优化级配条件下的劈裂强度最大。根据结构层疲劳寿命与混合料的劈裂强度和结构层拉应力的关系可知,当结构层拉应力一定时,沥青混合料的疲劳寿命与劈裂强度成正比,劈裂强度的提高对提高结构层的疲劳寿命非常有利。鉴于此,本项目各面层沥青混合料优化配合比在其他路用性能较优的情况下,其疲劳性能亦较优。

5.5 桥面铺装沥青混合料材料组成设计

桥面铺装作为桥梁行车体系的重要组成部分,其直接影响车辆行驶的安全性、舒适性,以及桥梁的耐久性、投资效益和社会效益,但桥面铺装技术一直是个难点。由于我国特殊的气候和交通条件,国外的已有铺装技术不能完全适用于我国的现有国情,且国内的已有桥面铺装技术也不具有普遍适用性。因此,本章节结合项目依托工程,开展桥面铺装沥青混合料材料组成设计研究。

5.5.1 桥面铺装受力特性

(1)桥面铺装结构选型

桥面沥青铺装结构由防水层、沥青铺装层组成,其中沥青铺装层多为双层铺装结构,部分较低等级公路桥梁的桥面铺装采用单层铺装结构。结合已有研究结论,桥面铺装多采用双层铺装结构,主要考虑以下三方面的原因:①在车辆荷载作用位置下方 1 ~ 7cm 的范围内是高剪应力区域,设置双层铺装可以通过上下面层不同混合料级配类型的调整,使桥面铺装的材料更适宜其受力状态;②设置两层铺装,可以将下面层和防水层共同组成防水体系,避免降雨和高速行车导致雨水渗入桥面板并积滞其中,对桥面系造成损伤;③设置双层铺装也有利于桥面铺装与桥梁两端道路路面结构的协调,便于施工。

鉴于本项目实体工程的实际情况,建议桥面沥青混合料铺装采用双层铺装结构。后续桥面铺装受力特性分析,桥面铺装结构及设计参数同前文温度场模型分析的典型结构一(图 5-11)。

(2)桥面铺装受力分析基本假定

由于桥面铺装体系不仅要承受着荷载应力和温度应力的作用,还将承受着桥梁的弯曲和扭曲对铺装层产生的复杂应力。所以,它比一般路面的受力要复杂,选择合适的力学分析模型也就显得十分重要。为了有效应用力学模型来对桥面铺装层进行力学机理分析,对模型的结构特性和材料特性做以下假定:

①各铺装层材料是连续的、完全弹性的、均匀的、各向同性的弹性材料,采用线弹性理论来分析铺装体系的荷载应力、应变。

②桥面铺装结构层之间以及桥面铺装与桥面板之间为完全连续。

③忽略桥面附属构造物及防水层的影响。

④自重影响忽略不计。

(3)桥面铺装力学分析控制指标

水泥混凝土桥面铺装对结构组合设计和铺装材料的强度、柔韧性、抗水损坏性、高低温稳定性以及疲劳耐久性等性能有更高的要求。但由于结构设计和施工不当等原因,水泥混凝土桥面铺装出现了严重的早期病害,常见的病害主要有平整度差、沥青层剥落、铺装层开裂、拥包等。同时,铺装层开裂使得雨水下渗导致桥面系长期处于饱水状态,造成水泥混凝土剥落、钢筋锈蚀,这些病害对行车舒适性甚至安全性造成严重威胁的同时也大大降低了桥梁的使用寿命。

根据对水泥混凝土桥面铺装主要病害的分析,选定桥面铺装的力学控制指标为:

①不利位置的横向和纵向拉应力。

②不利位置的横向和纵向拉应变。

③不利位置的横向和纵向层间剪应力。

(4)桥面铺装有限元分析模型及荷载

采用 BZZ-100 作为标准轴载,轮载接地压力为 0.7MPa。为桥面铺装分析计算简便,取轮胎着地的形式为矩形,计算模型采用双轮矩形均布荷载,荷载简化同前文沥青路面,计算参数同沥青路面上面层。将横断面按刚度等效简化后建立有限元分析模型,模型选取局部梁段,有限元离散化后的箱梁桥铺装体系仿真模型如图 5-62 所示。

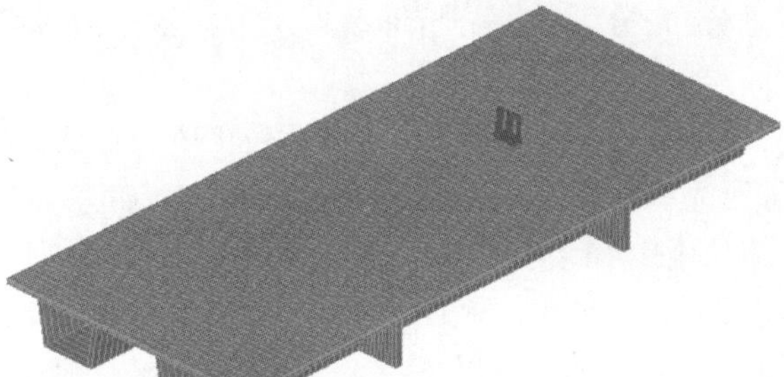

图 5-62　桥面铺装体系有限元分析模型

(5)桥面铺装结构受力分析

根据轮载沿横桥向的分布设置 3 种工况,分别为:工况 1 为车载施加于相邻两箱梁中心之间的正上方,工况 2 为车载施加于以一箱梁边为中心的对称正上方,工况 3 为车载施加于一箱梁正上方。对于每个横向荷位工况,沿桥纵向在横隔板上方(荷位 *a*)、1/8 跨(荷位 *b*)、1/4 跨(荷位 *c*)及跨中(荷位 *d*)布置 4 种荷载位置,如图 5-63 和图 5-64 所示。

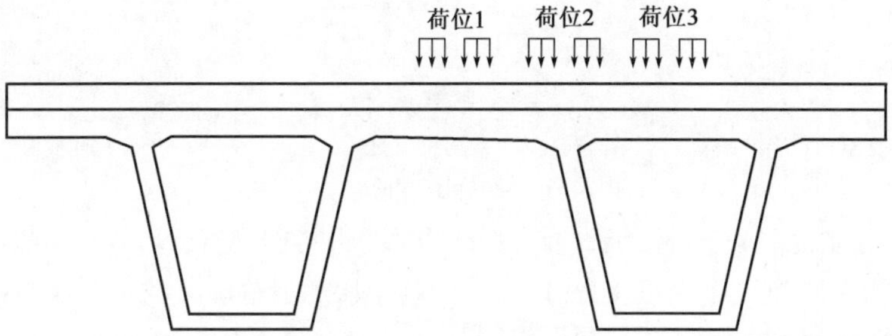

图 5-63　荷位布置横断面图

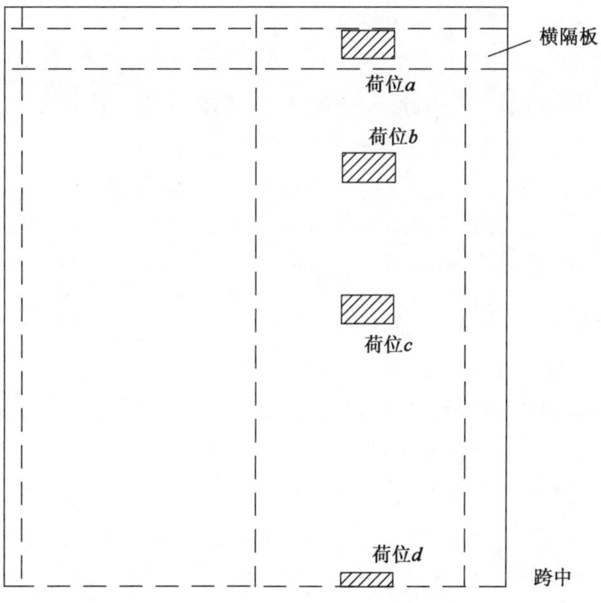

图 5-64　纵向荷载布置图

采用上述荷载及荷位分布，分别计算分析铺装上层最大拉应力、铺装上层和下层的最大拉应变以及铺装下层与桥面混凝土板之间的层间剪应力。

根据已有研究结论，当荷载作用于横隔板上方（荷位 L3a）时，受到横隔板下方支撑作用的影响，铺装层的受力状态明显有别于其他荷位，铺装层的最大拉应力和拉应变都有大幅增加，层间剪应力变化稍小。荷位 L3a 铺装层的最大拉应力（应变）和层间剪应力指标均较为不利，且随着荷载的施加，横隔板上方的铺装层表面形成应力集中，同时层间剪应力在荷位 3a 也处于峰值状态，此处是层间滑移的最不利位置。

因此，本章节采用荷载作用在横隔板上方（荷位 3a）的最不利位置进行受力分析，以此代表箱梁桥桥面铺装层的受力特性，该荷位力学响应及应力云图如图 5-65 所示。

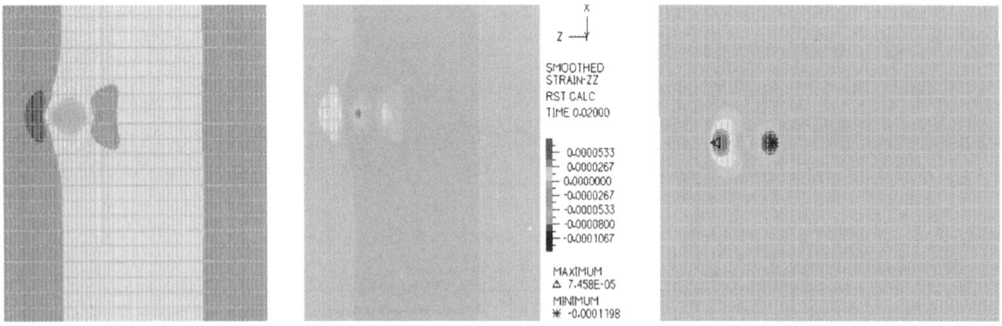

a）铺装表面最大横向拉应力　　b）铺装表面纵向拉应变　　c）层间横向拉应力

图 5-65　最不利荷载的应力云图

通过对本项目水泥混凝土桥面沥青混合料铺装的受力特性分析，可知：桥面铺装结构面层开裂破坏的主要控制指标为铺装表面拉应力（应变），铺装层层间滑移破坏的主要控制指标为层间剪应力，控制荷位为箱梁横隔板上方。因此，桥面铺装沥青混合料应具有良好的低温抗裂性能。

另外，由已有研究结论可知，从控制铺装表面开裂破坏角度出发，应尽量降低上面层模量，同时下面层模量不能太小。对于桥面铺装上面层，其直接与车轮接触，为满足行驶安全的需求，必须具有足够的摩擦力，并提供平整的路面，以满足行驶舒适性要求，同时具有足够的低温抗裂能力和抗车辙能力；下面层主要分散荷载，且与防水层共同构筑防水体系，并保护防水层，使其不受机械施工的伤害，同时使铺装与桥面板紧密连结一致，兼具防水作用，故下面层沥青混合料的设计关键指标为高温稳定性及渗水性能，且应兼顾水稳定性能。

5.5.2　桥面铺装矿料级配优化设计

从经济性及施工质量控制角度考虑，桥面铺装沥青混合料材料组成设计研究，宜采用同沥青路面同种原材料开展相关试验。因此，本项目采用沥青路面上面层和中面层原材料进行桥面铺装沥青混合料材料组成设计研究，原材料技术性质同前文所述。

通过 5.2.5 中桥面铺装温度场分析及结构受力分析可知，桥面铺装上面层 AC-13 沥青混合料应具有较高的高温稳定性、抗滑性能、低温抗裂性能和水稳定性能，桥面铺装下面层 AC-20沥青混合料应具有较高的高温稳定性、水稳定性及渗水性能。结合前文对沥青路面上面层 AC-13 和中面层 AC-20 矿料级配优化设计相关试验可知，本项目沥青路面上面层 AC-13 沥青混合料优选的矿料级配及油石比各项路用性能不仅满足本项目设计文件的相关要求，而且高温稳定性能、水稳定性能及渗水性能均远超出本项目设计文件的基数要求。而在相同油石比条件下,沥青路面中面层AC-20矿料设计级配3较设计级配2空隙率更小,即设计级配3较设计级配2具有更好的渗水性能;设计级配2高温性能较设计级配3好,但浸水马歇尔试验和冻融劈裂试验显示,设计级配3比设计级配2拥有更好的水稳定性能。

因此,为便于施工质量控制,在满足路用性能需求的情况下,本项目桥面铺装上面层AC-13沥青混合料选用同沥青路面上面层AC-13沥青混合料相同的矿料级配。桥面铺装下面层AC-20沥青混合料采用前文推荐的矿料级配均衡优选法,设定4.75mm筛孔的通过率为37%,构建三控制点双曲线模型。本项目桥面铺装上面层AC-13和下面层AC-20设计矿料级配和合成矿料级配见表5-52。

桥面铺装面层混合料设计矿料级配和合成矿料级配 表5-52

级配类型		通过率(%)										
		19	16	13.2	9.5	4.75	2.36	1.18	0.6	0.3	0.15	0.075
设计矿料级配	上面层	100	100	97.0	72.9	40.0	28.6	20.5	14.9	10.7	7.7	5.5
	下面层	95	84.5	74.2	59.3	37.0	26.8	19.5	14.3	10.4	7.6	5.5
合成矿料级配	上面层	100	100	96.7	71.5	40.7	29.0	19.1	13.9	9.3	7.5	6.0
	下面层	93	84.9	75.0	59.0	37.1	26.6	17.1	14.9	12.1	8.9	6.1

由表5-52,结合沥青路面矿料级配优化设计相关试验结果可知,桥面铺装上面层AC-13和下面层AC-20沥青混合料合成矿料级配(即初拟目标级配)可满足桥面铺装面层沥青混合料的路用性能。因此,表5-52中的桥面铺装上面层AC-13和下面层AC-20沥青混合料矿料初拟目标级配,可作为本项目桥面铺装上面层AC-13和下面层AC-20沥青混合料矿料的目标级配。

5.5.3 桥面铺装最佳油石比优化设计

对于本项目桥面铺装沥青混合料最佳油石比的优化设计,采用表5-2优选的目标级配,分别进行马歇尔试验法和力学经验法研究。其中,桥面铺装上面层AC-13混合料以油石比分别为4.0%、4.5%、5.0%、5.5%和6.0%进行马歇尔试验、静压试验和劈裂试验,桥面铺装下面层AC-20混合料以油石比分别为3.8%、4.1%、4.4%、4.7%和5.0%进行马歇尔试验、静压试验和劈裂试验,试验结果见表5-53。

桥面铺装面层混合料马歇尔试验和力学试验结果 表5-53

试验项目		上面层AC-13油石比(%)					下面层AC-20油石比(%)				
		4.0	4.5	5.0	5.5	6.0	3.8	4.1	4.4	4.7	5.0
马歇尔试验指标	毛体积相对密度	2.491	2.519	2.546	2.540	2.532	2.406	2.419	2.427	2.438	2.450
	理论最大相对密度	2.685	2.673	2.652	2.633	2.615	2.540	2.531	2.526	2.518	2.512
	空隙率VV(%)	7.2	5.8	4.0	3.5	3.2	5.3	4.4	3.9	3.2	2.5
	饱和度VFA(%)	15.2	14.7	14.2	14.8	15.5	61.8	67.6	71.7	77.0	82.1
	矿料间隙率VMA(%)	52.6	60.8	71.8	76.1	79.5	13.5	13.3	13.3	13.1	12.9
	稳定度MS(kN)	9.67	10.13	10.53	10.35	10.21	11.32	12.35	13.53	12.46	11.62
	流值FL(mm)	2.16	2.23	2.26	2.32	2.40	2.12	2.43	2.68	2.98	3.25

续上表

试验项目		上面层 AC-13 油石比(%)					下面层 AC-20 油石比(%)				
		4.0	4.5	5.0	5.5	6.0	3.8	4.1	4.4	4.7	5.0
力学试验指标	劈裂强度(MPa)	1.785	1.858	1.876	1.832	1.791	1.857	2.054	2.106	2.006	1.852
	抗压强度(MPa)	5.378	5.635	5.693	5.603	5.432	6.163	6.296	6.304	6.285	6.228
	黏聚力(MPa)	3.098	3.236	3.268	3.204	3.119	3.383	3.596	3.644	3.551	3.396

依据本项目推荐的最佳油石比确定方法,并考虑桥面铺装面层沥青混合料的渗水性能,由表 5-53 可知,本项目桥面铺装上面层 AC-13 和下面层 AC-20 沥青混合料矿料在优选目标级配下的最佳油石比依次为 4.9%、4.4%。

5.5.4 桥面铺装混合料优化配合比的路用性能评价

与路面沥青混合料路用性能类似,桥面铺装混合料的路用性能一般来说包括高温性能、低温性能、水稳定性能、防水性能以及抗滑等,这些性能从不同角度反映了实际使用对桥面铺装沥青混合料的要求,由于使用条件的不同,材料性能水平的要求也不尽相同。桥面铺装沥青混合料的路用性能同样具有显著的荷载依赖性、环境依赖性以及结构与材料依赖性。在前文桥面铺装沥青混合料矿料级配和最佳油石比优化的基础上,开展桥面铺装沥青混合料优化配合比的路用性能评价研究。

本项目桥面铺装沥青混合料采用前文中目标级配及现场生产的 SBS 改性沥青,桥面铺装上面层 AC-13 和下面层 AC-20 沥青混合料分别以最佳油石比 4.9%、4.4%,按照我国现行规范的试验方法进行路用性能评价,试验结果见表 5-54。

桥面铺装沥青混合料路用性能试验结果 表 5-54

路用性能	试验项目	试验指标	上面层 AC-13 矿料目标配合比	下面层 AC-20 矿料目标配合比
高温性能	车辙试验	动稳定度(次/mm)	5833	5943.5
		相对变形(%)	0.108	0.106
低温性能	低温弯曲试验	破坏荷载(N)	1365.302	1213.763
		破坏挠度(mm)	0.5537	0.551
		弯拉强度(MPa)	10.900	9.5726
		弯拉应变(με)	2915.230	2909.28
		弯曲劲度模量(Pa)	3739.070	3290.38
水稳定性能	浸水马歇尔试验	MS(kN)	10.57	13.18
		MS_1(kN)	9.53	12.25
		MS_0(%)	90.16	92.94
	冻融劈裂试验	R_{T1}(MPa)	1.079	1.296
		R_{T2}(MPa)	0.913	1.140
		TSR(%)	90.16	87.96
渗水性能	渗水试验	渗水系数(mL/min)	—	17.6

依据我国现行规范及本项目设计文件的要求，同时参照本项目沥青路面上、中面层沥青混合料路用性能的技术要求，由表 5-54 中的试验结果可知，采用本项目桥面铺装上面层 AC-13 和下面层 AC-20 沥青混合料优选的矿料级配和油石比，均满足本项目桥面铺装混合料路用性能技术要求。

第6章 高原半干旱地区公路边坡生态恢复

本项目地形复杂，高填深挖较多，全线挖深大于20m的高边坡共15段，合计长1265m，最大边坡高度为63.4m，对沿线生态系统造成严重破坏，进一步加剧了水土流失。为了尽可能地加快本项目沿线边坡生态环境的恢复，使生态恢复最大化，结合项目地形、地貌、气候、植被资源与生态环境现状等客观情况，开展高原半干旱地区公路边坡生态恢复研究，为依托工程及类似条件下边坡生态恢复建设提供有效指导，促进公路环境保护技术的发展。本章所包括的主要研究内容有：西宁地区生态环境概况、公路边坡生态恢复措施、公路边坡生态恢复试验、公路边坡生态恢复效果分析与评价。

6.1 西宁地区生态环境概况

6.1.1 项目区域植被资源现状

根据青海省生态功能区划，项目所在区域为祁连山森林与高寒草原生态区—湟水谷地农业生态亚区—湟水谷地水土保持生态功能区。该区域地处黄土高原西界，是黄土高原向青藏高原的过渡地带区域。根据中国植被区划，本项目所在区域为中国—喜马拉雅植物地区—唐古特植物亚区—祁连山小区，区系成分以北温带为主。项目位于西宁城区边缘，工农业生产发达，为青海省主要农业区。由于历史因素和人类活动的影响，项目区原始天然植被已不复存在，代之出现的是大量农业植被、草地和人工营造的绿化乔灌木等植被类型，耕地资源丰富，水资源和森林资源较为丰富。

1）草原

项目区主要为温性草原，以针茅、赖草、芨芨草、蒿等为优势种，主要分布于干旱谷地及地带，海拔为2300～3200m。常见的伴生植物有青海苔草、洽草、沙蒿、阿尔泰狗娃花、黄芪等。群落总盖度为35%～55%。

2）森林

（1）针叶林

项目区主要为寒温性常绿针叶林，以青海云杉为典型建群种，主要分布于海拔2600～3000m的浅山和脑山交错地带的山地阴坡，森林郁闭度为0.65～0.85。林下灌木常见有沙棘、水栒子、冰川茶藨子、银露梅、小檗等。草本植物有藓生马先蒿、东方草莓、团穗苔草、珠芽蓼、双花堇菜等。苔藓层发育在不同林区有明显的差异。

(2)阔叶林

项目区主要为以山杨为典型建群种构成的温性落叶阔叶林,主要分布于海拔2500~3200m的山地阴坡、坡麓及沟谷地带。本区温带落叶阔叶林是原始针叶林破坏之后形成的具有次生性质的森林植被类型,森林郁闭度一般为0.55~0.75。灌木种类有柳、唐古特忍冬、沙棘、金露梅、糖茶藨等。林下草本植物有东方草莓、双花堇菜、长柱沙参、短腺小米草、藓生马先蒿等。苔藓层多发育不良。

(3)针阔叶混交林

针阔叶混交林是温带落叶阔叶林向原始针叶林方向演替过程中形成的过渡森林类型,主要分布于海拔2500~3100m的山地阴坡、半阴坡,以山地中部阴坡相对潮湿生境为常见。针叶树种主要为青海云杉,还有少量的油松,而阔叶树则有山杨等。森林郁闭度一般为0.55~0.80。

(4)人工林

人工林以青杨为主,其他树种还有小叶杨、油松、柳等。项目区是青海省人工林的主要分布区,其典型生境是在河流两侧谷地、村落附近或山地阴坡中下部。海拔为1650~2750m。

3)灌丛

项目区灌丛主要为温性灌丛。优势种组成常见有沙棘、栒子、锦鸡儿、忍冬、小檗等温带常见灌木植物种类,多分布于海拔2300~3100m河谷及坡麓地区的林缘、林间空地及局部山地坡麓,呈斑块状或条带状。伴生草本植物常见有粗喙苔草、高原早熟禾、垂穗披碱草等。群落总盖度为65%~90%。

4)农作物

项目区农作物主要有禾本科、豆科、十字花科的粮食和油料植物,蔬菜主要有茄科、葫芦科、十字花科食用植物,如春小麦、豌豆、油菜等。

5)古树名木和保护植物

通过现场实地调查、咨询林业主管部门和居民,并查阅有关资料,项目沿线两侧300m范围内未发现保护植物和古树名木。

6.1.2 项目区域动物资源现状

公路所在区域在动物地理区划上,属于古北界—中亚亚界—青藏区—青海藏南亚区—祁连青南小区。

项目位于西宁城区边缘,工农业生产发达。由于历史因素和人类活动的影响,近年来,拟建公路所在区域工农业发展迅速,人类活动频繁,沿线经过地区的植被长期以来受到人为因素的强度干扰,地带性植被已不复存在,野生动物的数量大为减少。通过向有关专家以及林业、环保部门咨询,项目区野生保护动物非常少见。

目前区域内动物以人工饲养的家畜家禽为主,野生动物一般为适应农耕地和居民点栖息的种类,种属单调,主要以鼠型啮齿类和食谷、食虫的雀形鸟类组成为主,主要有岩鸽、高原兔、麻雀、乌鸦、喜鹊等,均为一般常见物种。林栖兽类稀少。

6.1.3 项目区域生态环境现状

本项目地处我国青藏高原东部边缘,属大陆性高原半干旱气候。项目所在地区为水力侵蚀和风力侵蚀Ⅱ类型区，兼有重力侵蚀，容许土壤流失量为1000t/(km^2·a)，水土流失比较严重，是青海省水土流失重点防治地区之一。

(1)水生生态

项目跨越的湟水河段，位于西宁城区下游，多年来受到上游排放的大量工农业污水的影响，水质污染严重，多年为Ⅴ类水体。根据青海省渔业部门和青海大学等机构近年调查资料，湟水流域鱼类分布格局已受到严重破坏，渔业资源衰退明显。近年调查表明，湟水河目前仅存黄河裸尻鱼，其群体数量减少，分布范围更是仅在源头区尚有少量分布，跨越河段已极为少见。更无产卵场、越冬场和索饵场分布。由于桥位上游约1km处柳湾水电站建设运营，洄游通道早已不具备存在条件。

(2)生态敏感区

项目沿线评价范围内的生态敏感区为青海省湟水森林公园，成立于1996年2月，是在湟水林场人工林基础上经原青海省农林厅批准成立的省级森林公园。公园位于西宁市城西区彭家寨镇，森林植被类型包括以油松、云杉、青杨、柽柳等为主的针、阔、乔、灌混交林。公园建设范围东起火烧沟，西至继红绿化区，北以解放渠南侧山脚灌渠为界，南至绿通绿化区北边界，总占地面积约92.33hm^2。公园内规划建设河湟文化主题园景区、文化风情园景区、森林氧吧休闲区、登山览胜区和服务管理区五个景区。项目K36+750~K38+400路段于湟水森林公园北侧经过，不涉及公园范围，最近距离约25m，最近处为桥梁路段。

(3)水土流失现状及治理情况

项目区处于西北黄土高原区与青藏高原冻融侵蚀区的过渡地带，水土流失的侵蚀形态主要为水力侵蚀，伴有工程侵蚀和冻融侵蚀，侵蚀形式以沟蚀等形式出现。水土流失类型以轻中度水力侵蚀为主。土壤容许流失量为1000t/(km^2·a)。

针对项目区域的地形、地貌、降雨、土壤、植被等水土流失影响因子的特性及土壤受扰动情况，通过对当地水土保持专家咨询，结合现场调查，确定工程建设范围内土壤侵蚀模数为800~2300t/(km^2·a)。

西宁市城区范围内主要有灾害性沟道23条，分布在南北两山，共同特征为山高坡陡，植被稀疏，沟谷发育、侵蚀严重，各主沟道多呈"V"形，下切均较深，滑坡、崩塌随处可见，每当暴雨来临，洪水、泥石流便随之泛滥。

西宁市根据城市水土流失的特点，注重生态效益和社会效益相结合，绿化和美化相结合，宣传和监督相结合，使水土保持和城市建设相协调，提高市民治理水土流失、保护生态环境意识，进行了南北两山的综合治理和城市绿化建设，开创了城市水土保持新局面。西宁市水土保持综合治理工程从1982年起步，开始主要以坡面生物、农田建设措施为主进行治理。从1998年以来主要以小流域水土保持综合治理项目为主，并以沟道工程措施与坡面生物措施相结合进行综合治理。2001—2006年黄河水土保持生态工程湟水流域西宁项目区共完成水土流失治理面积163.89km^2，总投资达5488.47万元。通过植物、工程、耕作等措施相结合的生态建设，形成了沟道、坡面综合防治体系，使项目区水土流失治理程度由29.16%提高到81.29%，林草覆盖率由11.06%提高到54.06%，保土效率达66.95%，增水效率达47.0%，增加经济效益1034.46万元/a。1997年西宁市被黄河水利委员会黄河上中游管理局列为黄河上中游第一批水土保持试点城市，2000年又被水利部列为全国第二批水土保持试点城市，2001年被黄河上中游管理局授予“黄河上中游地区城市水土保持工作试点达标单位”，水土保持工作取得了明显成效。西宁市城郊流域被水利部命名为34个“全国水土保持生态建设示范区”之一。

项目建设后带来的效益：可有效拦泥138.47万m^3，新增蓄水104.41万m^3，淤地126.42hm^2，改善灌溉面积134.43hm^2，防洪保护农田930hm^2；在一定程度上遏制水土流失，减轻洪涝灾害的侵害，减少农田的淹没和下游淤积；对改善当地生态环境和社会经济发展将起到积极的促进作用。

(4)公路沿线景观

根据公路沿线区域气候、地貌、植被及人类活动的影响特点，结合土地利用现状图，将景观类型划分为农田景观、林地景观(包括有林地景观、灌木林地景观和疏林地景观)、荒草地景观、道路景观、河流谷地景观、城市景观、农村居民点景观等6个景观类型。农田景观是距离拟建公路中心线比较近的景观类型，也是路线所在区域分布面积最大的景观类型。

(5)地表水环境

项目区属黄河支流湟水水系区，沿线地表水主要有湟水河及其支流南川河、小南川河、石惠沟、甘河和教场河。本项目部分路段位于多巴水源地二级保护区内，公路沿线主要跨越水体为湟水河及小南川河、南川河、石惠沟、甘河、教场河等。

(6)地下水环境

项目区地下水类型有松散岩类孔隙水和碎屑岩类裂隙孔隙水。松散岩类孔隙水赋存于湟水河及其较大支流和冲沟的砂卵砾石层中，含水层厚度3~15m。该类地下水主要接受降水及灌溉水渗漏补给。碎屑岩类裂隙孔隙水分布于丘陵山区，含水层岩层为砖红色砂岩、砂砾岩及其风化层。该类地下水主要接受大气降水的补给，通过地表汇流渗入岩石的各种裂隙中，向局部的排泄基准面排泄，或通过大型断裂带汇集向下游集中排泄。项目区地下水水质完全满足Ⅲ类标准，水质良好。

(7)声环境

本项目位于青海省经济发展较好区域，且穿越西宁市区，居民居住密集，区域声环境质量超标明显。目前主要噪声源为现有国道G109、青藏铁路、西格复线铁路、西宁市区道路产生的交通噪声及沿线居民的生产、生活噪声。本项目声环境敏感点共有24个，居民住宅23处，学校1所。临近有国道G109、南川东路、南川西路、西塔高速、青藏铁路的敏感点和城市环境敏感点声环境都存在不同程度超标现象，超标原因为现有道路交通量大。其余农村地区非临路敏感点均能满足相应声环境质量标准。

(8)空气环境

本项目为绕城公路，距离西宁城区较近，沿线人口相对集中。据初步调查，拟建公路两侧200m范围内，环境空气污染源为现有道路和居民的生活用燃料，没有大型的环境空气污染源。总体来看，项目沿线原有环境空气质量较好。

6.1.4　高原半干旱地区公路建设面临的生态问题

我国高速公路建设发展迅速，对高速公路的生态恢复也越来越重视，然而对于高速公路生态恢复，在前期设计方面存在一些问题：

(1)对公路沿线的本地植物物种的适应性、美观性研究薄弱。在高速公路建设初期，对当地物种没有进行广泛的调查和研究。在选用植被上,首先选择的还是外来物种,经济性和效益性降低,养护成本增加,可持续发展性不强。

(2)补偿景观的设计没有引起普遍重视。对由于施工造成的垃圾废弃场、土石废弃场的生态影响不够重视,大多数的研究把重点放在互通式立体交叉、边坡和中央分隔带上。

(3)对高速公路沿线具有地方特色的人文生态的保护恢复力度不够。忽视人文景观和自然景观的有机结合,仅凭设计师的直觉引入外来人文特色,不符合当地实际发展需要和可持续发展需要。

除此之外,在工程施工方面,还存在以下问题:

(1)大量的开挖土地和建设,给生态环境、景观环境,以及人们的生活环境带来了巨大的影响。施工过程中,或多或少都会以牺牲自然环境为代价进行建设,从而破坏了当地的自然生态环境。后期的弃土场和施工场地的恢复不到位,也给开挖建设地区带来了巨大的生态破坏。

(2)建设时不注重环境保护,寄希望于后期的恢复。然而,由于恢复施工的难度更大,加上有的施工单位对成本的控制,且我国环保部门现今没有颁布具体环保责任的法规,导致施工过程中存在种种不可控制的因素,公路生态恢复受到影响。

本项目区域存在的主要生态问题有:水土流失严重,水源涵养功能下降,自然灾害频繁,土地退化加剧,水污染严重和野生动植物数量减少,病虫鼠害猖獗。

6.2 公路边坡生态恢复措施

6.2.1 公路边坡生态恢复目标与要求

根据“保护环境、绿化美化、融入自然、经济合理”的指导思想,结合本项目区域特点,以绿化为主,兼顾美观进行环保绿化设计,倡导低碳公路建设。边坡生态恢复具体目标为:通过选择乡土植物,模仿原始状态,按照多层次、多结构、乔灌草立体混交原则提高生物多样性,尽最大可能恢复自然植被使其能自我维护、自我更新,达到永续性、平衡性,从而提高植被覆盖率,防止表层水土流失。

本项目边坡生态恢复具体要求包括:

(1)项目区降雨量偏少,地表水资源匮乏且珍贵,给绿化施工养护造成不便,因此要充分考虑苗木绿化浇水和成活率保证问题。

(2)项目建设中取土弃土将产生大量的水土流失,项目区自然条件相对较差,取弃土场植被恢复困难,应注意本项目的取弃土场水土保持。

(3)项目区可用于绿化的植物品种相对较少,应注意绿化苗木的筛选,还应将所种植的植物与原有的植被生态系统融合在一起,达到美化景观、提高视觉效果的作用。

(4)应合理、有效地选择边坡坡面生物防护的方法,使所选择的防护方法既能满足工程技术要求,又能在经济上是最合理、有效的。

(5)在本地资源再利用(本地木本植物和土壤)的基础上,针对不同的环境采用不同的修复方案。

6.2.2 公路边坡生态恢复原则

按照项目的建设程序,对于公路边坡应“先保护,再恢复”,在项目建设实施过程中则应“边保护,边恢复”。路基开挖及填筑后形成的边坡是公路建设对自然环境影响最突出的部分,如何减缓这种负面影响,除了在路线方案选择阶段尽量避免大填大挖之外,最有效的措施就是对不可避免产生的边坡实现生态恢复。边坡生态恢复没有固定的模式,也不存在统一的内容,但应遵循以下几个原则:①低限度人为干预原则;②因地制宜的原则;③保存原有草皮和植物种类的原则;④充分利用原有地表土的原则。

6.2.3 公路边坡生态恢复措施分析

目前国内外已有的高速公路生态恢复技术很多,主要包括工程防护措施、植物防护措施、工程与植物相结合的综合防护措施。

1)工程防护措施

工程防护措施是生态恢复的前提和基础,具体包括石砌护坡、封面技术、框格防护等。

(1)石砌护坡

石砌护坡是由砂浆、石片、块石、水泥混凝土预制块(或板)等圬工材料砌筑的坡面覆盖层来保护边坡的一种路基防护措施,包括干砌片石护坡和浆砌片石护坡,如图6-1所示。干砌片石护坡起到保护边坡避免受到地面径流和大气降水的侵害及保护浸水路堤边坡免受水流冲刷的作用,但对长期承受主动土压力地段、有冻害或严重潮湿的路段不宜采用干砌片石防护,但可用于下边坡中的土质边坡防护。浆砌片石护坡一般设置在可能发生坡面冲刷的土质边坡及浸水路堤,同时必须做好排水与防护的结合,否则不宜采用。当河流可能有流木及其他撞击物等冲击作用及水流速度较大时(如4~5m/s),波浪作用较强时,选用浆砌片石防护比较适合,必要时可与浸水挡墙或护面墙同时设置。浆砌片石护坡适用于上下边坡中的一般坡面,而且耐久性较好,适宜防护不同控制边坡中的岩土层和不同位置的边坡,且造价适中。

a)干砌片石　　b)浆砌片石

图6-1　石砌护坡

(2)封面技术

封面技术是指用喷、涂、抹等工艺,在路基边坡上修筑保护层,封闭坡面,防治坡面冲刷、风化、剥蚀的一种路面防护措施。常用的封面技术有砂浆抹面、勾缝、喷浆等,如图6-2所示。封面防护措施对边坡坡度和高度的适应能力较强，多用于风化但较完整坚硬的路堑边坡。

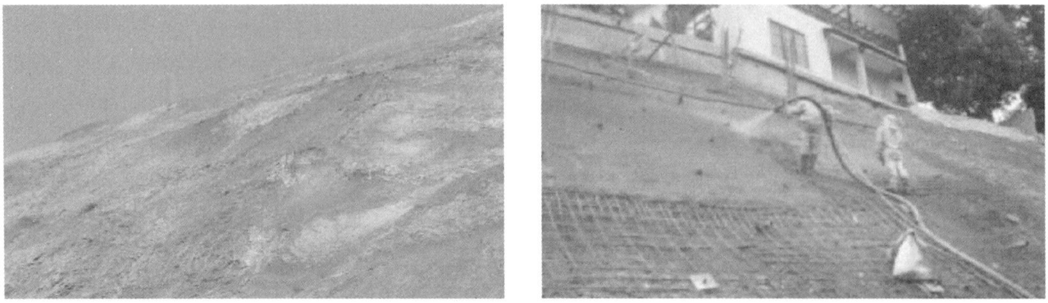

a)砂浆抹面　　b)喷浆

图 6-2　封面技术

(3)框格防护

框格防护是近年来将美学与公路防护相结合的一种防护措施，用混凝土、浆砌块(片)石及拆除的桥栏等材料，在路堤边坡上做出各式各样的造型，如斜 45°、大框格、六角形、拱形、麦穗型等较稳定的框架，如图 6-3 所示。框格防护既增加了视觉美感，同时在路基边坡受到地表水冲刷时可减缓水流速度，有效防止在坡面上形成冲沟，对边坡可起到一种辅助性的防护作用。

a)六角形　　b)拱形

图 6-3　框格防护

综上所述，石砌护坡及封面技术为纯工程措施，虽可以稳定边坡，防治坡面冲刷、风化、剥蚀，但造价高、影响美观、阻隔降水与土壤的水自由交换，框格防护措施既可以稳定边坡、减轻雨水冲刷，又可以在框格中植树种草，增强生态效果，其中拱形骨架防护措施坡面外观较好，绿化效果好，因此本项目宜选择拱形骨架防护进行研究。

2)植物防护措施

植物防护措施与传统的工程防护措施相比，不仅具有防护功能，而且在防灾减灾、净化空气、调节气温、降低噪声、保持水土和美化环境方面具有积极作用，同时对退化生态环境的恢复与重建，也有着极其重要的意义。植物防护措施主要有以下几种：

(1)种草及喷播植草

种草及喷播植草适用于边坡稳定、坡长较短、坡面冲刷轻微、边坡坡度缓，且宜于草类生长的土质路堤或路堑边坡以及经改良的边坡,用以防止表面水土流失,固结表土,增强路基的稳定性,同时美化环境。经常浸水或长期浸水的路堤边坡、种草不易成活和生长的边坡,不宜采用。

(2)铺草皮

铺草皮是指将天然草皮或者人工草皮块铺设到已经平整好的土地上,是一种快速的植被恢复方法。草皮移植以人工草地为主,草皮取出后,将其铺设到平整的土地上,然后踩压浇水,使草皮和土壤充分接触,受损植物根系就会再次萌发新根,使草本植物成活,并在迹地上迅速形成植被覆盖。

技术优点:成本低,易成活,移植完毕就可以在迹地上形成植被覆盖。

适用范围:可适用于青藏高原高寒草甸和高寒草原,海拔在5000m以下,具有典型的高原大陆性气候的区域。要求使用该技术进行植被恢复的区域移植草皮应根系发达,切块时容易成型。在路基边坡和水沟进行草皮移植时,需要注意草皮一定为多年生草皮,并且应把细颗粒土质当作路基边坡填料,如果填料为粗颗粒时,腐殖土的厚度应适当加厚。草皮水沟内应无长流水,地势平坦,水流冲刷较小。

(3)植树

坡面上植树,对于加固路基、防风固沙、涵养水源、减少水土流失、美化路容及隔音降噪均有良好的效果,也可和种草、铺草皮配合采用,使坡面形成良好的防护层,包括连续式及带式植树;适用于土质边坡及严重风化的岩石边坡和裂隙黏土边坡,但对盐渍土、经常干旱的边坡及粉质土边坡不宜用。

综上所述,本项目区属大陆高原半干旱气候类型,植树措施不适用于本工程,宜采用草本、灌木或草灌结合植物措施进行生态恢复。

3)综合防护措施

(1)三维网技术

将三维网铺在坡面上,播撒种子后,用覆土覆盖进行植被恢复的技术就是三维网技术,如图6-4所示。三维网是由一种热塑性树脂经过加工后形成的立体三维网。网格外观凹凸不平,90%以上的空间为空隙,空隙处用来填充土壤和草种等,成活后的植物根系也可以穿过网格空隙深入地下土壤。三维网采用高分子材料制成,材质疏松柔软,化学稳定性较高,也可采用可降解性塑料,数年后三维网可在土壤中自然分解。

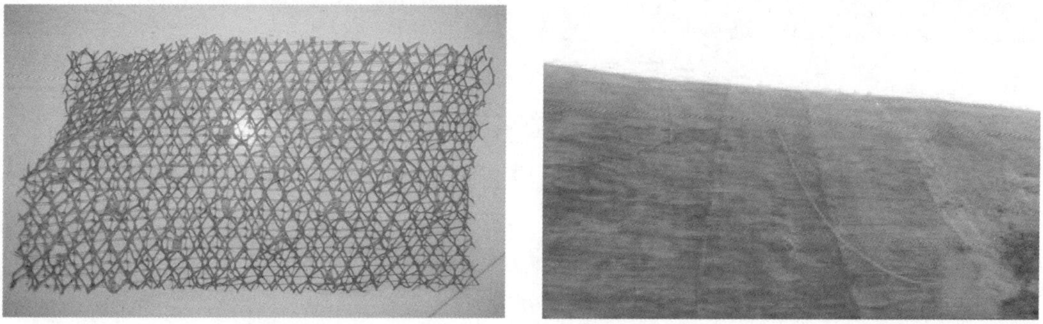

图6-4　三维网技术

技术优点：①可固定坡面，防止坡体下滑；②具有保墒作用，三维网大多为黑色或绿色，具有吸收热量的作用，从而使地温升高，促进种子的萌发。

适用范围：适合在稳定的路堤边坡使用，土质和石质填料均可，常用边坡坡度为1∶1.5～1∶2.0，边坡高度一般不超过6m。

(2)土工格室植草

土工格室植草护坡是指在展开并固定于坡面上的土工格室内填充改良客土，然后在格室上挂三维植被网，进行喷播施工的一种护坡技术，如图6-5所示。土工格室为草坪植物生长提供稳定、良好的生存环境。采用土工格室植草，可使不毛之地的边坡充分绿化，带孔的格室还能增加坡面的排水性能。

图6-5　土工格室植草

(3)植生带技术

利用植生带进行边坡植被恢复的建植技术叫做植生带技术，如图6-6所示。植生带由可自然降解的无纺布或者其他材料制成，草种、肥料、保水剂等按一定比例混合后按照特定工艺被均匀定位到可降解材料上，从而形成植生带。

图6-6　植生带技术

技术优点：①具有很好的抗雨水冲刷能力；②种子分布均匀，出苗整齐美观，同时节约了种子的播种量，省时省工，而且可根据要求适当选用不同的种子组合，配比灵活多变。

技术缺点：植生带的持水、抗旱能力较差，养护期对水分的要求较高，因此不适合在干旱、半干旱地区使用。

(4)植生袋技术

植生袋是一种袋面含有植物种子夹层的、大小通常为50cm×50cm、一端开口的袋子，袋子内可以装入土壤和肥料的种子肥料的种植袋,如图6-7所示。植生袋通常分为五层:最内层和最外层为尼龙纤维网,次内层为可短期降解的无纺棉纤维布,次外层为加厚无纺布,中层为植物种子、生物菌肥和长效复合肥等混合物质。通常把植生袋带一定倾斜度整齐地码砌在边坡上,待水热条件适宜时,种子会发芽并穿透袋子长出来,在坡面上形成植被层,而达到植被恢复、保护坡面的目的。

图6-7　植生袋技术

技术优点:①植生袋采用植物纤维作为载体,其降解性好,有助于环保;②植生袋体积较小,方便运载,施工容易,铺设效率高;③工程造价低于其他圬工或砌石防护;④植生袋有保温保墒作用,可以在一定程度上减弱冻融情况;⑤植生袋储水性能良好,可以在其内加入保水剂,同时将肥料加入袋内,使植物的成活率提高,减少后期养护。

适用范围:适用于没有土层覆盖的岩石区或者滑坡后的山体裸露地带、斜坡、岩石边坡的凹陷处、片石区等,适用于北方寒冷地区。

(5)植物纤维毯技术

植物纤维毯是将植物纤维材料(如稻秸、麦秸、玉米秆、棉秆、椰壳纤维、大麻、黄麻、亚麻、天然杂草)加工成条形纤维状,进行梳理后编织成毯状纤维层,然后在其下方铺适当厚度的营养土,并配入提前定好的草灌植物种子、保水剂和营养基质,最后在纤维毯的上下各用一层强化网固定后就形成完整的植物纤维毯,如图6-8所示。

图6-8　植物纤维毯技术

技术优点:①施工简单,可快捷地在公路边坡形成覆盖,效果明显;②具有很好的固土、抗雨水侵蚀能力;③植物纤维有较强的吸水能力,因此蓄水保墒功能好;④植物纤维毯可降解,不仅环保,而且降解后可为植物提供养分。

适用范围：整齐无明显凹凸坡面，适应气候范围较广，南北方均可用。

综上所述，植生带的持水、抗旱能力较差，项目区属大陆高原半干旱气候类型，因此植生带技术不适用于西宁南绕城高速公路；植生袋施工容易、造价低、储水性能好，对高陡边坡具有优良的稳定性。通过分析比较，选择拱形骨架防护与植生袋相结合的综合措施，并进行优化。

6.3 公路边坡生态恢复试验

目前，公路边坡生态恢复以发挥自然本身的植被恢复力为主，配合适当的生态恢复措施来整治路域环境。边坡生态恢复中，应采用现代生物技术、种植培育技术和工程防护相结合的方法，优化生物生长环境，加快生长速度，尽可能地加快公路生态环境的恢复，使生态恢复最大化。通过上节边坡生态恢复措施的分析，本项目公路边坡生态恢复宜采用拱形骨架防护与植生袋相结合的综合措施，但要解决的首要问题是植生袋的优化问题。植生袋主要由三部分组成：包装袋、基质和草籽/苗。本节从植生袋包装袋性能及孔径、基质材料选择及配比、植物种类选择及配比三个方面进行分析及试验研究。

6.3.1 植生袋包装袋性能及孔径分析

1）包装袋性能指标

植生袋外包装的袋子一般由聚乙烯或聚丙烯为主要原材料经拉丝编织缝纫而成。包装袋要求抗老化、抗紫外线、无毒、抗拉强度高、不降解、抗酸碱盐侵蚀及微生物分解，对植物友善，透水但不透土。聚乙烯植生袋无臭、无毒、手感似蜡，耐低温性能优良（-100～-70℃）；其化学稳定性好，能够忍耐大多数酸碱的侵蚀，常温下不溶于一般溶剂，吸水性小，但聚乙烯植生袋的耐热老化性差。聚丙烯植生袋有较高的耐冲击性，机械性质强韧，能够抵抗多种有机溶剂和酸碱腐蚀，抗拉强度高，适宜包装有棱角、较重的碎石。其性能指标要求见表6-1。

包装袋性能指标　　表6-1

序号	性能指标	单位	规定值	检测标准
1	抗拉强度	kN/m	≥12	GB/T 15788
2	最大伸长率	%	30～100	GB/T 15788
3	撕裂强度	kN	≥0.20	GB/T 13763
4	GBR顶破强度	kN	≥1.40	GB/T 14800
5	等效孔径（O_{95}）	mm	≥0.15	GB/T 14799
6	垂直渗透系数	cm/s	≥0.18	GB/T 15789
7	抗紫外线老化（500h）断裂强度保留率	%	≥70	GB/T 15788
8	耐冻融处理（-40℃，120h）断裂强度保留率	%	≥80	GB/T 15788

根据包装袋性能分析，选择聚乙烯为主要原材料的包装袋。

2）包装袋等效孔径分析

（1）孔径太大（袋体材料过薄）：①袋装物质量遭雨水、流水冲刷时会大量流失，造成单位重量大大减小，力学结构被破坏；②袋装物极易在水冲刷下大大流失，沉降幅度大大超出其自然沉降幅度，与塬设计方案不匹配，造成坍塌。大孔径包装袋及工程现场效果图如图6-9所示。

(2)孔径太小(袋体材料过厚)：①孔径太小会对植被生长与根系的延伸形成阻碍，严重影响柔性边坡的结构稳定；②袋体在一定规格下，袋装物的重量是在柔性边坡力学结构设计时的固定数值，孔径太小，使其透水能力降低，大量水分渗入时，其单位重量大大增强，使塬受力结构数值增大，造成结构变形、坍塌；③边坡静水压力因此而增大会使坡体坍塌。小孔径包装袋及工程现场效果图如图6-10所示。

图6-9　大孔径包装袋及工程现场效果图

图6-10　小孔径包装袋及工程现场效果图

由于项目地属大陆高原半干旱气候类型，多风少雨，项目区边坡高陡，应选择渗水能力好、植物根系延伸性好的包装袋。大孔径包装袋具有良好的渗水性能，其中的植物及根系可以很好地穿透植生袋生长，根系在土壤中盘根错节产生强大的牵引力，从而达到生态护坡与固坡的目的，因此选择大孔径包装袋进行基质及植物试验研究。

6.3.2　基质材料选择及配比试验

要实现公路边坡生态恢复目标，首先要具备植物能赖以生存及持续生长的种植基质，为植物生长提供基础。基质材料的好坏，影响着种子的发芽、生长及成坪，因此基质材料的选择及配比组成是否合理，是影响边坡生态恢复效果的重要因素。

1)基质材料的选择

基质材料的选择要与当地气候条件、植物品种、岩体类型和坡度等相适应，根据当地边坡的立地条件类型及原材料的成本来确定，遵循就地取材的原则，以土壤等为主体，添加一定量的有机材料、肥料、保水剂等，形成能为植物生长提供养分的基质材料。

种植基质的配方是植生袋技术的关键因素之一，良好的配方能够在高陡边坡上既具备一定轻度保护坡面和抵抗雨水冲刷，又具有足够的空隙率和肥力以保证植物的生长。对基质的要求除了要养分充足外，还要酸碱度适宜，以接近中性为宜，土壤过酸或过碱都不利于植物生长；失水后的收缩率较小，无龟裂现象；团粒化程度高、保水性能良好，土壤过疏、过密或团粒结构差都会影响植物生长；基质的力学强度能抵抗暴雨冲刷，土壤流失率较小。根据同类项目调研结果并进行综合考虑，选择腐殖土、保水剂、复合肥和专用肥作为基质材料。

2）保水剂对土壤含水率的影响分析

（1）试验方案

采集本项目公路两侧200m范围内土壤，沿线选取6个典型样地进行土壤采集。保水剂选取目前市场上应用较广泛的沃特保水剂，如图6-11所示。其主要含量为丙烯酸或丙烯酸铵，是一种有机—无机复合保水剂，能够吸收自重500～1000倍的纯水或40～80倍的生理盐水，具有很强的保水性，且成本相对较低，应用前景广泛。

为了对比分析保水剂在不同土壤条件下的保水效果，需要对不同土壤在同等室外条件下处理，因此对沿线所调查的土壤均设置在实验室内室温条件下进行。采集土样需自然风干，试验分三次进行浇水，每次间隔10d，第二次浇水前测定土壤含水率，第三次浇水3d后测定含水率，并测定土壤有机质和速效氮含量。另外设置1个样地土壤为空白对照。保水剂用量按照市场上推荐比例，将保水剂与风干土以1∶20的比例混合拌匀后进行浇水试验，如图6-12所示。

图6-11　保水剂样品

图6-12　浇水试验示意图

土壤含水率的计算公式：

$$T=\frac{W_{湿}-W_{干}}{W_{干}} \tag{6-1}$$

式中：T——土壤含水率；

$W_{湿}$——烘干前质量；

$W_{干}$——烘干后质量。

采用常规方法对土壤有机质和速效氮进行测定：有机质采用$K_2Cr_2O_7$—H_2SO_4外加热法；速效氮采用流动分析仪测定法进行LKCl提取。土壤的主要养分有机质和速效氮作为背景数据，来分析保水剂在不同土壤条件下的效果。

(2)试验结果与分析

对6个样地的含水率及养分含量(有机质和速效氮)分别进行测定,各样地变化情况如图6-13和图6-14所示。

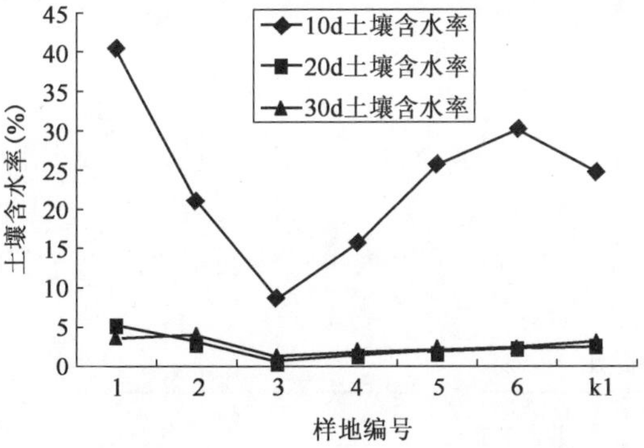

图6-13 土壤含水率变化情况

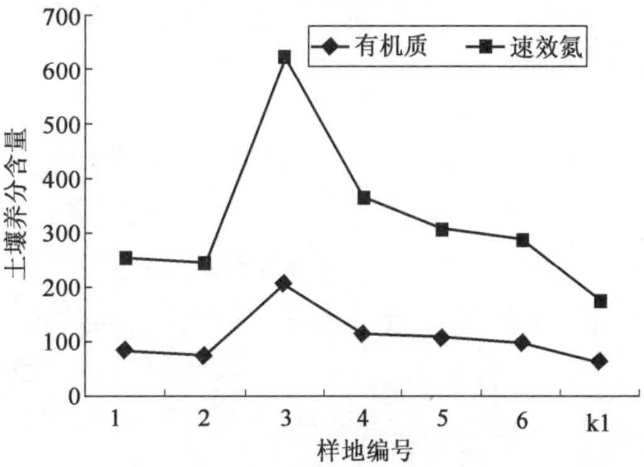

图6-14 土壤养分变化情况

从图6-13可以看出,10d后土壤的含水率在8.65%~40.26%之间,明显高于后两次浇水后的含水率,说明保水剂初次吸水后保水效果显著。含水率最高的为1号样地40.26%,最低的为3号样地8.65%,6个样地分布在25%附近的较多,即西宁南绕城公路沿线土壤使用保水剂后含水率基本在25%左右。查阅相关文献得知一般土壤饱和含水率在20%~60%之间。图6-13中浇水10d后的分布曲线可以看出西宁南绕城公路沿线使用保水剂后可为公路绿化初期植被生长提供一定的水分。另外,含水率较低的样地为4号、5号、6号。对比图6-14土壤养分含量图可以看出,这几处样地的土壤有机质和速效氮均偏低,可以初步判断土壤基础养分偏低,不利于保水剂的保水性能。

从图6-13还可以看出,20d后土壤含水率基本处在0~6%之间,保水性能较浇水10d后的含水率显著降低。土壤含水率较高的为1号样地5.21%,最低的为3号样地,土壤接近干土状态,图6-13中浇水20d后的土壤含水率在2%之间的样地分布较多。与空白的4个样地进行对比分析,可以看出第二次浇水后,保水剂几乎没有明显保水效果,且大部分样地土壤含水率低于没有使用保水剂的土壤。对比图6-14中土壤有机质和速效氮含量图,根据《全国第二次土壤普查养分分级标准》得出沿线调查样地的有机质和速效氮均普遍达到丰富水平,而使用保水剂后土壤含水率显著下降,初步说明保水剂第一次的保水效果显著,使得后期土壤易板结,反而不利于水分的吸收。

图6-13中30d后的土壤含水率与20d的变化趋势基本相似,处在0~5%之间,进一步说明保水剂的重复吸水效果不显著。

对比分析三种时间段处理的土壤含水率变化(10d、20d和30d后),10d后土壤的含水率明显高于后两次处理,保水剂的初次吸水效果可以显著提高土壤含水率。20d和30d后土壤含水率变化差异不大,说明保水剂重复吸水对土壤含水率的变化影响较小,甚至低于未施用保水剂的空白对照组土壤。三种处理对土壤含水率的变化趋势基本一致,调查区的6个样地基本包括了南绕城沿线的主要土壤类型,在不同类型的土壤中变化较大。

综上所述,通过对南绕城路域土壤含水率的变化分析看出,保水剂的使用在初期公路绿化中可以补充一定的水分，公路绿化土壤一般杂质较多，养分含量偏低，碎石多，保水性能较差。保水剂在植被生长初期，因其吸水效果较好，可以给植物提供所需水分，从而提高成活率。由于保水剂的重复吸水效果较差，建议后期的管护中注意增施有机肥或者种植固氮物种，提高土壤养分，为公路绿化植被提供长效养分，促进路域植被恢复。

3）基质配比试验分析

（1）试验方案设计

植生袋基质配比试验选在K13附近，草种选用披碱草+冰草2∶1播种，试验基质配比见表6-2。植生袋种植28个，分4行7列进行种植，每个袋子宽0.5m，长1.3m，植生袋之间的种植距离约为0.2m，总共种植面积估算为11m×3m。一年后对植生袋植被恢复试验区植物的生长时间、盖度、地上生物量、地下生物量等进行调查分析。

植生袋基质配比 表6-2

编　　号	种植工艺	材料用量（g/m^3）				
		保水剂	腐殖土	复合肥	专用肥	种子
1	植生袋1号	5	20000	40	80	披碱草+冰草2∶1
2	植生袋2号	2.5	20000	40	80	披碱草+冰草2∶1
3	植生袋3号	10	20000	40	80	披碱草+冰草2∶1
4	植生袋4号	5	20000	80	80	披碱草+冰草2∶1
5	植生袋5号	5	20000	20	80	披碱草+冰草2∶1
6	植生袋6号	5	20000	40	40	披碱草+冰草2∶1
7	植生袋7号	5	20000	40	160	披碱草+冰草2∶1

（2）试验结果与分析

①不同保水剂用量的植被恢复效果分析。

在试验时间、腐殖土、复合肥、专用肥等因素相同的条件下，对植生袋1、植生袋2、植生袋3进行对比，分析保水剂的用量对恢复效果的影响作用，如图6-15所示。

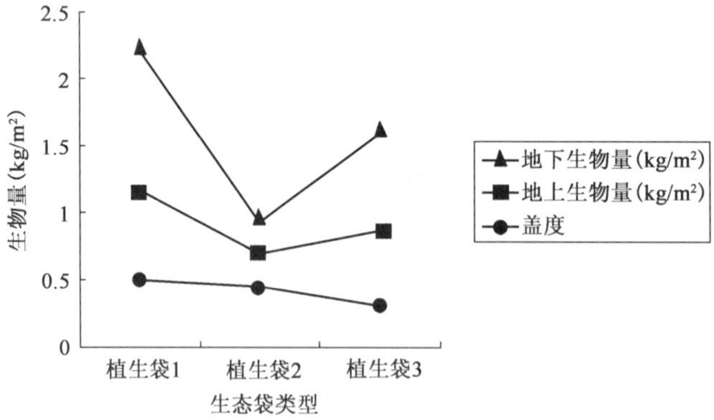

图6-15　不同保水剂用量的植被恢复效果

从图6-15可以看出，在其他因素相同的条件下，植生袋1的恢复效果较植生袋3明显，植生袋2的效果较差，因此，在后期的恢复技术应用过程中，可以采取植生袋1的保水剂用量。

②不同复合肥用量的植被恢复效果分析。

植生袋1、植生袋4、植生袋5的保水剂、腐殖土和专用肥的用量相同，但复合肥的用量不同，分别为40g/m^3、80g/m^3、20g/m^3。通过从植物恢复的盖度、地上生物量、地下生物量等方面进行作图并分析，如图6-16所示。

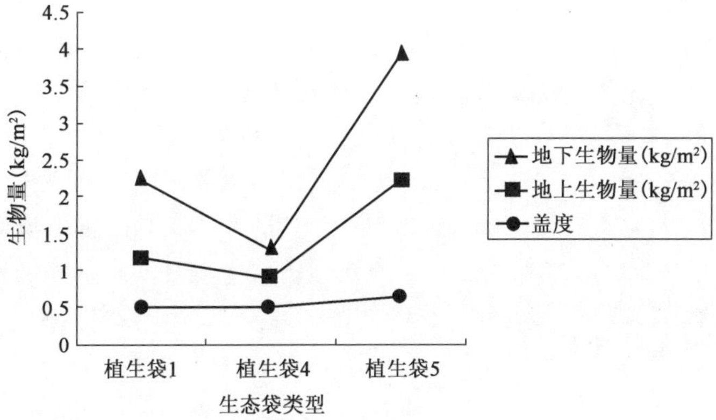

图6-16 不同复合肥用量的植被恢复效果

从图6-16可以看出，植生袋5的恢复效果最好，植生袋1次之，植生袋4恢复效果相对较差，因此，在后期的恢复过程中，复合肥的用量可以采用植生袋5的用量。

③不同专用肥用量的植被恢复效果分析。

植生袋1、植生袋6、植生袋7的保水剂、腐殖土、复合肥的用量相同，但专用肥的用量各不相同，分别为80g/m^3、40g/m^3、160g/m^3。通过从植物盖度、地上生物量、地下生物量等几方面作图并对比分析，如图6-17所示。

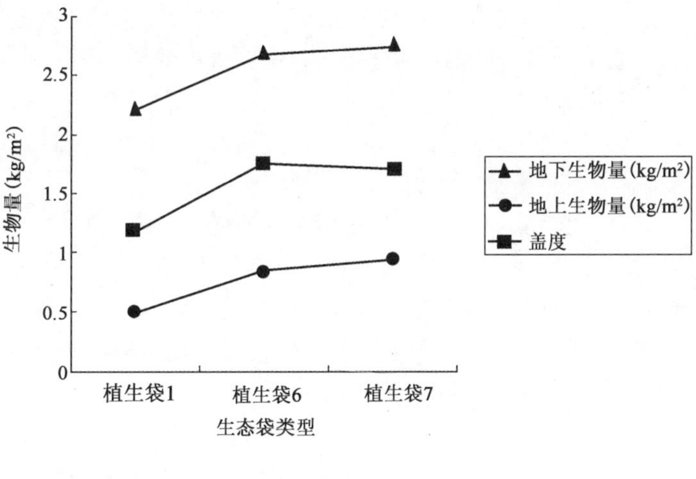

图6-17 不同专用肥用量的植被恢复效果

从图6-17可以看出，植生袋7的恢复效果最好，植生袋6的效果次之，植生袋1的效果相对最差，因此，在后期的恢复过程中，可以采用植生袋7的160g/m^{3}的用量。

6.3.3 植物种类选择及配比试验

(1)植物护坡的作用机理

植物护坡机理根据其力学作用的不同分为浅根植物的加筋作用、深根植物的锚固作用、植物的水文效应和蒸腾排水效应四种。植物根系分为草本类植物根系和木本类植物的水平根系、垂直根系3种类型。浅根加筋作用与植被水文效应的主要功能是坡面防护,深根锚固作用与植物蒸腾排水效应的主要功能是加固边坡。相对于松散的土层,植物根系具有较强的抗拉强度,在土层中种植植物后,增强了土体的强度与边坡的稳定性。

草本植物的根系一般为直径小于1mm的须根,向下生长深度一般为0.75~1.5m。其根系在土中的分布特征是90%的根数在0~30cm的土层内。木本植物的根系按其形态特征可分为3种类型:主直根型、散生根型和水平根型。主直根型由近乎垂直的主根和许多侧根构成,主根发达,垂直向下生长,深入土层,可达3~5m;水平根型根系的主根不发达,侧根或不定根发达,根系一般分布在20~30cm的土壤表层中;散生根型没有明显的主根,根系向下生长深度一般介于主直根型和水平根型之间。草本植物与木本植物的水平根系属浅根类型,其与边坡表土组成的加筋层厚度一般为坡面0~30cm;木本植物的垂直根系为深根,其锚固端深一般为3~5m。

(2)公路边坡植物筛选

高速公路边坡生态恢复工程比较复杂,植物选择很重要,因为它对防治边坡的水土流失和恢复生物潜力起着积极的作用。高速公路边坡大多为土夹石或石质边坡,土层薄,土坡贫瘠且干旱,对植物的耐旱和耐贫瘠的要求较高。总结多年来高速公路生态建设的研究和经验,发现我国高速公路边坡生态恢复最大的问题是恢复植被不能可持续生长和演替,究其主要原因之一是沿线绿化植物选择的问题。因此如何选择植物品种及适当的配比就成了边坡生态恢复能否成功的关键。公路绿化成功与否,很大程度上取决于植物种类的选择,物种选择和配比适当能够提高植物成活率,减少公路绿化和养护费用,增加行车时的视觉美感。

边坡植物筛选原则为:①与当地条件相适应,突出本地特色;②植物可逆性强;③不同植物品种合理配置、保持生物多样性;④兼顾短期、中期、长期景观效果。

边坡生态恢复的主体是植物,植物选择的好坏,直接关系到边坡生态恢复的成败和效果。边坡植物种类筛选以西宁南绕城高速两侧边坡为研究对象,在对沿线自然环境条件分析及野生植物资源调查的基础上进行选择。

经调查了解,本地适合公路绿化的主要乔灌木有:油松、旱柳、大叶榆、云杉、紫叶李、青杨、旱柳、榆叶梅、祁连圆柏、丁香、暴马丁香、黄刺玫、连翘、金叶莸、柠条、柽柳、珍珠梅、山杏、山桃、山荞麦等,草种地被有草地早熟禾、黑麦草、紫羊茅、波斯菊、冰草、披碱草、萱草、马蔺草等。根据公路沿线自然条件及植物外业调查,并参考沿线边坡绿化植物情况,筛选出适生边坡植物分别为:冰草、披碱草、萱草、马蔺草、柠条、柽柳、山荞麦。

(3)试验方案设计

在K13附近上边坡进行植生袋植物配比试验,试验植物配比见表6-3。柽柳及山荞麦选用一年生苗,柠条选用两年生苗,其他采用草种进行试验。共4种种植工艺,每种工艺面积1m^2,设一空白对照。植生袋基质配比见表6-4。一年后对植生袋植被恢复试验区植物的生长时间、盖度、地上生物量、地下生物量等进行调查分析。

植物配比 表 6-3

植物配比编号	植物种类	播种/苗量
混播配比 1 号	冰草	10g/m^2
	披碱草	10g/m^2
	萱草	10g/m^2
	马蔺草	10g/m^2
混播配比 2 号	柠条	6 株/m^2
	柽柳	6 株/m^2
	山荞麦	6 株/m^2
混播配比 3 号	柽柳	6 株/m^2
	柠条	6 株/m^2
	披碱草	20 g/m^2
	冰草	10g/m^2
混播配比 4 号	柽柳	6 株/m^2
	柠条	6 株/m^2
	披碱草	10g/m^2
	冰草	20g/m^2

植生袋基质配比 表 6-4

编号	种植工艺	材料用量(g/m^3)				
		保水剂	腐殖土	复合肥	专用肥	种子
1	植生袋 8 号	5	20000	40	80	混播 1 号
2	植生袋 9 号	5	20000	40	80	混播 2 号
3	植生袋 10 号	5	20000	40	80	混播 3 号
4	植生袋 11 号	5	20000	40	80	混播 4 号
5	空白对照	0	0	0	0	0

(4)试验结果与分析

在保水剂、腐殖土、复合肥和专用肥用量相同的情况下,对比植生袋 8、植生袋 9、植生袋 10、植生袋 11,分析最优种植植物种类,试验结果见图 6-18。

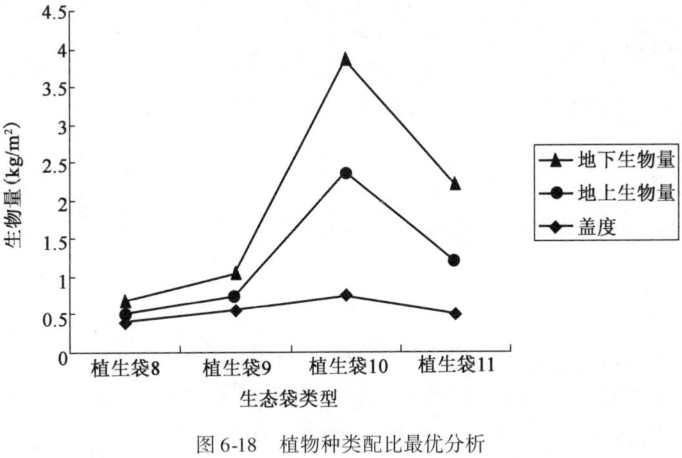

图 6-18 植物种类配比最优分析

从图6-18可以看出，综合考虑盖度、地上及地下生物量等植物生长指标，最优配比为植生袋10，植生袋11次之，效果较差的为植生袋8，因此，在后期的植被整体恢复过程中，可以考虑采用植生袋10的配比方式，从而达到较为满意的恢复效果。

6.4 公路边坡生态恢复效果分析与评价

将公路边坡生态恢复试验结果及其他工程和植物措施结合，进行一系列的边坡生态恢复工程后，边坡生态在一定程度上得到改善，改善的效果需对其进行分析与评价。本节运用层次分析法和模糊综合评价法，从生态效益、景观效益和社会效益3个方面，选取9个评价指标，对本项目公路边坡生态恢复效果进行了分析与评价。

6.4.1 评价指标体系构建

1）评价指标的分类

评价指标体系分为描述性指标体系和评价性指标体系。描述性指标体系主要是反映系统的实际状况或条件，如资源或环境条件等，它按照一定的体系汇集社会经济各项统计中能描述评价目的及各子系统运行状态的各项指标。评价性指标体系的指标具有高度综合性和创新性，从而可以达到综合评价的目的，准确地洞察和把握可持续发展的状态、脉络和趋势。

2）评价指标选定原则

（1）系统性原则

指标必须能够全面地反映西宁南绕城高速公路沿线环境保护评价指标体系相关的各个方面，能够客观和真实地反映系统发展的状态及其系统间的相互协调，同时又要避免指标之间的重叠性，使评价目标和评价指标联系成为一个整体。

（2）相关性原则

评价指标体系中，无论反映哪一方向的水平和状态指标，这些指标之间都有密切的内在联系，要对公路环境保护进行准确评价，必须对指标体系中的任何指标都建立起与其他指标之间的内在联系。

（3）可操作性原则

要充分考虑指标数据及量化的难易程度，既保证全面反映公路环境保护系统的各种内涵，又要有利于推广，要尽量利用现有统计资料及有关规范标准。

（4）科学性原则

指标体系一定要建立在科学基础之上，指标的选择，指标权重系数的确定，数据的选取、计算与合成必须以公认的科学理论为依据。具体指标能够科学、准确地反映公路环境保护评价指标体系的实现程度。

（5）超前性原则

公路环境保护评价是有中远期意义的措施，因此指标选择要充分考虑系统的动态变化特点，能综合反映公路建设和运营的现状特点和发展趋势，便于进行预测和管理，在等级评判中应适当将指标量化值设置偏高，以适应保护区公路未来可持续发展的需要。

3)评价指标的无量纲化

在对指标体系进行综合评价的过程中,各个指标的意义彼此不同,表现形式也不一样,有的是绝对数指标,有的是相对数指标,有的还是平均数指标;对评价对象系统的作用取向也不一致,有的属于正指标,有的属于逆指标,还有的属于适度指标,各个指标之间不具有可比性。此外,当各指标间的水平相差很大时,如果直接用原始指标值进行分析,就会突出数值较大的指标在综合分析中的作用,相对削弱数值水平较低指标的作用,从而使各指标以不等权参加运算分析,也就是各个指标具有不可公度性的特点;如果不进行无量纲化处理,就无法进行综合,也就失去了综合评价的真正意义和价值。因此,需要统一指标量纲和缩小指标间的数量级差。科学地进行无量纲处理便成为综合评价过程的关键。

无量纲处理,就是对评价指标数值的标准化、正规化处理。它是通过一定的数学变化来消除指标量纲影响的方法,即把性质、量纲各异的指标转化为可以进行综合的一个相对数量化值。无量纲化处理的方法很多,归纳起来主要有以下几类:直线型无量纲化方法、折线型无量纲化方法、曲线型无量纲化方法。直线型无量纲化方法是指在指标实际值转化成不受影响的指标值时,假定两者呈直线关系,指标实际值的变化引起标准化后数值一个相应的比例变化。本节采用直线型无量纲化方法。

将公路建设项目生态环境影响综合评价指标分为越大越好型和越小越好型。这两种类型的评价指标的无量纲化标准函数为:

(1)越大越好型主要用来评价一定范围内数值越大越好的指标,基本形式为:

$$E_i=\begin{cases}0 & x_{ij}\leqslant x_{ia}\\ \dfrac{x_{ij}-x_{ia}}{x_{ib}-x_{ia}} & x_{ia}\leqslant x_{ij}\leqslant x_{ib}\\ 1 & x_{ij}\geqslant x_{ib}\end{cases}\tag{6-2}$$

式中:x_{ia}、x_{ib}——评价指标 x_{ij}设定的阈值。

(2)越小越好型主要用来评价一定范围内数值越小越好的指标,基本形式为:

$$E_i=\begin{cases}0 & x_{ij}\geqslant x_{ib}\\ \dfrac{x_{ib}-x_{ij}}{x_{ib}-x_{ia}} & x_{ia}\leqslant x_{ij}\leqslant x_{ib}\\ 1 & x_{ij}\leqslant x_{ia}\end{cases}\tag{6-3}$$

(3)评价指标权重的确定方法。

权重是对比、衡量被评价事物总体中各个因素相对重要程度的量值。对于公路建设项目生态环境影响评价的目标来说,各个指标对于评价对象的作用并不是同等重要的。所以选定评价指标后,常常对不同评价指标赋予不同的权,然后来进行综合,权大的指标被认为比较重要,权小的指标认为对环境影响不重要。权重要既能够客观反映指标本身的本质属性,又能够反映决策者的主观评价,是主客观综合度量的结果。权重确定主要采取以下几种方法:

①专家估测法。

即由多个专家独立给出各评价因子的权重,再计算其算术平均值或几何平均值作为评价权重。专家估测必须保证各专家的意见在统计学上没有显著差异,对存在着分歧或离散的权重,应通过专题会商进一步统一意见,因此专家估测可能几上几下,经过几个回合才能完成。专家估测常用的方法主要有专家会议法、德尔菲法等。为了使专家估测的过程有章可循,提高评估的效率与准确程度,在实践中往往采取德尔菲法。

德尔菲法制定了一套组织专家估值的规范与程序。首先确定专家小组的规模与成员,应根据课题大小和涉及面宽窄而定,选择特定领域内有代表性的专家若干人。为了保证必要的代表性,专家数目不能过少,但是专家数目也不必过多,否则可能影响评估的效率,一般以不超过20人为宜。然后,向专家组成员书面提出问题,并附上有关问题的相关资料。接着,由专家匿名、独立做出书面答复(即专家只与调查人员发生关系,彼此之间不进行横向的交流、探讨)。在收到专家的书面答复以后,对各种意见统计、汇总、对比,再分发给专家组成员,专家分析与比较他人的意见后,对自己的意见和判断进行修改。然后,再将所有专家的修改意见收集、汇总、统计,并再次分发给各位专家,进行第二轮修改。如此往复循环,直到专家意见逐渐稳定下来。逐轮收集意见并为专家反馈信息是德尔菲法的核心,其特点是匿名,即由专家匿名回答问题,向专家进行反馈意见时,也只给出各种不同的意见,并不说明发表各种具体意见的专家的姓名。这一过程重复进行,直到每一个专家不再改变自己的意见为止,一般要经过三、四轮。与常用的专家会议法比较,德尔菲法具有与其相同的优点,即可以充分发挥各位专家的作用,集思广益,取各家之长,避各家之短。同时,由于德尔菲法是由评估专家匿名独立地发表意见,这样就避免了某些专家因为人际关系或自尊心的原因发表违心的结论,使评估结果更加反映实际。但德尔菲法过程反复复杂,投入的时间与精力较多,这是其主要缺点。德尔菲法不仅可用于确定权重因子,在筛选评价指标、对评价指标量化打分等方面也发挥着重要的作用。

②排队比较法。

此法将多个权重因子两两比较,再相加求总分,然后按得分多少排队。

③判断矩阵法。

判断矩阵法是排队比较法的进一步发展,它的基本思路也是多个环境因子两两比较,并通过数学方法最终确定各因子的权重。

判断矩阵法主要有层次分析法(AHP法)等。20世纪70年代中期美国运筹学家托马斯·塞蒂(T. L. Saaty)正式提出了层次分析法。这是一种定性和定量相结合的、系统化、层次化的分析方法,可定量化地模拟人类的思维决策过程,在处理复杂的决策问题上具有实用性和有效性,因此很快得到了人们的重视,在世界范围内被广泛应用。

6.4.2 评价指标体系确立

(1)层次结构模型的建立

生态环境影响评价因子由项目所在的区域环境特征决定。西宁南绕城高速公路地处青海省东部的湟水谷地,沿线地表水主要有湟水河、南川河、小南川河、石惠沟、甘河和教场河,经过多巴水源地的二级保护区和准保护区。根据青海省生态功能区划,项目所在区域属祁连山森林与高寒草原生态区—湟水谷地农业生态亚区—湟水谷地水土保持生态功能区,这决定了该段区域水土保持及边坡生态恢复的重要性。

公路边坡生态恢复不仅具有生态效益,还具有景观效益和社会效益,因此,边坡生态恢复评价应兼顾这三方面的功能，另选取水土保持、吸尘降噪、植被覆盖度、观赏价值、愉悦价值、植物色彩丰富度、调节精神状态、改善公路形象及提升交通文明等9个评价指标，组成基于层次分析法的三级指标体系，见表6-5。

边坡生态恢复效果评价层次结构　　表6-5

目标层 Z	准则层 A	指标层 B
边坡生态恢复效果评价 Z	生态效益 A_1	水土保持 B_1
		吸尘降噪 B_2
		植被覆盖度 B_3
	景观效益 A_2	观赏价值 B_4
		愉悦价值 B_5
		植物色彩丰富度 B_6
	社会效益 A_3	调节精神状态 B_7
		改善公路形象 B_8
		提升交通文明 B_9

(2)判断矩阵的构造

递阶层次结构模型建立之后，设某层有 n 个因素，$x=\{x_1,x_2,\cdots,x_n\}$，则要比较它们对上一层某一目标的影响程度，把 n 个因素对上层某一目标的影响程度排序，即对两两因素进行比较，比较时取1~9标度，如表6-6所示，用 a_{ij} 表示第 i 个因素相对于第 j 个因素的比较结果，则 $a_{ij}=1/a_{ji}$。

判断矩阵的标度及含义　　表6-6

标度	标度定义描述
1	第 i 个因素与第 j 个因素的影响相同
3	第 i 个因素比第 j 个因素的影响稍强
5	第 i 个因素比第 j 个因素的影响强
7	第 i 个因素比第 j 个因素的影响明显强
9	第 i 个因素比第 j 个因素的影响绝对强
2,4,6,8	第 i 个因素相对于第 j 个因素的影响绝对强

除最高层外，每层都要建立判断矩阵。假定某层含 n 个指标，其构造的判断矩阵 $\boldsymbol{A}$ 如下：

$$\boldsymbol{A}=(a_{ij})_{n\times n}=\begin{bmatrix} 1 & a_{12} & \cdots & a_{1n} \\ 1/a_{12} & 1 & \cdots & \vdots \\ \vdots & \vdots & \vdots & \vdots \\ 1/a_{1n} & 1/a_{2n} & \cdots & 1 \end{bmatrix} \tag{6-4}$$

式中，$i=1,2,\cdots,n$；$j=1,2,\cdots,n$。

Z经过专家评选，针对西宁南绕城高速公路的9个评价指标，共构造4个判断矩阵以对其进行综合比较，4 个判断矩阵见表 6-7。

判 断 矩 阵　　表 6-7

Z-A	Z	A_1	A_2	A_3
	A_1	1	7	3
	A_2	1/7	1	2
	A_3	1/3	1/2	1
A_1-B	A_1	B_1	B_2	B_3
	B_1	1	5	3
	B_2	1/5	1	1/2
	B_3	1/3	2	1
A_2-B	A_2	B_4	B_5	B_6
	B_4	1	2	3
	B_5	1/2	1	1/4
	B_6	1/3	4	1
A_3-B	A_3	B_7	B_8	B_9
	B_7	1	1/5	1
	B_8	5	1	2
	B_9	1	1/2	1

(3)排序权重的计算

计算某一层次所有因素对于最高层(总目标)相对重要性的权值，称为层次总排序，这一过程是从最高层次到最低层次依次进行的。

设上一层次(A 层)包含 $A_1, A_2, \cdots, A_m$ 共 m 个因素，他们的层次总排序权重为 $a_1, a_2, \cdots, a_m$。设其下一层次(B 层)包含 $B_1, B_2, \cdots, B_n$ 共 n 个因素，他们关于 A_j 的层次单排序权重分别为 $b_{1j}, b_{2j}, \cdots, b_{nj}$，当 B_i 与 A_j 无关联时，$b_{ij}=0$。则 B 层各因素的层次总排序权重为 $b_1, b_2, \cdots, b_n$，见表 6-8。

B 层总排序权值计算　　表 6-8

A 层 B 层	A_1 a_1	A_2 A_2	… …	A_m A_m	B 层总排序权值
B_1	b_{11}	b_{12}	…	b_{1m}	$\sum_{j=1}^{m} b_{1j}a_j$
B_2	b_{21}	b_{22}	…	b_{2m}	$\sum_{j=1}^{m} b_{2j}a_j$
…	…	…	…	…	…
B_m	b_{m1}	B_{m2}	…	B_{mm}	$\sum_{j=1}^{m} b_{mj}a_j$

本项目公路边坡生态恢复单排序、总排序的权重计算结果如表 6-9 所示。

评价体系权重分布　　表 6-9

准则层 A	对指标层权重	指标层 B	对目标层权重	指标层对目标层权重	指标层排序
生态效益 A_1	0.688	水土保持 B_1	0.641	0.441	1
		吸尘降噪 B_2	0.121	0.083	4
		植被覆盖度 B_3	0.238	0.164	2
景观效益 A_2	0.197	观赏价值 B_4	0.458	0.090	3
		愉悦价值 B_5	0.134	0.026	7
		植物色彩丰富度 B_6	0.408	0.080	5
社会效益 A_3	0.115	调节精神状态 B_7	0.173	0.020	9
		改善公路形象 B_8	0.630	0.072	6
		提升交通文明 B_9	0.197	0.023	8

(4)评价等级的确定

由于每个指标的评价值不同,会形成不同的等级,西宁南绕城高速公路边坡生态恢复评价等级为:

$$V=\{V_1=(良好),V_2=(合格),V_3=(较差)\} \tag{6-5}$$

式中:V——评价等级。

在构造了等级模糊子集后,就要逐个对被评价对象从每个因素上进行量化,即确定从单因素来看被评价对象对等级模糊子集的隶属度,进而得到判断矩阵。

$$\boldsymbol{R}=\begin{bmatrix} r_{11} & r_{12} & r_{13} \\ r_{21} & r_{22} & r_{23} \\ \vdots & \vdots & \vdots \\ r_{n1} & r_{n2} & r_{n3} \end{bmatrix} \tag{6-6}$$

式中:$\boldsymbol{R}$——隶属度矩阵;

r_{n1}——第 n 个指标评价等级为良好的样本数;

r_{n2}——第 n 个指标评价等级为合格的样本数;

r_{n3}——第 n 个指标评价等级为较差的样本数。

本项目公路边坡生态恢复评价等级见表 6-10。

公路边坡生态恢复评价等级　　表 6-10

指标层	评价项目	评价标准			评价方法
		良　好	合　格	较　差	
B_1	水土保持	无水土流失	有部分水土流失	水土流失现象明显	定性
B_2	吸尘降噪	植物种类丰富,吸尘降噪效果显著	植物种类丰富,起到吸尘降噪的作用	植物种类单一,景观较差,不能吸尘降噪	定性
B_3	植被覆盖度	覆盖度达 90% 以上. 无斑秃	覆盖度在 60% ~ 80%,有少量斑秃	覆盖度在50%以下,有大量斑秃	定量

续上表

指标层	评价项目	评价标准			评价方法
		良　好	合　格	较　差	
B_4	观赏价值	观赏价值高	观赏价值较好	无观赏价值,视觉效果差	定性
B_5	愉悦价值	植被长势良好,给人以愉悦的心理感受	植被长势一般,给人轻微愉悦的心理感受	植被长势较差,没有愉悦的心理感受	定性
B_6	植物色彩丰富度	色彩搭配丰富,协调性好	色彩搭配较为丰富,协调性较好	色彩搭配简单,色彩不协调	定性
B_7	调节精神状态	坡面景观赏心悦目,可明显消除人们的旅行疲劳	坡面景观总体效果不佳,使人产生单调的感觉	使人产生枯燥乏味、心烦意乱的感觉	定性
B_8	改善公路形象	景观优美,特点突出,可显著改善公路形象	景观一般,改善公路形象不明显	景观较差,不能改善公路形象	定性
B_9	提升交通文明	在植物种类、层次、形态等方面,有明显的特征,起到良好的提升交通文明作用	在植物种类、层次、形态等方面,有较为明显的特征,起到一定的提升交通文明作用	在植物种类、层次、形态等方面,没有明显的特征,不能起到提升交通文明作用	定性

6.4.3 边坡生态恢复评价结果与分析

邀请设计人员 3 人、科研人员 4 人及施工人员 3 人共 10 人组成专家评定小组,随机选取 15 处边坡(其中包括 5 处采用植生袋技术的边坡)进行现场调查,并根据表 6-10 对各指标进行评判。每个指标评价等级的确定,以多数人意见为准。

针对某一指标层评价项目,由专家评定小组对调查的 15 处边坡进行统计,明确被评价为良好、合格、较差的边坡数量,组成各准则层初步评判矩阵 $\boldsymbol{R}_1$、$\boldsymbol{R}_2$、$\boldsymbol{R}_3$。

$$\boldsymbol{R}_1=\begin{bmatrix}8&5&2\\10&4&1\\10&3&2\end{bmatrix}\quad \boldsymbol{R}_2=\begin{bmatrix}11&2&2\\9&3&3\\10&3&2\end{bmatrix}\quad \boldsymbol{R}_3=\begin{bmatrix}8&4&3\\5&8&2\\6&8&1\end{bmatrix}$$

对各准则层初步评判矩阵 $\boldsymbol{R}_1$、$\boldsymbol{R}_2$、$\boldsymbol{R}_3$,按行进行归一化处理,得到评判矩阵 $\boldsymbol{Q}_1$、$\boldsymbol{Q}_2$、$\boldsymbol{Q}_3$。

$$\boldsymbol{Q}_1=\begin{bmatrix}0.53&0.33&0.13\\0.67&0.27&0.07\\0.67&0.20&0.13\end{bmatrix}\quad \boldsymbol{Q}_2=\begin{bmatrix}0.73&0.13&0.13\\0.60&0.20&0.20\\0.67&0.20&0.13\end{bmatrix}\quad \boldsymbol{Q}_3=\begin{bmatrix}0.53&0.27&0.20\\0.33&0.53&0.13\\0.40&0.53&0.07\end{bmatrix}$$

将 $\boldsymbol{Q}_1$、$\boldsymbol{Q}_2$、$\boldsymbol{Q}_3$进行组合,形成最终的判断矩阵 $\boldsymbol{Q}$。

$$\boldsymbol{Q}=\begin{bmatrix}\boldsymbol{Q}_1\\\boldsymbol{Q}_2\\\boldsymbol{Q}_3\end{bmatrix}\tag{6-7}$$

公路各生态评价指标评价结果权重值构成评判矩阵 $\boldsymbol{Q}$,对两者进行模糊计算,得到结论向

量 $\boldsymbol{P}$：

$$\boldsymbol{P}=\boldsymbol{A}\times\boldsymbol{Q}=(0.5777\quad 0.2894\quad 0.1267) \tag{6-8}$$

由式(6-8)可以看出，本项目公路边坡生态恢复工程的综合实施效果为良好，最大隶属度为0.5777。表明本项目公路边坡生态恢复的总体质量和效果都是良好的，该高速公路项目所采用的各项生态恢复技术尤其是植生袋技术应得到推广与应用。

参考文献

［1］ 新疆公路学会. 盐渍土地区公路设计与施工指南［M］. 北京：人民交通出版社，2006.

［2］ 中华人民共和国交通部. 公路路基设计规范：JTG D30—2004［S］. 北京：人民交通出版社，2004.

［3］ 中华人民共和国交通运输部. 公路路基设计规范：JTG D30—2015［S］. 北京：人民交通出版社，2015.

［4］ 罗伟甫. 盐渍土地区公路工程［M］. 北京：人民交通出版社，1980.

［5］ 徐筱在. 盐渍土地基［M］. 北京：中国建筑工业出版社，1993.

［6］ 中华人民共和国建设部. 岩土工程勘察规范：GB 50021—2001［S］. 北京：中国建筑工业出版社，2001.

［7］ 国家能源局. 盐渍土地区建筑规范：SY/T 0317—2012［S］. 北京：石油工业出版社，2013.

［8］ 铁道部第一勘察设计院. 盐渍土地区铁路工程［M］. 北京：中国铁道出版社，1988.

［9］ 房建宏，刘建坤，徐安花. 察尔汗盐湖岩盐路基的灌注法加固及效果分析［J］. 交通标准化，2005(10)：127-131.

［10］ 申爱琴，郑南翔，苏毅，等. 含砂低液限粉土填筑路基压实机理及施工技术研究［J］. 中国公路学报，2000，13(4)：12-15.

［11］ 宋亮. 干盐湖区盐渍土性能及其在路基工程中的应用技术［D］. 西安：长安大学，2010.

［12］ 王春雷，姜崇喜，谢强，等. 析晶过程中盐渍土的微观结构变化［J］. 西南交通大学学报，2007，42(1)：66-69.

［13］ 中华人民共和国交通部. 公路土工试验规程：JTJ E40—2007［S］. 北京：人民交通出版社，2007.

［14］ 李美江. 对压实度标准和室内成型试件方法的几点看法［J］. 公路，2001(12)：81-84.

［15］ LiHua. The Famiy of Compaction Curves for Fine-grained Soils and Their Engineering Behaviors［D］. Alberta：University of Alberta，2001.

［16］ RobertL. Parsons，DerekH. Foster，Stephen A. Cross. Compaction and Settlement of Existing Embankments Final Repot［R］. The university of Kansas，2001.

［17］ 李冰，焦生杰. 振动压路机与振动压实技术［M］. 北京：人民交通出版社，2001.

［18］ 袁玉卿，王选仓. 风积沙压实特性试验研究［J］. 岩土工程学报，2007，29(3)：360-365.

［19］ BM 别兹鲁克，等. 盐渍土和流砂地上的道路工程［M］. 北京：人民交通出版社，1995.

［20］ 耿恩明. 无机结合料加固细粒氯盐渍土路用性以及机理研究［D］. 西安：长安大学，2006.

［21］ 陈忠达，李万鹏. 风积沙振动参数及振动压实机理［J］. 长安大学学报(自然科学版)，2007，27(1)：1-6.

［22］ 冯忠居，谢永利. 标准击实试验最佳含水率和最大干密度的理论计算［J］. 长安大学学报，2002，22(3)：10-13.

［23］ 毛峰. 黄土隧道深浅埋分界方法研究［D］. 西安：西安理工大学，2007.

［24］ 罗禄森. 郑西客运专线大断面黄土隧道二次衬砌设计方法研究［D］. 成都：西南交通大

学,2008.
[25] 赵占厂. 黄土公路隧道结构工程性状研究[D]. 西安:长安大学,2004.
[26] 张华兵,倪玉山,赵学勐,等. 黄土隧道围岩稳定性粘弹塑性有限元分析[J]. 岩土力学,2004,25(增刊):247-250.
[27] 赵占厂,谢永利. 黄土公路隧道衬砌参数影响性状分析[J]. 岩土工程学报,2005,27(11),1291-1295.
[28] 孙长海. 公路黄土隧道的设计与施工技术研究[D]. 西安:长安大学,2007.
[29] 张新善,廖红建,张立,等. 黄土地下隧道开挖对周围土体变形的影响分析[J]. 岩石力学与工程学报,2004,23(增1):4333-4338.
[30] 韩桂武,刘斌,范鹤,等. 浅埋黄土隧道衬砌结构受力分析[J]. 岩石力学与工程学报,2007,26(增1):3250-3256.
[31] 夏才初,龚建伍,唐颖,等. 大断面小净距公路隧道现场监测分析研究[J]. 岩石力学与工程学报,2007,26(1):44-50.
[32] 王晓州,丁维利,赵永明,等. 大断面湿陷性黄土隧道施工技术[J]. 铁道工程学报,2007,12(增刊):342-348.
[33] 史茂林. V 级黄土富水隧道施工技术[J]. 铁道标准设计,2009(1):77-78.
[34] 王晓州,等. 大断面黄土隧道建设技术[M]. 北京:中国铁道出版社,2009.
[35] 李宁. 郑西客运专线大断面黄土隧道围岩变形特征[J]. 铁路标准设计,2007(增1):19-21.
[36] Chow YK, Lin CH, Karunaratne GP. Numerical modeling of negative skin friction on pile groups[J]. Computers and Geotechnics,1996,18(3).
[37] Comodromos E M, Bareka SV. Evaluation of negative skin friction effects in pile foundations using 3D nonlinear analysis[J]. Computers and Geotechnics,2005,32.
[38] 沈卫平. 浅埋黄土隧道施工方法及支护受力研究[J]. 西部探矿工程,2001,13(2):76-77.
[39] 谭忆秋,张肖宁,郭祖辛,等. 用体积法设计 SMA 混合料的配合比[J]. 哈尔滨建筑大学学报,1999,32(3):105-110.
[40] 陈国明,谭忆秋,王哲人,等. 沥青混合料级配曲线走向的分形研究[J]. 公路交通科技,2005,22(1):1-4.
[41] 郝培文,徐金枝,周怀治,等. 应用贝雷法进行级配组成设计的关键技术[J]. 长安大学学报,2004,24(6):1-6.
[42] 沈金安. 沥青及沥青混合料路用性能[M]. 北京:人民交通出版社,2003.
[43] 陈华鑫. SBS 改性沥青路用性能与机理研究[D]. 西安:长安大学,2006.
[44] 张争奇,张登良,杨荣尚. 改性沥青机理研究[J]. 西安公路交通大学学报,1998,18(4):21-25.
[45] 黄卫东,孙立军. SBS 改性沥青的混合原理和过程[J]. 同济大学学报,2002,30(2):189-182.
[46] 中华人民共和国交通部. 公路沥青路面施工技术规范:JTG F40—2004[S]. 北京:人民交

通出版社,2004.
[47] 中华人民共和国交通运输部. 公路工程沥青及沥青混合料试验规程:JTJ E20—2011[S]. 北京:人民交通出版社,2011.
[48] 景彦平. 沥青结构及高聚物改性沥青机理研究[D]. 西安:长安大学,2006.
[49] 王旭东,张蕾. 基于骨架嵌挤型原理的沥青混合料均衡设计方法[M]. 北京:人民交通出版社,2014.
[50] 张宏超,孙立军. 沥青混合料水稳定性能全程评价方法研究[J]. 同济大学学报,2002,30(4):2-5.
[51] 李红梅. 基于路用性能的沥青混合料最佳油石比确定方法研究[D]. 西安:长安大学,2009.
[52] 刘涛,郝培文. 沥青混合料低温抗裂性能评价方法研究[J]. 同济大学学报,2000,30(12):1468-1471.
[53] 孙立军. 沥青路面结构行为力学[M]. 上海:同济大学出版社,2003.
[54] 郝培文,王海林,包斌. SUPERPAVE 级配禁区对沥青混合料性能影响[J]. 中外公路,2005,25(4):167-171.
[55] William R Vavrik, William J Ping, Samuel H Carpenter. Aggregate Blending for Asphalt Mix Design Bailey Method[R]. TRR 1789,2001:146-153.
[56] 江慧娟. 沥青稳定碎石级配设计方法及性能研究[D]. 西安:长安大学,2006.
[57] 江苏交通科学研究院. 高性能沥青路面(Superpave)基础参考手册[M]. 北京:人民交通出版社,2005.
[58] 原燕,张肖宁,肖云. 苯乙烯—丁二烯—苯乙烯嵌段共聚物改性沥青剪切发育过程的动态力学分析[J]. 合成橡胶工业,2005,28(6):454-459.
[59] 赵可,原健安. 改性沥青机理研究(之一)[J]. 西安公路交通大学学报,2001,21(2):34-37.
[60] 原健安,赵可. 改性沥青机理研究(之二)[J]. 西安公路交通大学学报,2001,21(3):21-24.
[61] NCHRP 9-29. Simple Performance Tester for Superpave Mix Design. Equipment Specification for the Simple Performance Test System[R]. Advanced Asphalt Technologies, LLC,2004.
[62] NCHRP 9-19. Superpave Support and Performance models Management[R]. Field Validation of the Simple Performance Test,2011.
[63] 刘立新. 沥青混合料粘弹性力学及材料学原理[M]. 北京:人民交通出版社,2006.
[64] 潘虹. 沥青及沥青混合料的适用性研究[D]. 西安:长安大学,2008.
[65] 沙庆林. 多碎石沥青混凝土 SAC 系列的设计与施工实用指南[M]. 北京:人民交通出版社,2009.
[66] 陈忠达,袁万杰,薛航,等. 沥青混合料高温性能评价指标[J]. 长安大学学报(自然科学版),2006(5):1-4.
[67] 王国清. 旋转剪切压实试验法(GTM)沥青混合料设计与施工技术指南[M]. 北京:人民交通出版社,2006.
[68] 杨淮. 公路边坡生态恢复[D]. 西安:长安大学,2008.
[69] 姚亚兰. 陕西公路黄土路堑边坡植被防护效应研究[D]. 西安:长安大学,2015.

[70] 郭利平,刘丽萍. 客土喷播在黄土边坡剥落病害处治中的效果分析[J]. 现代交通技术,2009,6(5):12-14.

[71] 史玲. 保龙高速公路边坡植被恢复效果评价研究[D]. 重庆:重庆交通大学,2011.

[72] 林显锋,符锌砂. 公路绿化综合评价指标体系的构建[J]. 中外公路,2008,28(5):21-24.

[73] 魏凤虎. 高速公路生态系统评价指标体系的研究[D]. 西安:长安大学,2003.

[74] 顾卫,邵琪,戴泉玉,等. 基于坡面植被恢复的岩质边坡分类及生境再造技术研究[J]. 应用基础与工程科学学报,2012,20(5):745-758.

[75] 蓝群力,张新天,卞立波,等. 高陡岩石边坡植被恢复组合结构与材料性能研究[J]. 材料导报,2019,33(增2):143-146.

[76] 李青芳,何宜典. 公路边坡防护与生态恢复[J]. 水土保持研究,2006,13(6):273-275.

[77] 沈毅,晏晓林,梁爱学. 厚层基材喷播边坡防护技术研究[J]. 公路交通科技,2007,24(2):151-154.

[78] 齐藤诚,邵琪,顾卫,等. 半干旱地区公路岩质边坡植被恢复技术工程试验——以内蒙古赤峰通辽高速公路为例[J]. 公路交通科技,2010,27(12):145-151.

[79] 杨学松,王永林. 新河高速公路边坡原生态恢复研究[J]. 公路,2008,(2):101-103.

[80] 欧云峰,王洪亮,王宫,等. 黄土高原地区高速公路生态护坡植被恢复研究[J]. 武汉理工大学学报,2007,29(9):162-166.

[81] 吕国仁,崔新壮,董琳琳. 公路高大边坡加固与绿化综合处治[J]. 地下空间与工程学报,2008,4(4):761-765.

[82] 芮少权,张宇,王永海. 黄土地区公路边坡客土喷播试验研究[J]. 公路交通科技,2007,24(8):155-158.

[83] 王小君. 从生态防护角度探讨公路边坡类型及其综合防护对策[J]. 中国园林,2010,26(12):97-100.

[84] 杨晓华,王文生. 土工格室生态护坡在黄土地区公路边坡防护中的应用[J]. 公路,2004,(8):179-182.

[85] 张伟雄,曹志强,黄小清. 高速公路边坡生态防护技术探讨[J]. 公路,2003,(8):123-126.

[86] 胥晓刚,杨冬生,胡庭兴. 不同植物种类在公路边坡植被恢复中的适应性研究[J]. 公路,2004,(6):157-161.

[87] 晏晓林,顾卫,江源,等. 公路路域生态工程技术应用的系统化设计研究[J]. 公路交通科技,2007,24(7):153-158.

[88] 张玉平,祝于华,付美兰,等. 信九高速公路边坡植物防护技术及施工验收要求[J]. 公路,2003,(3):120-123.

[89] 陶岩,江源,顾卫,等. 公路边坡植被恢复中草-灌配置模式实验研究[J]. 武汉理工大学学报,2008,30(6):70-73.